# 나의 컬러는!

My color is

**얀랩C** no.23    **얀랩C** no.19    **얀랩C** no.30

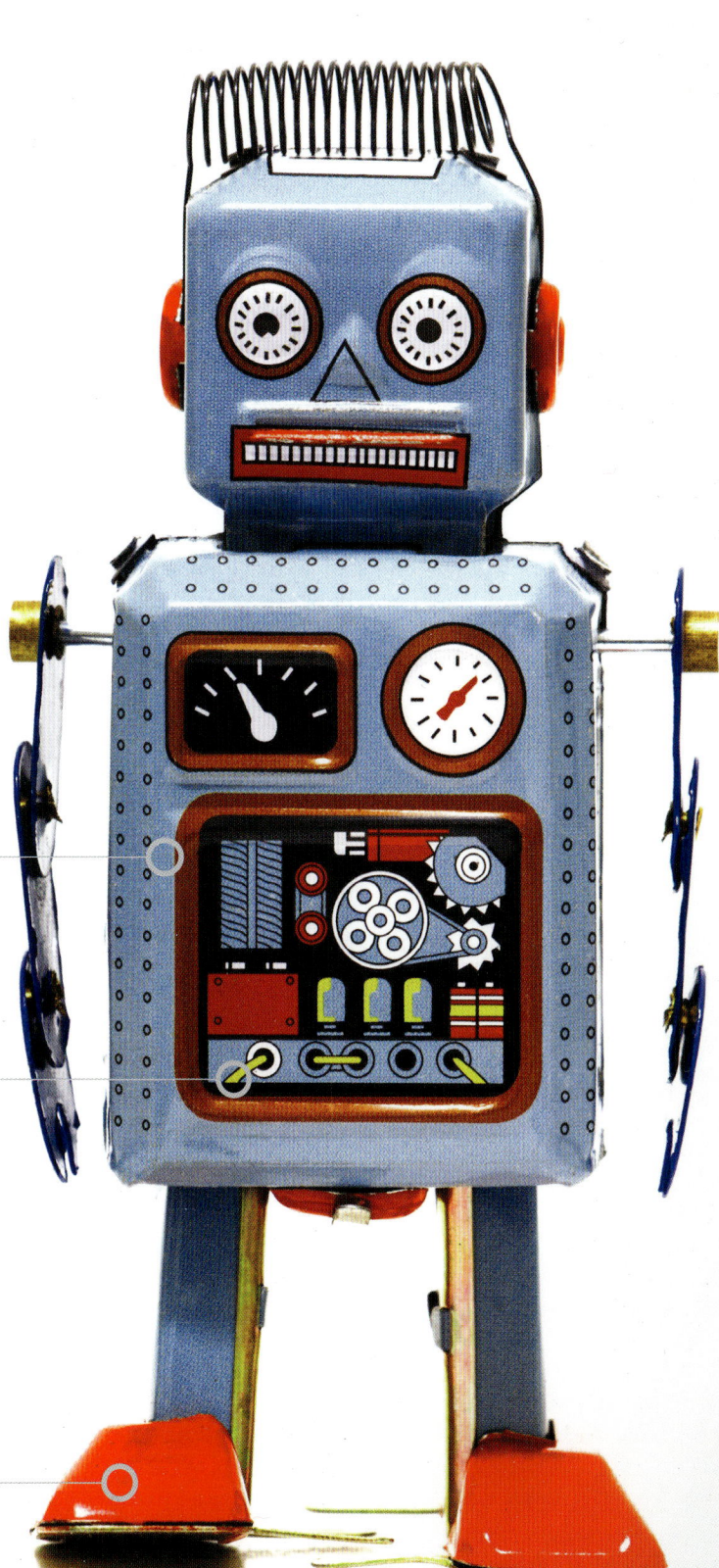

# 〈털실타래〉 창간호 축하 메시지

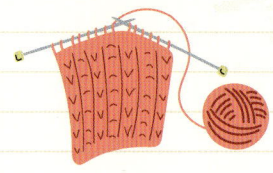
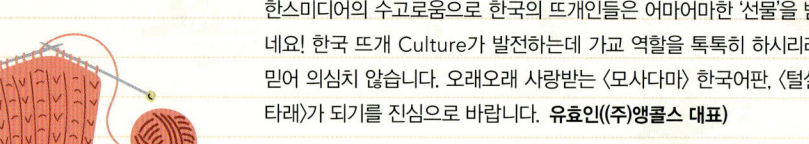

'20년 후 딸에게도 물려주고 싶은 잡지', 〈모사다마〉 한국어판 〈털실타래〉의 창간을 축하합니다. 뜨개 관련 서적들은 시간이 흘러도 값진 가치를 가지고 있습니다. 20년 후에도 딸에게 물려주고 싶을 만큼 뜨개에 있어 큰 유산이 아닐까 싶습니다. **송영예(바늘이야기 대표)**

한스미디어의 수고로움으로 한국의 뜨개인들은 어마어마한 '선물'을 받네요! 한국 뜨개 Culture가 발전하는데 가교 역할을 톡톡히 하시리라 믿어 의심치 않습니다. 오래오래 사랑받는 〈모사다마〉 한국어판, 〈털실타래〉가 되기를 진심으로 바랍니다. **유효인((주)앵콜스 대표)**

〈털실타래〉 창간을 진심으로 환영합니다. 뜨개 루키 시절에 다양한 디자인을 공부하는 데 큰 도움을 받았던 매거진입니다. 수학에 〈수학의 정석〉이 있다면 뜨개에는 〈모사다마〉가 있지요. 뜨개를 하는 많은 이들의 사랑을 받는 〈털실타래〉가 되길 기원합니다. **한미란(Knitclass)**

계절이 바뀌면 늘 찾게 되는 〈모사다마〉의 한국어판이라니!! 한글로 편하게 inspiration 담아갈게요! 창간을 축하드립니다. **앵콜스 디자인 어벤져스팀**

〈모사다마〉의 독자로서 〈털실타래〉의 창간이 너무 반갑고 기대됩니다. 번역뿐 아니라 한국에서의 새로운 뜨개 소식 많이 전해주세요~ **앵콜스 디자이너 Kim**

〈털실타래〉의 시작을 축하할 수 있게 되어 영광입니다. 오랜 〈모사다마〉의 팬으로서 번역 출간 소식이 누구보다 반갑습니다! 뜨개인이라면 누구나 궁금할 만한 내용들을 우리말로 볼 수 있다는 점도, 또 우리나라의 뜨개 관련 소식들도 함께 접할 수 있게 된다는 점도 기대됩니다. **하고은(리네아 대표)**

〈모사다마〉는 저를 포함한 뜨개를 사랑하는 모든 니터님들에게, 편안한 뜨개 친구 같은 도서가 될 것 같아요. ♥ 〈털실타래〉의 출간을 진심으로 축하드립니다. **성지현(솜솜뜨개)**

〈털실타래〉의 창간을 축하드립니다. 한국의 많은 뜨개인들이 〈털실타래〉의 다양한 콘텐츠를 접함으로써 무한한 가능성의 길로 한 걸음 더 나아갈 수 있게, 유익한 도서로 발전해 나아가시길 응원하겠습니다. 리네아와 리네아 아카데미 또한 뜨개가 단순한 취미에 그치지 않고 창대한 예술적 활동과 생산적인 미래를 지향하는 행위로 이어지기 위해 한스미디어와 발맞추어 나가는 최고의 파트너가 되도록 많은 지식과 정보를 제공하겠습니다. **박민희(리네아 아카데미 총괄, 과장)**

일본보그사 〈모사다마〉의 한국어판 〈털실타래〉의 창간 소식을 접하고, 반가운 마음이 가득합니다. 봄, 여름, 가을, 겨울마다 트렌디하고, 알찬 손뜨개 디자인과 정보를 좀 더 가깝게 접할 수 있게 되었기 때문입니다. 〈털실타래〉가 우리나라에서도 많은 사랑과, 관심 속에서 오래오래 함께할 수 있길 바랍니다. **뜨개머리앤**

손뜨개는 오랜 전통을 가진 세계적인 손놀이이며, 두뇌놀이입니다. 〈털실타래〉로 인해 더 많은 사람에게 공유될 것입니다. 다시 한번 〈털실타래〉의 성공을 기원합니다. **김영희(지인보그스쿨 대표, 사범)**

니터들의 정석이라는 〈모사다마〉의 한국어판 〈털실타래〉 창간을 축하합니다. 〈털실타래〉는 니터들이 공감하고 뜨개를 즐길 수 있는 이야기들로 가득합니다. 세계가 주목하는 한국의 트렌드를 더한 뜨개 대표 도서 〈털실타래〉가 되기를 기대합니다. **브랜드얀(brandyarn)**

매년 일본 출장을 갈 때마다 출장 계획서이자 안내서가 되어주는 〈모사다마〉를 드디어 한글로 만나보게 되네요. 이 책은 저에게 그동안 많은 영감을 주었습니다. 그런 책을 이렇게 우리말로 만날 수 있게 됐습니다. 참으로 기쁜 일입니다. 이제는 한글로 출간되는 〈털실타래〉를 통해 더 많은 분들이 뜨개 트렌드를 한눈에 접할 수 있게 되었습니다. 이렇게 뿌려진 씨앗이 앞으로 어떤 열매를 맺게 될지 기대가 큽니다. 다시 한번 〈모사다마〉 한국어판인 〈털실타래〉 가을호의 창간을 축하드립니다. **김희진(니뜨 대표)**

〈털실타래〉에 담긴 이야기와 뜨개 여정을 함께하면서 멋진 작품들을 완성하고 싶어집니다. **최미희(니팅맘, 《매일매일 뜨개 가방》 저자)**

〈모사다마〉 일본 도서에서 이해하기 부족했던 뜨개 정보들이 한국어판을 통해 모두 해결된 거 같아요. 〈털실타래〉에 담긴 글과 그림들이 작품으로 만들어지는 따뜻한 가을~겨울을 보낼 수 있을 거 같아 행복합니다. **신은영(뜨개하는 니팅쌤)**

오랜 세월 동안 많은 뜨개인들의 사랑을 받아왔던 〈모사다마〉의 한국어판이 국내에 출간된다는 소식을 듣고 가슴이 뛰었습니다! 그동안은 일어를 몰라 번역기에 의지해 읽었지만, 뭔가 속 시원하게 읽히지 않아 답답한 적이 많았습니다. 한국어로 술술 읽을 수 있다면 더 많은 지식을 쌓을 수 있을 텐데, 반쪽짜리 책을 읽는 것만 같았거든요. 하지만 올가을부터는 〈털실타래〉와 함께라서 더 행복한 뜨개 라이프를 즐길 수 있을 것 같습니다! 뜨개에 진심인 열정을 담아 한스미디어의 〈털실타래〉 창간을 진심으로 축하합니다. :) **김난영(포포하비스튜디오)**

〈모사다마〉 한국어판, 〈털실타래〉 첫 출간을 축하드립니다. 다양한 손뜨개 콘텐츠 확장에 힘써 주셔서 감사합니다. 앞으로 〈털실타래〉를 통해 영감을 주는 디자인과 다양한 뜨개 관련 소식을 접할 수 있으면 좋겠습니다. **쎄비(SEVY)**

일본의 유명 수예 잡지 〈모사다마〉의 한국어판 출시를 축하합니다. 다양한 기법과 디자인으로 즐거움을 더해 줄 도서가 국내에 나오는 것은 뜨개인들에게 큰 기쁨을 줄 것입니다. 〈털실타래〉를 통해 뜨개인들의 취미 생활에 활력이 더해지기 바랍니다. **백수진(다몽스튜디오)**

〈모사다마〉 잡지가 〈털실타래〉라는 따뜻한 이름으로 한국어판 론칭한다니, 감회가 새롭습니다. 뜨개가 어느덧 엄마, 할머니의 취미가 아닌 젊은 층의 크로셰 열기로 확장되고 있는 중요한 이 시기에, 〈털실타래〉 국내 첫 론칭! 특별한 상징이 될 것 같습니다. 〈털실타래〉 첫 론칭 서면으로나마 진심으로 축하드립니다. **뜰안**

가을이 다가오는 길목에서 처음 만나게 되는 〈털실타래〉. 한국어로 펼쳐 볼 생각에 기쁘고 설레고 감사한 마음이 가득합니다. 오래도록 따스한 만남을 이어갈 수 있길 바랍니다. **코와코이로이로**

전통적인 일본 수예 잡지인 〈모사다마〉의 한국어 번역본 〈털실타래〉의 출간을 진심으로 축하드리며, 동시에 환영의 인사말을 전합니다. 뜨개 도서를 선도하고 있는 한스미디어에서 한국어 번역본이 출간된다고 하니 저희 니트러브는 물론 많은 국내 뜨개인들에게 무엇보다도 반가운 일이 아닐 수 없습니다. 아무쪼록 국내 니터분들에게 많은 도움이 되는 계간지로 발전하기를 기원합니다. **니트러브(뜨개실 온라인 쇼핑몰)**

〈털실타래〉의 한국어판 론칭을 축하드립니다. 한국어판 출간을 계기로 한국의 많은 니터들이 아름다운 도안을 쉽게 접할 수 있는 기회가 되기를 기대합니다. **니트하임**

〈케이토다마〉의 한국어판 출판을 축하합니다. 오랫동안 한국의 니터들이 많은 영감을 받은 뜨개질 도안집입니다. 〈케이토다마〉가 해마다 좀 더 젊어지고 새로운 패턴이 많아져, 한국어판 출판으로 앞으로 더 많은 도움을 줄 것 같습니다. **KnitCafe**

늘 시즌이 되면 새로운 호를 기다리던 〈모사다마〉. 뜨개 기호와 약어 정도만 알면 일어를 잘 모르더라도 차트를 보고 뜰 수는 있지만 특집 기사나 유용한 뜨개 팁들은 내용을 알 수가 없어서 늘 아쉬웠어요. 〈모사다마〉 한국판 〈털실타래〉는 기존 일본 〈모사다마〉 내용은 물론이고, 국내 트렌드와 기획 기사까지 실린다고 하니 정말 기대가 돼요! 〈털실타래〉 런칭을 축하드립니다! **손아영(유월의 솔)**

디지털 시대를 넘어 5G 시대에 손으로 만드는 감성을 사랑하는 아날로거들이 점점 늘어나고 있습니다. 이때 새로운 장을 열어줄 〈털실타래〉의 출간은 국내의 니터들과 수예 시장에 새로운 동력과 활력이 될 것입니다. 〈털실타래〉의 출간을 축하드립니다! **김인선(분트 대표)**

십여 년 전 저의 첫 꽃 뜨개 작품도 일본 원서 속 작은 코르사주였는데 자세한 설명을 알 수 없어 고생하며 떴던 기억이 떠오르네요. ^^ 한스미디어의 〈모사다마〉 한국어판 출간! 뜨개인으로서, 독자로서 너무 기쁜 소식입니다. 진심으로 축하드립니다. ^^ **박경조(손뜨개꽃길)**

언제나 설렘 가득 니터들의 마음을 매료시키는 진정한 뜨개 매거진 〈모사다마〉. 이번 가을호를 시작으로 〈털실타래〉라는 정감이 느껴지는 타이틀로 계절에 맞는, 폭넓고 다양한 작품들을 한글판으로 만나볼 수 있다는 기대감에 행복한 마음으로 언제든 사부작~ 손뜨개질 즐길 준비 완료입니다. ^^ **김수영(《초록여신의 핑거니팅》 저자)**

일본에서 가장 유명한 수공예 손뜨개 잡지인 〈모사다마〉가 우리나라에서 〈털실타래〉라는 이름의 한국어판으로 출간되어 정말 기쁘고 감격스럽습니다. 그동안 일본어로 된 책을 구입해서 보는데 어려움이 많았기도 하고 이해하지 못하는 부분도 많아서 그냥 넘어가는 게 보통이었는데 우리나라 니터들도 보기 쉽고 이해하기 쉽게, 한스미디어에서 한국어판으로 출간된다고 하니 앞으로 뜨개를 할 때 훨씬 더 편하고 즐겁게 할 수 있을 것 같아요. **아이네스(《친환경 삼베 수세미》 공저)**

뜨개는 나이와 성별에 무관하고 장소 제약 없이 건강하게 즐길 수 있는 인류 최고의 취미. **김라희(《김라희는 뜨개렐라》 저자)**

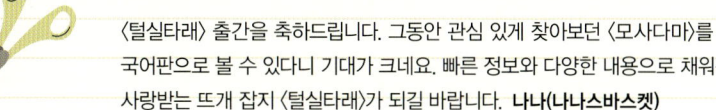
〈털실타래〉 출간을 축하드립니다. 그동안 관심 있게 찾아보던 〈모사다마〉를 한국어판으로 볼 수 있다니 기대가 크네요. 빠른 정보와 다양한 내용으로 채워진, 사랑받는 뜨개 잡지 〈털실타래〉가 되길 바랍니다. **나나(나나스바스켓)**

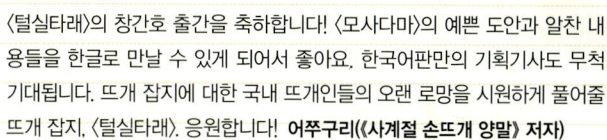
〈털실타래〉의 창간호 출간을 축하합니다! 〈모사다마〉의 예쁜 도안과 알찬 내용들을 한글로 만날 수 있게 되어서 좋아요. 한국어판만의 기획기사도 무척 기대됩니다. 뜨개 잡지에 대한 국내 뜨개인들의 오랜 로망을 시원하게 풀어줄 뜨개 잡지, 〈털실타래〉. 응원합니다! **어쭈구리(《사계절 손뜨개 양말》 저자)**

20여 년 전 멋모르고 뜨개방을 차렸을 때, 손님들의 다양한 요구를 들어주는 일이 참 어려웠습니다. 떠놓은 것이 많아도 손님들은 계절이 바뀌면 새로운 디자인을 찾더라고요. 그럴때 단비 같은 존재가 바로 〈모사다마〉였어요. 매 계절 새로운 디자인들, 소재, 기법 등을 보여주었으니까요. 그 시절 저처럼 뜨개를 하셨던 분들께 〈모사다마〉는 필독서에 가까웠습니다. 일어를 몰라도 뜨개 도안을 보는 것은 눈치껏 가능했지만, 그 사이 사이에 있는 기사들은 읽을 수가 없었어요. 그때 '한글판'이 나왔더라면!! 얼마나 좋을까, 라는 생각을 했었는데 긴 시간이 흘러 이렇게 〈모사다마〉 한글판이 나오게 되었네요. 뜨개인의 한 사람으로서 정말 기쁘지 않을 수가 없습니다. 단순 번역서를 넘어 한국의 뜨개 문화에 기여할 수 있는 잡지로 자리매김하기를 기원합니다. **나무(클래스101 크리에이터)**

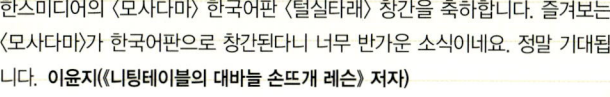
한스미디어의 〈모사다마〉 한국어판 〈털실타래〉 창간을 축하합니다. 즐겨보는 〈모사다마〉가 한국어판으로 창간된다니 너무 반가운 소식이네요. 정말 기대됩니다. **이윤지(《니팅테이블의 대바늘 손뜨개 레슨》 저자)**

할머니가 어머니에게, 어머니가 저에게 물려주신 소중한 기억과 추억이 담긴 〈케이토다마〉가 한국어로 발간하게 되다니 저에겐 무척이나 뜻깊은 소식이네요. 한국의 멋진 작가분들과 함께 많은 니터분들에게 새로운 영감을 줄 수 있기를 바라요. **이하니(마마랜스)**

〈모사다마〉 한국어판 출간을 진심으로 축하드립니다. 예쁜 작품들에 홀려 소장해두고 그림책 보듯이 감상하곤 하였는데요. 한국어판이라니! 한국 니터분들께 좋은 뜨친이자 길잡이가 되어줄 것이리라 기대가 됩니다. 〈털실타래〉와 함께 따뜻하고 포근한 생활 되세요. :) **로빈(클래스101 크리에이터)**

날씨가 선선해져 울실을 꺼내기 좋은 계절에 〈털실타래〉 한국판 론칭 소식을 전해 들었습니다. 앞으로 〈털실타래〉를 통해 전 세계의 다양한 작품을 가까이 접하고 직접 만들어 착용하게 될 순간을 생각하니 너무나 설레는 마음이에요. 또한, 이런 만남이 많은 니터분들의 뜨개를 더욱 즐겁고 활기차게 만들어 줄 것이라고 믿습니다. 그럼 저도 한 명의 독자로서 〈털실타래〉의 첫 발걸음을 응원할게요. 〈털실타래〉 론칭을 정말 축하드립니다! **장은지(LOOOP, 클래스101 크리에이터)**

〈털실타래〉의 창간을 축하합니다. 드디어 매번 사 모으기만 하던 이 책을 읽을 수도 있는 니터들이 많아질 것을 생각하니 얼마나 다행인지 몰라요. 특히, 인터뷰나 기획 취재 같은 꼭지들을 볼 때면 무슨 내용일지 정말 궁금했는데, 이젠 그런 궁금증이 풀리게 되어 반가운 마음이에요. 오래도록 한국어판이 유지되어 이 잡지를 보고 많은 니터들이 영감과 자극을 받아, 우리도 우리만의 뜨개 잡지가 생기길 기원합니다. **느린멜로디(《느린멜로디의 대바늘 손뜨개 수업》 저자)**

〈털실타래〉의 한국어판 창간을 축하드립니다. 많은 니터들의 선생님이자 트렌드 길라잡이 역할을 한 〈모사다마〉가 한국어로 발간되어 나온다니 뜨개인으로서 무척 반갑습니다. 한국어 초보 니터분들도 폭넓은 작품을 접하고 쉽게 정보를 얻을 수 있을 거 같아요. 오래도록 사랑받는 〈털실타래〉가 되길 응원합니다. **정현아(손뜨개 유튜브 [아델코바늘] 운영자)**

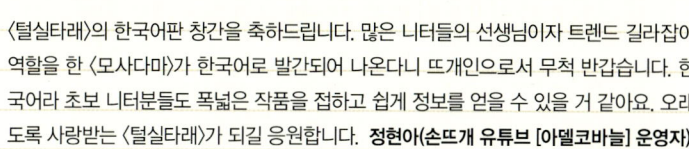
일본뿐만 아니라 세계의 다양한 핸드 니팅 트렌드를 알 수 있어서 즐겨보는 잡지였던 〈모사다마〉가 〈털실타래〉라는 이름으로 한국어 번역 출간된다는 소식을 들으니 한 명의 독자로서 너무 기쁩니다. 많은 분들께 오래오래 사랑받는 잡지가 되길 바랍니다. **포코그란데(《포코그란데의 손뜨개 소품》 저자)**

우와! 아름답고 독창적인 디자인이 가득한 그 〈모사다마〉를 한국어판으로도 만날 수 있다니!! 뜨개 오래 하길 정말 잘했죠. **만미닛츠**

〈모사다마〉 한국어판 〈털실타래〉 창간을 축하합니다. 이 잡지는 계절별로 니트 의류부터 소품까지 다양한 작품의 도안을 접할 수 있어 트렌드를 공부하고 영감을 받을 수 있어서 좋아요. **명주현(《그린도토리의 숲속 동물 손뜨개》 저자)**

이렇게 수준 높은 잡지를 한국어판으로 만나게 되다니 매우 설레입니다. 매번 사진 감상만 했는데 하하! 이제는 꼼꼼하게 정독할 수 있겠어요~! 한국어로 번역하면 〈털실타래〉라는 귀여운 이름이 되는군요. 출간 감사하고 기다리고 있겠습니다. **황부연(《시은맘의 손뜨개 인형》 저자)**

# WORLD NEWS

## Great Britain 영국

### 생커 장갑의 현재

생커 니트에서 판매 중인 어린이용 블랭킷과 털모자. 오더 메이드로 이름을 넣을 수 있습니다.

생커 장갑과 편물의 역사, 앨리슨의 오리지널 디자인 등을 소개한 책.

스코틀랜드 남서부에 위치한 생커에서 200년에 걸쳐 손뜨개로 뜨고 있는 생커 장갑을 아시나요?
2022년 2월 생커의 니트 디자이너 앨리슨 톰슨이 《A Glove Knitting Story》라는 장갑 책을 출간했습니다(위 사진). 이 책은 그녀가 2017년에 생커의 니터인 페그의 생커 장갑을 어레인지한 장갑을 접한 후 자신이 디자인한 장갑과 편물을 후세에 남기고 싶다는 생각에서 제작했습니다. 생커 장갑의 팬이 많은 일본에서도 읽을 수 있게 일본어 번역을 덧붙였다고 합니다.
앨리슨은 지금까지 전통적인 생커 장갑이나 양말 책을 만들기도 하고, 생커무늬를 사용한 머플러를 디자인하는 등 생커무늬와 생커 장갑의 보급 활동에 공헌해왔습니다. 이 책에도 그간의 경험을 가득 담아서 생커의 일상과 귀중한 역사의 일부를 알 수 있는 책이 되었다고 합니다.
이 책은 생커의 하이 스트리트(High Street)에 있는 A&A(A' the Airts)에서도 판매하며 많은 사람으로부터 호평받고 있습니다. 스코틀랜드의 자선단체인 UNACCI(Upper Nithsdale Arts and Crafts Commnity Initiative)가 운영하는 A&A는 건물에 크래프트 숍, 카페, 워크숍 공간이 있습니다.
2014년 UNACCI는 '생커 패턴 디자인'이라는 뜨개 프로젝트를 시작했습니다. 전통적인 생커무늬를 사용한 품질 좋은 니트웨어를 만들어 A&A의 숍이나 온라인 숍에서 판매하고 있습니다. 이 프로젝트는 역사적인 무늬를 지키고 후세에 남기는 일, 생커 니터들의 수입에 도움을 주기 위한 목적으로 활동하고 있습니다.
팬데믹 동안은 어쩔 수 없이 중지했지만, '생커 니팅 투어'를 개최해 생커의 뜨개와 함께 생커의 역사며 유산을 소개하고 있습니다. 투어 1회당 20명까지, 예약은 온라인(www.ticketsource.co.uk/sanquhar-pattern-designs)으로 할 수 있습니다.
투어 내용은 카페에서의 가벼운 식사와 티타임 후 생커 장갑의 시연과 함께 역사 등의 강의가 있습니다. 기계 니팅 강습과 박물관이나 세계에서 가장 오래된 우체국 견학 등도 마련해놓았습니다.
장갑 강의의 강사는 메이 맥코믹. 그녀는 훌륭한 전통 기술을 가지고 있으며, 국내 외의 다양한 크래프트 이벤트에 참가하고 있습니다. A&A에서는 그녀의 워크숍이 10월 6일부터 9주간에 걸쳐 매주 목요일 아침 9시부터 낮 1시까지 열릴 예정입니다. 메이는 어머니에게 뜨개질을 배운 이후 오랫동안 생커 장갑을 떠왔습니다. 생커의 전통을 자랑스럽게 생각해 이 전통을 가르치는 일에 보람을 느낀다고 합니다. 특히 워크숍의 참가자가 장갑을 완성해 모두와 함께 기쁨을 나눌 때가 가장 즐거운 순간이라고 합니다. 관심이 있는 분은 참가해보길 추천합니다.

취재/요코야마 마사미(유로재팬트레이딩www.eurojapantrading.com)

메이가 듀크무늬로 뜬 생커 장갑.

생커 니팅 투어의 수편기 강습.

A&A 카페의 케이크 세트.

위／생커 니팅 투어에서 생커 장갑에 관해 이야기하고 있는 메이.
아래／A&A 건물 외관.

# KEITODAMA

## Latvia 라트비아
### 3년 만에 열리는 숲속의 민예품 시장

위／라트비아인의 소울 푸드, 호밀빵 부스.
아래／전통 무늬가 들어간 손뜨개 양말이며 지역 산물로 유명한 호박을 사용한 잡화.

매년 6월 첫째와 둘째 주말에 열리는 '라트비아의 숲속의 민예품 시장'을 3년 만에 방문했습니다. 코로나19 시기에도 기간을 조정하거나 규모를 축소하며 계속 해왔는데, 올해는 오랜만에 정상 개최를 했습니다.

민예품 시장의 개최 장소인 라트비아 야외 민속박물관까지는 수도 리가에서 버스를 타고 약 30분, 만원 버스를 타고 도착합니다. 시장은 아주 넓은 숲속, 그곳에 라트비아 각지에서 다양한 크래프트 장인이 일제히 모입니다. 여행자는 물론 현지인도 기대하는 페어입니다. 입구 앞의 민속 의상을 입은 여성에게 티켓을 건네면 드디어 쇼핑 시작입니다.

시장에 들어서면 가장 먼저 보이는 것이 호밀빵에 치즈·벌꿀·허브티 등 라트비아인의 소울 푸드를 가득 진열한 부스입니다. 다시 발걸음을 옮기면 편물·벙어리장갑·리넨 제품·목제품·도기·바구니 등의 다양한 부스가 셀 수 없을 정도로 이어져서 하루로는 다 볼 수 없을 정도입니다.

부스에는 작품을 만드는 장인들이 직접 판매를 하러 오므로 상품의 특징 등을 생생하게 들을 수 있습니다. 그중에는 라트비아어만 가능한 장인들도 있었는데, 손님으로 방문한 라트비아인이 통역을 해주기도 해 일반 방문객과의 교류도 즐길 수 있었습니다. 민속 의상을 입은 그룹의 노래나 춤 무대도 있어 숲속에는 늘 음악이 울려 퍼지고 활기찬 분위기입니다.

숲을 벗어나면 호수가 넓게 펼쳐지는 광장이 있고, 그곳에는 라트비아의 맥주며 전통 요리를 파는 부스도 있습니다. 푸른 하늘 아래 호수를 바라보면서 전통 음악에 귀를 기울이며 먹는 점심은 최고입니다.

이틀 동안 숲속을 걸어 다니며 둘러보았지만 다 보기에는 한참 부족했습니다. 걸을 때마다 멋지고 새로운 것을 발견하는 그곳은 바로 수예 천국. 수예를 좋아하는 사람에게는 반드시 추천하고 싶은 페어입니다.

왼쪽／빼곡하게 늘어놓은 다양한 바구니. 오른쪽／손으로 짠 아름다운 무늬의 울 블랭킷.

취재／가와시마 히로시(리가컬렉션)

## Finland 핀란드
### 코로나19로부터 다시 일어서는 핸드메이드 페스티벌

위／창문으로 햇살이 들이비치는 밝은 전시장.
아래／아티스트이자 주최자 중 한 명인 아누 펜소라(왼쪽)와 몰라 밀스(오른쪽).

2022년 5월 27일과 28일에 헬싱키 교외에서 3년 만의 Kässäfestarit(핸드메이드 페스티벌)이 개최되었습니다. Kässä는 핸드메이드라는 뜻의 käsityö를 의미합니다. 2019년에 제1회를 개최한 이 페스티벌은 코로나19로 인해 2020년과 2021년은 온라인으로 개최했습니다.

올해는 코로나19가 진정 국면에 들어서기 시작한 5월 말에 헬싱키 서부의 케이블 공장으로 쓰이던 건물의 넓은 홀에서 개최했습니다. 2019년과 같은 장소입니다.

이 페스티벌에는 수예 체험이라는 형태의 미니 워크숍이 다른 수예 견본 시장보다 훨씬 많았습니다. 이번에도 직물·밀랍양초·피루타나우하(밴드 짜기)·코바늘뜨기·폼폼 등의 다양한 워크숍이 열렸습니다. 부스는 오리지널 디자인 엽서·인형·패브릭·액세서리·털실을 파는 곳이 많았고, 양봉가 부부가 벌꿀을 팔러 나온 이색적인 부스도 있었습니다.

핀란드 패치워크협회의 전시도 있어, 핀란드 적십자의 주최로 니터들이 뜬 토끼 뜨개인형을 전시장에 전시하고 있었습니다. 아티스트인 아누 펜소라가 디자인한 이 뜨개인형을 핀란드 전 지역 난민의 자녀들에게 배포합니다.

올해의 스페셜 게스트는 뜨개 분야에서는 몰라 밀스였습니다. 입구로 들어가면 바로 보이는 소파에 몰라 밀스 본인이 앉아 있고 신간 작품을 전시하고 있었습니다. 전시장 양 끝에는 작은 무대가 있고, 출전자인 디자이너가 강연이나 작품 소개도 하고 있었습니다.

내가 보러 간 시간대에는 에스토니아의 힘멜리 크래프터인 남성이 에스토니아의 힘멜리에 대해 이야기하고 있었고, 그 외에도 몰라 밀스가 신간과 최근 핀란드의 수예책 출판업계에 대해 강연하고 있었습니다.

코로나19가 지난 후라서 전시장 안이 조금은 쓸쓸한 느낌도 들었지만, 조금씩 코로나19로부터 벗어나고 있는 듯한 느낌을 주는 이벤트였습니다.

취재／란카라 미호코

전시장에 모아놓은 자원봉사 니터의 뜨개인형.

# I'm

## 얀랩C

얀랩C 뜨개실은 브랜드얀에서 만날 수 있습니다.

www.brandyarn.co.kr

# 털실타래
keitodama 2022 vol.1 [가을호]
## Contents

### 색채의 향연
# 페어아일 니팅
… 8

〈털실타래〉 창간호 축하 메시지 … 2

World News … 4

노구치 히카루의 다닝을 이용한 리페어 메이크 … 19

뜨개 피플 머릿속에 든 것을 뜬다 … 20

michiyo의 4사이즈 니팅 … 22

깊어지는 계절을 음미하는 가을의 크로셰 … 24

세계 수예 기행 / 이란이슬람공화국
행복하길 바라는 마음을 담은 이란의 손뜨개 양말 … 30

(한국어판) 취향을 가득 담은 공간, 다정하고 따뜻한 지금 서울의 뜨개 편집숍 … 34

세실리아의 시퀀스 니팅 … 36

삶을 물들이는 이벤트용 니트 Trick or Treat! … 38

Enjoy Keito … 40

Family Knit 온 가족이 함께 즐기는 니트 … 42

가볍고 튼튼해요 에어 튈로 뜨는 가방 … 50

Color Palette 러블리 베이비 … 52

굵은 실로 뜨는 벌키 재킷 … 54

묶어서 만드는 마크라메 백 … 56

Yarn Catalogue 가을·겨울 실 연구 … 58

수예 신간 도서 소개 … 62

(한국어판) 뜨개 피플 인터뷰 뜨개를 가르치는 일이 무엇보다 즐거워요
한미란의 니트 교실, 한미란 작가 … 64

(한국어판) 브랜드&피플 트렌드를 이끌어가는 브랜드, 브랜드얀 … 70

Yarn World 신여성의 수예 세계로 타임슬립!
신여성의 모티브 잇기 … 76

Yarn World 이거 진짜 대단해요! 뜨개 기호
침묵의 코드 【코바늘뜨기】 … 77

이제 와 물어보기 애매한?! 대바늘뜨기의 떠서 꿰매기 … 78

우리 아이가 최고! 강아지와 함께 … 84

Let's Knit in English 니시무라 도모코의 영어로 뜨자
크로셰가 뜨고 싶어지면 … 86

Simple is Best 심플 이즈 베스트 … 88

Couture Arrange 시다 히토미의 쿠튀르 어레인지
가을색 튜닉 베스트 … 96

오카모토 게이코의 Knit+1 … 98

스윽스윽 뜨다 보니 자꾸 즐거워지는
비기너를 위한 신·수편기 스이돈 강좌 … 100

뜨개꾼의 심심풀이 뜨개
마음에 쏙 드는 '뜨개 최애 부채'가 있는 풍경 … 104

뜨개 도안 보는 법 … 105

본문에 수록된 작품의 뜨개 도안 … 106~199

P.17 카디건
Color Variation
스키 태즈메이니안 폴워스(7002, 7019, 7026, 7010, 7006, 7009, 7024)

P.10 브이넥 스웨터
Color Variation
제이미슨즈 셰틀랜드 스핀드리프트(478, 760, 1140, 1260, 677, 290, 183, 232, 757, 390, 375, 147, 665, 517, 122, 575)

P.13 풀오버
Color Variation
퍼피 브리티시 파인(021, 092, 091, 003, 009, 007, 073, 074, 004, 037, 001, 013, 066)

# 색채의 향연
# 페어아일 니팅
## Fair Isle Knitting

스코틀랜드 앞바다의 셰틀랜드 제도에서 탄생한 페어아일 니트.
그 세밀한 배색무늬뜨기는 한 단에 2색밖에 사용하지 않는다고는 생각지 못할 정도로 색채로 가득해 우리의 마음을 사로잡습니다.
손바닥만 한 뜨개바탕에 다양한 색깔을 빼곡히 채워 뜨는 즐거움, 입는 기쁨을 만끽해보아요.

Photograph/Shigeki Nakashima, Styling/Kuniko Okabe, Yumi Sano, Hair&Make-up/Hitoshi Sakaguchi, Model/Katya

강한 바람을 맞으며 자라는, 몸집이 작은 셰틀랜드 양의 털은 질기고 곱슬곱슬하지만 가볍고 탄력이 있습니다. 그런 양모로 만드는 셰틀랜드 얀은 독특한 색감도 매력의 하나로 꼽힙니다. 산뜻한 느낌의 브이넥 스웨터는 차가운 색과 따뜻한 색을 정교하게 배색하고, 셰틀랜드의 초원을 연상시키는 그린 컬러로 마무리했습니다.

Design／가제코보(風工房)
How to make／P.106
Yarn／제이미슨즈 셰틀랜드 스핀드리프트

모자 윗부분에서 코를 줄이며 꽃과 같은 무늬를 만들어가는 베레모는 보는 각도에 따라 전혀 다른 느낌을 줍니다. 자연 속에 있을 때도, 거리를 걸을 때도 늘 함께하고 싶어요.

Design／가제코보
How to make／P.108
Yarn／퍼피 브리티시 파인

낙낙한 길이의 따뜻한 벙어리장갑은 가는 보더무늬를 줄줄이 배치해보았습니다. 올해의 새로운 컬러인 형광색을 포인트로 한 귀여운 디자인입니다.

Design／가제코보
How to make／P.109
Yarn／퍼피 브리티시 파인

시크한 바이올렛 컬러에 그린 계열을 그라데이션으로 조합한 색감이 신선합니다. 모던한 스트라이프 배색 고무뜨기로 깔끔하게 마무리했습니다.

Design／가제코보
How to make／P110
Yarn／퍼피 브리티시 파인

가는 울 실을 이용해 베스트와 비니를 한 세트로 떴습니다. 브라운 계열을 짙은 네이비 컬러로 깔끔하게 정리해주어 브라운·블랙 어느 계열의 스타일링에도 어울립니다. 셰틀랜드 얀과 달리 촉감이 부드러워 피부가 약한 사람에게도 추천합니다.

Design／가와이 마유미
Knitter／호리구치 미유키
How to make／P.112
Yarn／데오리야 쿠 울

귀여운 느낌의 둥근 요크는 전통적인 페어아일 니트에는 없던 것으로, 바다를 통해 북유럽에서 전해 내려온 디자인의 영향을 많이 받았습니다. 부드러운 울 실로 떴기 때문에 얇아서 입기 쉽고 피부에 닿는 감촉도 좋답니다.

Design／가와이 마유미
Knitter／구리하라 유미
How to make／P.114
Yarn／데오리야 쿠 울

페어아일 패턴에 다른 뜨개바탕을 조합해도 멋지답니다. 앞뒤 몸판은 배색 무늬뜨기, 소매는 메리야스뜨기와 케이블뜨기를 배치했습니다. 태즈메이니아 메리노 실로 떠서 맨살에 그대로 입을 수 있어요.

Design／기시 무쓰코
How to make／P.116
Yarn／스키 얀 스키 태즈메이니안 폴워스

전체 배색무늬는 앞판에만 넣고, 뒤판과 소매에는 무늬 일부를 포인트로 넣어 산뜻하게 완성했습니다. 힘을 빼고 내추럴하게 입을 수 있는 페어아일 카디건입니다.

Design／YOSHIKO HYODO
Knitter／야마다 가나코
How to make／P.118
Yarn／스키 얀 스키 태즈메이니안 폴워스
Glasses／글로브 스펙스 에이전트

# Knitting Yarn

YARN SOMSOM KNITTING YARN

너너널들 사이에,
입소문으로 유명해졌어요!

호주 최고급 양모로 생산되어 부드럽고 가볍고
포근한 제품이에요. 기모감이 뿜뿜-

어디든 잘 어울리는
만능 모헤어,

솜솜뜨개에는 모헤어 제품이 100여개!
원하는 색상으로 골라보세요.

**실 굵기를 선택 할 수있는, 콘사 전문 쇼핑몰,
500여 가지 실을 만나보세요.**

네이버에 솜솜뜨개를 검색해보세요!  솜솜뜨개

# 노구치 히카루의 다닝을 이용한 리페어 메이크

'리페어 메이크'라는 말에는 수선하지만, 그 작업을 통해 그 물건이 발전하고 진보한다는 생각을 담았습니다.

**노구치 히카루(野口光)**
'hikaru noguchi'라는 브랜드를 운영하는 니트 디자이너. 유럽의 전통적인 의류 수선법 '다닝(Darning)'에 푹 빠져 다닝을 지도하고 오리지널 다닝 기법을 연구하는 등 다양하게 활동하고 있다. 심혈을 기울여 오리지널 다닝 머시룸(다닝용 도구)까지 만들었다. 저서로는 《노구치 히카루의 다닝으로 리페어 메이크》, 제2탄 《수선하는 책》 등이 있다. http://darning.net

【이번 타이틀】
## 여행하는 SUZUSAN의 숄

고양이가 가지고 놀다가 할퀸 흔적이 여기저기에…

Coat／하라주쿠 시카고 하라주쿠점
Skirt／하라주쿠 시카고(하라주쿠／진구마에점)

Photograph/Hironori Handa, Styling/Masayo Akutsu, Hair&Make-up/Yuri Arai, Model/Dasha
www.suzusan.com

이번에는 '다닝 구라게'를 사용했습니다.

SUZUSAN은 독일 뒤셀도르프와 일본 아이치현 아리마쓰에 근거지를 두고 있고, 전통 홀치기염색으로 물들인 숄과 캐시미어 스웨터 컬렉션으로 유명한 세계적인 브랜드입니다. 독일에서 아트를 배우고 현재 SUZUSAN의 대표인 무라세 히로아키(村瀬弘行)가 유럽에 아리마쓰 홀치기염색을 소개하면서 높은 평가를 받고 있습니다.
이번에 이탈리아에 사는 SUZUSAN 고객의 '반려묘가 장난감 삼아 놀다가 찢어진 숄'을 수선했습니다. 소재는 일본 비슈에서 짠 캐시미어 울 혼방이라 보드랍고 중량감이 느껴졌습니다. 짙은 남색 바탕에 더해진 심플한 흰 무늬는 영국 호수 지방의 풍경과 전통 타탄체크에서 영감을 받았다고 합니다. 이 큼직한 격자무늬가 망가지지 않게 선택한 테크닉은 찢어진 구멍에 수용성 부직포를 덧대고 실크 모헤어 실로 블랭킷 스티치를 벌집 모양으로 놓는 허니콤 다닝을 해 구멍을 메운 다음 물세탁해 부직포를 녹여 스티치만 남도록 하는 것이었습니다. 이탈리아의 숄 주인이 SUZUSAN에 수선을 의뢰한 지 약 1년. 이 숄도 세계를 여행하고 유럽으로 돌아갑니다. 주인과 반려묘가 새로워진 이 숄을 마음에 들어 했으면 좋겠습니다.

뜨개 피플

# 머릿속에 든 것을 뜬다
## 야마구치 미와

Photograph/Bunsaku Nakagawa, Text/Hiroko Tagaya

마치 살아 있는 듯한 존재감.

작품 중에는 브로치 같은 액세서리도 있다.

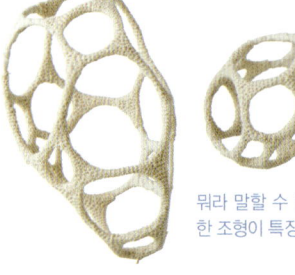

뭐라 말할 수 없는 요상한 조형이 특징.

인체의 내부를 표현한 듯한 '변하는 꽈배기뜨기 숄'.

'뿔'에 흥미가 많다. 최근의 작품 테마이기도 하단다.

사용하는 실은 아이보리색의 가늘고 굵은 스트레이트 코튼.

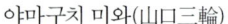

**야마구치 미와(山口三輪)**
어릴 때부터 어머니의 영향으로 수예를 즐겼다. 그중에서도 실 한 가닥으로 작품이 완성되는 손뜨개에 반해 독학으로 여러 작품을 만들었다. 2009년부터 본격적으로 뜨개 오브제 작가로 활동하기 시작했다. 생명감 넘치는 오브제는 자연과 인체, 낯익지만 묘한 형태를 테마로 하고 있다.
https://mwymgc.wixsite.com/tichita

이번에 소개할 게스트는 니트 작가 야마구치 미와. 그녀의 작품은 일본 신석기 시대의 조몬식 토기를 모티브로 한 오브제 등 어느 것이든 놀라울 정도로 정교한데도 신기하게 온기가 느껴집니다. 아이보리색 작품을 모아놓으면 독특한 세계가 태어납니다. 그녀가 지금 같은 오브제를 제작한 것은 2009년입니다.

"뜨개질은 어릴 때 엄마한테 배웠지만, 그 후로는 별로 하지 않았어요. 초심자와 다름없었죠. 지나다 들른 백엔숍에서 뜨개바늘이랑 털실을 발견해서 그걸로 액세서리를 만들어 인터넷에 올렸더니, 패션 브랜드 '네펜테스'의 사장님이 보고는 2009년에 네펜테스의 갤러리에서 전시하게 해주셨거든요. 그때부터 활동하기 시작했죠."

시인인 아버지와 미술 애호가인 어머니 밑에서 자란 그녀는 자신도 예전부터 무언가 표현하고 싶었다고 합니다. 그래서 연극부에도 들어가 보고 옷도 만들어보다가 '꽂힌' 것이 손뜨개였습니다. 어릴 적 지인이 전시를 보고 "드디어 (너만의 표현 수단을) 찾았네"라고 말한 게 아직도 기억에 남는다고 합니다.

"제작할 땐 계획 없이 형태가 없는 머릿속에 든 것을 실제로 손을 움직여서 만들어본 다음 눈으로 확인하는 식이에요. 평소 자연이나 미술관에서 영감을 받아 작품을 만들어요. 이런 꾸불꾸불한 생물 같은 것도 좋아하고요."

그러면서 보여준 작품이 조몬식 토기 뒤에 있는 나무뿌리 같은 오브제(→P.21)입니다. "나무뿌리를 만들고 있으면 점점 사람의 혈관 같은 다른 사물로 보이기도 해요. 그래서 일부러 염색하지 않은 실을 사용해 보는 사람에 따라 다양하게 보일 수 있게 만들어요."

그녀는 마음 가는 대로 손을 움직입니다. 그렇게 탄생한 작품은 보는 이의 수만큼 가지각색으로 해석됩니다. 아트라고 할 수 있지만, 본인은 딱히 자신을 아티스트라고 생각지 않는 모양입니다. 니트 작가라고는 생각한다며 가볍게 대답할 뿐이었습니다.

그녀는 한 달에 열흘은 집 근처 수예점의 매대에 서 있습니다. 그곳에서 수예를 좋아하는 손님과 이야기하면서 삶의 밸런스가 잡히는 느낌이 든다고 합니다. 그런 그녀의 애독서는 놀랍게도 만화 《돌격! 남자훈련소》. 우아한 분위기와 달리 가장 좋아하는 만화라고 하니 재미있습니다. 여러 만화를 읽기보다 좋아하는 책을 몇 번이고 읽는 타입이라서 《돌격! 남자훈련소》에는 접착 메모지가 많이 붙어 있었습니다. "다시 읽고 싶은 부분에 접착 메모지를 붙이고 몇 년 뒤에 읽으면 또 느낌이 달라져서 재미있어요."

그렇게 그녀는 해를 거듭하면서 천천히 자신의 본질을 찾아 나갔습니다. 집에는 남편과 취미로 타는 자전거와 예쁘게 장식된 소중한 반려견의 사진 등 정말 중요한 것만 놓여 있습니다. 요즘에는 무대 의상에도 흥미가 있어 '조명과 동작에 따라 니트의 표정이 달라지는 것을 보고 싶다'고 합니다. 야마구치 미와 월드는 상쾌하게 진화 중입니다.

1/압권인 오브제들. 앞쪽 작품은 조몬식 토기를 모티브로 했다. 2/제작은 꾸준한 작업이 쌓여서 서서히 형태가 만들어진다. 3/보기에 따라 뿌리나 액체, 식물로도 보이는 태피스트리. 4/조형에 따라서는 철사와 테이프로 토대를 만든 뒤 감싸면서 뜨기도 한다. 5/최근에 발견한 '뜨개바탕을 레진으로 굳히는' 표현. 6/작품이 집 거실과도 조화를 잘 이루고 있다. 7/기모노 허리띠에 매다는 부분을 손뜨개로 만들었다. 기모노용 소품도 뜬다. 8/짧은뜨기와 한길 긴뜨기 등 심플한 뜨개 기법으로 표현하는 것을 추구한다. 9/균류나 버섯 같은 모양이 늘어서 있는 모습이 다른 세계를 보는 듯하다.

| 2 | 1 | |
|---|---|---|
| 5 | 4 | 3 |
| 9 | 8 | 6 |
|   |   | 7 |

# michiyo의 4사이즈 니팅

풍성한 플레어의 폭신폭신한 풀오버는 레이어드 스타일의 킬러 아이템.
가을바람에 옷자락을 휘날리며 발랄하게 입어주세요.

Photograph/Shigeki Nakashima, Styling/Kuniko Okabe, Yumi Sano, Hair&Make-up/Kazunori Miyasaka, Model/Iryna

## 풍성한 플레어의 풀오버

이번에 소개할 스웨터는 아직은 겉옷이 필요하지 않은 초가을에 활약할, 겹쳐 입는 용도의 칠부 소매 풀오버입니다. 볼륨 있는 플레어 타입의 밑단과 소매이지만, 가는 모헤어 1올로 아주 가볍게 완성했습니다. 목둘레부터 뜨는 톱다운 방식으로 경사뜨기를 하지 않아도 목둘레의 앞뒤 단차가 생기는 이 방법은 간단하게 착용감을 높일 수 있습니다.

전체적으로 비치는 느낌이 있는 시스루여서 요크무늬가 입체적으로 돋보입니다. 이 무늬는 아주 작은 버블을 조합해 디자인했습니다. 코바늘로 만드는 이 버블은 요크 부분에서 많이 뜨기 때문에 조금 힘들지만, 그 부분이 지나면 메리야스뜨기이니 힘을 내서 뜰 수 있을 거예요. 뜨개바탕이 시스루라면 실을 바꿀 때 옆선과 가까운, 눈에 잘 띄지 않는 곳에서 합니다.

사이즈감은 넉넉한 편이지만 요크의 핏감이나 볼륨은 확실히 4사이즈로 구분되니 원하는 사이즈로 꼭 한번 떠보기 바랍니다.

레이어드 스타일에 딱 맞는 가볍고 따뜻한 풀오버. 실은 가늘지만, 바늘은 5호라서 뜨기 쉽고 의외로 빨리 떠집니다. 풍성한 플레어와 버블의 달콤하고 사랑스러운 디자인이지만 시크한 코디에 매치해도 부드러운 느낌을 더해준답니다.

Knitter／이지마 유코
How to make／P.120
Yarn／NV 얀 모헤어

**요크 끝·몸판의 뜨개 시작**
몸판의 뜨개 시작 위치는 요크무늬의 중심을 맞춰야 하므로 사이즈마다 다릅니다.

**S** size
**M** size (사진)
**L** size
**XL** size

**소매길이**
요크 길이와 목둘레 크기로 화장이 정해지므로 4사이즈 모두 같습니다.

**플레어의 볼륨**
사이즈가 커질수록 무늬뜨기가 늘어나는 만큼 콧수도 늘기 때문에 볼륨이 균등합니다.

## michiyo
어패럴 메이커에서 니트 기획 업무를 하다가 현재는 니트 작가로 활동하고 있다. 아기 옷부터 성인 옷까지, 여러 권의 저서가 있다. 현재는 온라인 숍(Andemee)을 중심으로 디자인을 발표하고 있다.
Instagram : michiyo_amimono

※ 무늬를 기준으로 한 사이즈이므로 치수 차이는 균등하지 않습니다.

## 깊어지는 계절을 음미하는
# 가을의 크로셰

비침무늬를 떠올리기 쉬운 코바늘뜨기 옷도 털실로 뜨면 가을의 주인공이 될 수 있습니다.
단 하나의 바늘과 실이 연주하는 이 계절만의 하모니를 즐겨보세요.

Photograph/Hironori Handa, Styling/Masayo Akutsu,
Hair&Make-up/Yuri Arai, Model/Dasha

긴 베스트는 가볍게 걸치기만 해도 세련미가 업 되는 마법의 아이템입니다. 무늬를 달리한 부분에서 정성이 느껴지는 디자인은 점잖은 무늬와 귀여운 무늬가 훌륭하게 조화를 이뤄 질리지 않고 뜰 수 있습니다.

Design／오카모토 마키코
How to make／P.122
Yarn／다이아몬드케이토 다이아 알파카 릴리카

Blouse·Skirt／하라주쿠 시카고(하라주쿠/진구마에점)
Basket Bag／SLOW 오모테산도점

그라데이션 실의 색감도 코바늘뜨기와 대바늘 뜨기에서는 서로 무척 달라 보입니다. 아름다운 요크가 포인트인 옷은 그라데이션 실과 단색 실로 줄무늬를 떴습니다. 그라데이션의 다채로운 색감을 단색이 잡아줘서 훌륭한 악센트가 됩니다.

Design／기시 무쓰코
How to make／P.126
Yarn／다이아몬드케이토 다이아 카리용, 다이아 태즈메이니안 메리노 '파인'

Skirt／하라주쿠 시카고(하라주쿠／정구마에점)
Hat／스타일리스트 소장품

멋스러우면서 신선한 느낌을 주는 풀오버는 한길 긴뜨기와 사슬뜨기를 나열한 심플한 무늬로 이뤄져 있습니다. 사슬뜨기 부분을 번갈아 감싸며 떠서 직물처럼 무늬가 조밀합니다. 여기에 그라데이션 실도 한몫해 더욱 근사해 보입니다.

Design／시바타 준
How to make／P.136
Yarn／스키 얀 스키 로벨

Skirt／하라주쿠 시카고 하라주쿠점
Scarf／SLOW 오모테산도점

한 번쯤은 떠서 입고 싶은 털실 스커트. 짧은 뜨기, 긴뜨기, 한길 긴뜨기 순으로 가로뜨기만 해도 아름다운 라인이 만들어집니다. 걸어뜨기의 라인과 곳곳에 배치한 모눈뜨기, 공들인 배색도 매력입니다.

Design／오카 마리코
How to make／P.138
Yarn／스키 얀 스키 프로필라인, 스키 로벨

Blouse／산타모니카 하라주쿠점
Hat·Necklace·Shoes／스타일리스트 소장품

탄탄하게 뜬 남성적인 재킷은 교차하는 걸어뜨기가 포인트. 크로셰 특유의 음영과 베이비 알파카 100%의 매끄럽고 촉촉한 질감이 어우러져 고급스럽습니다.

Design／오쿠즈미 레이코
How to make／P.131
Yarn／나이토상사 인디시타 DK

Blouse／산타모니카 하라주쿠점
Skirt／하라주쿠 시카고(하라주쿠／진구마에점)

V자형으로 뜬 걸어뜨기무늬가 헤링본처럼 늘어선 모습과 폭신한 실의 조합이 신선한 풀오버. 굵은 바늘을 사용하므로 소품 정도의 콧수와 단수로 뜰 수 있는 점도 최고! 엄지를 넣는 구멍이 있는 긴 소맷부리도 포인트입니다.

Design／오카 마리코
Knitter／우치우미 리에
How to make／P.140
Yarn／나이토상사 라자. 믹스 넵

Skirt／하라주쿠 시카고(하라주쿠／진구마에점)
Hat／스타일리스트 소장품

'태국과 이란의 마음이 담긴 것'을 테마로 두 나라의 수공예품을 소개하는 OKKO YOKKO의 간다 요코입니다. 손뜨개를 하는 분 가운데 이란의 양말을 아는 분도 많을 테지만, 이번에는 이 양말이 어떤 과정을 거쳐 생산하며 또 무늬에 어떤 의미를 담았는지 다룹니다.

### 이란의 양말을 만나다

12년 전쯤 도쿄 전시회에서 이란의 손뜨개 양말을 만났다. 니가타에서 작은 잡화점을 운영하는 집안에 시집간 여동생이 시어머니와 아들을 데리고 그 전시회를 보러 오기로 해서 나는 어린 조카를 돌보기 위해 불려 나갔다. 조카는 평소와 다른 환경에 흥분한 상태. 전시회장을 뛰어다니는 조카를 쫓아다니다 보니 어느 부스 앞에 이국의 정취가 물씬 풍기는 컬러풀한 손뜨개 양말이 놓여 있는 게 보였다. 갑자기 내 안테나가 격렬하게 반응했다. 뭐지 진짜 깜찍한데? 당시 태국 전문 잡화점을 막 시작한 나는 겨울에 취급할 아이템을 찾던 중이었다. 이렇게 생각지도 못한 '이란'이라는 나라와 인연을 맺게 되어 여름에는 태국 잡화, 겨울에는 이란 양말을 아이템으로 정하고 활동하게 되었다.

이란의 양말을 취급한 지 얼마 지나지 않아 궁금증이 일었다. 어떤 사람이 뜨는 걸까? 이 배색뜨기 무늬는 어떤 의미일까? 이 와일드한 울 털실은 어떻게 뽑았을까? 할머니가 뜬다고 들었는데 젊은 사람들은 안 뜨나? 남자도 뜨려나? 인터넷을 찾아봤지만, 궁금증을 해소할 수 없었.

그러던 어느 해 1월 1일. '9월 12일 이란'이라는 글자가 떠오르는 신기한 꿈을 꿨다. 순순히 꿈에 나온 대로 따르기로 했다. 계속 의문을 품은 채 양말을 파는 데도 한계가 있었다. 실제로 직접 가서 확인해보는 수밖에 방법이 없었다. 2017년 9월 이란에 가기로 마음을 굳혔다.

산비탈을 따라 지어진 가옥 '지붕 길'로 유명한 마술레 마을.

**세계 수예 기행** 이란이슬람공화국

## 행복하길 바라는 마음을 담은
# 이란의 손뜨개 양말

취재·글·사진/간다 요코   촬영/모리야 노리아키   편집 협력/가스가 카즈에

### 양말 마을의 안내인 무사비

미지의 나라 이란. 가기로 했지만, 정보가 없어서 점점 불안해져갔다. 머나먼 이란까지 가서 말이 통하지 않으면 무슨 의미가 있을까. 그렇게 고민할 때 이슬람권을 잘 아는 분을 알게 되었고 그분을 통해 이란 가이드 무사비를 소개받았다.

가이드의 이란 어디를 구경하고 싶냐는 연락에 이렇게 대답했다. "이란 관광엔 관심이 없어요. 제 관심사는 이란 북부의 마술레 마을이에요. 그 마을의 양말에 관심이 있어요. 거기만 가면 됩니다." 그러자 그는 자기 고향이라면서 굉장히 놀란 듯했다. 난 소름이 돋았다.

### 모든 무늬에는 의미가 있다, 양말 연구자 사미

오랫동안 고향에 돌아가지 못했다는 무사비는 자기 고향이라서인지 기합이 들어가 힘이 넘쳤다. 이란 북서부 도시 라슈트에서 무사비와 합류했다. 마술레 마을로 출발하기 전에 라슈트호텔에 묵기로 했다. 호텔에 도착한 후에도 긴장과 흥분이 풀리지 않았다. 특별히 할 일도 없어 이 지역을 알아보고자 마을 박물관에 갔다. 작은 박물관에서 전시품을 보고 있는데 말을 걸어오는 여성이 있었다. 그녀는 이 박물관의 학예사였다. 일본에서 왔다고 소개하고 덧붙여 마술레 마을의 양말을 좋아해 그 양말에 관해 알고 싶어 그 마을에 간다고 이야기했다. 학예사는 놀라워하며 자기가 그 양말을 연구하는 사람이라고 했다.

자신을 '사미'라고 소개한 양말 연구자는 나를 사무실로 초대해 양말의 역사와 무늬의 의미에 관한 많은 자료와 사진을 보여줬다. 지금까지 찾아봐도 알 수 없던 사실들을 갑자기 분명하게 알게 되어 굉장한 보답을 받은 것 같았다.

단지 세모로 보였던 무늬는 뿔이 난 양의 얼굴로 재산과 풍족한 생활을, 조개껍데기인 줄 알았던 무늬는 전갈무늬로 액막이를 의미했다. 발바닥 부분의 들쭉날쭉한 톱니 모양은 양의 장 무늬로, 장은 인간의 건강을 유지하기 위해 소중한 장기인 데다 길어서 '건강·장수'를 의미한다고 했다. 이란의 양말에는 인간이 살아가는 데 필요한 소망과 기원이 가득 담겨 있었다.

나중에 마을에 가서 알게 된 사실인데, 양말을 뜨더라도 무늬의 의미를 알고 뜨는 사람은 거의 없었다. 무늬의 의미와 뜨는 이유는 학술적인 면에서 연구하기에 아는 것이었다. 지금 돌이켜보면 사미와의 만남은 아주 귀중한 인연이었다.

이란 북부의 전통 공예품으로 유명한 아름다운 목제 창틀.

A／마슐레 마을 출신 가이드 무사비 덕분에 마을에서 뜨개질하는 분의 취재가 원만하게 진행되어 뜨개질하는 모습을 지켜볼 수 있었다. 시작한 지 5분이 지나자 쇼트 양말의 발끝 부분이 완성되었다. B／민예품점에서 가게를 보며 양말을 뜨고 있는 할머니. C／손에는 늘 뜨갯거리가 들려 있다. 수다를 떨면서도 손을 부지런히 움직이는 이란 여성. D／라슈트박물관의 전시 풍경. 길란주는 예로부터 자수는 남성의 일이었다. E／라슈트박물관에서 양말 연구자 사미(중앙)와 함께. 왼쪽은 양말 뜨기 경력 50년인 베테랑 사키네, 오른쪽이 나.

## 마술레 마을에서 양말 문화가 탄생한 이유

양말의 고장 마술레 마을은 이란 북부 길란주에 있는 세계 최대 규모의 호수 카스피해 연안과 이어진 엘부르즈산맥에 있다. 동경하는 아바스 키아로스타미(Abbas Kiarostami) 감독이 영화를 촬영한 곳도 이곳 길란주. 지중해성 기후로 연중 습도가 높은 기후라 농사와 양봉이 번성했다.

'지붕이 곧 길'인 독특한 지형의 마술레 마을은 산비탈을 따라 집과 건물이 다닥다닥 지어져 있다. 어떤 사람에게는 지붕이요 어떤 사람에게는 길이 되도록 좁은 토지를 활용해 지혜롭게 생활하고 있었다. 이렇듯 자연을 그대로 살린 아름다운 광경은 이란 내에서도 인기 있는 관광지이며 역사·문화유산으로 등록되어 성수기면 각지에서 관광객이 찾아온다.

카스피해 부근의 다른 지역은 농업·축산업이 번성해 치즈·올리브·차 산지로 유명하다. 그러나 특수한 지형의 마술레 마을은 농사를 짓기에 적합하지 않아 남성은 관광과 수공예에 힘을 쏟아왔다.

원래 길란주는 수공예가 굉장히 발달한 지역으로 자수처럼 손으로 하는 작업은 남성의 일이었다. 카자르 왕조 시대(1794~1925)에 이란을 통치한 모하메드 샤(Mohammad Shah, 재위 1834~1848)를 위해 만든 훌륭한 솜씨의 자수 천막 패널은 지금도 미국 클리블랜드미술관에 전시되어 있다.

마술레 마을에서 유명한 전통 공예품은 양말과 아름다운 목제 창틀이다. 마을 이곳저곳에서 볼 수 있는 이 창틀은 세계 각지에서 건축가들이 보러 올 정도로 특별하다.

지그재그 길과 양, 양치는 남성.

### 세계 수예 기행
이란이슬람공화국

# 이란의 손뜨개 양말

마을 아낙들은 집안일을 하면서 남편의 일을 돕고, 집에 있으면서 할 수 있는 일인 양말 뜨기 문화가 발전했다고 한다. 현재 마술레 마을에서 양말을 뜨는 사람은 나이 든 여성이 많은데, 할머니 대부분 뜨개질은 늘 주변에 있어 어릴 때부터 자연스럽게 뜨개질한다고 한다. 대개 대여섯 살 때 시작해 60년 가까이 뜨개질해온 베테랑도 많다. 지금은 아크릴 계열이 주류로 전체의 70%가 아크릴, 30%가 울이다. 아크릴이 보급되기 전에는 실크나 울에 나무와 풀을 이용해 천연 염색한 실을 사용했다.

이란의 양털은 다른 나라의 양털에 비해 거친 편이지만 광택이 있고 질겨서 양탄자 만들기에 적합하다. 양탄자와 같은 양털실로 뜬 양말은 까슬까슬하지만 튼튼하고 따뜻하다. 그러나 계속 뜨개질하다 보면 따가워서 싫어하는 뜨개쟁이도 많은 듯하다. 울 양말은 양치는 집의 안주인이나 천연 소재, 양털을 좋아하는 사람밖에 뜨지 않는다고 한다.

날씨가 좋은 날에는 집 앞에 양탄자를 깔고 나무 쟁반에 차이와 대추야자를 준비해 자기만의 속도로 즐겁게 뜨개질한다. 완성한 양말이 쌓이면 바자르(재래 시장)에 내다 파는 시스템이다. 바자르에서 멋진 디자인의 양말을 발견하고 내년에는 이 스타일을 좀 더 많이 만들어달라고 요청해봤지만, 그때마다 기분에 따라 만들어서 장담 못 한다는 대답이 돌아왔다. 이 양말은 누구에게도 컨트롤되지 않고 만드는 사람의 자유로운 마음과 아이디어에서 탄생한다. 이것저것 주문하기보다 알아서 해달라는 게 가장 좋은 방법임을 깨달았다. 이란의 양말이 이처럼 자유분방한 환경에서 자유로운 마음으로 만들어지는 것을 알고 더더욱 빠져들었다.

## 호드랑그와의 만남

와일드한 울 털실은 어떤 방식으로 뽑는지 궁금했다. 그 답을 찾고 있을 때, 늘 보던 양말과 어딘가 다른 호드랑그(Khodrang) 양말과 만나게 되었다. 페르시아어로 '호드(Khod)는 자기 본연의', '랑그(Rang)는 색'이라는 의미다. 흰 양과 검은 양의 원모를 염색하지 않고 만든 천연 양말이다. 여러 차례 양말 전문점을 방문했더니 양말을 그렇게 좋아하냐며 가게 주인 아저씨가 다락방에서 아래로 검은 봉투 여러 개를 떨어뜨렸다. 열어보니 젖비린내나는 동물 냄새가 코를 찔렀다. "뭐예요, 이 양말! 한 번도 본 적 없는데!" 바로 호드랑그였다.

이란 북부의 풍부한 자연환경에서 자유분방하게 자란 양들. 양치기 아버지와 아들이 털을 깎고 씻어서 말린다. 그 양털을 할머니와 어머니, 딸이 손으로 자아서 만든 실로 양말을 뜬다. 양 키우는 곳에서 모든 과정을 한 가족이 한다. 말 그대로 이란 대자연의 혜택과 가족의 협력과 사랑의 결정체가 양말이다. 단순히 따뜻하기만 한 게 아니라 형언할 수 없을 정도로 소중함이 느껴졌다.

그 후에도 이란에 갈 때마다 아저씨에게 호드랑그와 관련된 이야기를 듣고 내년에야말로 호드랑그 가족을 만나러 가야지라고 생각했는데 코로나19로 한동안 이란에 가지 못했다. 이렇게 가지 못하는 시간 동안 공상에 점점 빠져들지만, 다음 여행을 기대하고 있다. OKKO YOKKO의 이란 양말을 찾는 여행은 앞으로도 이어질 것 같다.

흰 양과 검은 양의 원모로 짠 호드랑그 양말.

F／양말에 달린 긴 끈은 다리에 둘둘 감아서 흘러내리는 것을 방지하는 용도로 사용한다. G／호드랑그 양말을 사용해 만든 베스트. 앞판 부분이 양말인데 아주 따뜻하다. H／아기용 양말을 파우치와 주방 장갑으로 응용한 것. I／현재 주로 사용하는 양말 무늬, 모든 무늬에 의미가 있다. 1 발등: 생명의 나무／생명력, 튼튼한 성장 2 발바닥: 양의 장／건강, 장수 3 발목: 하트의 마음을 가진 새／신의 사자, 신성 4 발등: 포도／자손, 풍성한 수확, 번영 5 발목의 빨간 바탕: 전갈／액막이 6 발등: 뿔 달린 양／풍족한 생활, 재산 7 전체: 밀가루／생명, 먹거리에 걱정이 없음 8 발등: 약초꽃／건강 9 발목의 빨간 바탕: 카스피해의 파도／정화 10 발목 위쪽: 체스판／명석한 두뇌, 승리 11 발목의 사선: 목걸이／고귀함, 재산 12 발등: 베르가모트／액막이 J／박물관에 전시할 수준의 특별한 양말 컬렉션. 길란주 외에 아르다빌, 타브리즈에서 만든 작품도 있다. 민족의상에 맞춰 신가와 의식에 사용하기도 한다. 발바닥까지 섬세하게 뜬 배색무늬는 마치 작은 양탄자 같다.

이란과 양말 무늬에 관해 일러스트와 함께 정리해 직접 만든 미니북.

**간다 요코(神田陽子)**

일본 니가타에서 태어났다. 일본에서 태국이 인기 있던 1998~2000년에 태국에 살았다. 귀국 후에 취직했지만 태국을 잊지 못해 2010년 태국 잡화를 취급하는 OKKO YOKKO를 시작했다. 그해 겨울부터 이란 양말 판매를 시작해 '태국과 이란의 마음이 깃든 물건' 봄·여름/태국 가을·겨울/이란을 테마로 두 나라의 수공예품을 소개한다. 그런 활동은 책《세계를 걷다, 수공예 여행》에도 소개했다. 상품이나 전시회 정보는 인스타그램(@okkoyokko)에 매일 업로드하고 있다.
www.okkoyokko.com

# 취향을 가득 담은 공간,
## 다정하고 따뜻한 지금 서울의 뜨개 편집숍

취재 : 정인경 / 사진 : 김태훈

한국은 지금 뜨개 붐이다. 뜨개는 오랜 세월 이어져 온 취미 시장을 넘어 이제는
더 많은 니터들의 마음을 사로잡는 새로운 라이프스타일 콘텐츠로 진화하고 있다.
그리고 이런 넓디넓은 뜨개의 매력을 보다 많은 사람들에게
소개하고 싶어 직접 가게를 연 사람들이 있다.
뜨개를 사랑하다 보니 뜨개 자재, 그중에서도 특히 실을 연구하게 됐고,
그러다가 자신의 취향을 가득 담은 공간까지 만들게 됐단다.
매장 안으로 들어서는 순간 니터들에게는 동화 같은 풍경이 펼쳐질,
뜨개에 대한 애정과 사명감으로 운영 중인 서울과 근교의 뜨개샵 3곳을 소개한다.

### 니터를 위한 즐거운 뜨개 셀렉트숍, 코와코 이로이로

코와코 이로이로는 뜨개를 하는 사람이라면 누구나 한 번쯤은 들어보았을 이름이다. 높은 안목으로 고른 실 셀렉션, 단정한 무드의 제품들, 초보 니터에게도 친절한 뜨개 키트 제품군까지. 홍대입구역 근처에 위치한 이곳 매장에서는 실을 구매하는 것은 물론 다양한 뜨개 책을 고르고 살펴보거나, 니팅 클래스도 들을 수 있다. 이곳은 국내에서도 인기가 많은 로사 포마르(ROSA POMAR)의 실을 처음 우리나라에 소개한 곳으로, 로사 포마르의 공식 수입사이기도 하다. 그 외에도 아브리루(AVRIL), 다루마(DARUMA), 이사가(ISAGER), 로완(ROWAN) 등 세계적으로 인기 있는 브랜드의 실을 엄선해 판매하고 있다. 실 뿐만 아니라 뜨개바늘과 각종 부자재들도 다양하게 갖추고 있는데, 특히 킨키아미바리 시니츠(seeknits)의 바늘 라인을 직접 보고 구매할 수 있다는 것이 큰 장점이다. 뜨개 관련 제품 외에도 다양한 핸드메이드 도구들도 취급하고 있으니, 손으로 만드는 것을 사랑하는 모든 이들에게 참새 방앗간 같은 공간이다.

주소 : 서울시 마포구 와우산로 177-3, 1층
운영 시간 : 인스타그램 공지를 통해 확인
인스타그램 : @cowaco_iroiro

1/국내에서도 인기가 많은 실 '몬담'의 전 색상을 실제로 살필 수 있다. 2/코와코 이로이로에서 공식 수입하고 있는 AVRIL. 3/실의 무드에 따라 진열 방식을 달리하고 있어 구석구석 볼거리가 가득하다.

## 뜨개 콘사, 따뜻한 **솜솜뜨개**

의류를 뜨는 니터라면 아마도 어떤 실을 선택해야 하는지가 가장 큰 고민일 것이다. 소재와 이름만 보고 실을 고르기에는 실제 완성물이 어떻게 나올지 상상하기가 어려운 데다, 한 벌을 다 뜰 정도의 분량을 구매하기에는 경제적으로도 부담스럽다. 그럴 때 뜨개인을 구해주는 게 바로 콘사다. 콘사는 가공이 많이 들어간 타래실에 비해 저렴하면서도 질적인 면에서는 빠지지 않아, 처음 의류를 뜨려는 사람에게는 무척 좋은 선택지가 되어 준다. 솜솜뜨개는 콘사를 전문적으로 취급하는 상점으로, 이곳의 콘사 라인업을 살펴보면 '콘사는 저렴한 실'이라는 편견이 아마 쏙 들어갈 것이다. 이곳에서 판매 중인 다채로운 실을 보고 있자면 당장이라도 그 자리에서 캐스트온을 하고 싶어진다. 매장에서 각 콘사의 스와치를 직접 만져보고 선택할 수 있으니, 만약 어떤 실을 써야 할지 감이 오지 않는다면 솜솜뜨개에 한 번 방문해볼 것을 권한다. 다양한 구성의 공동구매도 종종 진행하고 있으니, 인스타그램을 통해 자주 정보를 확인하는 것을 추천한다.

주소 : 서울시 마포구 포은로 134-1 1층
운영 시간 : 13:00~19:00 (매주 월, 목 휴무)
인스타그램 : @somsom.knit

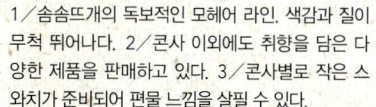

1 / 솜솜뜨개의 독보적인 모헤어 라인. 색감과 질이 무척 뛰어나다. 2 / 콘사 이외에도 취향을 담은 다양한 제품을 판매하고 있다. 3 / 콘사별로 작은 스와치가 준비되어 편물 느낌을 살필 수 있다.

## 유럽 수입 실 전문 숍, **니트하임**

분당 한적한 골목에 자리 잡은 니트하임의 문을 열면, 그 순간 '여기가 유럽이구나' 하는 감탄이 절로 나온다. 니트하임의 두 대표는 실과 뜨개를 너무너무 사랑하는 뜨개인으로, 이러한 오너의 깊은 애정이 이곳 공간 곳곳에 묻어 있다. 유럽의 고급 실을 전문으로 소개하는 상점인 만큼 뜨개인들에게 인기가 많은 타래실이나 의류 뜨기에 최적화된 해외 실을 주로 판매한다. 스튜디오 도네갈(Studio Donegal), 존 아르본 텍스타일(John Arbon Textiles), 라이프 인 더 롱그라스(LITLG), 스핀사이클(Spincycle Yarn), 모미노키(Mominoki Yarn) 등 제품 라인업도 다양해 하나하나 둘러보다 보면 시간이 훌쩍 지나고 말 것이다. 유럽산 실은 가격대가 비교적 높다 보니 온라인 구매가 망설여지는 경우가 많은데, 이곳에 방문하면 직접 실을 만져보거나 스와치를 비교할 수 있고 실 색상도 직접 눈으로 확인할 수 있으니 나만의 실을 선택할 때 좋은 기준점이 되어줄 곳이다.

주소 : 경기도 성남시 분당구 느티로69번길 20 101호
운영 시간 : 수~금 10:00~18:00(브레이크 타임 13:00~14:00), 매월 첫째, 마지막 토요일 12:00~16:00
인스타그램 : @knitheim

1 / 배색 뜨기 실을 고민하고 있다면 투쿠울을 추천한다. 2 / 실 스와치를 직접 만져보고 실을 고를 수 있다는 것이 오프라인 뜨개숍의 가장 큰 장점이다. 3 / 매장에 들어서면 직접 뜬 작품을 전시해둔 벽이 가장 먼저 들어온다.

# Sequence Knitting

## 세실리아의 시퀀스 니팅

Photograph/Hironori Handa, Styling/Masayo Akutsu, Hair&Make-up/Yuri Arai, Model/Dasha

'겉뜨기와 안뜨기를 같은 시퀀스(배열)로 뜨는' 시퀀스 니팅.
이번에는 세실리아가 고안한 시퀀스 니팅을
소개하는 기획 연재 시리즈 제3탄.

핸드 워머는 손목 부분을 12코 시퀀스로 떠 줍니다. 익숙한 2단 고무뜨기를 손끝 부분에, 스파이럴 모양의 시퀀스 니팅 무늬를 손목에 넣는데 이 부분도 정말 흥미롭습니다. 단수는 자유롭게 조절할 수 있으니 꼭 도전해보기 바랍니다. 더더욱 세실리아의 시퀀스 니팅 세계에 빠져들게 될 테니까요.

Knitter／니시무라 지즈코
How to make／P.143
Yarn／퍼피 포르투나

이번에는 스파이럴 시퀀스 니팅(Spiral Sequence Knitting)을 소개합니다. '스파이럴(나선)'에서 알 수 있듯이 일정한 시퀀스를 원형으로 뜨는 방법으로 어려워할 게 없습니다. 원통으로 뜨니까 단 시작에 마커를 걸지만, 이는 단수를 세기 위해서일 뿐입니다.

스파이럴 모양의 시퀀스 니팅은 넥 워머나 리스트 워머처럼 1단의 콧수를 줄이거나 늘리지 않고 일정하게 원통형으로 뜨는 작품에 적합합니다. 모자의 크라운 부분까지나 스웨터의 몸통(밑단에서 겨드랑이 아래쪽까지) 뜨기에도 사용하지요.

같은 시퀀스를 스파이럴 모양으로 뜨면 지금까지 소개한 1단 완성형(1-row Method)과 사행형(Serpentine Method)과는 뜨개코 배열법이 바뀌어 전혀 다른 느낌의 작품이 탄생합니다.

이번 샘플은 'K2, P1(겉뜨기 2코, 안뜨기 1코)' 3코로 만들기 쉬운 시퀀스를 사용했습니다. 콧수를 A '3×(3의 배수)', B '3×+1(3의 배수+1코)', C '3×-1(3의 배수-1코)'을 각각 원형으로 떠줍니다. 시퀀스 콧수의 배수(이번 경우는 3×)를 뜨면 겉뜨기 2코 안뜨기 1코의 고무뜨기가 되지만, 1코 어긋나게 뜨면 깔끔하게 왼쪽으로 돌거나 오른쪽으로 도는 나선무늬가 생깁니다.

지금까지 뜨기 실수로 이렇게 어긋나게 뜬 적이 있는데 세실리아는 이 뜨개코의 어긋남에 주목해 시퀀스 콧수, 겉뜨기와 안뜨기를 조합해 배열을 꼼꼼히 들여다보고 분석했습니다.

K1, P1(1코 고무뜨기), K2, P2(2코 고무뜨기), K3, P3(3코 고무뜨기) 같은 고무뜨기 시퀀스라도 나머지 수를 바꾼다든지 K3, P1(겉뜨기 3코, 안뜨기 1코)처럼 겉뜨기와 안뜨기 콧수를 다르게 하는 등 다양한 시도를 해보면 즐겁습니다.

시퀀스 콧수가 많아지면 나머지 수가 ±1코일 때와 ±2나 3코일 때는 무늬의 각도가 바뀌는 것도 확인할 수 있습니다. 시퀀스 콧수와 관계없이 시퀀스의 배수에서 ±1코 하면 언급한 나선형 무늬가 생기고 나머지 콧수가 많아지면 더욱 무늬가 복잡해집니다. 무늬의 가능성은 무한합니다.

이번에 소개한 핸드 워머의 시퀀스 콧수는 12코. 'K3, P1, K2, P2, K1, P3(겉뜨기 3코, 안뜨기 1코, 겉뜨기 2코, 안뜨기 2코, 겉뜨기 1코, 안뜨기 3코)'입니다. 길어서 외우기 힘들지 모르지만 '4코×3개 패턴', 즉 '(K3, P1), (K2, P2), (K1, P3)'의 반복으로 인식하면 쉽겠지요.

A

3×(3의 배수).

B

3×+1(3의 배수+1코).
시퀀스 콧수의 배수(이 경우 3×)를 뜨면 겉뜨기 2코와 안뜨기 1코의 고무뜨기 모양이 되지만, 1코 어긋나게 뜨면 깔끔하게 왼쪽으로 돌거나 오른쪽으로 도는 나선무늬가 생긴다.

C

3×-1(3의 배수-1코).

세실리아 캄포키아로(Cecelia Campochiaro)
미국 캘리포니아주 실리콘밸리에 거주하고 있다. 오랫동안 컴퓨터 칩 제조 현장에서 사용하는 특수 현미경 개발에 종사했다. 한편 텍스타일이나 사진 같은 예술 전반에 관한 연구를 깊이 있게 했다. 긴 세월 취미였던 뜨개질에서 단순한 겉뜨기와 안뜨기를 조합한 시퀀스로 다양한 느낌의 뜨개바탕이 만들어지는 것에 매력을 느껴, 2010년부터 그 가능성을 보고 연구에 더욱 몰두하고 있다. 2015년 첫 손뜨개 책《Sequence Knitting》을 출간했다.

삶을 물들이는 이벤트용 니트

# Trick or Treat!

아이뿐 아니라 어른에게도 사랑받는 이색 축제 핼러윈.
올해는 이벤트에 딱 맞는 소품들을 직접 떠서 핼러윈 기분을 만끽해보면 어떨까요? 어른도 함께 즐길 수 있답니다.

Photograph/Shigeki Nakashima, Styling/Kuniko Okabe, Yumi Sano, Hair&Make-up/Kazunori Miyasaka, Model/Topaz,Kiseki

### 검은 고양이 가방

고양이의 커다란 금빛 눈은 미래를 볼 수 있다고 믿어져왔어요. 마녀의 소중한 파트너인 검은 고양이를 가방으로 만들어봤어요.

How to make／P.164
Yarn／퍼피 퀸 애니

### 마녀 모자

마녀의 트레이드 마크인 뾰족모자는 '에냉(Hennin)'이라고 불리며 뿔을 의미한다고 하네요. 모자에 보라색 벨트를 둘러서 나만의 마녀 스타일로 꾸며보세요.

How to make／P.164
Yarn／퍼피 퀸 애니

### 잭 오 랜턴 모자

핼러윈 코스튬은 10월 31일 밤에 나타나는 악령에게 자신을 같은 악령으로 착각하도록 입는다고 해요. 잭 모자를 만들어 쓰고 동료감을 열렬하게 어필해볼까요?

How to make／P.164
Yarn／퍼피 퀸 애니

Design／마쓰모토 가오루

# Enjoy Keito

케이토의 오리지널 얀을 사용한, 뜨개질도 즐거운 F/W 아이템을 소개합니다.

Photograph/Hironori Handa, Styling/Masayo Akutsu, Hair&Make-up/Yuri Arai, Model/Dasha

### Keito Umiushi pocopoco
케이토 우미우시 포코포코

울 97%·나일론 3%, 색상 수／5, 실 중량／약 100g 1볼, 실 길이／약 48m, 실 타입／초극태사, 바늘／8~10mm

해양생물인 바다달팽이(우미우시)를 모티브로 한 색상과 형상이 특징인 올록볼록한 실로, 아트 얀 작가인 모리 루루(森 るる)와의 컬러버레이션으로 탄생한 실입니다. 굵은 바늘로 성글게 뜨는 것을 추천합니다.

### Keito Calamof
케이토 카라모프

모헤어 40%·울 35%·알파카 25%, 색상 수／4, 실 중량／약 100g 1볼, 실 길이／약 220m, 실 타입／병태사, 바늘／8~10호

실 표면에 모헤어와 알파카, 중심에 울을 사용한 '천연섬유'만의 실입니다. 혼합 색상 타입은 일본 국내 공장에서 장인이 직접 1볼씩 염색하고 있습니다.

하나는 코바늘 아이템으로 언뜻 보기에 복잡해 보이는 삼각 숄이에요. 뜨개 도안을 보는 데 익숙해진 초중급자에게 추천합니다. 해양생물을 모티브로 한 컬러풀한 실 '우미우시'는 뜨개바탕에 곁들여 감싸면서 뜨기만 하면 된답니다.

### 프린지를 단 삼각 숄
프린지의 질감과 볼륨감을 느낄 수 있는 숄. 추운 날에는 목에 돌돌 감아 스타일을 연출해 보세요.

Design／잇시키 가나데
How to make／P.144
Yarn／케이토 우미우시 포코포코, 카라모프

One-piece／하라주쿠 시카고(하라주쿠／진구마에점)
Bracelet／산타모니카 하라주쿠점

### Keito Cashmere
케이토 캐시미어

캐시미어 100%, 색상 수／7, 실 중량／50g 1볼, 실 길이／약 200m, 실 타입／중세사, 바늘／3~5호

양질의 캐시미어 솜털을 사용해서 '좋은 실이니까 오래 입어주었으면 좋겠다'라는 생각을 형상화했습니다. 실의 단계에서는 감촉을 완전히 마무리하지 않고, 다 뜬 후에 물세탁을 해서 마무리하면 녹아들 듯 부드러운 캐시미어만의 최상의 감촉을 만날 수 있습니다.

**배색×비침무늬의 라운드 요크**

캐시미어를 사용해서 비침 배색과 배색무늬를 조합했습니다. 색을 하나만 바꿔도 분위기가 확 달라지니 어레인지를 즐겨보는 것도 좋겠죠?

Design／이시즈카 마리
How to make／P.146
Yarn／케이토 캐시미어

Skirt／하라주쿠 시카고(하라주쿠／진구마에점)

케이토가 자신하는 '점보바늘로 성글게 뜨는' 방법이라서 빨리 뜰 수 있고, 올록볼록한 형상의 우미우시는 쉽게 풀리지 않아 실 끝을 프린지에 섞어 넣어버리면 그걸로 충분하지요. 느긋한 마음으로 즐기면서 숭숭 떠주세요.

다른 하나는 고급 섬유의 대표라고도 할 수 있는 '캐시미어'로 뜬 작품이에요. '이번엔 무얼 뜰까'라고 생각했을 때, 많은 분이 '심플한 디자인에 오랫동안 사용할 수 있는 것을 떠야지'라고 무의식중에 떠올리기 쉬운 소재입니다. 끝없이 이어지는 메리야스 사막은 뜨는 사람의 성격에 따라서는 고통스러울 수 있답니다. 이번 호의 대바늘 아이템은 테크닉을 좋아하는 전문가를 위한 제안입니다. '배색×비침무늬'의 조합에 색은 3가지를 사용합니다. 시간과 정성을 들여서 마음에 드는 것을 떠보세요.

이 코너는 다음 호부터 새롭게 단장할 예정입니다. 계속해서 뜨개질의 즐거움과 자유로움을 전할 테니 기대해주세요.

# Family Knit
## 온 가족이 함께 즐기는 니트

누군가의 얼굴을 떠올리며 묵묵히 바늘을 움직이는 시간은 더할 나위 없이 행복하지요.
온 가족이 모이는 기회가 늘어나는 계절이 곧 다가옵니다. 지금 바로 계획을 세워보세요!

Photograph/Shigeki Nakashima, Styling/Kuniko Okabe, Yumi Sano,
Hair&Make-up/Kazunori Miyasaka, Model/Iryna, Henry, Ulysse, Topaz, Kiseki

같은 무늬의 작은 사이즈 스웨터는 따뜻한 터틀넥 형태로 만들었습니다. 아란 스웨터를 입게 되었다는 것은 이제 어른이 다 되었다는 뜻이 아닐까요? 아동복에서 졸업함과 동시에 온 가족 단체 니트의 꿈도 이룰 수 있겠네요.

Design／가와이 마유미
Knitter／마쓰모토 요시코
How to make／P.148
Yarn／올림푸스 트리하우스 포레스트

Model／125cm

언제나 활기 넘치는 꼬마들에게는 똑같은 아란 스웨터를 선물해주세요. 유니섹스 디자인이라 성별과 상관없이 입을 수 있답니다. 미색으로 뜬 큰 사이즈는 깔끔한 라운드넥입니다.

Design／가와이 마유미
Knitter／마쓰모토 요시코
How to make／P.148
Yarn／올림푸스 트리하우스 포레스트

Model／140cm

겉뜨기와 안뜨기를 줄줄이 뜨기만 했는데, 마치 케이블무늬가 사선으로 이어진 듯이 보이는 멋진 디자인! 싫증 나지 않는 심플한 뜨개바탕은 키드 모헤어나 알파카가 섞인 질이 좋은 소재로 떠서 오랫동안 애용하고 싶어집니다.

Design／이토 나오타카
How to make／P.152
Yarn／올림푸스 아리아

# Family Knit

폭넓은 연령대의 남성에게 추천하는 카디건. 추울 때 손을 넣을 수 있는 핸드 워머 포켓과 모자이크 같은 걸러뜨기무늬 등 곳곳에 정성을 기울여서 애호가들의 사랑을 받을 만한 작품으로 완성했습니다.

Design／쓰마가리 다케히토
How to make／P.150
Yarn／올림푸스 트리하우스 블레스

Glasses／글로브 스펙스 에이전트

시크한 배색이 남성스러운 느낌을 배가시키는 멋진 풀오버. 알파카 혼방의 울을 릴리얀 형태로 만든 실의 진가가 발휘되었습니다! 배색무늬뜨기가 들어간 맨즈 니트라고는 생각할 수 없을 정도로 가벼워서 놀랐습니다.

Design／오카모토 게이코
Knitter／나카가와 요시코
How to make／P.156
Yarn／다이아몬드케이토 다이아 알파카 릴리카

모헤어와 알파카 혼방의 실로 뜬 롱 베스트에 슈러그(Shrug)를 더한, 최고로 가볍고 최고로 따뜻한 니트 세트. 슈러그는 버튼을 풀면 솔로도 즐길 수 있답니다. 롱 그라데이션의 변화가 한층 돋보이는 디자인입니다.

Design／오타 신코
Knitter／스토 데루요
How to make／P.153
Yarn／다이아몬드케이토 다이아 알파카 토리노

울 소재의 베스트는 쌀쌀한 날씨에 큰 힘이 되는 든든한 친구이지요. 움직임도 편해서 나이와 상관없이 소중한 사람에게 보내는 선물로 제격입니다. 재킷과 함께 입어도 멋지게 어울리고, 입기도 편한 브이넥 타입입니다.

Design／오타 신코
Knitter／스토 데루요
How to make／P.158
Yarn／NV 안 나미부토

Glasses／글로브 스펙스 에이전트

# Family Knit

뜨기만 해도 귀여운 큐트 모헤어가 들어간 루프 안에 스트레이트 얀을 섞어서 떴습니다. 루프의 볼륨과 또렷하고 선명한 걸러뜨기의 무늬가 잘 어우러진, 남녀 모두 입을 수 있는 멋진 스웨터입니다.

Design／가제코보
How to make／P.157
Yarn／NV 얀 루프, 나미부토

가볍고 튼튼해요
# 에어 튈로 뜨는 가방

무겁게 떠지기 쉬운 극태 손뜨개 가방의 구세주 튈(Tulle) 얀! 깜짝 놀랄 정도로 가볍고, 은은한 광택과 함께 볼륨감까지.

Photograph/Hironori Handa, Styling/Masayo Akutsu,
Hair&Make-up/Yuri Arai, Model/Dasha

주름처럼 넓게 퍼지는 이랑뜨기의 라인이 인상적인 반원 백은 링 핸들과의 조합으로 귀여움도 한층 배가되었습니다. 10mm의 코바늘로 떠서 콧수와 단수도 적은 편이지요. 간단한 소품을 뜨는 느낌으로 금방 완성할 수 있답니다.

Design／하시모토 마유코
How to make／P.161
Yarn／조인트 에어 튈

Shirt·Skirt／산타모니카 하라주쿠점

같은 색 리본을 장식한 부드러운 골드베이지 컬러의 핑크 백. 이 백은 사무용품을 전부 수납할 것 같은 큼지막한 사이즈가 매력이에요. 가볍고 폭신한 소재이지만 튼튼하고 듬직한 모양새로 완성됩니다.

Design／하시모토 마유코
How to make／P.160
Yarn／조인트 에어 튈

Shirt／하라주쿠 시카고(하라주쿠／진구마에점)

# Color Palette
## 러블리 베이비

사랑스러운 아기들과 잘 어울리는 예쁜 색깔의 옷과 포대기.
함께하는 상상만으로도 얼굴에 미소가 번집니다.

Photograph/Toshikatsu Watanabe, Styling/Terumi Inoue,
Model/Mitsuki(70cm)

Design／오카 마리코
Knitter／오카 지요코(베스트), 마노 아키요(포대기)
How to make／P.162
Yarn／올림푸스 밀키 베이비, 밀키 베이비 캔디

**Pink**
베이비용품이라 하면, 역시 뜨고 싶은 색깔 넘버원은 핑크가 아닐까요? 입고 벗기 편한 베스트는 베이비 니트의 필수품이지요. 옆선이 거슬리지 않게 앞뒤 몸판을 이어서 뜨는 게 포인트입니다.

**Mint green**
귀여운 달콤함이 어색한 멋쟁이 엄마라면 이 색상을 추천합니다. 쿨하고 고급스러운 민트 그린이라면 분명히 마음에 들 거예요. 이 베스트는 길이가 조금 긴 스타일입니다.

**Candy**
성별과 상관없이 인기 있는 노란색 베이스에 캔디를 연상시키는 팝 컬러가 무늬처럼 점점이 나타납니다. 핑크(→P.52)와 무늬가 같지만, 배색 덕분에 발랄한 느낌이 더해졌습니다.

**Cream**
같은 디자인도 1색으로 뜨면 조금 어른스러운 분위기로 완성할 수 있습니다. 세탁해도 늘어나거나 줄지 않아 언제든 빨아서 깨끗하게 사용할 수 있습니다. 라이너스의 담요처럼 사랑으로 키워주세요.

**Colorful**
그래니 모티프를 연결한 베이비 아프간은 4색으로 뜬 컬러풀한 스타일. 부드럽고 포근한 느낌이 특징인 베이비 얀은 세탁기로 빨 수 있는 워셔블 타입입니다.

마리골드색과 어우러지는 색들이 포인트인 로피풍 디자인 재킷은 넉넉한 남성 사이즈예요. 사이즈는 크지만, 재킷 자체는 가볍다는 게 매력이랍니다. 고운 색감의 배색무늬가 가끔 빌려서 오버핏으로 입어보는 것도 좋을 듯하네요.

Design／yohnka
How to make／P.170
Yarn／다루마 울 탐

## 묶어서 만드는
# 마크라메 백

최근 몇 년 동안 크게 주목받고 있는 마크라메. 끈을 엮어서 면을 만드는 단순한 기법이지만 엮는 것만으로 완성되어가는 과정은 심오하면서도 만드는 기쁨을 소박하게 맛볼 수 있답니다.

Photograph/Hironori Handa, Styling/Masayo Akutsu,
Hair&Make up/Yuri Arai, Model/Dasha

기본 매듭법인 '평매듭'과 그것을 응용한 '나선매듭'을 반복해 이목을 사로잡는 클러치백을 완성했습니다. 2가지 색의 끈을 배색해 엮으면 경쾌한 무늬가 생기지요. 숫자 8로도 무한대의 기호로도 보이는 무늬는 운이 좋아질 것도 같고 독특하기도 합니다. 어깨끈을 짧은 체인으로 바꿔 달면 또 다른 스타일을 연출할 수 있답니다. 색에 따라 이미지가 완전히 달라지기도 하니 좋아하는 색으로 만들어보세요.

Design／히토미 쇼코
How to make／P.172
Yarn／메르헨 아트 마크라메용 아크릴코드 2×2
Jacket·Pants／하라주쿠 시카고 하라주쿠점

**히토미 쇼코(瞳硝子)**
가쿠슈(楽習) 포럼 마크라메 소품 디플로마 강좌.
커리큘럼 프로듀서 겸 레슨 작품 디자이너.

Photo 미와 히로미쓰(三輪浩光)

## HOW TO MACRAME

끈을 나란히 엮는 게 마크라메의 기본. 끈을 고정할 수만 있으면 특별한 도구 없이 만들 수 있다는 점도 매력으로 다가오지요. 단단히 매듭을 엮어 무늬를 만들어갑니다.

# Yarn Catalogue

## 가을·겨울 실 연구

뜨개질의 즐거움이 더해가는 계절.
올가을에도 직접 떠보고 싶은 실이 한가득!

Photograph/Toshikatsu Watanabe, Styling/Terumi Inoue

###  펠티드 트위드 컬러 (Felted Tweed Colour)
로완

브랜드를 대표하고 꾸준히 사랑받는 트위드 실의 그라데이션 컬러. 알파카 혼방이며 털이 길고 완성 작품이 아주 가볍습니다. 또한 내구성이 뛰어나고 뜨개 작품의 질감을 오래도록 즐길 수 있죠. 올가을 새 컬러를 3종 추가해 모두 11색을 만나볼 수 있습니다.

**Data**
울 50%·알파카 25%·나일론 25%, 색상 수／8, 실 중량／50g 1볼, 실 길이／약 175m, 실 타입／합태사, 권장 바늘／5~6호(대바늘)

**Designer's Voice**
새로 등장한 롱피치 그라데이션 컬러. 색 선택이 절묘해 감탄이 절로 납니다. 심플한 메리야스뜨기 스웨터로 만들어도 멋진 작품이 완성될 것 같네요. (우메모토 미키코)

### 키드실크 헤이즈 (Kidsilk Haze)
로완

밝고 부드러운 키드 모헤어 베이스에 우아한 실크를 더해서 전 세계 니터에게 사랑받는 로완(ROWAN)의 스테디셀러 뜨개실. 사용하는 바늘 크기에 따라 다양한 느낌의 작품을 완성할 수 있습니다. 올가을 새 컬러를 39색 추가하면 모두 81색으로 압도적인 컬러 수를 자랑하게 됩니다.

**Data**
모헤어 70%·실크 30%, 색상 수／42, 실 중량／25g 1볼, 실 길이／약 210m, 실 타입／극세사, 권장 바늘／4~9호(대바늘)

**Designer's Voice**
털이 길고 촘촘한 데다가 색감이 뛰어나 모헤어 실 중에서 단연 최고입니다. 2가닥으로 뜬 모헤어 스웨터는 놀라울 정도로 가볍고 따듯해서 색깔별로 여러 장 뜨고 싶어져요. (우메모토 미키코)

### 다이아 알파카 릴리카
**(Dia Alpaca Lilyca)**
다이아몬드케이토

알파카 혼방 울을 느슨하게 릴리얀으로 만들어 볼륨감 있는 실로 완성했습니다. 심플한 뜨개로 만드는 작품에 추천합니다. 짙고 옅은 색이 섞여 있어 내추럴한 느낌을 자아냅니다.

**Data**
울 51%·아크릴 24%·알파카 18%·나일론 7%, 색상 수／6, 실 중량／30g 1볼, 실 길이／약 87m, 실 타입／극태사, 권장 바늘／11~12호(대바늘)·7/0~8/0호(코바늘)

**Designer's Voice**
보드라운 질감이 기분 좋게 뜨개질하기에 편한 실입니다. 릴리얀이니 코가 아주 촘촘해지지 않도록 주의해야 하지만, 코바늘뜨기와 대바늘뜨기에 모두 추천합니다. (오카모토 마키코)

### 다이아 알파카 토리노
**(Dia Alpaca Torino)**
다이아몬드케이토

알파카와 키드 모헤어 기모실을 꼬아서 합사해 매우 가볍고 부드러운 느낌의 실입니다. 따뜻한 옷이나 소품, 다양한 아이템을 멋진 작품으로 만들어줍니다.

**Data**
모헤어(키드 모헤어) 27%·나일론 27%·알파카 22%·울 12%·아크릴 12%, 색상 수／8, 실 중량／50g 1볼, 실 길이／약 195m, 실 타입／극태사, 권장 바늘／8~10호(대바늘)·7/0~8/0호(코바늘)

**Designer's Voice**
깃털처럼 가벼운 느낌의 아름다운 그라데이션이 매력적입니다. 기모 소재지만 무늬도 입체적으로 드러나기 때문에 포근하고 부드럽게 뜨개를 완성할 수 있습니다. 뜨개질할 때도 색의 미세한 변화를 즐길 수 있는 실입니다. (오타 신코)

### 스키 로벨(Ski LOBEL)
**스키 얀**

실 한 가닥에 다양한 색을 물들이는 기법으로 염색한 울 소재에 아크릴 기모를 합친 병태 스트레이트 얀. 번져나가는 듯 보이는 색의 변화와 발랄한 느낌이 특징입니다. 가을과 겨울에 잘 어울리는 깊이 있는 컬러는 아이템에 상관없이 작품에 따숨을 더해줍니다.

**Data**
울 70%·아크릴 30%, 색상 수／6, 실 중량／30g 1볼, 실 길이／약 90m, 실 타입／병태사, 권장 바늘／6~8호(대바늘)·6/0~7/0(코바늘)

**Designer's Voice**
아주 뜨기 편하고 가벼우며 표면의 기모 덕분에 성글게 떠도 형태를 잘 유지할 수 있습니다. (시바타 준)

### 라자(Laja)
**나이토상사**

벨기에산 최상급 알파카를 사용한 실. 뜨개질하고 있다는 사실을 잊을 정도로 가볍고 포근하며 따듯한 느낌의 작품을 완성할 수 있습니다. 물론 의류에서 소품까지 폭넓게 사용 가능합니다.

**Data**
알파카 43%·울 43%·나일론 14%, 색상 수／8, 실 중량／50g 1볼, 실 길이／약 150m, 실 타입／극태사, 권장 바늘／15호(대바늘)·10/0호~7mm(코바늘)

**Designer's Voice**
굵직한 실인데도 일단 가볍고 요즘 유행하는 오버핏 니트를 뜨기에 적합해요. 촉감이 부드부들하고 적당한 텐션이 있어 몸에 감기거나 하지 않죠. 기모 소재라서 따뜻한데 입었을 때 느낌은 산뜻합니다. (오카 마리코)

### 울 탐(Wool Tam)
다루마

양털 표면을 바늘로 긁어서 털을 손질해 폭신폭신한 느낌을 살린 털실. 실 안에 더욱 많은 공기층을 함유하고 있어 매우 가볍고 따뜻한 작품을 완성할 수 있습니다. 울 100%의 천연 소재이므로 적당한 텐션과 찰랑거림을 통해 소재의 우수성도 느낄 수 있죠.

**Data**
울 100%, 색상 수／6, 실 중량／50g 1볼, 실 길이／약 71m, 실 타입／초극태사, 권장 바늘／14~15호(대바늘)·7~8mm(코바늘)

**Designer's Voice**
공기를 품은 가벼운 실로 완성 작품도 가볍고 따뜻해요. 실이 굵어서 술술 뜰 수 있습니다. (yohnKa)

### 소노모노 그랜드 (Sonomono Grand)
하마나카

염료를 쓰지 않고 천연 그대로의 색과 질감을 살린 '소노모노' 시리즈에 초극태 로빙 타입이 등장했습니다. 꼬임이 거의 없게 실을 뽑아낸 덕분에 폭신하고 부드러우며 가벼운 것이 특징입니다. 알파카를 블렌딩해서 촉감이 좋은 뜨개바탕을 완성할 수 있습니다.

**Data**
울 80%·알파카 20%, 색상 수／5, 실 중량／50g 1볼, 실 길이／약 50m, 실 타입／초극태사, 권장 바늘／15~8mm(대바늘)·7mm(코바늘)

**Designer's Voice**
로빙 타입의 굵은 실이라 뜨개 작업이 쉽습니다. 배색 뜨기에서 걸치는 실을 감싸며 뜨면 뜨개바탕이 튼튼해져서 아우터 니트에 안성맞춤입니다. (가제코보)

## 수예 신간 도서 소개

### 눈물 없는 뜨개

누구에게나 맞는 옷을 뜨는
기본적인 기법과 쉬운 지침

엘리자베스 짐머만 저 | 서라미 역 | 한미란 감수
윌스타일 | 212쪽 | 18,000원

획기적인 뜨개 기법을 고안한 뜨개계의 거장, 엘리자베스 짐머만의 뜨개 바이블 국내 첫 출간! 짐머만의 뜨개 철학이나 뜨개인의 관점에서 보는 세상, 뜨개 하는 사람들에 대한 이야기를 자연스럽게 담았다. 또한 어디서도 들을 수 없는 뜨개 조언들이 보석처럼 숨어 있다. 수십 년이 지난 고전으로 남아 전 세계 뜨개인들에게 사랑받고 있는 책이다.

### 친환경 삼베 수세미

미세 플라스틱 걱정 없는
건강한 주방 아이템

아델코바늘·아이네스·꿈나래프렌즈 저
경향BP | 157쪽 | 15,000원

가족의 건강을 지켜 주는 자연 생분해 수세미를 직접 만들어 사용하자! 자연을 생각하는 친환경 소재의 삼베 수세미 작품 30가지를 소개한다. 유명 뜨개 작가 아델코바늘, 아이네스, 꿈나래프렌즈의 개성 있는 삼베 소세미의 도안을 싣고 각각의 뜨개 과정을 친절하게 알려 준다. 한 땀 한 땀 정성껏 삼베 수세미 뜨개를 하며 힐링하는 시간도 갖고 제로웨이스트에도 동참해 보자.

### 유러피안 클래식 손뜨개

대바늘로 뜨는 북유럽·영국 스타일의
옷과 소품 26

효도 요시코 저 | 배혜영 역
한스미디어 | 120쪽 | 15,000원

유러피안 스타일의 아란무늬·배색 니트와 소품을 가득 담은 책, 《슬로라이프 니트》가 독자들의 재발행 요청으로 새로운 제목과 표지로 다시 돌아왔다. 〈털실타래〉의 니트 디자이너 효도 요시코가 유럽 전통 뜨개 기법을 현대적으로 풀어내 만든 26점의 옷과 소품을 소개한다. 상세한 도안과 설명을 따라 자연에서 온 소재의 멋스러운 니트를 만들어 보자.

### 미니 왕국 친구들

코바늘로 완성하는 36종의 깜찍한
아미구루미 왕족

올카 노비츠카 저 | 이소윤 역 | 박상숙 감수
참돌 | 144쪽 | 18,000원

아라디야토이즈(AradiyaToys) 디자이너 올카 노비츠카의 코바늘로 완성하는 아미구루미 왕족! 귀엽고 사랑스러운 아미구루미 친구들은 책 속에 설명되어 있는 코바늘뜨기 기법만 잘 익히면 누구나 손쉽게 만들 수 있다. 뜨기 기법에 대한 튜토리얼 동영상을 담은 QR코드를 수록했으며, 캐릭터마다 단계별 사진 도안과 함께 상세한 설명이 되어 있어, 차근차근 떠 나가다 보면 미니 왕국 친구들을 만나볼 수 있다.

### 시간의 선물

손뜨개 수세미

기미룡·림이그림·빛나·소냐티·지혜로운사자·코핸니트 저
연일섬유 기획
솜씨컴퍼니 | 168쪽 | 15,000원

4가지 수세미실로 만드는 인기작가 6인의 손뜨개 수세미 60가지! 각기 다른 개성의 4가지 수세미실로 만드는 60가지 손뜨개 수세미를 소개한다. 일상에서 사용할 수 있는 기본 수세미부터, 인테리어 용품과 오브제, 가방 등의 예술성을 겸비한 창작 아이템까지! 특히 세계 최초로 개발된 독특한 수세미실 '웰빙샤워세미' 특유의 질감과 색감을 살린 작품들이 관전 포인트다.

### 크로셰 크러시

세상에서 가장 힙한
코바늘 손뜨개

몰라 밀스 저 | 임윤경 역 | 이순선 감수
지금이책 | 224쪽 | 28,000원

세계적인 손뜨개 작가 몰라 밀스의 최신 도안집. 심플한 무늬를 반복해 감각적인 소품과 가방을 만드는 비법을 소개한다.

※ 〈털실타래〉 겨울호에 수예 신간 소개를 원하시는 경우 편집부로 자료를 보내주세요.
alice@hansmedia.com

뜨개 피플 인터뷰

# 뜨개를 가르치는 일이 무엇보다 즐거워요

### 한미란의 니트 교실, 한미란 작가

취재 : 정인경 / 사진 : 김태훈

맑은 가을 하늘이 창밖으로 시원하게 펼쳐진 서울의 작업실에서 한미란 선생님을 만났다. 20년 넘게 현장에서 뜨개를 가르치면서 자기가 가진 노하우를 아낌없이 펼쳐 놓는다는 것이 분명 쉬운 일은 아닐 텐데, 아직도 뜨개만 생각하면 즐겁고 힘이 난다고. 대체 뜨개의 매력이 무엇이길래 이렇게 오랜 세월 지속해오고 있는지, 자세히 이야기를 들어보자.

1／직접 뜨개 영상을 편집하고 수업 교재를 만든다. 2／2000년대 초반, 뜨개 공부에 많은 도움을 주었던 잡지들. 아직도 가끔 펼쳐보면 배울 점이 가득하다. 3／처음 출간했던 책. 뜨개 방법이나 노하우를 응용할 수 있는 방식으로 집필했다.

**Q. 새로 작업실 오픈하신 것을 축하드립니다. 요즘 어떻게 지내고 계세요?**

늘 해왔던 것처럼 뜨개하고, 뜨개를 가르치고, 책도 쓰면서 지내고 있어요. 영상도 직접 촬영하고 편집하면서 뜨개 교육 쪽을 특히 집중적으로 하는 중이에요. 최근에는 온라인으로 줌(Zoom) 클래스를 많이 진행하는데, 생각보다 너무 좋더라고요. 뜨개에 딱 특화된 방식이라고 생각해요. 일단 오프라인에서는 한정된 인원을 대상으로 교육을 할 수밖에 없는데, 더 많은 사람이 함께 수업을 들을 수 있고요. 카메라로 제 손을 정확히 찍어서 보여줄 수 있으니 수강생들의 이해도도 더 올라가는 것 같아요. 먼 곳에 계신 분들과 만날 수 있는 것도 좋고요.

**Q. 늘 뜨개 교육에 대해 연구하고 새로운 방식을 시도하고 계시네요. 선생님은 언제 처음 뜨개를 시작하셨나요?**

임신하면서 일을 그만두고 뜨개 공방을 운영했어요. 그게 2000년이니 벌써 23년 전이네요. 당시 일본의 뜨개 잡지들, 〈모사다마〉, 〈세계의 편물〉 같은 걸 보면서 공부를 많이 했어요. 이 책들은 이론이 잘 정리되어 있고 패턴에 대해 접근하기 쉬워서 도움을 많이 받았죠. 그러다가 2007년 '니트 대전'에서 은상을 수상하면서 뜨개 협회와 연결 고리가 생겼고, 그때부터 본격적으로 교육을 시작했어요. 2009년에 첫 책을 출간했고, 지금까지 총 5권의 책을 집필했고요. 저는 가족들이 제가 하고자 하는 일을 이해해주고 지원해준 덕분에 도움을 많이 받았어요. 시어머니가 아이 육아를 전담해주시기도 했고, 아이들이 다 자란 지금은 뜨개 작업도 일부 도와주고 계세요.

**Q. 그동안 책을 많이 출간하셨는데, 주로 도안을 선보이는 다른 책에 비해 이론이나 뜨개 방법을 비중 있게 다루고 있더라고요. 책을 집필하실 때 어떤 점을 가장 중요하게 생각하세요?**

첫 책을 출간하고 나서는 계속해서 전작에서 부족했던 것을 추가하는 방식으로 새 책을 내고 있어요. 수업에서 뜨는 방법을 보여줘도 학생들이 집에 가면 금방 잊어버리기 마련이니까, 집에서도 모르는 부분을 편리하게 찾아볼 수 있게 교재를 만들게 된 거죠. 저는 도안을 보여주는 것보다는 누구든 자기만의 뜨개를 할 수 있도록 도와주고 싶었어요. 그 생각은 지금도 변함이 없고요. 도안만 따라 뜨다 보면 스스로 무언가를 만들어 내기가 어렵거든요. 정형화된 틀에서 벗어나 원하는 디자인을 구상하고, 치수를 정하고, 결과물로 만들어내는 방법을 탄탄하게 알려주고 싶었어요. 비싼 실을 사용해 오랜 시간 정성을 들여 만드는 것이니, 마감을 예쁘게 하고 잘 관리해 오래 입을 수 있는 방법들을 알려두고자 해요. 예전부터 저는 책을 쓸 때 영상도 함께 찍어 방법을 보여주곤 했는데요. 출간된 지 시간이 오래 지나 영상 파일을 구하기 어려운 책들은 수록된 영상들을 유튜브에 올려두었어요. 뜨개를 하는 유용한 방법을 모두가 다 알았으면 좋겠다는 생각이 가장 크요.

> "누구든 자기만의 뜨개를 할 수 있도록 도와주고 싶어요."

**Q. 요즘 한국의 뜨개 시장이 부쩍 눈에 띄게 커진 것을 느끼고 있어요. 이 분야에 오래 몸담아 왔던 선생님이 보시기에는 지금의 변화가 어떤가요?**

무엇보다 뜨개를 하는 연령층이 엄청나게 젊어진 것을 느껴요. 20대 뜨개인이 정말 많아졌고요. 유튜브 등의 플랫폼에서 젊은 감각으로 자신만의 작업 세계를 보여주는 크리에이터들이 많아진 영향인 것 같아요. 뜨개를 즐기는 인구가 많아졌다는 것 자체는 너무 좋은 현상이라고 생각해요. 다만 뜨개는 우리 모두가 함께 나눌 수 있는 좋은 취미라는 사실을 잊지 않았으면 좋겠어요. 구전이나 도안을 통해 오랜 역사 속에서 사람에서 사람으로 이어져온 덕분에 지금 우리가 하는 뜨개 방법이나 패턴들도 존재하는 거니까요. 서로의 아이디어를 나누며 즐겁게 작업했으면 합니다. 앞으로도 계속해서 이어질 뜨개의 매력 역시 무궁무진하니까요.

**Q. 선생님이 생각하는 뜨개의 가장 큰 매력은 무엇일까요?**

뜨개는 매번 새롭고 즐거워요. 새로운 디자인을 개발할 때가 제일 재밌고요. 무엇보다 가장 큰 장점은 내 손으로 무언가를 만들어내는 기쁨을 준다는 거죠. 뜨개를 하는 사람들은 무언가를 만들어서 주변에 선물하는 일이 많거든요. 뜨개를 하는 사람만 아는 비밀은, 다른 사람을 위해 만든다고 해도 그 만드는 과정이 나에게 더 큰 재미와 기쁨을 준다는 거예요. 굉장히 이타적인 취미라고도 할 수 있고, 정말 나만을 위한 취미이기도 한 거죠. 뜨면서 힘들기도 하고 시간이 많이 걸린다 하더라도 뜨는 과정의 즐거움은 그것을 넘어서버리거든요.

> "다른 사람을 위해 만든다고 해도
> 그 만드는 과정이 나에게 더 큰 재미와
> 기쁨을 준다는 거예요."

**Q. 많은 뜨개 작품을 만들려면 아무래도 지속적인 아이디어나 영감이 필요할 텐데요, 선생님의 영감의 원천은 무엇인가요?**

대학에서 패션 디자인을 전공했다 보니 우선 패션 쪽 트렌드는 놓치지 않도록 계속해서 살피고 있어요. 매 시즌 컬렉션을 찾아서 보고, 시즌마다 백화점을 방문해서 유행을 살피기도 하고요. 주요 패션 컬렉션 중에서도 니트 제품만을 중점적으로 모아서 살피기도 해요. 이를 통해 내가 뜨개로 할 수 있는 게 무엇이 있을까 고민하면서요. 요즘은 핀터레스트(pinterest)나 레이블리(ravley)에서 관련 자료를 살펴보기도 해요.

하지만 무엇보다 저에게 가장 큰 영감의 원천은 바로 수강생분들이에요. 뜨개 수업은 단순히 기술만을 배우는 데 있지 않아요. 서로 아이디어를 공유하고 각자의 작업을 선보이면서 새로운 방향을 찾게 되기도 하거든요. 그런 점에서 저 역시 수강생들을 통해 많은 영감을 얻고 있어요.

**Q. 이번 〈털실타래〉 가을호의 주제는 '페어아일'인데요, 니터분들 중에는 배색 뜨기를 어려워하는 사람이 많은데 좋은 팁이 있다면 소개해주세요.**

배색 뜨기는 장력도 맞춰야 하고 무늬도 예쁘게 나와야 하니까 처음에는 무척 어려워 보여요. 배색 뜨기를 하다가 "선생님, 제 손이 이상해요."라고 하는 분도 많고요. 처음 하는 거니까 당연한 거예요. 우리가 처음 뜨개를 배울 때 실과 바늘에 손이 익숙해지기까지 시간이 걸렸듯이, 여러 가닥의 실을 이용하는 배색 뜨기 방식에 익숙해지기까지는 그만큼의 시간이 또 필요해요. 한 번에 쉽게 되는 일은 세상에 좀처럼 없죠. 처음에는 너무 큰 작품을 뜨려고 하지 말고 여러 가지 실을 사용하는 일부터 익숙해지는 시간을 가져보면 어떨까요? 코스터처럼 무늬를 연습할 수 있는 작은 작품부터 시작하면 좋을 것 같아요.

> "운동을 뜨개와
> 꼭 병행하셨으면 좋겠어요."

**Q. 마지막으로 뜨개를 하는 분들에게 꼭 필요한 조언을 해주신다면 무엇인가요?**

제가 정말 많은 니터분들께 꼭 해주고 싶은 말이 있어요. 즐겁게 뜨개를 오래오래 하기 위해서는 꾸준히 운동을 꼭 해야 한다는 거예요. 뜨개는 한자리에 앉아 오랜 시간 자기만의 작업을 하는 창작 활동이에요. 그러니 기본적인 체력이 받쳐주지 않으면 뜨개를 충분히 즐길 수 없어요. 의외로 체력 소모가 큰 작업이라서 손목, 어깨, 허리 등 몸이 쉽게 지치고 아프거든요. 그러니 다들 운동을 뜨개와 꼭 병행하셨으면 좋겠어요. 평소에도 좋은 자세를 유지하도록 노력해야 하겠고요. 함께 건강하게 오래오래 뜨개할 수 있기를 바랍니다.

4/체계적인 뜨개 노하우를 알려주고 싶어 한 권씩 출간한 책이 벌써 5권이 되었다. 최근에는 짐머만 여사의 책 《눈물 없는 뜨개》의 감수를 맡기도 했다.

5／아이 옷을 만든 시간이 길다 보니 작업실에는 아이 옷이 가득하다. 6／탑다운 방식으로 만든 셋 인 슬리브 카디건은 흔한 방식이 아니라 더욱 애정이 가는 작품이다. 7／수업용 자료로 준비한 스와치. 새로운 작품을 만들기 위해서는 스와치 작업이 무척 중요하다.

1

2

## Argo Knit Collection 2022

1. 에튀드 키즈 가디건 (ETUDE Kids Cardigan)
2. 투버튼 목도리숄 (Two Button Muffler Shawl)
3. 아르고 (Argo Superfine Merino wool)
4. 쁘띠 반다나 S.M.L (Petit Bandana)
5. 페이크 넥니트 (Fake Neck Knit)
6. 탑다운 풀오버 (Top-down pullover)
7. 꽈배기 버킷햇 (Cable Bucket Hat)

@ancalls
www.ancalls.com

Ancalls
HANDMADE WITH LOVE

3

4

5

6

7

신간 안내

| 북유럽 감성이 가득한 52켤레의 양말
| 46명의 편물 디자이너가 선보이는 아름다운 양말 도안집

## 52주의 뜨개 양말
### 한 주에 한 켤레씩, 사계절 손뜨개 양말

레인(Laine) 지음 | 서효령 옮김 | 256쪽 | 29,800원

일 년 동안 한 주에 한 켤레씩 뜰 수 있도록 52켤레의 양말을 선보입니다. 세계 각국의 편물 디자이너 46명이 디자인해 모두 다른 무늬와 기법을 사용한 다채로운 양말을 만날 수 있습니다. 발가락, 뒤꿈치, 양말목 등 부분별로 나눈 상세한 서술형 도안을 따라 근사한 양말을 떠보세요.

---

| 뜨개 마니아를 위한 다양한 대바늘 패턴 디자인!
| 쿠튀르 스타일의 니트 패턴 250가지와 이를 활용한 옷 5종

## 쿠튀르 니트
## 대바늘 니트 패턴집 250

시다 히토미 지음 | 남궁가윤 옮김 | 144쪽 | 20,000원

정교하고 섬세한 비침무늬부터 바탕무늬, 무늬 변형하기, 교차무늬, 패널무늬 그리고 마무리를 위한 에징까지 세계적인 니트 디자이너가 제안하는 대바늘 패턴 250가지를 소개합니다. 책 속의 아름다운 패턴을 활용한 풀오버, 베스트, 볼레로, 카디건 등을 뜨는 법도 함께 수록했습니다. 마음에 드는 패턴을 골라 나만의 니트를 완성해보세요.

브랜드 & 피플

# 트렌드를 이끌어가는 브랜드, 브랜드얀

취재 : 정인경 / 사진 : 김태훈

2010년 처음 문을 열어 올해로 13년째 뜨개 업계에서 활발한 활동을 이어가고 있는 브랜드얀.
국내의 다른 실 전문 업체보다 역사는 짧지만, 실 유통 및 제조, 판매에서 눈에 띄는 성과를 내고 있다.
브랜드얀에서 트렌디한 작품을 선보이고 있는 얀스타 니팅맘을 만나 브랜드얀과 뜨개에 대한 이야기를 들어보았다.

**Q. 브랜드얀은 어떤 브랜드인가요?**

브랜드얀은 언제나 트렌드를 이끄는 것을 지향하며 운영하고 있는 실 판매 업체예요. 현재 유통, 판매는 물론 자체 상품도 제작하고 있고요, 나아가 시장에서 가장 인기 있는 디자인을 캐치해 새로운 도안을 제작하고 판매하며 교육하는 일까지 하고 있어요. 저희는 늘 가장 트렌디하고 싶고, 가장 예쁜 것을 선보이고 싶어요.

> "저희는 늘 가장 트렌디하고 싶고,
> 가장 예쁜 것을 선보이고 싶어요."

**Q. 브랜드얀을 대중에게 각인시킨 것은 아무래도 모칠라백의 유행이 아닐까요?**

맞아요. 가장 크게 저희를 알리는 계기가 되었던 제품이 모칠라백 키트죠. 사실 그 전에 '망고 모자'가 있었고요. 망고 모자는 아주 굵은 실로 빠른 시간에 뜰 수 있어서 전국적으로 큰 인기가 있었어요. TV에서 연예인들이 모자 뜨는 모습을 직접 보여주기도 했고요. 당시 저희 가족은 물론 지인들까지 모두 달려 들어서 출고를 진행해야 할 정도로 실 판매량이 엄청났어요. 저희는 트렌드를 가장 먼저 캐치해서 선보이는 것을 강점으로 생각하고 있는데, 망고 모자가 그 첫 성공 사례였다고 할 수 있죠.

그다음이 바로 모칠라백이었어요. 모칠라백은 콜롬비아 와유족의 독특한 문양으로 만드는 가방이에요. 2016년 즈음부터 모칠라백이 엄청난 인기를 끌었고, 이에 브랜드얀에서는 다양한 색상을 골라 자신만의 모칠라백을 만들 수 있도록 여러 키트 상품을 준비했어요. 먼저 도안을 5가지 만들고, 거기에 들어가는 색상을 각각 20가지 정도 제안했죠. 그러니까 옵션만 최소 100개 정도 준비한 거예요. 그러한 노력이 큰 강점이 되어서 많은 분들께 큰 사랑을 받았죠.

**Q. 브랜드얀의 대표 디자이너신 니팅맘 선생님의 이야기도 궁금해요.**

결혼과 동시에 남편이 브랜드얀을 오픈했거든요. 우연한 기회에 단종되는 실을 받아서 지역 카페에서 판매를 했는데, 반응이 너무 좋은 거예요. 그렇게 실을 조금씩 판매하다가, 같이 뭔가를 하고 싶어 하는 사람들이 많아지면서 '함뜨(함께 뜨기)'가 시작되었어요. 함께, 다 같이 무언가를 해내는 뜨개 특유의 문화가 너무 재밌더라고요. 같은 도안으로 만들어도 모두가 다 다른 결과물을 낸다는 것도 매력적이고요.

결혼을 하고 육아를 하면서 '나 자신'이 점점 없어지는 느낌이었는데, 뜨개를 하면서 나를 찾아가는 느낌이 들었어요. 그래서 2013년부터 '우리 아이를 위한 행복한 뜨개'라는 슬로건을 걸고 니팅맘으로 활동을 하게 된 거죠. 그렇게 뜨개로 맺은 인연들이 차츰 늘어갔고 이제는 저와 뜨개가 떼려야 뗄 수 없는 사이가 되었죠.

> "뜨개를 하면서
> 나를 찾아가는 느낌이 들었어요."

**Q. 브랜드의 디자이너라고 하면 신제품을 계속 생산해야 한다는 부담감이 있을 것 같아요.**

물론 부담감은 있죠. 하지만 저는 부담보다는 설렘이 더 커요. 새로운 실을 만나면 막 심장이 뛰어요. 이걸로 뭘 만들 수 있을까 하는 생각에 너무 설레고요. 저는 평소 다양한 매체를 통해 영감을 얻는 편이에요. 요즘 유행하는 것들이나 사람들이 좋아하는 것들을 찾아서 보고, 거기서 떠오르는 것들은 스케치를 해서 모아둬요. 그런 영감 노트들이 언젠가 제품으로 탄생될 수 있길 바라면서요. 아직까지는 주변에 저에게 영감을 주는 것들이 너무 많아요.

1 / 새로운 아이디어가 떠오르면 손으로 직접 도안을 그려본다.
2 / 모칠라 백은 떠도 떠도 질리지 않아 계속하게 되는 힘이 있다.

> "무언가를 내 손으로 직접 뜨는 일에는
> 단순히 제품을 만든다는 것을 넘어서는 만족감이 있거든요."

**Q. 아무리 좋아하는 취미라도 일이 되면 힘들기 마련인데, 그만두고 싶었던 적은 없나요?**

힘든 점이 전혀 없다고는 말할 수 없겠지만, 아직까지는 뜨개에 대한 호기심과 도전해보고 싶은 마음이 더 큰 것 같아요. SNS에 올린 뜨개 작품에 '좋아요'가 많이 눌리거나 '예쁘다'는 댓글이 많이 달렸을 때 거기서 오는 만족감이 어마어마하거든요. 또 저는 뜨개가 하기 싫은 날에는 굳이 매달려서 끙끙대지 않는 편이에요. 부담 갖지 말고 하고 싶을 때 하자고 생각하죠. 창작이 힘들 때는 인스타그램으로 알고 지냈던 선생님들 수업을 들으러 가기도 해요. 좋아하는 작가님들에게 연락해 차 한 잔 마시며 리프레시를 하기도 하고요. 왜냐하면 누가 뭐래도 계속해서 즐겁게 뜨개를 하고 싶기 때문이에요.

**Q. 그런 마음이 이번에 출간하신 책에도 많이 담겨 있는 것 같아요.**

사실 가벼운 마음으로 시작한 작업이었는데, 생각보다 많이 힘들었어요(웃음). 니팅맘과 브랜드얀의 지향점은 가장 트렌디한 콘텐츠를 발굴하고 제안하는 거라서, 책도 정말 트렌디하고 예쁘게 나와야만 했거든요. 그 부분에서 출판사에서 지원을 정말 많이 해주셨고요.
내용 면에서는 공방에서 수강생들이 가장 고민하고 힘들어하는 게 무엇일지 생각하면서 구성했어요. 대부분의 사람들이 뜨개를 할 때 색상 선택을 무척 어려워하거든요. 그리고 어떤 식으로 코디를 해야 할지 등 작품의 활용 방법을 궁금해하는 사람들도 많고요. 그래서 이 책에서는 배색 팁과 스타일링 팁을 따로 구성해서 넣었어요.

**Q. 앞으로 니팅맘과 브랜드얀이 선보이고 싶은 가치는 무엇인가요?**

뜨개를 하는 사람들은 종종 그런 말을 해요. '뜨개는 중독이다. 뜨개를 한 번도 안 한 사람은 있어도 한 번만 하는 사람은 없다.' 저는 그 말이 맞는 것 같아요. 무언가를 내 손으로 직접 뜨는 일에는 단순히 제품을 만든다는 것을 넘어서는 만족감이 있거든요. 그 만족감을 저는 더 많은 분들에게 알려주고 싶어요. 코바늘 뜨개를 하면서 내가 느꼈던 즐거움, 혼자 있는 시간에 손을 움직이는 즐거움은 저 혼자만 알고 있기에는 너무 아까워요.
뜨개는 모두가 다 같이 즐겁고 재밌게 할 수 있는 취미거든요. 그래서 최근에는 '뜨쇼'라는 유튜브 채널도 시작했어요. 그 채널을 통해 진짜 트렌드가 무엇인지, 진짜 니터들이 원하는 게 무엇인지 앞으로도 같이 고민하고 작품을 만들어나갈 생각이에요.

3／함께 아이디어를 공유하고 브랜드의 방향성을 잡는다. (좌: 브랜드얀 정광희 대표, 우: 니팅맘) 4／배색 팁과 스타일 제안 등 지금까지의 뜨개 노하우를 가득 담아 출간한 책. 5／책에도 소개한 모칠라 미니백은 빨리 뜰 수 있고 선물하기 좋아 인기가 많다. 6／브랜드얀에서 새로 제작한 '얀랩C'. 강하게 연사해 소품을 만들기에 좋으며, 색상도 36가지로 다양하다. 7／브랜드얀의 스테디셀러 '밀키 코튼'. 저렴하고 질이 좋아 소품, 아기 의류 등에 사용하기 좋다.

※ 5번 사진에 소개된 모칠라 미니백 도안은 198페이지에 수록되어 있습니다.

최미희 지음 | 200쪽 | 20,000원

# Everyday Crochet Bag

## 매일 들고 싶은 사계절 코바늘 가방

**코바늘 뜨개의 기초부터 실의 배색 노하우까지
한 권의 책에 알차게 담아 소개합니다!**

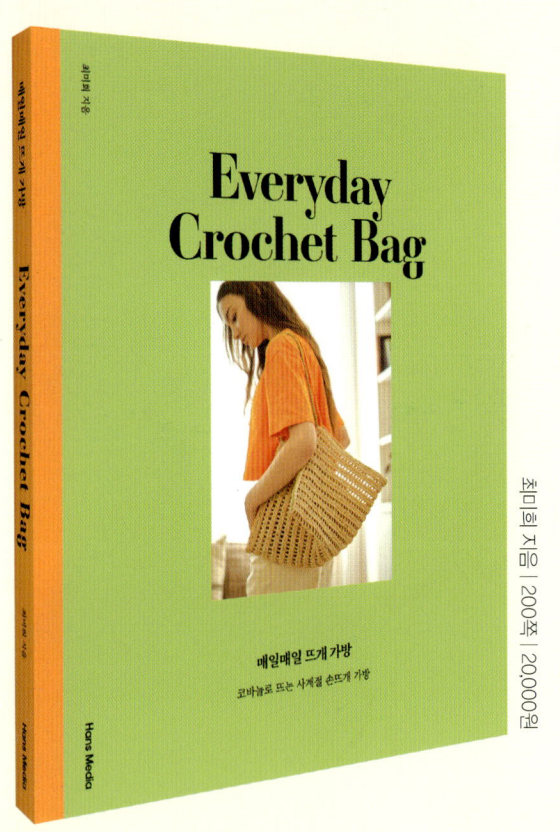

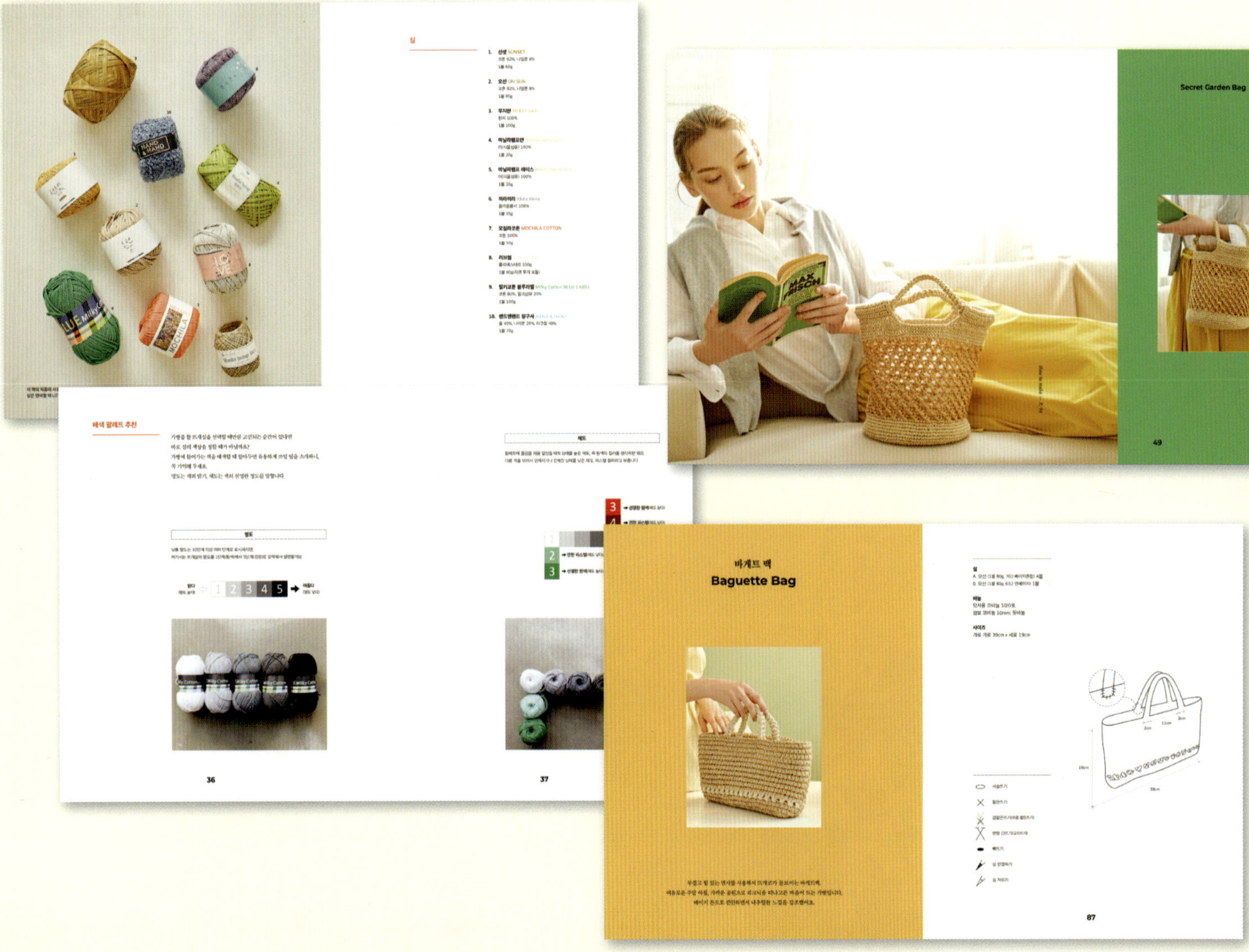

책에 있는 작품들을 그대로 뜰 수 있는, 원작 실 패키지로 만나 보세요!

## NATURAL BEIGE
내추럴 베이지

## FRESH NET
프레쉬 네트

## MODERN STRIPE
모던 스트라이프

## COLORFUL WORLD
컬러풀 월드

## CASUAL STITCH
캐주얼 스티치

KEITODAMA EXPRESS | # Yarn World

### 신여성의 수예 세계로 타임슬립!
## 신여성의 모티브 잇기

재현/기타카와 게이

이시이 도미코(石井とみ子)가 쓴 《편물지남(編物指南)》에 게재한 '꽃 잇기 은화 주머니'. 주머니를 오므리면 입구의 프릴이 꽃처럼 보인다.

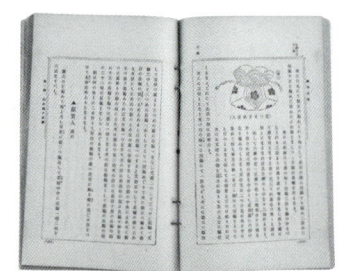

신여성(하이카라)도 모티프 작품으로 멋 부릴 생각에 신날 때가 있었습니다. 신여성들은 꽃 뜨기에 빠지면서 원형 모티브를 뜨게 되었는데, 어린 아기를 위해 육각·국화·매화·모란 모티브를 나란히 연결해 오리지널 턱받이를 만들었습니다. 친척들에게 인사하는 아기들의 얼굴이 정말 세련돼 보였을 것입니다.

1880년이 되자 여성의 사회 활동 기회가 늘어났고 그때 멋내기를 즐기는 필수 아이템이 염낭과 손가방이었습니다. 1906년 모티브를 연결해 만든 손가방을 《소녀세계》 창간호에 발표한 사람은 이시이 도미코였습니다. 가운데 매화무늬가 있는 오각형 모티브를 연결해 입체적으로 만든 귀여운 염낭이었습니다. 연결법은 모티브 2장을 마주 대고 각 모티브 안쪽에 있는 실을 한 가닥씩 주워서 2가닥을 함께 짧은뜨기로 꿰맸습니다. 염낭의 내구성도 고려했죠.

1912년 신여성의 패션 스타일은 모티브의 형태에 머물지 않고 색 배열을 즐기는 수준에 이르렀습니다. 일본 고유의 이치마쓰무늬(흑백 바둑판무늬)에서 영감을 받아 2개의 작은 모티브를 뜨면서 연결해 배색을 즐겼습니다. 신여성들에게 인기 있는 색은 분홍색도 주황색도 아닌 보라색입니다. 당시에도 젊은이들은 수수해 보이는 듯한 멋쟁이였습니다.

우아한 보라색을 중심으로 하늘색·크림색·연분홍색을 배치한 디자인은 요즘 우리 눈에 조금 예스러운 배색입니다. 그리고 염낭 모양 손가방은 끈을 조이는 입구 가장자리에 하늘하늘한 레이스를 귀엽게 뜬 것이 특징입니다. 이치마쓰무늬가 오그라들면서 모던함이 더욱 더해집니다. 모티브 잇기 마무리는 번거롭지만, 모티브가 솜씨 좋게 완성된 모습을 생각하면 감내하고 더 연구해야 했습니다.

1922년 에토 하루요가 《뜨개 연구》에 발표한 손가방은 마름모꼴로 연결한 모습이었습니다. 서양의 디자인을 적극적으로 도입해 용도에 맞도록 큼지막한 손가방으로 변형하고 술이나 방울술 장식을 달아 깜찍함을 연출하면서 일식과 양식이 하나된 이치마쓰무늬는 한층 더 모던해졌습니다.

직접 떠서 막 완성한 가방을 사용하기 전날 밤을 떠올려보세요. 신여성의 모던한 손가방에서 들뜬 전날 밤의 기분이 전해지는 듯하지요?

재현/우메다 가즈코

보라색에 하늘색·크림색·연분홍색 모티브를 연결한 염낭 모양 손가방. 이치마쓰무늬에 레이스로 가장자리뜨기를 한 부분이 모던하다.

재현/우메다 가즈코

에토 하루요(江藤春大)가 쓴 《뜨개 연구(あみ物の研究)》에 소개된 모티브를 마름모꼴로 연결한 손가방.

**기타가와 게이(北川ケイ)**

일본 근대 서양 기예사 연구가. 일본 근대 수예인의 기술력과 열정에 매료되어 연구에 매진하고 있다. 공익재단법인 일본수예보급협회 레이스 사범. 일반사단법인 이로도리 레이스자료실 대표. 유자와야예술학원 가마타교·우라와교 레이스 뜨기 강사. 이로도리 레이스자료실을 가나가와현 유가와라에서 운영하고 있다.
http://blog.livedoor.jp/keikeidaredemo

# Yarn World
KEITODAMA EXPRESS

## 이거 진짜 대단해요! 뜨개 기호
### 침묵의 코드【코바늘뜨기】

뜨개질하고 있나요? 뜨개 기호를 아주 좋아하는 뜨개남(아미모노)입니다. 가을호이군요. 두말할 필요 없이 뜨개질에 전념할 시기가 다가왔습니다. 늦어도 9월에는 뜨기 시작해야만 선선해졌을 때 입을 수 있겠죠. '꼭'입니다.

이번에는 번외편이라 할 수 있는 코드입니다. 끈이지요. 뜨개 끈 말입니다. 이 끈들은 아쉽게도 기호가 없습니다. 그렇지만 생각보다 쓸 일이 많아요. 시판하는 코드를 구매해 사용해도 되지만, 만드는 작품과 같은 소재, 같은 색 코드를 찾지 못한 적이 왕왕 있을 거예요. 그럴 때는 직접 뜨면 그만이죠. 코드는 뜨개 기호가 없어 이 코너에서 소개해야 하는지 1시간쯤 고민한 끝에 푸념 겸 제안을 하고자 쓰게 되었습니다.

코드는 가장 기본적인 '이중사슬뜨기', '스레드 코드', '새우뜨기 코드' 이 3가지를 기억해 두면 큰 문제는 없을 겁니다. 이 기본 코드에서 파생하는 것들이 많지만요. 계속해서 푸념을 늘어놓자면 일단 뚝딱뚝딱 뜰 수 없습니다. 특히 새우뜨기 코드는 기초 책에서 확인하기도 하고 주변 사람에게 물어본 후에야 겨우 뜨게 되죠. 사실은 제대로 마스터하고 싶지만 어디까지나 개인적인 느낌이니 여러분도 부디 도전해보기 바랍니다.

뜨개 기호는 뜨는 법과 뜨개코의 형태를 토대로 만드는데 코드는 형태가 복잡해질수록 기호화하기도 어려우리라 추측할 따름입니다. 단, 이중사슬은 기호화할 수 있으므로 예외! 한 가지 제안하자면(누구에게?) 새우뜨기 코드는 '새우', 스레드 코드는 '실=스레드'를 모티브로 해서 기호화한다면 알아보기 쉽지 않을까 하며 밤은 깊어만 갑니다.

코드를 마스터하는 좋은 방법은 떠보는 수밖에 없습니다. 가끔 뜨는 정도라면 그때그때 찾아보고 뜨기 마련이지요. 다시 말하면 코드를 거침없이 뜰 정도라면 상당한 솜씨라고 할 만하겠네요. 아무래도 그 수준까지 도달하는 게 그리 간단하지 않겠지만 일단 편리하니까 도전해볼 가치는 있지 않을까요?

---

**대단해요! 뜨개 기호  1번째  이름 3개부터 외우자**

**이중사슬뜨기**

사슬의 코산에 코바늘을 넣고 빼뜨기한다.

**스레드 코드**

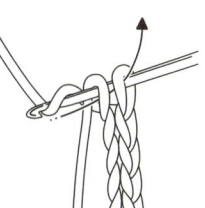

바늘에 걸린 실 끝과 고리 하나를 빼낸다.

**새우뜨기 코드**

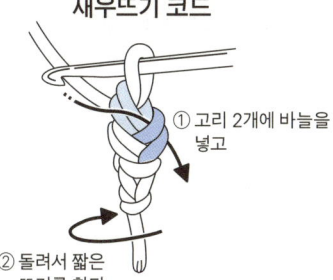

① 고리 2개에 바늘을 넣고
② 돌려서 짧은 뜨기를 한다.

'고리 2개에 바늘을 넣어 뜨개바탕을 왼쪽으로 돌리고 짧은뜨기'를 반복한다.

---

**대단해요! 뜨개 기호  2번째  기호로 못 만든다, 침묵의 코드**

이중사슬뜨기 =
(가능)

스레드 코드 = ⋘⋘⋘⋘⋘
(제안)

새우뜨기 코드 = ~~~~~
(제안)

기호를 만들더라도 역시 어려울 듯…

**뜨개남의 한마디**
이번에는 하소연만 늘어놓은 것 같은데 공감하는 분이 있다면 기쁠 것 같네요. 코드 뜨기의 어려운 점은 '어디에 바늘을 넣는가' 하는 부분인 것 같아요. 그런데 코드 뜨기를 못해도 사는 데 지장은 없습니다.

(뜨개남의 SNS도 매일 업로드 중!)
http://twitter.com/nv_amimono
www.facebook.com/nihonvogue.knit
www.instagram.com/amimonojapan

# 이제 와 물어보기 애매한!?
## 대바늘뜨기의 떠서 꿰매기

대바늘뜨기의 기초 중의 기초, '이제 와 물어보기 애매한!?'이라는 타이틀에
딱 어울리는 떠서 꿰매기. 심플하지만, 의외로 심오하므로
다시 한번 확인해서 더욱 예쁜 작품을 만들어보세요.

촬영/모리야 노리아키  감수/이마이즈미 후미코

이런 데도 이름이 있었네!!

## 1
### 직선 부분의 떠서 꿰매기

#### 메리야스뜨기

• 1코 안쪽의 싱커 루프를 1단마다 뜬다

가장 일반적인 떠서 꿰매기 방법입니다. 1코 안쪽을 꿰매므로 꿰맨 부분이 다소 두툼해져 굵은 실에는 그다지 알맞지 않습니다.
꿰맨 위치가 벌어지지 않게끔 실을 살짝 당기면서 꿰매면 예쁘게 완성할 수 있습니다.

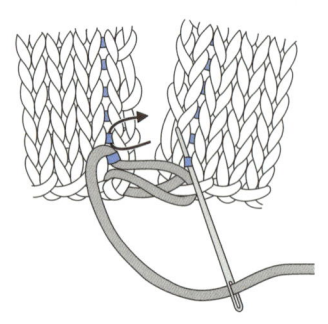  

일러스트를 참고해 1코 안쪽의 싱커 루프를 떠서 실을 통과시킵니다.  
반대쪽도 똑같이 진행합니다.  
완성. 실이 느슨하면 틈이 생깁니다.

• 1코 안쪽의 싱커 루프를 2단마다 뜬다

1단마다 뜨는 방법보다 빨리 완성할 수 있지만, 꿰매는 간격이 넓어 꿰맨 부분은 그다지 깔끔하지 않습니다.
가는 실로 뜬 하이 게이지의 작품 등에 사용하세요.

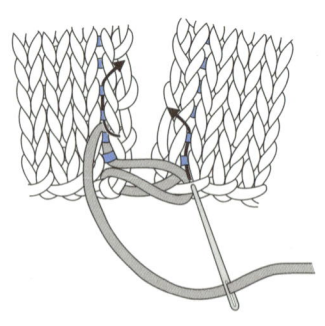 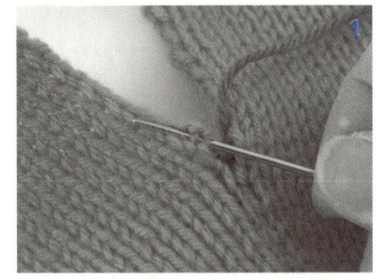 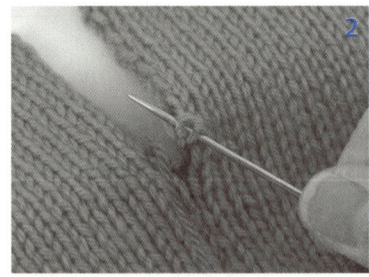 

일러스트를 참고해 1코 안쪽의 싱커 루프를 2단 떠서 실을 통과시킵니다.  
반대쪽도 똑같이 진행합니다.  
완성. 1단마다 꿰맨 것에 비해 꿰맨 부분이 눈에 띕니다. 하이 게이지는 단수도 많아서 꿰매기 힘들므로 꿰맨 부분이 눈에 띄는지 확인한 다음 사용합니다.

• 반코 안쪽의 니들 루프를 1단마다 뜬다

반코씩 꿰매므로 얇게 완성됩니다. 따라서 굵은 실일 때 특히 유용합니다.
다만 가장자리코는 예쁘게 뜨기 어려우므로 꿰맨 부분이 지저분해 보일 수 있습니다.

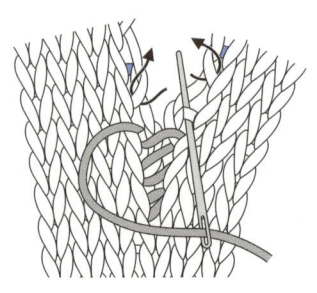 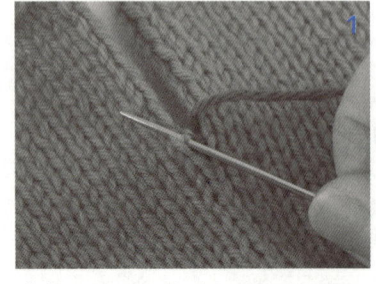 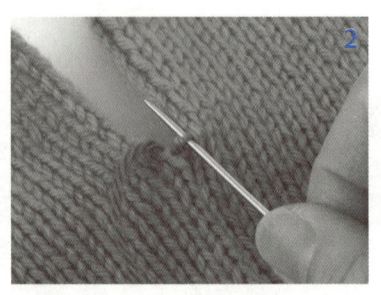 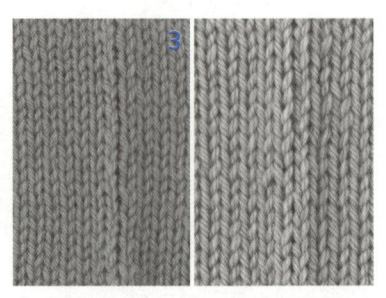

일러스트를 참고해 반코 안쪽의 니들 루프를 떠서 실을 통과시킵니다.  
반대쪽도 똑같이 진행합니다.  
완성. 반코씩 붙은 코는 다른 부분보다 크기가 약간 작아졌습니다. 굵은 실 외에도 시접을 좁게 하고 싶을 때 사용해보세요.

## 안메리야스뜨기

• **1코 안쪽의 싱커 루프를 1단마다 뜬다**

메리야스뜨기와 마찬가지로 자주 사용하는 방법입니다. 꿰맨 부분이 다소 두툼해지므로 굵은 실에는 그다지 알맞지 않습니다.
실을 살짝 당기면서 꿰매면 예쁘게 완성할 수 있습니다.

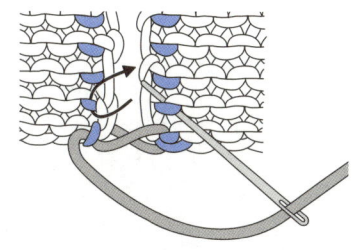  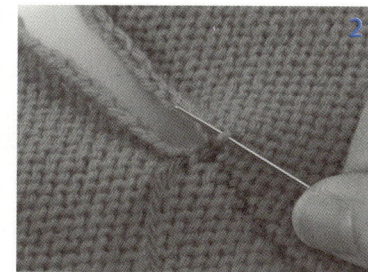 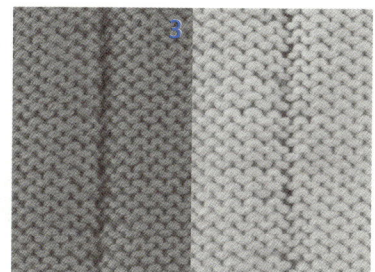

일러스트를 참고해 1코 안쪽의 싱커 루프를 떠서 실을 통과시킵니다. / 반대쪽도 똑같이 진행합니다. / 완성. 오른쪽은 굵은 실로 떴습니다.

• **1코 안쪽과 반코 안쪽을 1단마다 뜬다**

좌우에서 뜨는 위치가 다르므로 약간 꿰매기 어렵지만, 한쪽은 반코를 꿰매므로 조금 얇게 완성됩니다.
굵은 실에 추천하는 방법입니다.

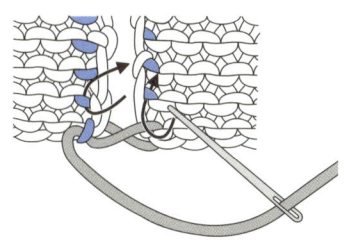 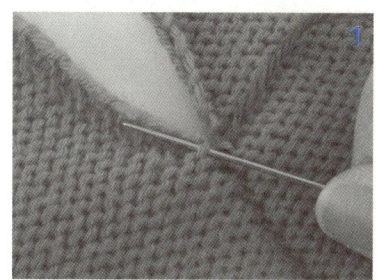 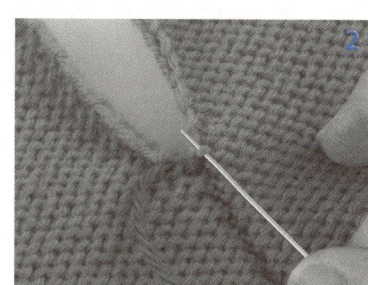 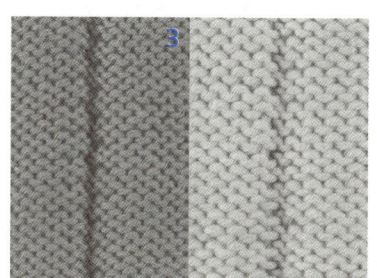

일러스트를 참고해 1코 안쪽의 싱커 루프를 떠서 실을 통과시킵니다. / 반대쪽은 반코 안쪽의 니들 루프를 떠서 실을 통과시킵니다. / 완성. 오른쪽은 굵은 실로 떴습니다.

## 가터뜨기

• **반코 안쪽과 1코 안쪽을 2단마다 뜬다**

가터뜨기는 이 방법을 자주 사용합니다. 2단마다 뜨므로 빨리 꿰맬 수 있습니다.
꿰맨 부분이 다소 두툼해지므로 굵은 실에는 그다지 추천하지 않습니다.

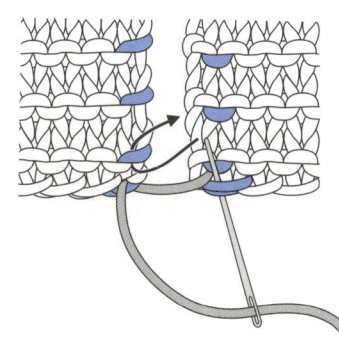  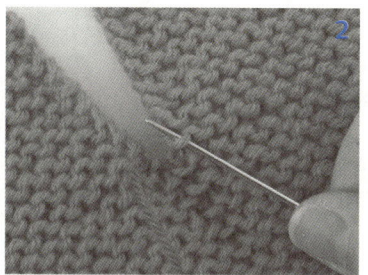 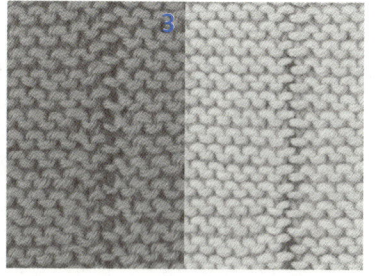

일러스트를 참고해 반코 안쪽의 니들 루프를 떠서 실을 통과시킵니다. / 반대쪽은 1코 안쪽의 싱커 루프를 떠서 실을 통과시킵니다. / 완성. 오른쪽은 굵은 실로 떴습니다.

• **반코 안쪽과 가장자리 코를 2단마다 뜬다**

이 방법도 2단마다 뜨므로 빨리 꿰맬 수 있지만, 돗바늘 넣는 위치를 다소 헷갈릴 수 있습니다.
다만 이 방법은 시접이 거의 없으므로 깔끔하게 완성할 수 있습니다. 굵은 실에 특히 추천합니다.

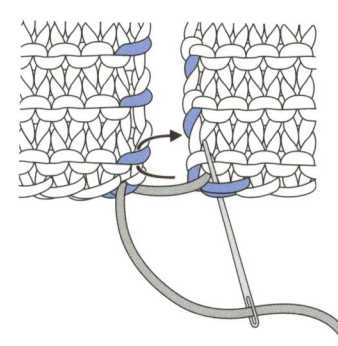  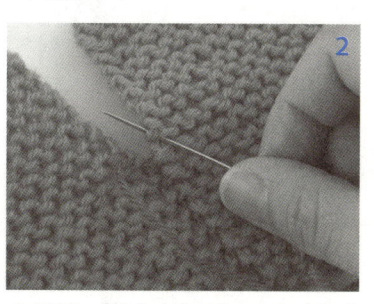 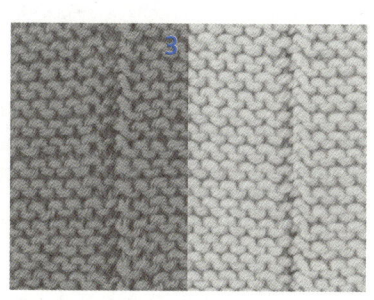

일러스트를 참고해 가장자리 코의 니들 루프를 떠서 실을 통과시킵니다. / 반대쪽은 가장자리의 코를 1가닥 떠서 실을 통과시킵니다. / 완성. 오른쪽은 굵은 실로 떴습니다.

## 2
# 증감코 부분의 떠서 꿰매기

## 늘린 코

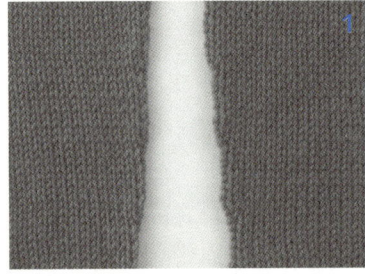
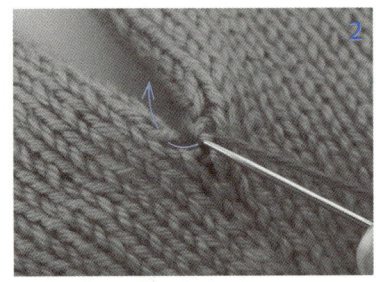
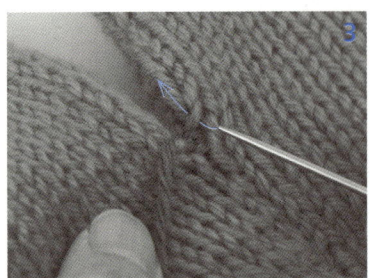

1. 늘린 코 부분 전까지는 1코 안쪽의 싱커 루프를 떠서 꿰맵니다.
2. 일러스트를 참고해 늘린 코의 교차한 부분에 돗바늘을 넣어 뜹니다.
3. 반대쪽도 똑같이 교차한 부분에 돗바늘을 넣어 뜹니다.

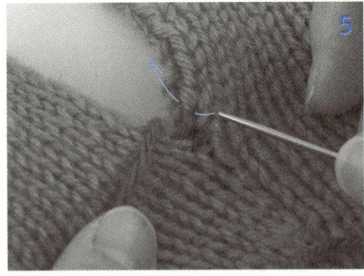

4. 2의 과정에서 돗바늘을 빼낸 부분에 돗바늘을 넣고 다음 단의 1코 안쪽의 싱커 루프를 뜹니다.
5. 반대쪽도 똑같이 돗바늘을 넣어 뜹니다.
6. 완성.

## 줄인 코

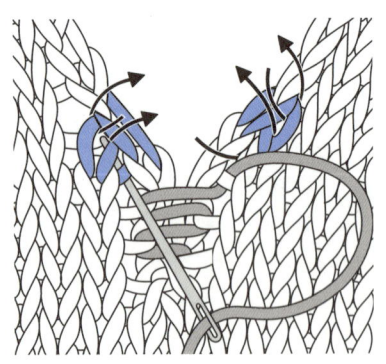
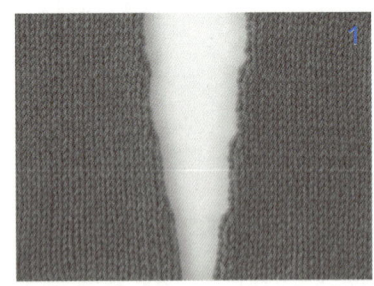

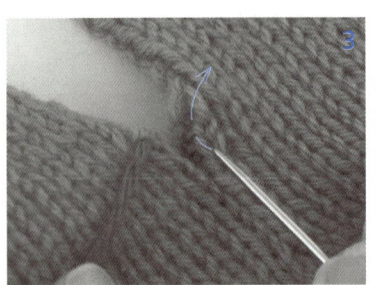

1. 줄인 코 부분 전까지는 1코 안쪽의 싱커 루프를 떠서 꿰맵니다.
2. 일러스트를 참고해 줄인 코 부분은 1코 안쪽의 싱커 루프에 돗바늘을 넣어 뜨고, 줄인 코의 겹쳐진 코 아래쪽의 코 중심으로 돗바늘을 빼냅니다.
3. 반대쪽도 똑같이 돗바늘을 넣어 뜹니다.

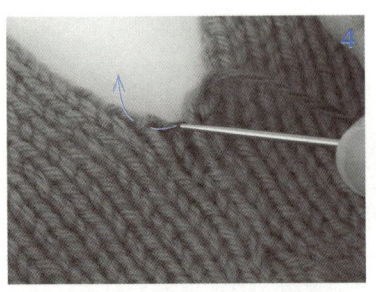
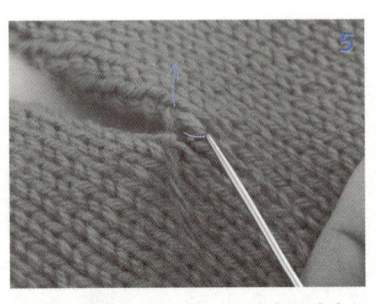

4. 2의 과정에서 돗바늘을 빼낸 부분에 돗바늘을 넣고 다음 단의 1코 안쪽의 싱커 루프를 뜹니다.
5. 반대쪽도 똑같이 돗바늘을 넣어 뜹니다.
6. 완성.

## 3
# 작품을 꿰맬 때의 포인트

### 꿰매기 시작

뜨개바탕을 맞대어 놓았을 때, 오른쪽 뜨개바탕의 실 끝으로 떠서 꿰매기를 시작하면 실을 처리하는 과정이 한 번 줄어서 편합니다.

기초코의 실을 뜹니다. 여러분이 알기 쉽게 실 색을 바꿨습니다.

반대쪽도 기초코의 실을 2가닥 뜹니다.

1코 안쪽의 싱커 루프를 1단씩 주워서 꿰맵니다.

### 꿰매기 끝

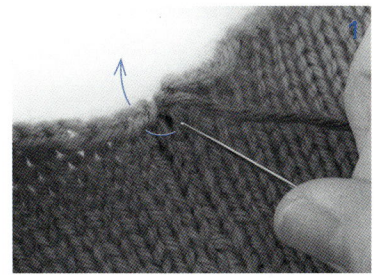
마지막 단까지 꿰맸으면 덮어씌워 코막음한 코에 돗바늘을 넣어 안면으로 빼냅니다.

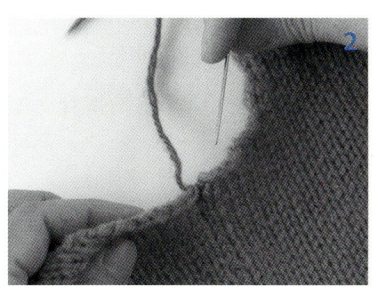
반대쪽도 덮어씌워 코막음한 코에 안면에서 돗바늘을 넣습니다.

다시 한번 1의 과정과 같은 위치에 돗바늘을 넣어 안면으로 빼내고 실을 처리합니다.

### 단수 차이가 있을 때

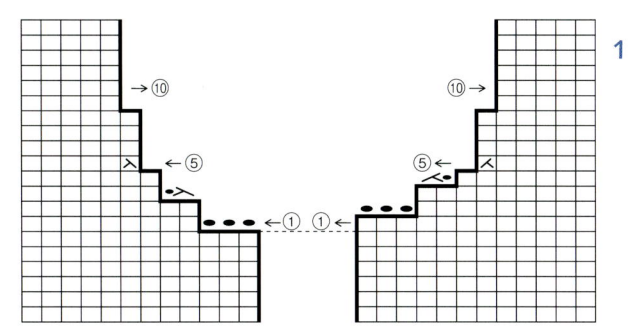
옆선이나 소맷단의 떠서 꿰매기는 그림과 같이 대체로 좌우로 1단 높이 차이가 나므로 1단씩 꿰매면 마지막에 남는 부분이 생깁니다.

그대로 두면 높이가 달라 만듦새에 영향을 주므로

1단이 더 많은 오른쪽 뜨개바탕은 중간에 한 번 2단을 줍습니다.

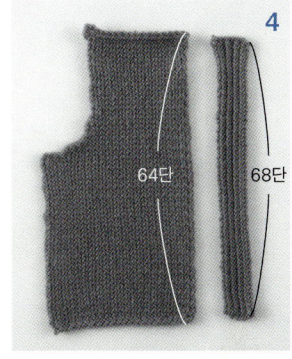
이 밖에도 앞뒤로 무늬가 다를 때나 앞단의 고무뜨기 등 게이지가 다른 경우 단수가 많은 뜨개바탕에서 단수의 차이만큼 평균적으로 2가닥을 줍습니다.

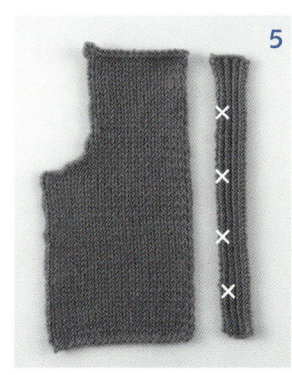
평균값을 계산해도 좋지만 어림잡아 표시해도 상관없습니다.

완성.

# 손뜨개
# 처음부터
# 제대로 배우자

### 99.9% 만족 수강!!

---

**손뜨개 지인선생님을 만나는 방법** | 지금 QR코드 찍고 수강신청하면 디자인노트를 보내드립니다(이벤트기간 ~10월 말까지)

**지인보그스쿨** EVENT
니트패션 메이킹 커뮤니티를 추구합니다

**힐링 & 프로패셔널 프로젝트**
◆ 보그손뜨개 입문/강사/지도원과정
서울강남양재/서울홍대연남/세종시/청주시/평택시
(5인 이상이라면 전국 출강)

**힐링 & 니팅 프로젝트**
◆ 쉽게 배우는 나만의 손뜨개
일상을 풍요롭게 하는 취미생활!!
성취감과 실용성까지 갖춘
핸드니팅을 만나 보세요.

**신세계아카데미 강남점**

No.1 온라인클래스 플랫폼
**CLASS101**  EVENT

**경력단절 여성 취업 프로젝트**
◆ 방과후손뜨개 강사자격증 준비과정

**청년 / 장년 창업 프로젝트**
◆ 니트패션디자인마스터 준비과정

# LYKKE™
## MAKE HAPPY

Value Your Knitting Time

"

뜨개머리앤은 라이키의
한국 유일 공식 배분처입니다.

도매 문의는 뜨개머리앤
웹사이트 도매 상담 게시판을
찾아주세요.

www.annknitting.com

# 우리 아이가 최고! 강아지와 함께

Photograph/
Bunsaku Nakagawa

큼지막한 뜨개 단추가 포인트.

사진 찍을 때는 완벽한 포즈를 취하는 두리.

지금 만 4살, 어린이집 6세 반에 다니는 히나리의 친구이기도 한 토이푸들 두리는 활달하고 늘 관심받고 싶어 하는 응석쟁이입니다. 엄마 아빠는 활발한 두리가 조금 부담스럽기도 하죠.

두리와 히나리네 가족은 지인의 애견 미용 숍에서 만났습니다. 두리 입양을 원하는 가족이 좀처럼 나타나지 않자 지인의 소개로 입양을 결심했습니다.

히나리네 가족은 보호견을 입양할 계획이었지만 지인이 두리의 입양을 서두르는 듯해 새로운 구성원으로 맞아들이게 되었습니다. '두리'라는 이름은 당시 팬이던 연예인 이름에서 땄다고 합니다.

히나리는 두리를 동생처럼 귀여워하고 두리도 히나리를 정말 좋아하는 것 같아요. 누구보다 서로를 이해하고 낮잠도 함께 자는 사이 좋은 남매랍니다. 집에서 술래잡기라도 하는 날에는 방은 엉망진창이 되기도 하지만 두리가 혼날 때는 반드시 히나리가 감싸주기도 합니다.

늘 같이 놀아달라며 응석을 심하게 부리는 두리는 아빠와 엄마에게 무시당하는 일도 왕왕 있지만, 두리가 없으면 집이 아주 조용하니 허전하기도 하고 히나리가 정말 외로워 보입니다. 둘은 하루하루 집안을 활기로 가득 채워주는 귀중한 존재입니다.

Design／가와이 마유미
Knitter／세키야 사치코(강아지), 이시카와 기미에(히나리)
How to make／P.188
Yarn／다루마 울 모헤어

## Profile

| | |
|---|---|
| 강아지 | 두리 ♂ 3살, 토이푸들 |
| 성격 | 애교쟁이, 활발 |
| 견주 | 히나리 |

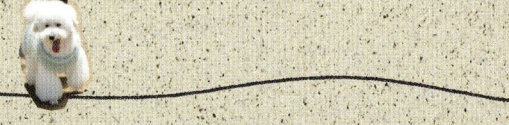

# Let's Knit in English!
## 니시무라 도모코의 영어로 뜨자

### 크로셰가 뜨고 싶어지면

Photograph/Toshikatsu Watanabe, Styling/Terumi Inoue

최근에 코바늘뜨기(여기서는 크로셰)로 뜬 소품이나 옷을 자주 보았습니다. 심지어 젊은 사람들이 남녀 불문하고 크로셰 옷과 소품을 훌륭하게 코디하는 모습을 길거리에서 보면서 흐뭇했던 적이 여러 번입니다.

레트로한 분위기가 물씬 풍기는 크로셰가 배색이나 코디에 따라 신선하게 느껴집니다. 이는 일본뿐 아니라 전 세계에서 볼 수 있는 경향인 듯합니다. 해외 작가의 니트 작품에서도 크로셰가 많이 눈에 띄고, 유명한 고급 브랜드 매장에서도 크로셰 모티프를 활용한 아이템을 진열해놓아 시선을 빼앗기는 일이 부지기수입니다. 신선함과 반가움이 어우러져서 왠지 모르게 힐링이 됩니다. 이번에는 크로셰를 가볍게 즐길 수 있는 뜨개바탕을 소개합니다. 테두리뜨기로 즐길 수 있는 뜨개바탕이지만, 굵은 실을 사용해 탈부착 칼라 느낌으로 만들었습니다. 자투리 실이나 마음에 드는 실로 떠보세요. 여러분은 어떤 스타일로 바꿀지 궁금하네요.

※미국식 크로셰 용어를 사용했습니다.
무늬뜨기는 9코의 배수+4코

(기초코로) 파운데이션 싱글 크로셰를 58코 뜬다.
1단(겉면): 사슬 1, 첫 코에 짧은뜨기 1, 사슬 2, 2코 건너뛰어 다음 코에 짧은뜨기 1, *2코 건너뛰어 (다음 코에) 한길 긴뜨기 6, 2코 건너뛰어 (다음 코에) 짧은뜨기 1, 사슬 2, 2코 건너뛰어 (다음 코에) 짧은뜨기 1*, *-*를 마지막까지 반복한다. 뜨개바탕을 뒤집는다.
2단(안면): 사슬 1, 첫 코에 짧은뜨기 1, 사슬 2, *다음 한길 긴뜨기에 한길 긴뜨기 1, [사슬 1, 다음 한길 긴뜨기에 한길 긴뜨기 1] 5회, 다음 사슬 2의 공간에 바늘을 넣어 짧은뜨기 1 떠 넣기*, *-*를 반복하고 마지막 1무늬는 사슬 2, 앞단의 짧은뜨기를 1코 건너뛰어 마지막 코에 짧은뜨기 1. 뜨개바탕을 뒤집는다.
3단: 사슬 1, 첫 코에 짧은뜨기 1, 사슬 3, *[앞단의 사슬 1 공간에 MP*, 사슬 3] 5회, (앞단의 다음 짧은뜨기에) 짧은뜨기 1, 사슬 2*, *-*를 반복하고 마지막 1무늬는 [앞단의 사슬 1에 MP, 사슬 3] 5회, (마지막 짧은뜨기에) 짧은뜨기 1. 실을 고정한다.

※MP(팝콘뜨기): (정해진 곳에) 한길 긴뜨기를 5코 뜬다. 마지막으로 뜨고 실 고리에 걸린 코바늘을 빼서 1번째 한길 긴뜨기 머리에 넣은 다음 실 고리에 코바늘을 넣고 빼낸다.

### 뜨개 약어

| 약어 | 영어 원어 | 우리말 풀이 |
|---|---|---|
| ch | chain | 사슬 |
| dc | double crochet | 한길 긴뜨기 |
| fsc | foundation single crochet | 파운데이션 싱글 크로셰 |
| sc | single crochet | 짧은뜨기 |
| st(s) | stitch(es) | 뜨개코 |
| MP | Make Popcorn | 팝콘뜨기 |
| RS | Right Side | 겉면 |
| WS | Wrong Side | 안면 |
| SP | Space | 공간 |

Note: This pattern uses U.S. crochet terms.
Work with a multiple of 9 sts + 4 for pattern.

Make 58 fsc sts.
Row 1(RS): Ch1, 1sc into first st, ch2, skip 2 sts, 1sc into next st, *skip 2 sts, 6dc into next st, skip 2 sts, 1sc into next st, ch2, skip 2 sts, 1sc into next st; rep from * to end, turn.
Row 2(WS): Ch1, 1sc into first sc, ch2, *1dc into next dc, [ch1, 1dc into next dc] 5 times, 1 sc into next ch2 sp; rep from * omitting 1sc at end of last rep, ch2, 1 sc into last sc, turn.
Row 3: Ch1, 1sc into first sc, ch3, *[MP into ch1 sp, ch3] 5 times, sc1 into sc, ch2; rep from *, and end last rep by working [MP into ch1 sp, ch3] 5 times, sc1 into last sc. Fasten off.

MP (make popcorn) = Work 5dc. Remove hook from loop after working last dc and insert it into the top of first dc from front to back, then insert hook into the loop from the last dc and draw this through.

### 니시무라 도모코(西村知子)

니트 디자이너. 공익재단법인 일본수예보급협회 손뜨개 사범, 보그학원 강좌 '영어로 뜨자'의 강사. 어린 시절 손뜨개와 영어를 만나서 학창 시절에는 손뜨개에 몰두했고, 사회인이 되어서는 영어와 관련된 일을 했다. 현재는 양쪽을 살려서 영문 패턴을 사용한 워크숍·통번역·집필 등 폭넓게 활동하고 있다. 저서로는 국내에 출간된 《손뜨개 영문패턴 핸드북》 등이 있다. Instagram : tette_knits

참고 작품(뜨개바탕) : 바늘 / 코바늘 8/0호,
실 / 다루마 포클랜드 울 20g

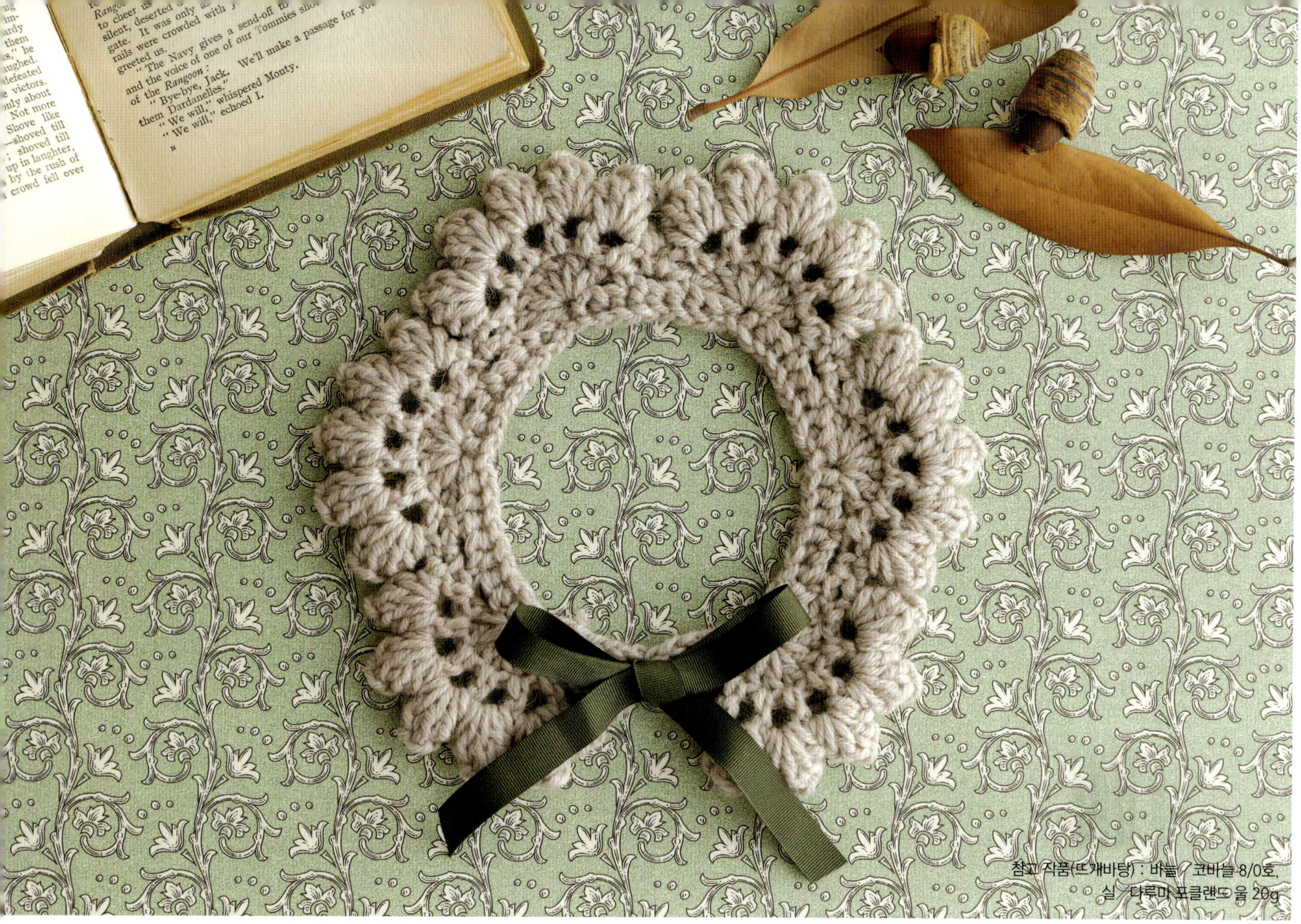

## 파운데이션 싱글 크로셰(fsc) 뜨는 법

사슬코와 1단에 짧은뜨기(sc)를 1코씩 동시에 뜨는 법. 뜨개코는 세로로 생긴다.

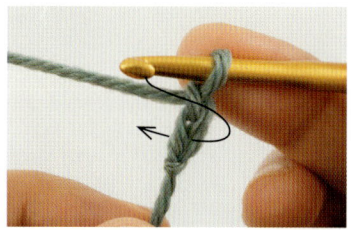

1. 사슬 2코를 뜹니다. 화살표와 같이 1번째 사슬에 코바늘을 넣고

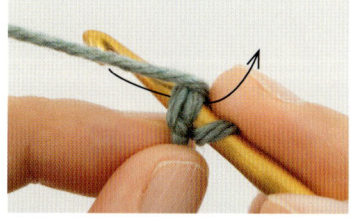

2. 실을 걸어 빼내 토대인 사슬을 뜹니다.

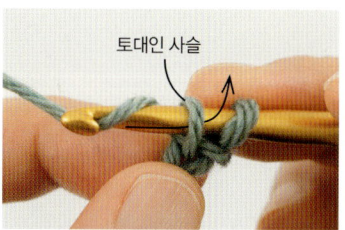

3. 그다음에 실을 걸어 화살표와 같이 빼냅니다.

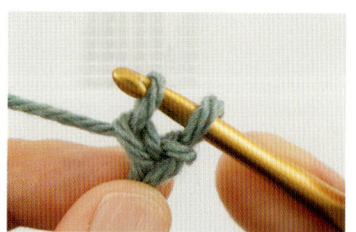

4. 토대인 사슬로 실을 빼냈습니다.

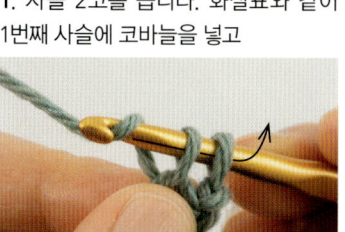

5. 다시 실을 걸어 2개의 고리 안으로 빼내

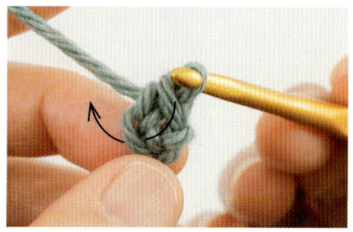

6. 짧은뜨기를 합니다. 토대인 사슬에 코바늘을 넣고

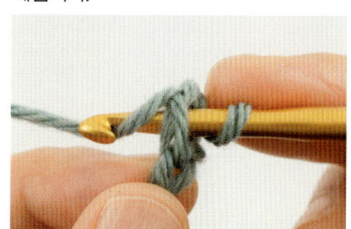

7. 실을 걸어 빼냅니다.

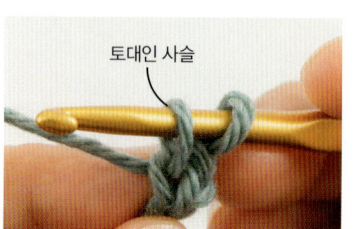

8. 이것이 다음 토대인 사슬이 됩니다.

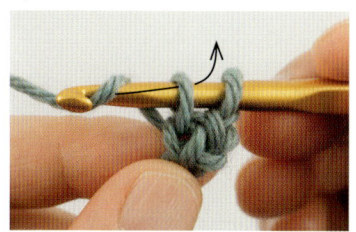

9. 실을 걸어 화살표와 같이 빼냅니다.

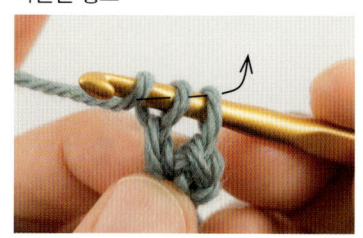

10. 다시 실을 걸어 2개의 고리 안으로 빼냅니다.

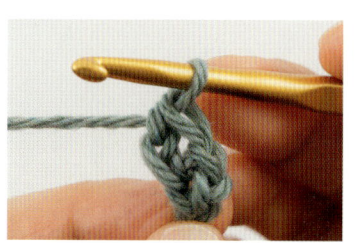

11. 2번째 fsc를 떴습니다.

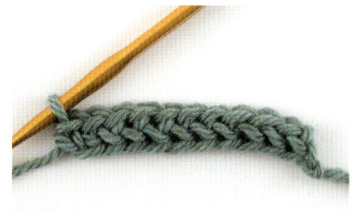

12. 이 과정을 반복해 필요한 콧수만큼 뜹니다.

# Simple is Best
## 심플 이즈 베스트

털실의 계절이 올 때마다 완소템이 다시 하나둘 늘어갑니다.
질리지 않는 심플한 디자인의 니트는 가장 먼저 뜨고 싶은 아이템.

Photograph/Shigeki Nakashima, Styling/Kuniko Okabe, Yumi Sano,
Hair&Make-up/Kazunori Miyasaka, Model/Iryan Ulysse

걸러뜨기와 걸뜨기로 만든 줄무늬에 가터뜨기 베이스를 바둑판 상태로 마무리한 디자인은 딱 떨어지는 오버핏 실루엣입니다. 남성복 같은 디자인의 무늬뜨기도 그라데이션 실 덕분에 부드러운 인상으로 연출할 수 있습니다. 맨투맨 티셔츠 같은 느낌으로 코디하기에 딱 좋아요.

Design/우메모토 미키코(amuhibi)
How to make/P.174
Yarn/로완 펠티드 트위트 컬러

드롭 숄더와 벌룬 소매, 최강의 조합으로 매력이 넘치는 풀오버. 부드러운 모헤어와 실크의 우아한 광택이 화사함을 더합니다. 볼륨이 있어 보이는 겉모습과 달리 산뜻하고 포근한 작품으로 완성한 이유는 모헤어만의 장점에 있습니다.

Design／우메모토 미키코(amuhibi)
How to make／P.175
Yarn／로완 키드실크 헤이즈
Glasses／글로브 스펙스 에이전트

# Simple is Best

메리야스뜨기 베이스에 조금 수수해 보이는 다이아몬드무늬를 배치한 톱다운 풀오버로, 군데군데 다른 색상의 트위드가 박힌 실의 개성을 즐길 수 있습니다. 심플한 니트의 진정한 멋은 실이 지닌 매력을 최대한 살린 디자인과 만났을 때 빛이 납니다.

Design／니시무라 도모코
How to make／P.176
Yarn／데오리야 T 허니 울

Glasses／글로브 스펙스 에이전트

아랫단에 있기 마련인 2코 고무뜨기를 무늬뜨기로 배치한 그라데이션 스웨터는 언밸런스 슬릿으로 활동적인 실루엣이 매력 포인트. 울과 모헤어 2종의 실을 합사해 뜨면 미묘한 톤의 차이를 즐길 수 있습니다.

Design／우노 지히로
How to make／P.178
Yarn／데오리야 쿠 울, 실크 모헤어 레이나

# Simple is Best

1코 교차뜨기로 다이아몬드를 겹친 듯한 입체감 있는 무늬가 멋진 풀오버는 이제는 누구나 하나씩은 가지고 있는 오버핏 디자인입니다. 넉넉한 품에 잘 어울리도록 목둘레도 널찍하게, 소매는 안메리야스 뜨기로 깔끔하게 마무리했습니다.

Design／하라다 카산드라
How to make／P.180
Yarn／퍼피 셰틀랜드

털이 긴 모헤어를 1코 멍석뜨기로 뜬 짧은 기장의 카디건. 심플한 뜨개바탕에는 액세서리처럼 보이는 조금 특색 있는 단추를 매칭해도 재미있습니다. 이번에는 투명한 클레어 단추를 골랐습니다.

Design／노구치 도모코
Knitter／도야마 미사코
How to make／P.179
Yarn／퍼피 유리카 모헤어

# Simple is Best

심플한 니트에는 질 좋은 소재가 잘 어울립니다. 메리야스뜨기로 만든 모자와 베스트 세트에는 찰랑찰랑하고 부드러운 촉감의 캐시미어를 선택했습니다. 어떤 상황에서도 자신감 있게 입을 수 있고 고급스러운 착용감을 자랑하는 최고의 작품입니다.

Design／YOSHIKO HYODO
Knitter／야베 구미코
How to make／P.182
Yarn／나이토상사 마티스 캐시미어

알파카와 울을 혼방한 질 좋은 실로 뜬 유니섹스 재킷은 색 배열을 바꾸며 끌어올려뜨기와 튼튼하게 뜬 주머니가 악센트. 무거워지기 십상인 영국 고무 뜨기 재킷인데 놀랍게도 260g도 되지 않을 정도로 가볍습니다.

Design／가사마 아야
How to make／P.184
Yarn／나이토상사 라자
Glasses／글로브 스펙스 에이전트

## Couture Arrange

### 시다 히토미의 쿠튀르 어레인지
### 가을색 튜닉 베스트

Photograph/Hironori Handa, Styling/Masayo Akutsu, Hair&Make up/Yuri Arai, Model/Dasha

《쿠튀르 니트 18》 중에서
목둘레가 직선으로 쭉 뻗은 스트레이트 네크라인의 풀오버입니다.

가을은 자연의 혜택 속에서 커다란 열매를 맺는 시기입니다. 반면 인생의 황혼을 느끼게 하는 것들로 가득하기도 합니다. 이번에는 《쿠튀르 니트 18》에 수록된 튜닉 풀오버를 베스트로 어레인지합니다. 이 풀오버는 좋아하는 무늬의 작품이라서 메인 무늬는 그대로 두고 디테일에 변화를 주었습니다.

아랫단의 교차무늬가 하나 건너 하나였는데 전체적으로 배열해 무늬 수를 늘렸습니다. 목둘레는 스트레이트 네크라인을 롤칼라로 바꿔서 조금 부드러운 분위기로 연출했습니다. 가슴의 메리야스 부분에는 레이스무늬를 더하고, 옆선은 트임을 크게 넣어 태브로 고정합니다.

소재는 넵(Nep, 털이 꼬인 곳곳에 불규칙하게 붙어 있는 작은 실뭉치) 트위드 얀, 색은 가을에 잘 어울리는 모스 그린입니다. 넵은 짙고 옅은 갈색 계열과 미색이 군데군데 들어가 특히 메리야스 부분에서 매력을 발산합니다.

작품을 어레인지할 때는 너무 어렵게 생각하지 않고 즐기면 됩니다. 먼저 좋아하는 색을 골라 분위기를 바꿔 봅니다. 무늬 넣는 방법이나 레이스 부분을 늘리기도 하고 레이스 무늬를 바꾸기도 하면서 자신만의 개성을 더하면 누구나 인생 최고의 작품을 만들 수 있습니다.

## *detail*

네모 안에 꽃잎처럼 배치한 꽈배기무늬는 아랫단은 크게, 가슴은 작게 합니다. 레이스무늬는 1코 고무뜨기에 2단씩 번갈아가며 구멍뜨기를 해 심플함을 연출했습니다. 몸통에 레이스무늬가 3곳밖에 들어가지 않으므로 밸런스를 고려해 목둘레와 소매 가장자리는 같은 무늬로 마무리합니다.

소매 가장자리 뜨기는 어깨 끝이 뾰족해지는 것을 막기 위해 어깨선의 앞판과 뒤판의 코를 조금 적게 줍습니다. 홀수 단에서 끝나지만, 뜨개 마무리는 걸기코를 안뜨기해서 1코 고무뜨기 코막음을 합니다.

목둘레는 뜨개 방향에 주의해 바늘을 바꿔 조절하면서 뜨고 소매와 같은 방법으로 코마무리를 합니다. 옆선은 크게 열린 부분을 태브(Tab)와 단추로 마무리했습니다. 단춧구멍 위치는 취향에 맞게 적당히 겹치도록 조절하면 됩니다.

《쿠튀르 니트 18》 중에서
Knitter／마키노 게이코
How to make／P.186
Yarn／다이아몬드케이토 다이아 아델

One-piece／산타모니카 하라주쿠점

# Knit +1
니트+1

## 오카모토 게이코의

이번 가을, 저의 추천은 우루과이 울 실입니다.
꼭 떠보시길 바랍니다.

Photograph/Hironori Handa, Styling/Masayo Akutsu,
Hair&Make-up/Yuri Arai, Model/Dasha

이번에 메인으로 사용한 실은 우루과이의 울로 만든 '카푸치노'라는 실이에요. 우루과이 울 실은 왜 이렇게 기분이 좋을까요? 까슬까슬하지 않고 캐시미어에 뒤지지 않을 정도로 매끄럽고 부드러운 데다가 울다운 탄성까지 있고요. 그런데 '우루과이'라고 하면 생소한 분들도 있을 텐데 보통은 축구로 잘 알려져 있죠. 우루과이는 남아메리카에 있는 나라로 브라질·아르헨티나·대서양에 둘러싸여 있답니다. 높은 산도 없이 광대한 초원지대가 펼쳐져 있는데 90%가 목장이라고 하네요. 인구보다도 소와 양이 많고 마차와 클래식 카도 달리는 약간 레트로한 이미지의 나라랍니다. 한번 가보고 싶어지는 나라지요.

그런 나라에서 만날 수 있는, 양 특유의 털 색을 그대로 살린 지속 가능하고 친환경적인 실이 '카푸치노'랍니다. 염색하지 않은 화이트·베이지·모카·밤색의 4색과 밤색 원모에 소량의 검은색 염료를 넣어 만든 검은색의 총 5가지 색이 있습니다.

오카모토 게이코(岡本啓子)
아틀리에 케이즈케이(atelier K's K) 주재. 니트 디자이너이자 지도자로 일본 전역에서 활약하고 있다. 한큐 우메다 본점 10층에 위치한 숍 케이즈 케이의 오너. 공익재단법인 일본수예보급협회 이사. 저서로 《오카모토 게이코의 코바늘뜨기》가 있다.
http://atelier-ksk.net/
http://atelier-ksk.shop-pro.jp/

Yarn／카푸치노

왼쪽／'카푸치노'를 베이스로 다른 실을 더해 떴습니다. 걸러 뜨기로 포인트 컬러를 더한 모자이크무늬가 귀엽습니다.

**Knitter**／모리시타 아미
**How to make**／P.194
**Yarn**／카푸치노, 플러피 멜란지, 그래놀라
**Pants**／하라주쿠 시카고(하라주쿠／진구마에점)

오른쪽／여러 가지 케이블 패턴을 조합한 아란무늬 카디건이에요. 색이 바뀌는 부분에서 케이블이 풀어져 위로 뻗어 나가는 듯한 모습의 유니크한 디자인입니다.

**Knitter**／미야모토 히로코
**How to make**／P.190
**Yarn**／카푸치노
**Shirt**／하라주쿠 시카고(하라주쿠／진구마에점)
**Pants**／SLOW 오모테산도점

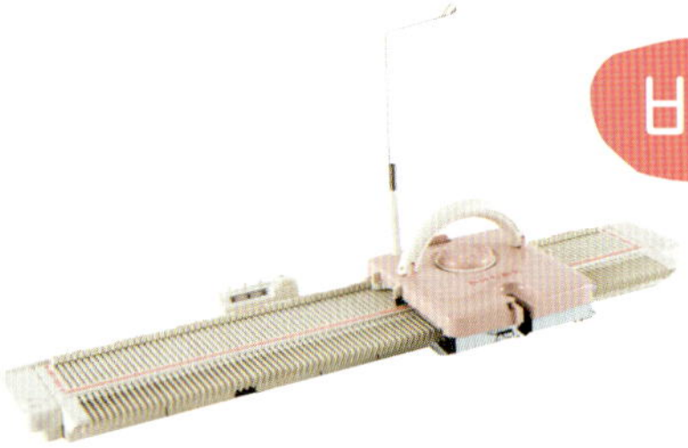

## 비기너를 위한 신·수편기 스이돈 강좌

### 스윽스윽 뜨다 보니 자꾸 즐거워지는

이번 테마는 '코 늘리기와 코 줄이기'.
드디어 목둘레와 소매 뜨기를 할 수 있습니다!

Photograph/Hironori Handa, Styling/Masayo Akutsu, Hair&Make-up/Yuri Arai, Model/Dasha

심플한 디자인의 풀오버와 베스트에 도전해보세요. 메리야스뜨기만 해도 무늬가 완성되는 그라데이션 실을 사용하면 특별한 작업을 하지 않아도 공들인 것처럼 보이니 꼭 해보기를 추천합니다. 가장자리 정리는 코바늘을 활용해 간단하게 마무리합니다.

Design／실버편물연구회 오쿠무라 레이코
How to make／P.196(풀오버), P.197(베스트)
Yarn／퍼피 허스키

왼쪽 Pants／하라주쿠 시카고(하라주쿠／진구마에점)
오른쪽 Blouse·Pants／SLOW 오모테산도점

이번에는 옮김바늘(Latch hook tool)을 사용해 코 줄이기와 코 늘리기에 도전합니다. 코 줄이기와 코 늘리기 방법을 알면 작품의 폭이 더욱더 넓어집니다.

촬영/모리야 노리아키

## 몸통 뜨개 시작

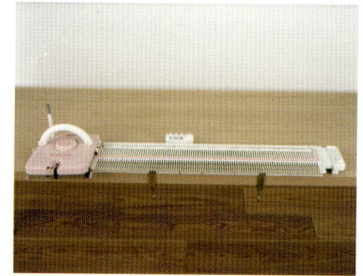

**1**
필요한 콧수의 바늘을 B 위치로 꺼냅니다. 다이얼을 아랫단 뜨기에 맞게 조절합니다.

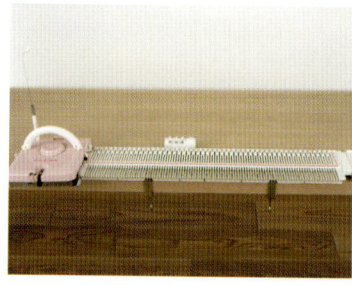

**2**
1/1 바늘 선침판(Needle pusher)으로 바늘을 하나 건너 하나씩 A 위치로 넣습니다.

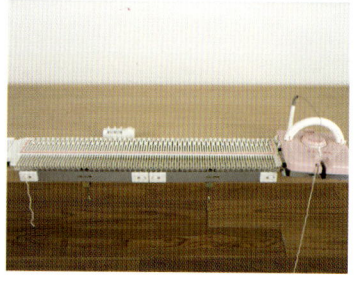

**3**
버림실로 1단을 뜨고 코걸판(Cast-on comb)을 겁니다.

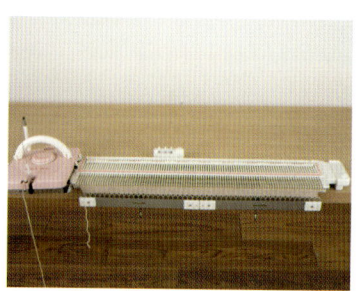

**4**
A 위치에 넣어둔 바늘을 B 위치로 꺼내서 버림실 뜨기를 합니다.

## 뒤판 진동둘레 2번째 코 이후로 코 줄이기

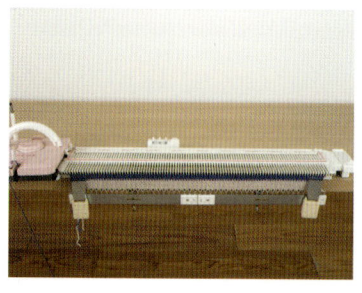

**5**
캐리지(Carriage)의 실을 작품 뜨는 실로 바꾸고 아랫단을 지정된 단수만큼 뜹니다.

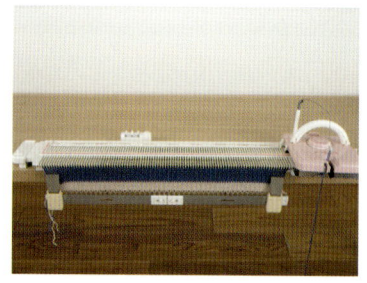

**6**
다이얼을 몸통 뜨기에 맞도록 조정하고 계속해서 뜹니다.

**7**
실이 있는 쪽에서 1코 안쪽 코의 갈고리에 옮김바늘을 걸고

**8**
래치(Latch)가 코를 지나갈 때까지 바늘을 수평으로 해 앞쪽으로 당깁니다.

**9**
그대로 바늘을 밀어서 제자리에 돌려놓고

**10**
옮김바늘 끝을 갈고리에서 뺍니다.

**11**
옮김바늘 끝을 위로 향하게 한 채 가장자리 코에 겹쳐서 겁니다.

**12**
가장자리에 겹친 코를 옮김바늘에 옮기고

# 신·수편기 스이돈 강좌

**13**
안쪽에 빈 바늘에 겁니다. 가장자리 바늘은 A 위치로 돌려놓습니다.

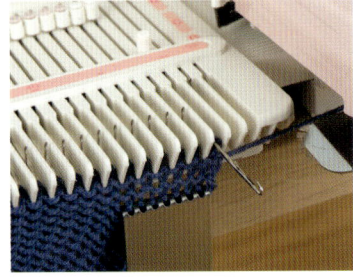

**14**
13에서 코를 이동한 바늘을 D 위치로 꺼내서 겹친 코를 래치의 바깥쪽으로 꺼낸 다음

**15**
바깥쪽에서 실을 갈고리에 걸고

**16**
바늘을 B 위치로 밀어 넣어서 1코를 뜹니다.

### 첫 코 줄이기

**17**
코 줄이기 콧수만큼 7~16을 반복하는데 마지막 코 줄이기는 2코를 겹쳐 안쪽 바늘에 건 상태 그대로 둡니다.

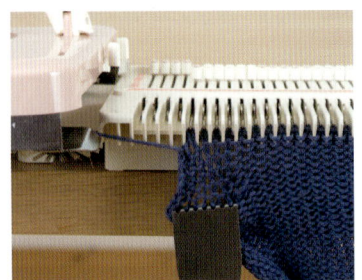

**18**
1단을 뜹니다. 반대쪽도 같은 방법으로 코 줄이기를 합니다.

**19**
1코 안쪽 코를 옮김바늘로 옮기고, 가장자리 첫 코에 겹쳐놓습니다.

**20**
가장자리에 겹친 코를 옮김바늘로 옮기고, 안쪽 바늘에 겁니다. 가장자리 바늘은 A 위치에 돌려놓습니다.

### 뒤판 어깨와 목둘레 버림실 뜨기

**21**
반대쪽도 같은 방법으로 코 줄이기를 합니다.

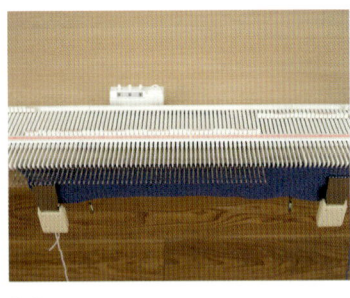

**22**
어깨까지 뜨면 한쪽 어깨 콧수만큼 남기고 다른 바늘은 D 위치로 꺼낸 다음 캐리지에서 실을 빼냅니다.

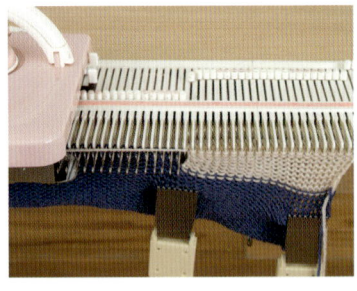

**23**
버림실로 바꾸고 러셀 레버(Russel Lever)를 끌어올리기(ヒキアゲ)에 놓고 버림실로 뜨개를 합니다.

**24**
실을 자르고 캐리지를 한 번 움직인 다음 버림실로 뜬 부분을 수편기에서 빼냅니다. 바늘은 A 위치로 내립니다.

### 앞판 목둘레 뜨기

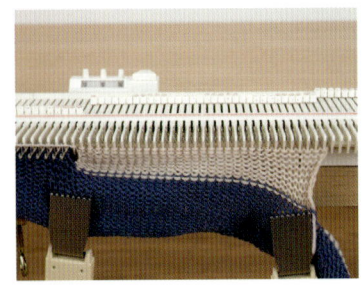

**25**
목둘레 콧수만큼의 바늘을 C 위치로 내리고, 버림실 뜨기를 합니다. 수편기에서 빼낸 다음 바늘은 A 위치로 내립니다.

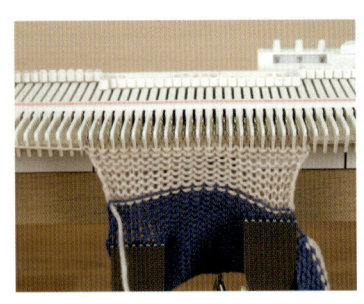

**26**
러셀 레버를 평뜨기(ヒラアミ)에 놓고 남은 어깨 코를 버림실 뜨기를 합니다. 수편기에서 빼냅니다.

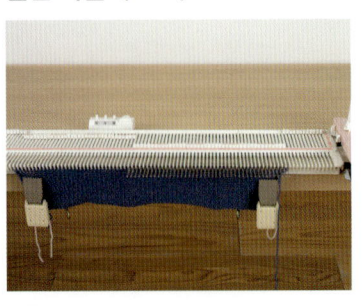

**27**
앞판 목둘레 아래까지 뜨면 실이 있는 쪽 어깨에서 중심의 쉼코까지 바늘을 D 위치로 꺼냅니다. 실을 쉬어놓습니다.

**28**
캐리지를 반대쪽으로 옮기고, 러셀 레버를 끌어올리기(ヒキアゲ)에 놓습니다.

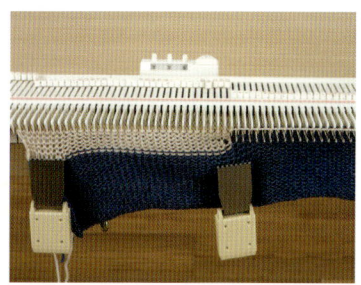

### 29
버림실로 바꾸고 버림실 뜨기를 해 수편기에서 빼냅니다. 바늘을 A 위치로 내립니다.

### 30
중심 바늘(쉼코)을 C 위치로 내리고 버림실 뜨기를 한 다음 수편기에서 빼냅니다. 바늘은 A 위치로 내립니다.

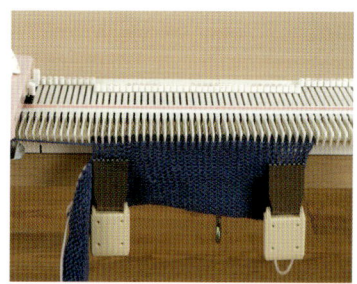

### 31
러셀 레버를 평뜨기(ヒラアミ)에 놓고, 쉬어 두었던 실로 바꿔 1단을 뜹니다.

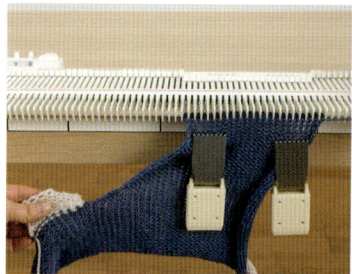

### 32
2번째 코 이후 코 줄이기, 첫 코 줄이기는 진동둘레와 같은 방법으로 뜹니다.

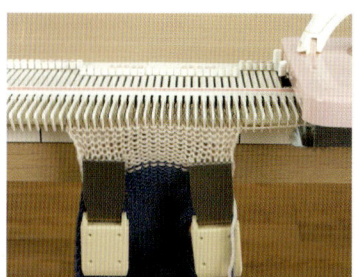

### 33
어깨까지 뜨면 버림실 뜨기를 합니다. 수편기에서 빼냅니다.

### 34
29에서 버림실 뜨기한 코를 옮김바늘로 주워서 바늘에 겁니다. 이때 코를 제대로 주웠는지 확인하세요.

### 35
소매 다는 부분부터 1단을 뜹니다. 여기는 알아보기 쉽도록 실 색을 바꿨습니다.

### 36
반대쪽도 같은 방법으로 코 줄이기를 하고 버림실 뜨기를 해 수편기에서 빼냅니다.

## 소매 아래선 코 늘리기

### 37
앞판 목둘레를 완성했습니다.

### 38
코 늘리기 위치까지 뜨면 가장자리 코를 옮김바늘에 옮겨 1코 바깥쪽으로 이동합니다.

### 39
1코 안쪽의 1단 아래 코를 옮김바늘에 옮긴 다음

### 40
빈 바늘에 겁니다.

### 41
반대쪽 코도 같은 방법으로 코 늘리기를 합니다.

### 42
소매산은 몸통과 같은 방법으로 코 줄이기를 합니다. 지정한 단수만큼 뜨면 버림실 뜨기를 해 수편기에서 빼냅니다.

# 뜨개꾼의 심심풀이 뜨개
## 마음에 쏙 드는 '뜨개 최애 부채'가 있는 풍경

아주 좋아하는 최애 털실
다른 사람에게도 추천하고픈 최애 털실
뜨지 않고는 못 배기는 최애 털실

소재며 색깔이며 굵기까지
무수하게 많은 털실 중에서
가장 마음에 드는 걸 찾아낸다

장식해 감상하고픈 최애 털실
같이 살고픈 최애 털실
넘쳐흐르는 최애 털실

최애에게 마음을 전하기 위해
부채에 마음을 담았다

털실 최애 부채!

※앞쪽은 '털' 최애, 뒤쪽은 '실' 최애.

뜨개꾼 203gow(니마루산고)
색다른 뜨개 작품 '이상한 뜨개'를 제작하고 있다. 온 거리를 뜨개 작품으로 메우려는 게릴라 뜨개 집단 '뜨개 기습단'을 창설했다. 백화점 쇼윈도, 패션 잡지의 배경, 미술관과 갤러리 전시, 워크숍 등 다양하게 활동하고 있다.
https://203gow.weebly.com(이상한 뜨개 HP)

글·사진/203gow 참고 작품

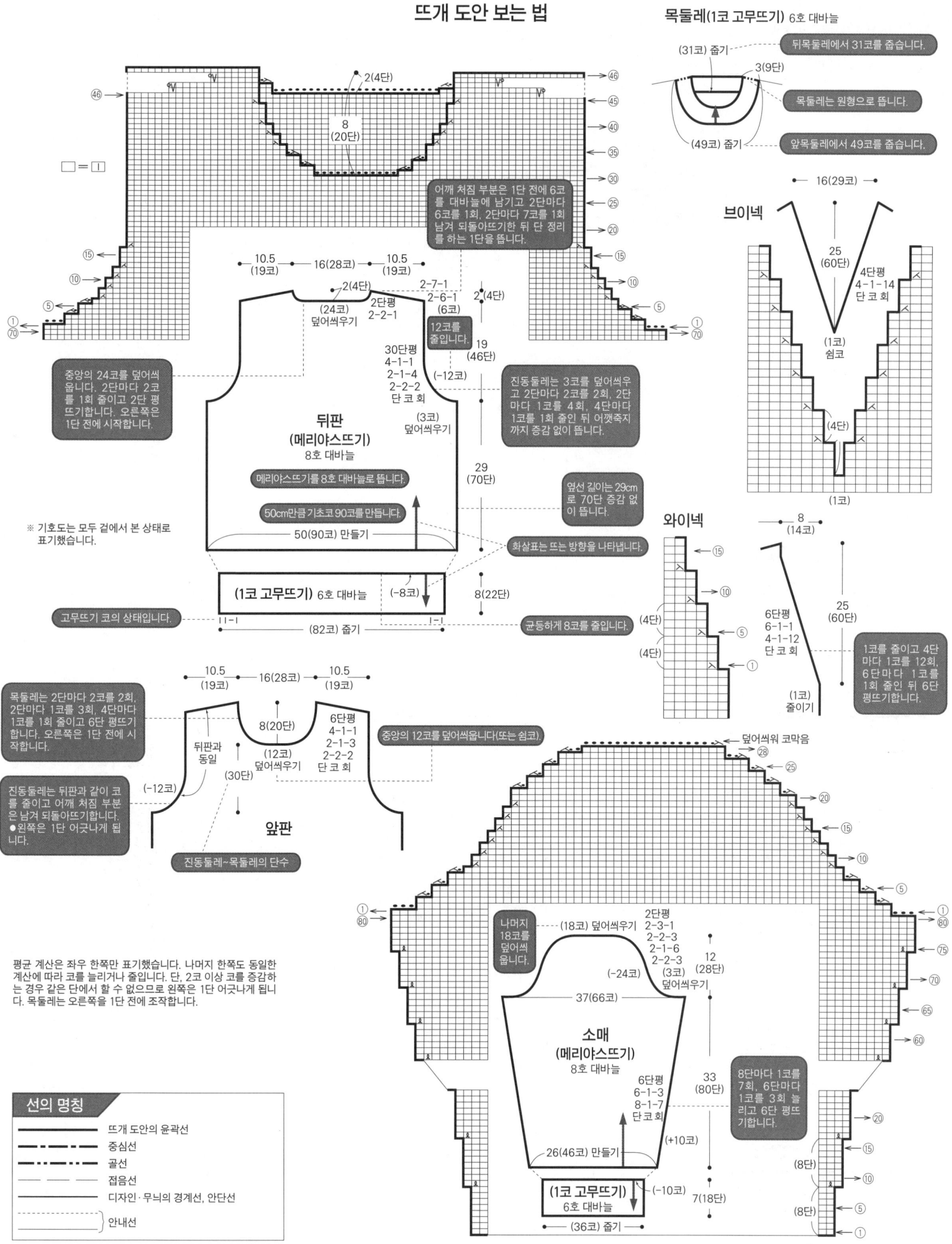

# 페어아일 니팅
## 10·11 Page ★★★

셰틀랜드 스핀드리프트

### 재료
제이미슨즈 셰틀랜드 스핀드리프트 ※ 실의 색이름·색 번호·사용량은 표를 참고하세요.

### 도구
대바늘 3호·2호

### 완성 크기
가슴둘레 96cm, 어깨너비 41cm, 기장 59cm, 소매길이 53.5cm

### 게이지(10×10cm)
배색무늬뜨기 29코×32단

### POINT
● 몸판·소매…몸판은 손가락으로 거는 기초코로 뜨개를 시작하고, 배색무늬 2코 고무뜨기와 배색무늬뜨기로 원형뜨기합니다. 배색무늬 2코 고무뜨기, 배색무늬뜨기는 실을 가로로 걸치는 방법으로 뜹니다. 진동둘레까지 떴으면 앞뒤로 나누어 뜹니다. 겨드랑이 부분의 코는 덮어씌우기, 목둘레의 줄임코는 2코 이상은 덮어씌우기, 1코는 끝의 1코를 세우는 줄임코를 합니다. 어깨는 덮어씌워 잇기로 연결합니다. 소매는 몸판에서 지정 콧수를 주워 배색무늬뜨기로 11번째 단까지 왕복하고, 이어서 원형뜨기합니다. 소맷단의 줄임코는 도안을 참고하세요. 이어서 배색무늬 2코 고무뜨기로 뜨고, 뜨개 끝은 겉뜨기는 겉뜨기로, 안뜨기는 안뜨기로 뜨면서 덮어씌워 코막음합니다.

● 마무리…목둘레는 지정 콧수를 주워, 배색무늬 2코 고무뜨기로 원형뜨기합니다. 뜨개 끝은 소맷부리와 같은 방법으로 합니다. 겨드랑이 부분은 코와 단 잇기로 연결합니다.

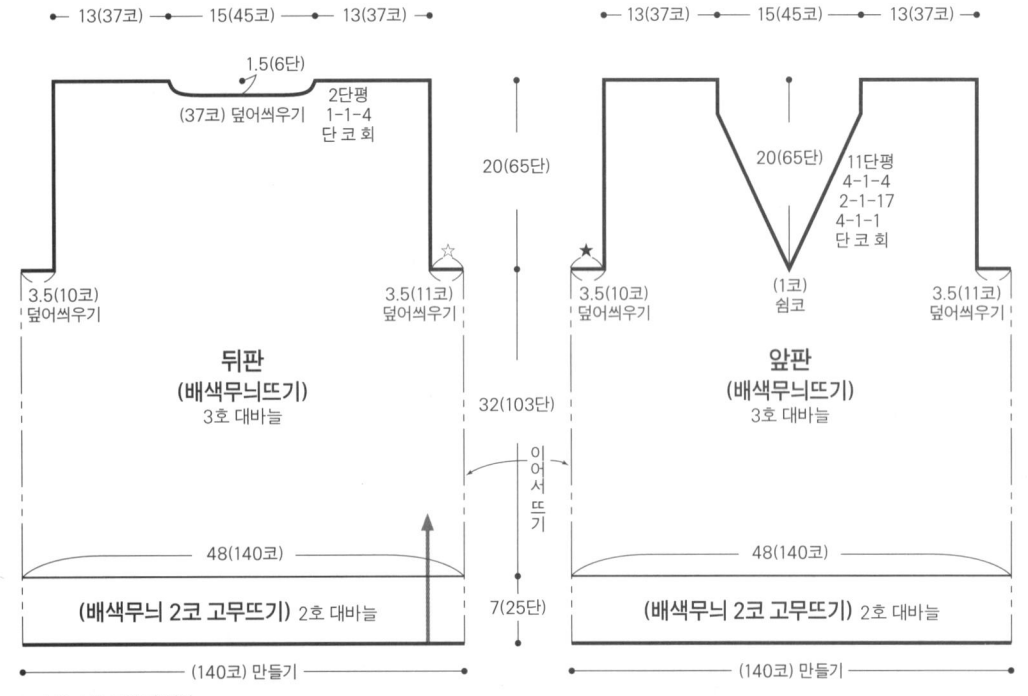

※ ☆와 ★은 코와 단 잇기.
※ 실을 가로로 걸치는 배색무늬뜨기 → P.113

### 실의 사용량

| 색이름(색 번호) | 사용량 |
|---|---|
| 다크레드(595) | 55g 3볼 |
| 회녹색(319) | 각각 40g 2볼 |
| 그린(805) | |
| 진블루(665) | 35g 2볼 |
| 연베이지(183) | 각각 30g 2볼 |
| 브라운(252) | |
| 민트그린(770) | |
| 하늘색(135) | 25g 1볼 |
| 보라색(1300) | 각각 20g 1볼 |
| 황금색(289) | |
| 올리브색(231) | 각각 15g 1볼 |
| 콘옐로(390) | |
| 황록색(365) | |
| 진하늘색(660) | 각각 10g 1볼 |
| 빨강(323) | |
| 아이보리(343) | 5g 1볼 |

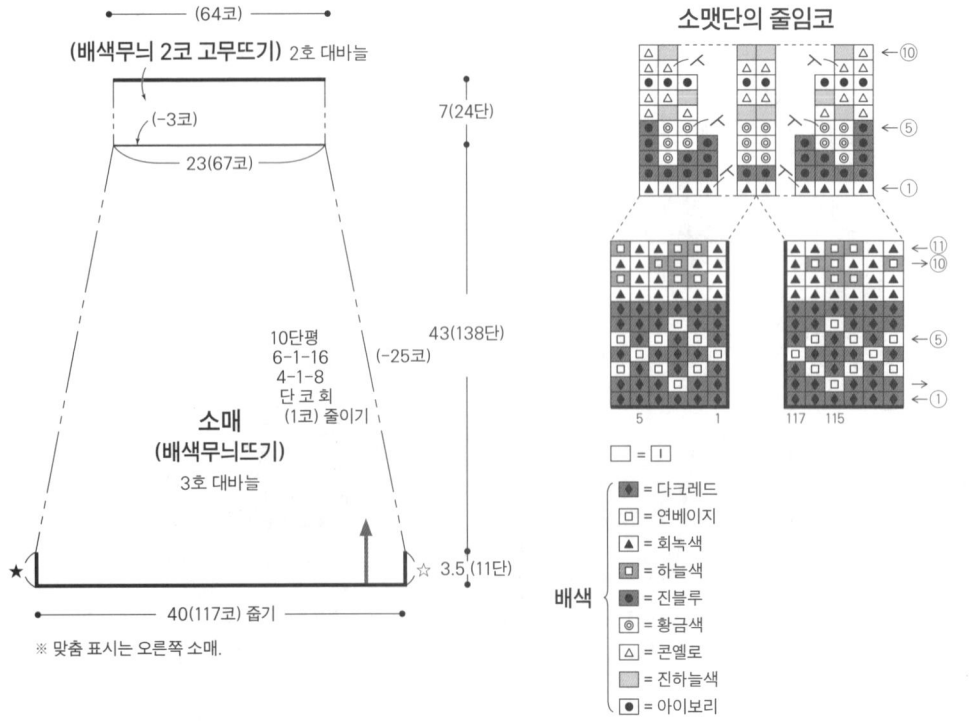

※ 맞춤 표시는 오른쪽 소매.

### 배색무늬 2코 고무뜨기 (밑단·목둘레)

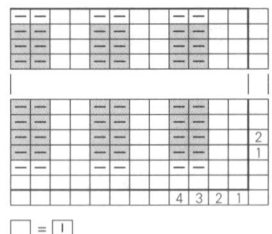

□ = │

### 배색무늬 2코 고무뜨기 (소맷부리)

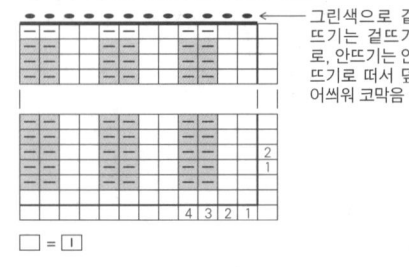

그린색으로 겉뜨기는 겉뜨기로, 안뜨기는 안뜨기로 떠서 덮어씌워 코막음

□ = │

배색 { □ = 그린
       ▨ = 브라운

## 배색무늬뜨기

□ = I

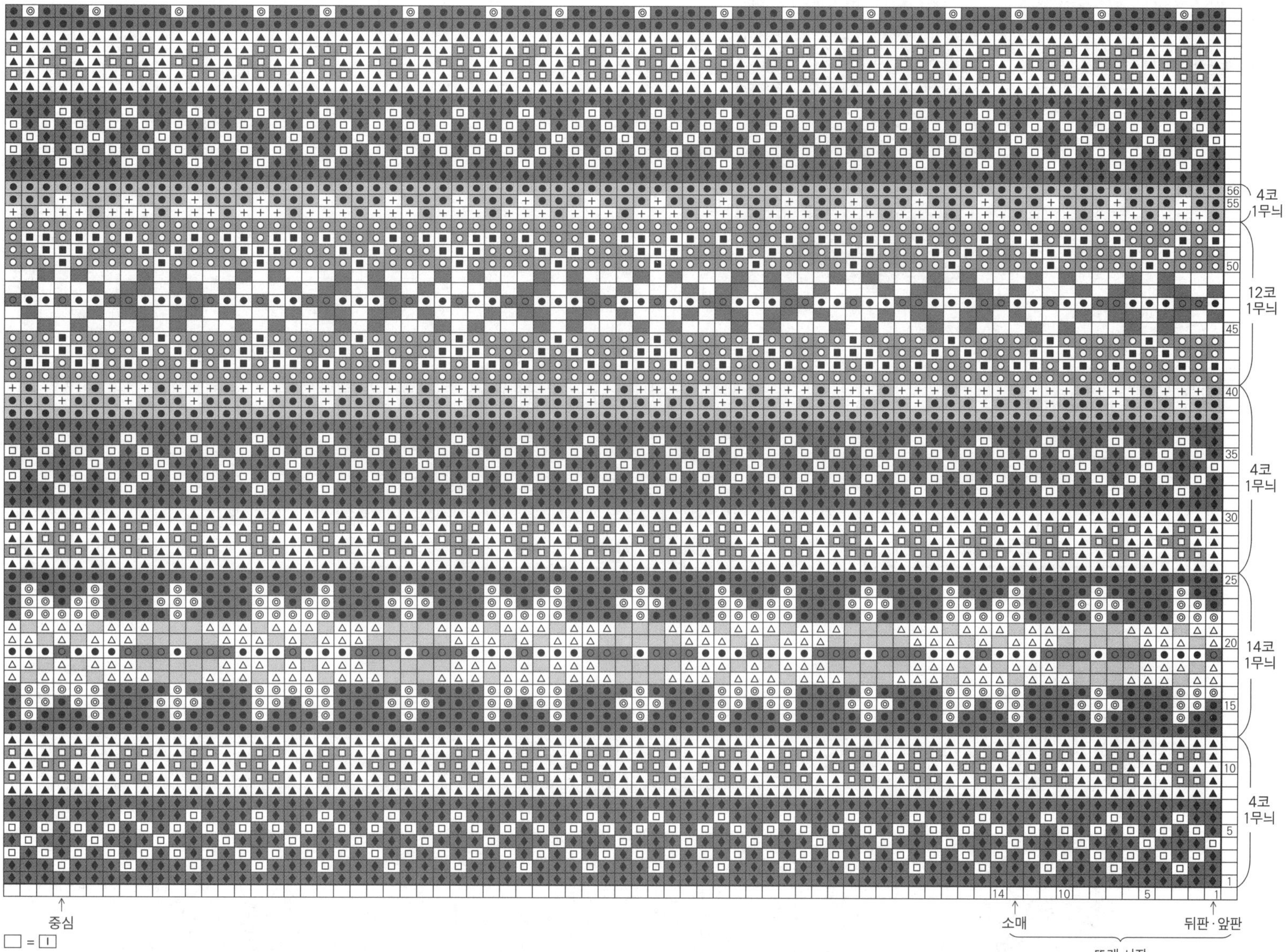

※ 12코 1무늬 부분은 옆선에서 무늬가 흐트러지므로 주의!

## 목둘레(배색무늬 2코 고무뜨기) 2호 대바늘

## 배색무늬뜨기의 배색

| | 풀오버 | | 컬러 베리에이션 | |
|---|---|---|---|---|
| | 색 번호·영어명 | 색이름 | 색 번호·영어명 | 색이름 |
| ◆ | 595·Maroon | 다크레드 | 478·Amber | 탁한 오렌지색 |
| □ | 183·Sand | 연베이지 | 760·Caspian | 블루 |
| ▲ | 319·Artichoke | 회녹색 | 1140·Granny Smith | 탁한 그린 |
| ▣ | 135·Surf | 하늘색 | 1260·Raspberry | 적자색 |
| ● | 665·Bluebell | 진블루 | 677·Stonewash | 탁한 남색 |
| ◎ | 289·Gold | 황금색 | 290·Oyster | 오렌지베이지 |
| △ | 390·Daffodil | 콘옐로 | 183·Sand | 연베이지 |
| ■ | 660·Lagoon | 진하늘색 | 232·Blue Lovat | 회청색 |
| ◉ | 323·Cardinal | 빨강 | 757·Splash | 스카이블루 |
| ● | 343·Ivory | 아이보리 | 390·Daffodil | 콘옐로 |
| ● | 1300·Aubretia | 보라색 | 375·Flax | 연노랑 |
| + | 365·Chartreuse | 황녹색 | 147·Moss | 모스그린 |
| ◎ | 770·Mint | 민트그린 | 655·China Blue | 연하늘색 |
| ■ | 231·Bracken | 올리브색 | 517·Mantilla | 마젠타 |
| □ | 805·Spruce | 그린 | 122·Granite | 연그레이 |
| ■ | 252·Birch | 브라운 | 575·Lipstick | 진분홍 |

## 브이넥 끝부분의 줄임코

그린색으로 겉뜨기는 겉뜨기로, 안뜨기는 안뜨기로 떠서 덮어씌워 코막음

배색 { □ = 그린 ■ = 브라운

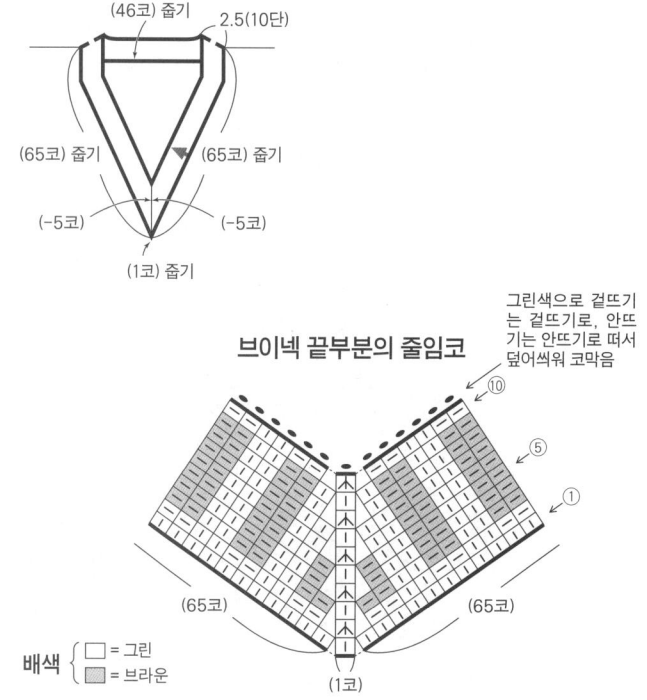

# 페어아일 니팅
## 12 Page ★★★

브리티시 파인

**재료**
퍼피 브리티시 파인 ※ 실의 색이름·색 번호·사용량은 표를 참고하세요.

**도구**
대바늘 3호·1호

**완성 크기**
머리둘레 56cm

**게이지**(10×10cm)
배색무늬뜨기 A·B·C 33코×33단

**POINT**
● 별도사슬로 기초코를 만들어 뜨개를 시작하고, 배색무늬뜨기 A·B·C로 원형뜨기합니다. 배색무늬뜨기는 실을 가로로 걸치는 방법으로 뜹니다. 분산 증감코는 도안을 참고하세요. 뜨개 끝은 실을 조여서 마무리합니다. 기초코의 사슬을 풀어 코를 줍고, 배색무늬 2코 고무뜨기로 뜹니다. 뜨개 끝은 겉뜨기는 겉뜨기, 안뜨기는 안뜨기로 떠서 덮어씌워 코막음합니다.

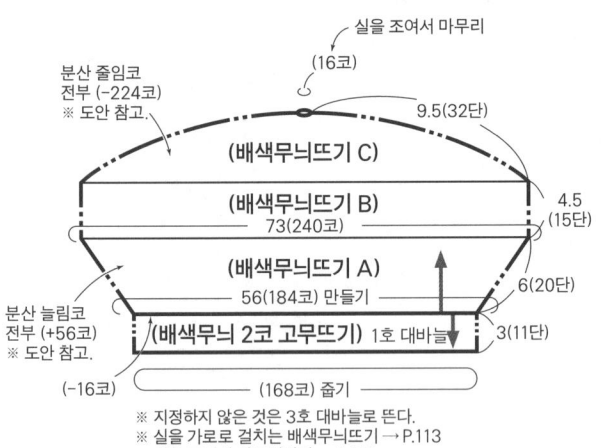

### 배색과 사용량

| | 색이름(색 번호) | 사용량 |
|---|---|---|
| □ | 심녹색(034) | 25g 1볼 |
| ▨ | 미색 믹스(021) | 20g 1볼 |
| ▨ | 회하늘색(064) | 5g 1볼 |
| △ | 연황록색(073) | 4g 1볼 |
| ▲ | 회적색(013) | 각각 3g 1볼 |
| ■ | 회청색(062) | |
| ● | 연지색(004) | 1g 1볼 |

### 배색무늬뜨기 B

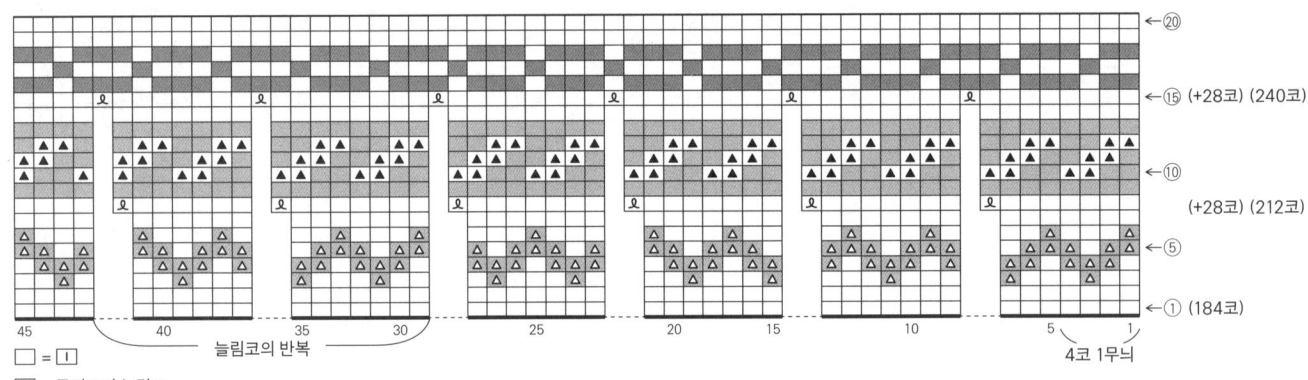

### 배색무늬뜨기 A와 분산 늘림코

### 배색무늬뜨기 C와 분산 줄임코

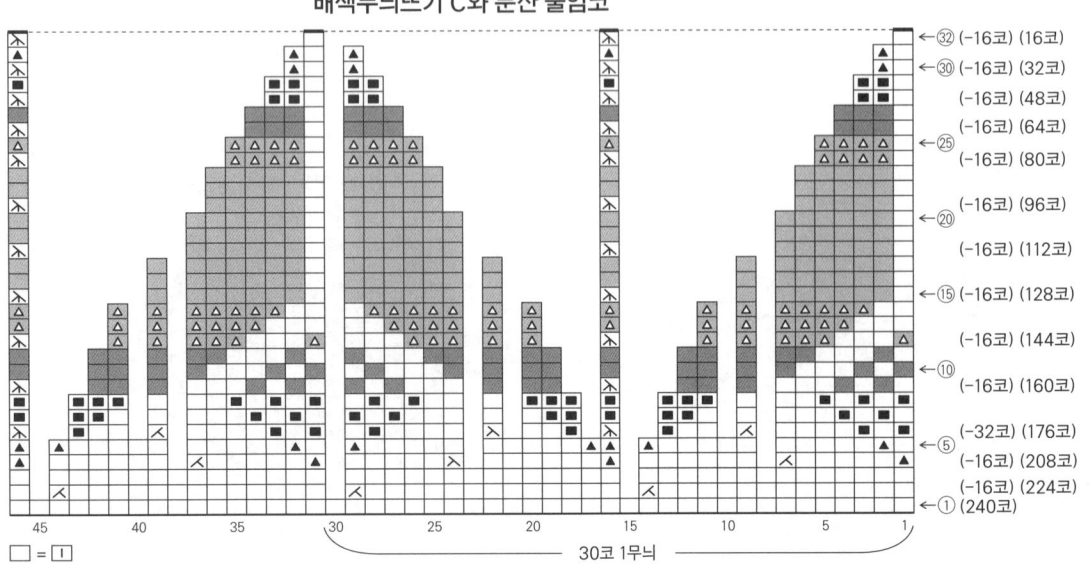

### 배색무늬 2코 고무뜨기

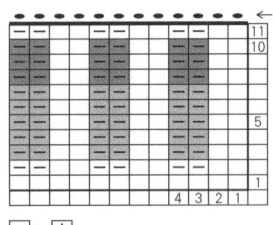

← 겉뜨기는 겉뜨기로, 안뜨기는 안뜨기로 떠서 덮어씌워 코막음

# 페어아일 니팅

**12** Page ★★★

브리티시 파인

**재료**
퍼피 브리티시 파인 ※실의 색이름·색 번호·사용량은 표를 참고하세요.

**도구**
대바늘 3호·2호

**완성 크기**
손바닥 둘레 18cm, 길이 30.5cm

**게이지**(10×10cm)
배색무늬뜨기 33코×36단

**POINT**
● 손가락으로 거는 기초코로 뜨개를 시작하고 배색무늬 2코 고무뜨기, 배색무늬뜨기로 원형뜨기합니다. 배색무늬 2코 고무뜨기, 배색무늬뜨기는 실을 가로로 걸치는 방법으로 뜹니다. 엄지 위치에서는 별도의 실을 이용해 뜹니다. 손가락 끝부분의 줄임코는 도안을 참고하세요. 뜨개 끝은 마지막 단의 코에 실을 통과시켜 조입니다. 엄지는 별도의 실을 풀어 코를 줍고, 메리야스뜨기로 원형뜨기합니다. 줄임코는 도안을 참고하고, 뜨개 끝은 조여서 마무리합니다.

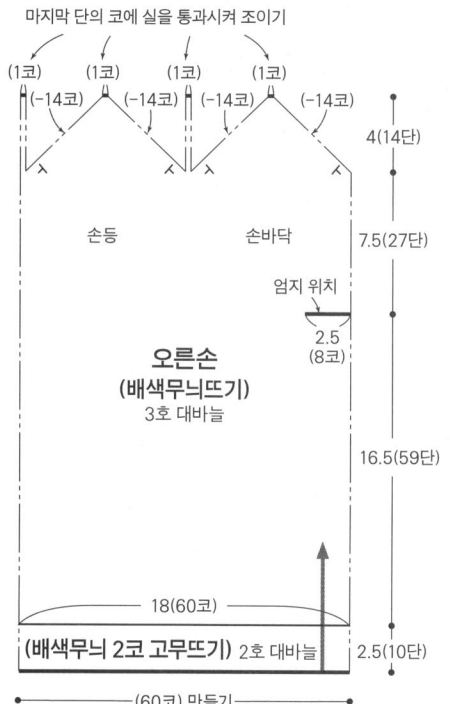

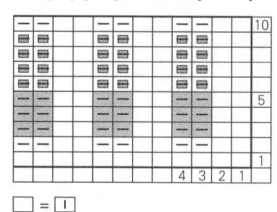

**배색무늬뜨기**

**배색과 사용량**

| 색이름(색 번호) | 사용량 |
|---|---|
| □ 연그레이(010) | 7g 1볼 |
| ● 연지색(004) | 각각 5g 1볼 |
| ▨ 회청색(062) | |
| ▣ 연녹색(080) | |
| ▦ 파랑(007) | 각각 4g 1볼 |
| ⊙ 회분홍(068) | |
| ▲ 청자색(027) | 3g 1볼 |
| ▲ 회적색(013) | 각각 2g 1볼 |
| ◎ 연하늘색(074) | |
| ★ 네온오렌지(087) | |
| ▲ 황록색(091) | |
| ▥ 터키블루(092) | 각각 1g 1볼 |
| ◉ 연황록색(073) | |
| ☆ 네온옐로(086) | |

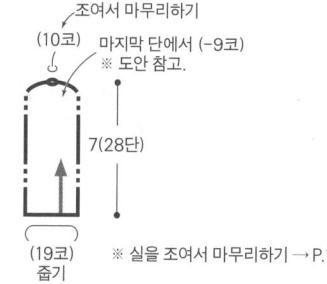

**엄지(메리야스뜨기)**
3호 대바늘, 연그레이

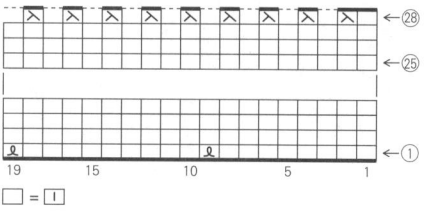

**엄지 뜨는 법**

**손가락 끝부분의 줄임코**

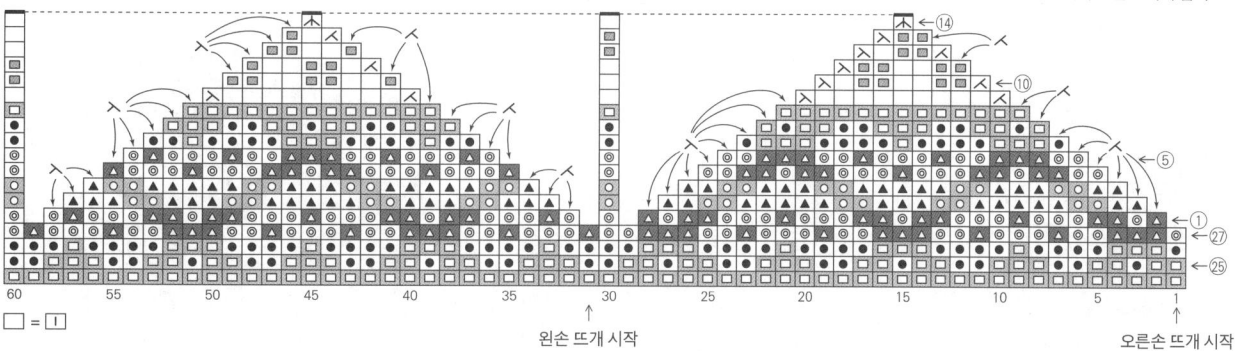

# 페어아일 니팅
## 13 Page ★★★

브리티시 파인

### 재료
퍼피 브리티시 파인 ※실의 색이름·색 번호·사용량은 표를 참고하세요.

### 도구
대바늘 3호·1호

### 완성 크기
가슴둘레 98cm, 어깨너비 41cm, 기장 57cm, 소매길이 51.5cm

### 게이지(10×10cm)
배색무늬뜨기 33코×33단

### POINT
● 몸판·소매…손가락으로 거는 기초코로 뜨개를 시작하고, 배색무늬 2코 고무뜨기 A와 배색무늬뜨기로 뜹니다. 배색무늬 2코 고무뜨기, 배색무늬뜨기는 실을 가로로 걸치는 방법으로 뜹니다. 줄임코는 2코 이상은 덮어씌우기, 1코는 끝의 1코를 세우는 줄임코를 합니다. 늘림코는 1코 안쪽에서 돌려뜨기 늘림코를 합니다.
● 마무리…어깨는 덮어씌워 잇기로 연결합니다. 목둘레는 지정 콧수를 주워 배색무늬 2코 고무뜨기 B로 원형뜨기합니다. 뜨개 끝은 겉뜨기는 겉뜨기로, 안뜨기는 안뜨기로 뜨면서 덮어씌워 코막음합니다. 소매는 코와 단 잇기로 몸판과 합칩니다. 옆선·소맷단은 떠서 꿰매기로 연결합니다.

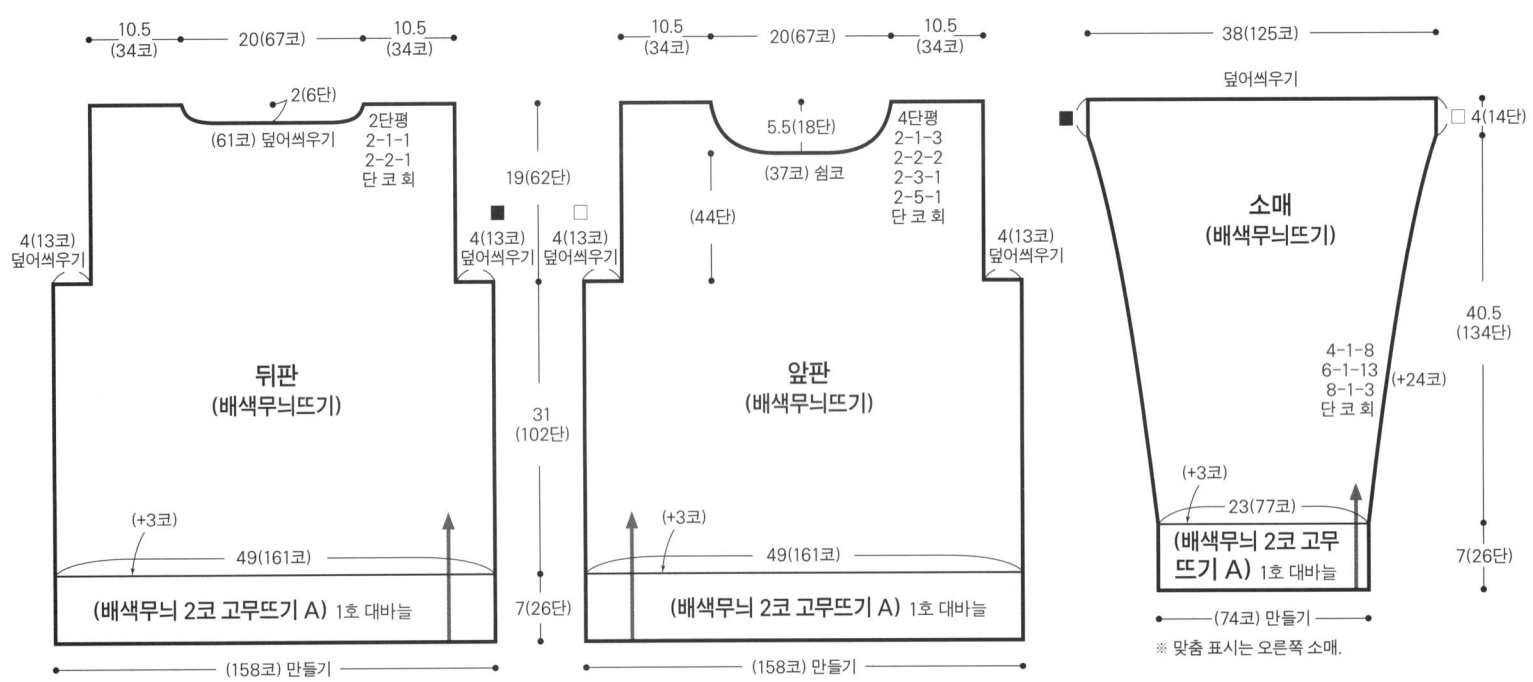

※ 지정하지 않은 것은 3호 대바늘로 뜬다.
※ 실을 가로로 걸치는 배색무늬뜨기 → P.113

### 실의 사용량

| 색이름(색 번호) | 사용량 |
|---|---|
| 보라(053) | 85g 4볼 |
| 녹색(055) | 65g 3볼 |
| 황토색(065) | 40g 2볼 |
| 미색 믹스(021) | 각각 35g 2볼 |
| 회하늘색(064) | |
| 회청색(062) | |
| 청자색(027) | 각각 25g 1볼 |
| 벽돌색(037) | |
| 연갈색 믹스(040) | 20g 1볼 |
| 황록색(091) | 15g 1볼 |
| 겨자색(035) | 10g 1볼 |
| 파랑(007) | 각각 5g 1볼 |
| 터키블루(092) | |

### 배색무늬뜨기의 배색

| | 풀오버 | 컬러 베리에이션 |
|---|---|---|
| ■ | 보라색(053) | 미색 믹스(021) |
| ◆ | 회청색(062) | 터키블루(092) |
| ◎ | 황토색(065) | 황록색(091) |
| ▨ | 녹색(055) | 남색(003) |
| × | 회하늘색(064) | 그레이(009) |
| ▲ | 벽돌색(037) | 파랑(007) |
| ★ | 황록색(091) | 연황록색(073) |
| ● | 겨자색(035) | 연하늘색(074) |
| ☆ | 터키블루(092) | 연지색(004) |
| □ | 미색 믹스(021) | 벽돌색(037) |
| ▲ | 청자색(027) | 미색(001) |
| ◯ | 연갈색 믹스(040) | 회적색(013) |
| ◈ | 파랑(007) | 노랑(066) |

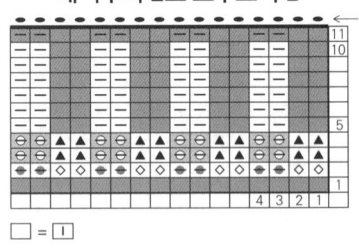

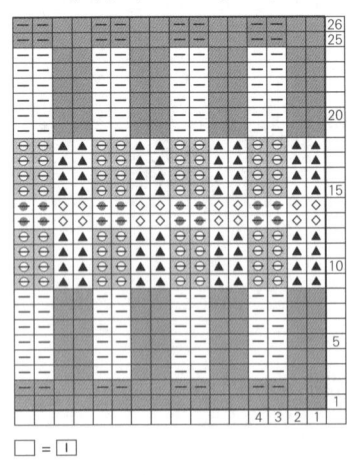

## 배색무늬뜨기

배색
- ■ = 보라색
- ◆ = 회청색
- ◎ = 황토색
- □ = 녹색
- ☒ = 회하늘색
- ■ = 벽돌색
- ● = 황록색
- ◉ = 겨자색
- ☆ = 터키블루
- □ = 미색 믹스
- ▲ = 청자색
- ◉ = 연갈색 믹스
- ◇ = 파랑

□ = □

↑ 중심   ↑ 소매의 뜨개 시작   ↑ 뒤판·앞판의 뜨개 시작

---

**오른쪽 늘림코**
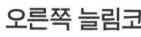

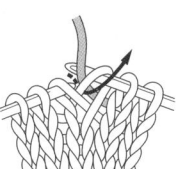 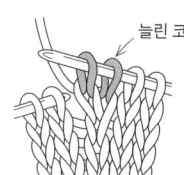

1. 전 전단의 코를 화살표와 같이 오른쪽 바늘로 끌어 올려
2. 겉뜨기한다. 바늘에 걸려 있는 다음 코도 겉뜨기한다.
3. 오른쪽 늘림코 완성.

**왼쪽 늘림코**

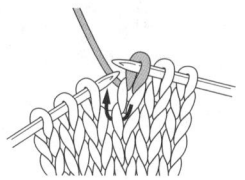 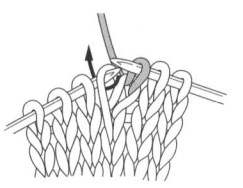 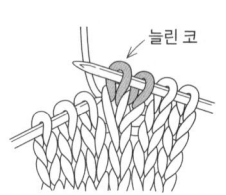

1. 겉뜨기 1코를 뜨고, 전 전단의 코를 화살표와 같이 오른쪽 바늘로 끌어 올려
2. 왼쪽 바늘에 걸고 겉뜨기한다.
3. 왼쪽 늘림코 완성.

**변형 1코 고무뜨기 코막음**

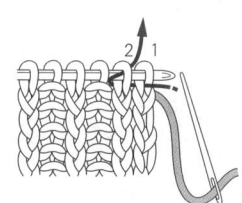 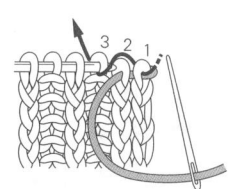 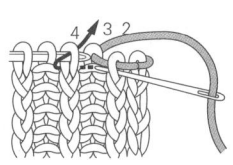

1. 1의 코와 2의 코에 화살표와 같이 돗바늘을 넣어 2의 코를 돌린다.
2. 다음은 1의 코와 3의 코에 화살표와 같이 돗바늘을 넣는다.
3. 2의 코와 4의 코에 화살표와 같이 돗바늘을 넣고, 겉뜨기를 돌리면서 1코 고무뜨기 코막음을 한다.

# 페어아일 니팅
## 14 Page ★★★
쿠 울

### 재료
데오리야 쿠 울 ※실의 색이름·색 번호·사용량은 표를 참고하세요.

### 도구
대바늘 6호·4호

### 완성 크기
베스트…가슴둘레 94cm, 어깨너비 37cm, 기장 53.5cm
비니…머리둘레 50cm, 높이 21.5cm

### 게이지(10×10cm)
배색무늬뜨기 A 25코×29단(베스트), 25.5코×28.5단(비니)

### POINT
● 베스트…손가락으로 거는 기초코로 뜨개를 시작하고 2코 고무뜨기, 배색무늬뜨기 A로 뜹니다. 배색무늬뜨기는 실을 가로로 걸치는 방법으로 합니다. 줄임코는 2코 이상은 덮어씌우기, 1코는 끝의 1코를 세우는 줄임코를 합니다. 어깨는 덮어씌워 잇기, 옆선은 떠서 꿰매기로 연결합니다. 목둘레·진동둘레는 지정 콧수를 주워 2코 고무뜨기로 원형뜨기합니다. 뜨개 끝은 2코 고무뜨기 코막음을 합니다.

● 비니…손가락으로 거는 기초코로 뜨개를 시작하고 2코 고무뜨기, 배색무늬뜨기 A·B로 원형뜨기합니다. 배색무늬뜨기는 실을 가로로 걸치는 방법으로 합니다. 분산 줄임코는 도안을 참고하세요. 뜨개 끝은 실을 조여 마무리합니다.

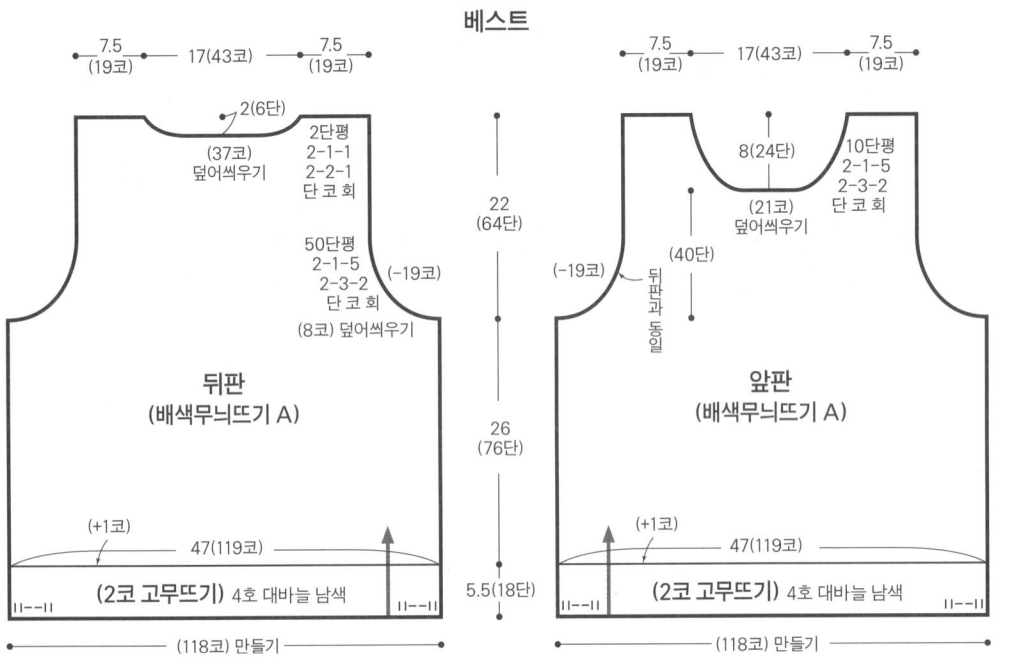

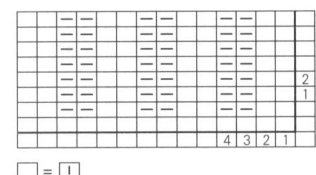

### 실의 사용량

| 색이름(색 번호) | 베스트 | 비니 |
|---|---|---|
| 남색(24) | 70g | 20g |
| 연갈색(02) | 45g | |
| 겨자색(01) | 20g | 각각 5g |
| 그레이(30) | 각각 15g | |
| 미색(34) | | |
| 황록색(35) | 10g | 약간 |

### 2코 고무뜨기

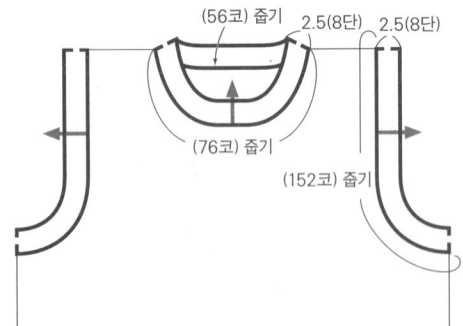

### 배색무늬뜨기의 배색

| | 베스트·비니 | 컬러 베리에이션 | |
|---|---|---|---|
| ▨ | 연갈색(02) | 진빨강(25) | 베이지(03) |
| ■ | 남색(24) | 적자색(38) | 심녹색(18) |
| △ | 겨자색(01) | 녹색(11) | 갈색(06) |
| ● | 황록색(35) | 자주색(28) | 겨자색(01) |
| ▲ | 그레이(30) | 샌드베이지(04) | 연보라(39) |
| □ | 미색(34) | 연두색(10) | 청자색(27) |

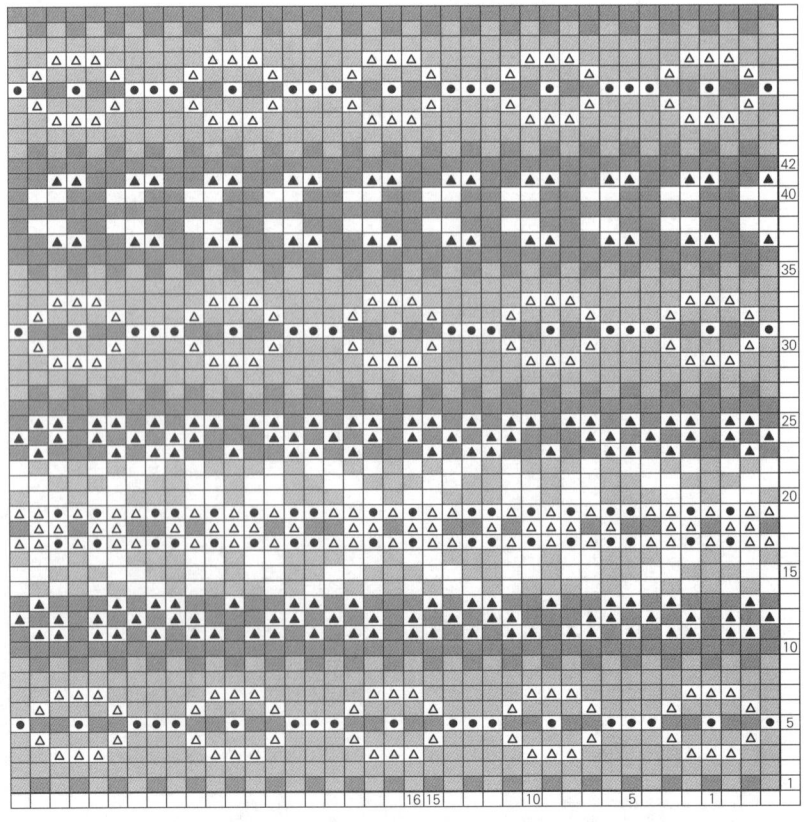

배색무늬뜨기 A(베스트)

실을 조여서 마무리

(배색무늬뜨기 B) (8코)

분산 줄임코
전부 (-120코) ※ 도안 참고.

비니
(배색무늬뜨기 A)

6(17단)

12(35단)

50(128코)

(2코 고무뜨기) 4호 대바늘 남색

3.5(12단)

(128코) 만들기

※ 지정하지 않은 것은 6호 대바늘로 뜬다.

## 비니의 배색무늬뜨기와 분산 줄임코

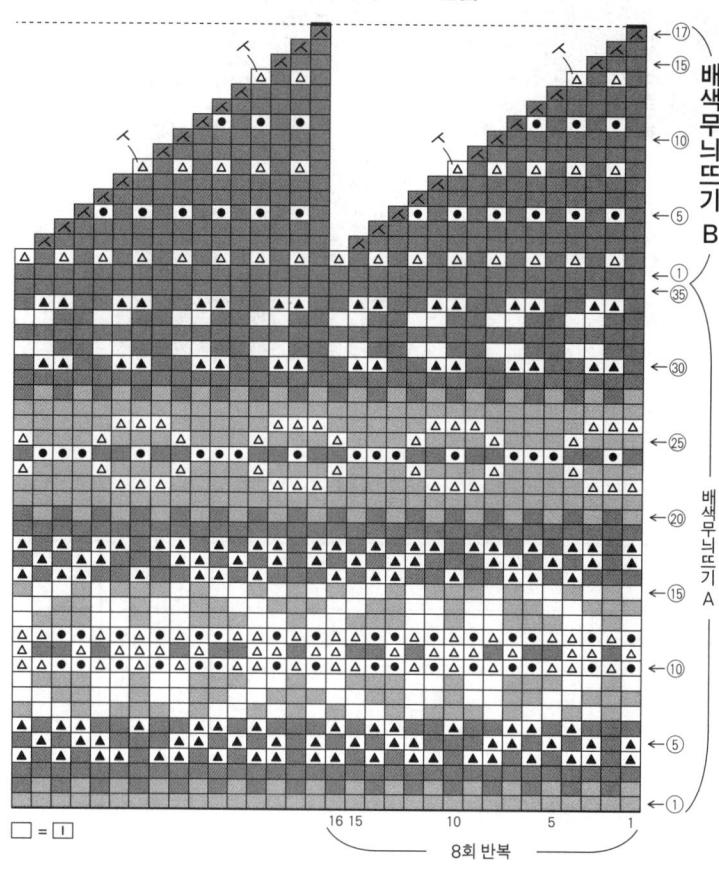

배색무늬뜨기 B

배색무늬뜨기 A

배색
= 연갈색
= 남색
▲ = 그레이
□ = 미색
● = 황록색
△ = 겨자색

□ = I

16 15 10 5 1
8회 반복

### 실을 조여서 마무리하기

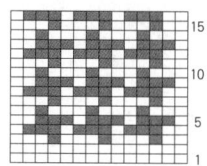

1코 걸러 1코씩 실을 통과시켜서 2회에 걸쳐 조인다.

### 실을 가로로 걸치는 배색무늬뜨기

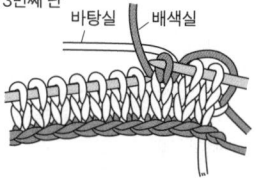

**1** 배색실을 끼우고 뜨기 시작해 바탕실로 2코, 배색실로 1코를 뜬다.

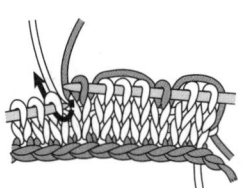

**2** 배색실은 위, 바탕실은 아래로 지나가게 해서 바탕실 3코, 배색실 1코를 반복한다.

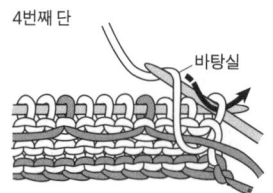

**3** 4번째 단의 뜨개 시작. 배색실을 끼우고 1번째 코를 뜬다.

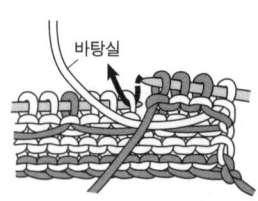

**4** 안뜨기 쪽을 뜰 때도 배색실은 위, 바탕실은 아래로 지나가게 해서 뜬다.

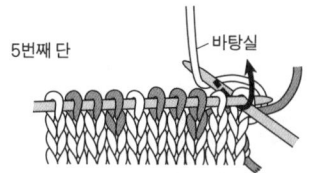

**5** 단을 시작할 때는 뜨는 실에 쉬는 실을 끼우고 뜨기 시작한다.

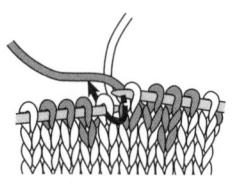

**6** 배색실로 3코, 바탕실로 1코를 기호 도안을 따라 반복한다.

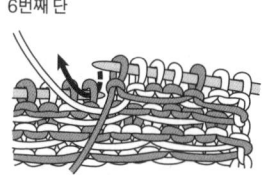

**7** 배색실 1코, 바탕실 3코를 반복한다. 이 단으로 1무늬가 완성된다.

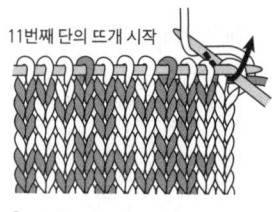

**8** 다시 4단을 떠서 새 발 격자무늬가 2무늬 떠진 모습.

## 페어아일 니팅
### 15 Page ★★★
쿠 울

### 재료
데오리야 쿠 울 차콜그레이(32) 190g, 미색(34) 25g, 진그레이(31) 15g, 검정(33) 10g, 연두색(10) 5g, 진빨강(25) 5g

### 도구
대바늘 5호·3호

### 완성 크기
가슴둘레 96cm, 기장 56.5cm, 화장 71cm

### 게이지(10×10cm)
메리야스뜨기 24코×36단, 배색무늬뜨기 25코×28단

### POINT
● 요크·몸판·소매…요크는 손가락으로 거는 기초코로 뜨개를 시작하고, 도안을 참고해 분산 늘림코를 하면서 배색무늬뜨기를 원형뜨기로 진행합니다. 배색무늬뜨기는 실을 가로로 걸치는 방법으로 뜹니다. 몸판은 뒤판에 앞뒤 단차로 12단을 메리야스뜨기를 왕복합니다. 이어서 겨드랑이 부분은 감아코로 코를 만들고, 요크에서는 지정 콧수를 주워 메리야스뜨기와 2코 고무뜨기를 원형뜨기합니다. 뜨개 끝 겉뜨기는 겉뜨기로, 안뜨기는 안뜨기로 뜨면서 덮어씌워 코막음을 합니다. 소매는 요크의 쉼코와 겨드랑이 부분의 코와 앞뒤 단차에서 코를 주워 몸판과 같은 방법으로 뜹니다. 소맷단의 줄임코는 도안을 참고하세요.

● 마무리…목둘레는 지정 콧수를 주워 2코 고무뜨기를 원형뜨기합니다. 뜨개 끝은 2코 고무뜨기 코막음을 합니다.

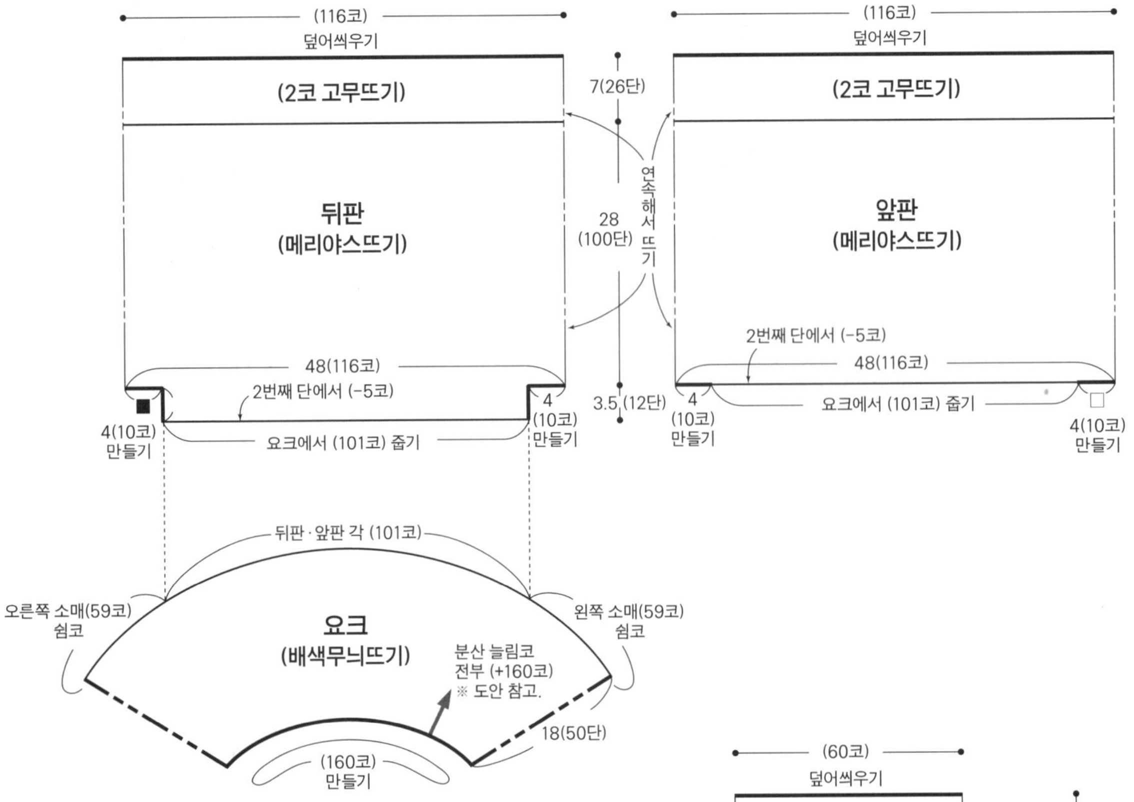

※ 지정하지 않은 것은 5호 대바늘로 뜬다.
※ 지정하지 않은 것은 차콜그레이로 뜬다.
※ 실을 가로로 걸치는 배색무늬뜨기 → P.113
※ 겨드랑이 부분은 앞뒤 연속해서 각 (20코)를 감아코로 만든다.

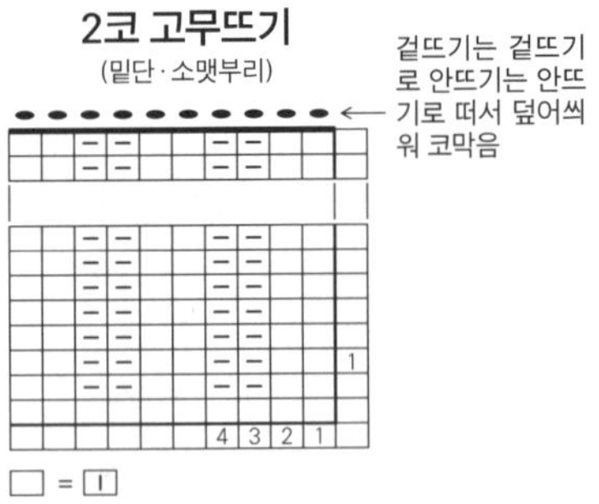

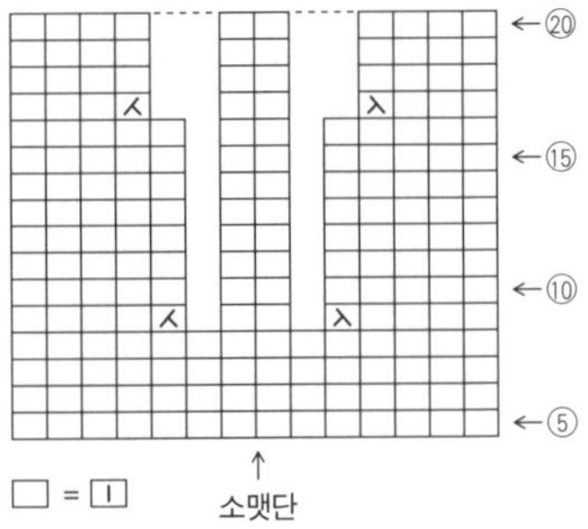

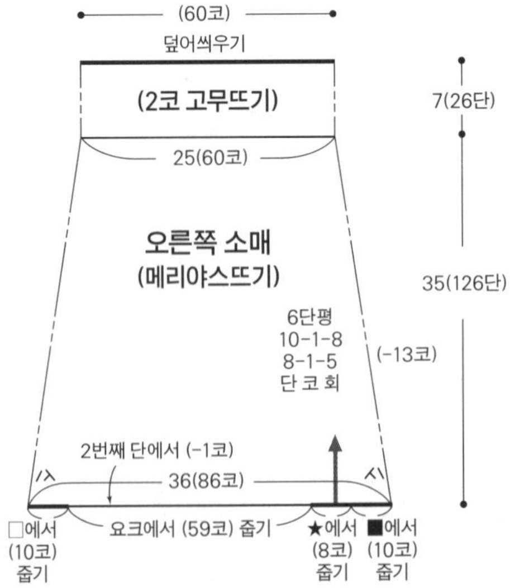

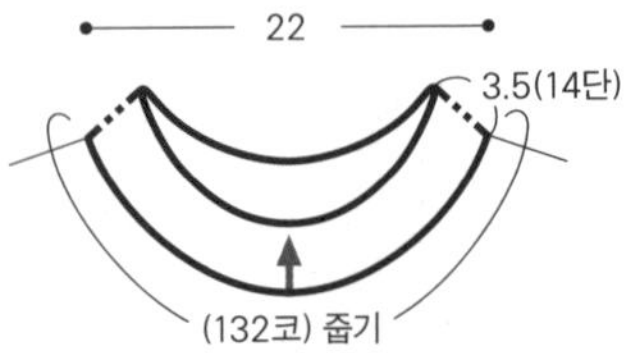

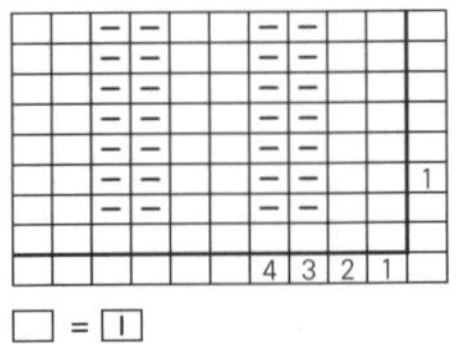

### 배색무늬뜨기의 배색

| | 풀오버 | 컬러 베리에이션 | |
|---|---|---|---|
| ■ | 차콜그레이(32) | 고동색(05) | 청자색(27) |
| □ | 미색(34) | 베이지(03) | 라이트그레이(40) |
| ● | 검정(33) | 검정(33) | 자주색(28) |
| ▨ | 진그레이(31) | 연갈색(02) | 하늘색(37) |
| △ | 진빨강(25) | 황록색(35) | 회연녹색(19) |
| × | 연두색(10) | 미색(34) | 겨자색(01) |

## 배색무늬뜨기와 분산 늘림코

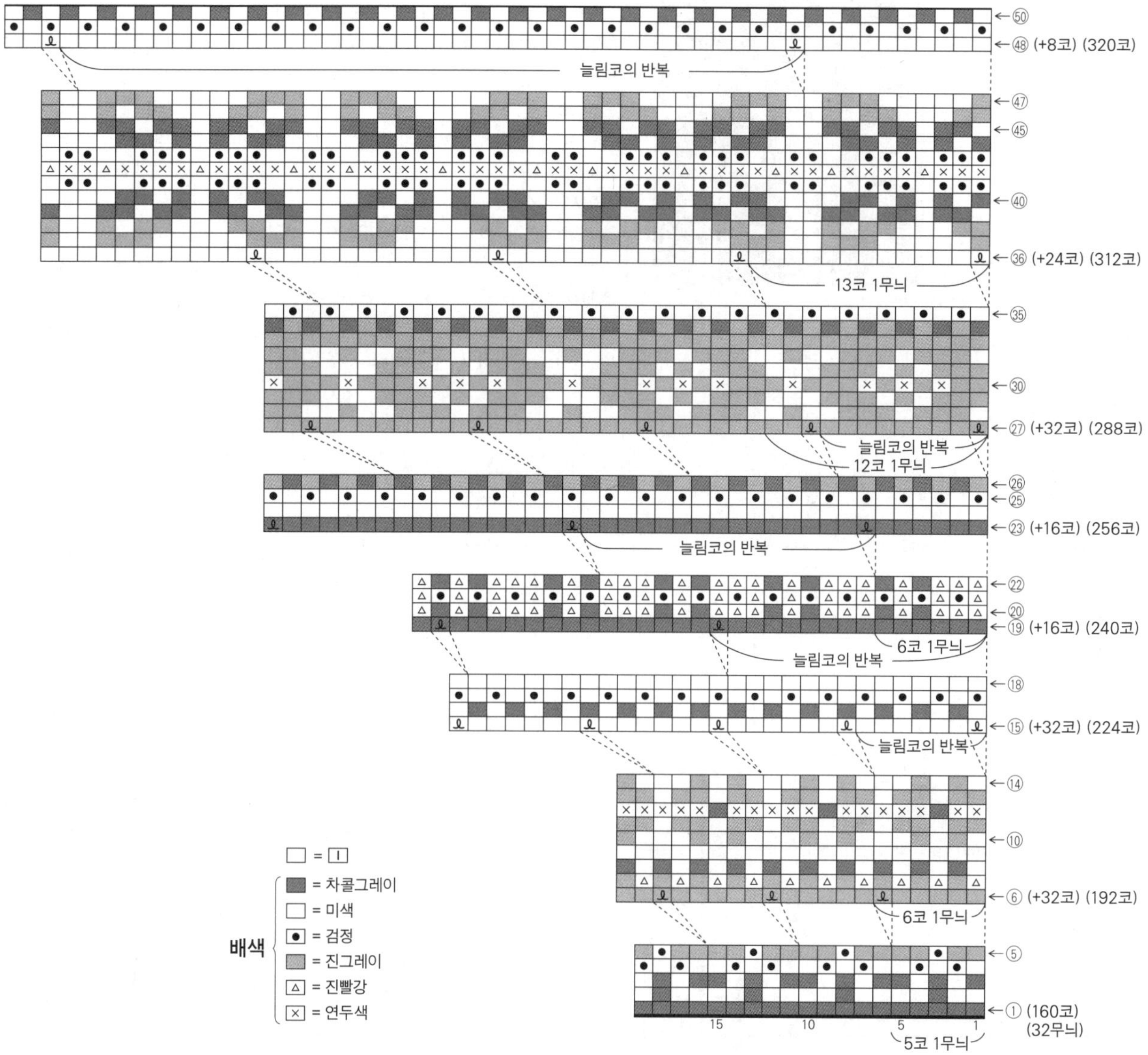

배색
- □ = ⊡
- ■ = 차콜그레이
- □ = 미색
- ● = 검정
- ▨ = 진그레이
- △ = 진빨강
- × = 연두색

### 2코 고무뜨기 코막음
(원형뜨기일 경우)

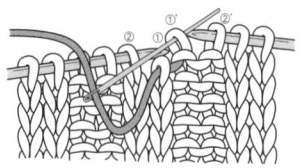

**1** ①의 코에 뒤쪽에서 돗바늘을 넣는다.

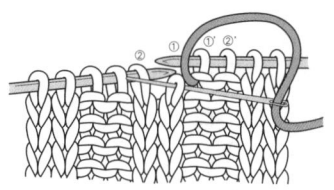

**2** ①'의 코에 앞쪽에서 돗바늘을 넣는다.

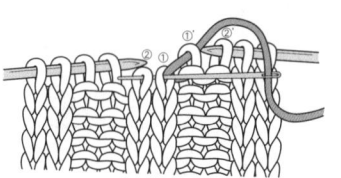

**3** ①의 코의 앞쪽에서 돗바늘을 넣고, ②의 코의 앞쪽으로 뺀다.

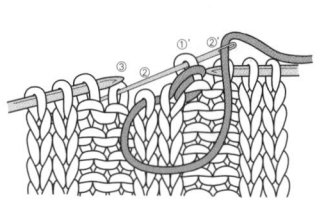

**4** ①'의 코의 뒤쪽에서 돗바늘을 넣고, ③의 코의 뒤쪽으로 뺀다.

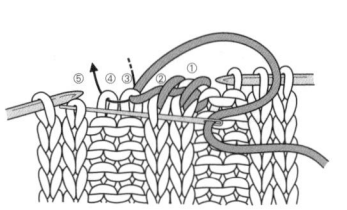

**5** ②의 코의 앞쪽에서 돗바늘을 넣고, ⑤의 코의 앞쪽으로 뺀다. 이어서 ③의 코의 뒤쪽에서 돗바늘을 넣고, ④의 코의 뒤쪽으로 뺀다. 3·4·5를 반복한다.

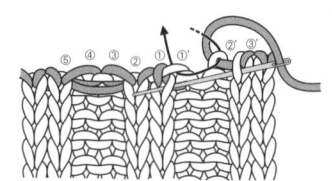

**6** 마지막은 ③의 코의 앞쪽에서 돗바늘을 넣고, ①의 코의 앞쪽으로 뺀다. ②'의 코의 뒤쪽에서 돗바늘을 넣고, ①'의 코의 뒤쪽으로 뺀다.

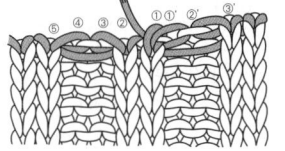

**7** 완성.

# 페어아일 니팅
## 16 Page ★★★

스키 태즈메이니안 폴워스

### 재료
스키 얀 스키 태즈메이니안 폴워스 올리브그린(7021) 210g 6볼, 베이지(7025) 105g 3볼, 녹색(7020) 40g 1볼, 핑크(7011) 35g 1볼, 벽돌색(7013) 35g 1볼, 파랑(7019) 35g 1볼

### 도구
대바늘 5호·3호

### 완성 크기
가슴둘레 104cm, 어깨너비 40cm, 기장 62cm, 소매길이 47cm

### 게이지(10×10cm)
배색무늬뜨기 24.5코×28단, 무늬뜨기 26코×32단

### POINT
● 몸판·소매…몸판은 별도사슬로 기초코를 만들어 뜨개를 시작하고, 배색무늬뜨기를 합니다. 배색무늬뜨기는 실을 가로로 걸치는 방법으로 합니다. 줄임코는 2코 이상은 덮어씌우기, 1코는 끝의 1코를 세우는 줄임코를 합니다. 밑단은 기초코의 사슬을 풀어서 코를 줍고, 2코 고무뜨기로 뜹니다. 뜨개 끝은 2코 고무뜨기 코막음을 합니다. 어깨는 덮어씌워 잇기로 연결합니다. 소매는 몸판에서 코를 줍고 배색무늬뜨기, 무늬뜨기, 2코 고무뜨기로 뜹니다. 무늬 경계의 증감코는 도안을 참고하세요. 소맷단의 줄임코는 끝에서 2번째 코와 3번째 코를 모아뜨기합니다. 뜨개 끝은 밑단과 같은 방법으로 합니다.

● 마무리…목둘레는 지정 콧수를 줍고, 2코 고무뜨기로 원형뜨기합니다. 뜨개 끝은 밑단과 같은 방법으로 합니다. 옆선·소맷단은 떠서 꿰매기, 겨드랑이 부분은 코와 단 잇기로 연결합니다.

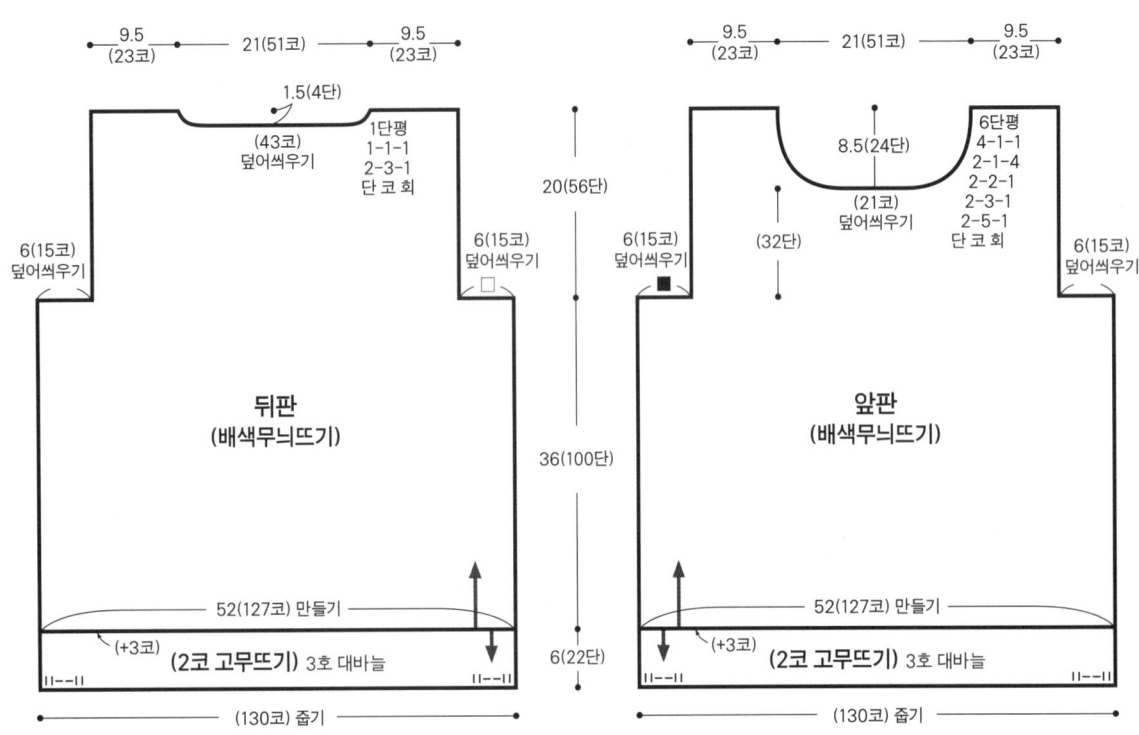

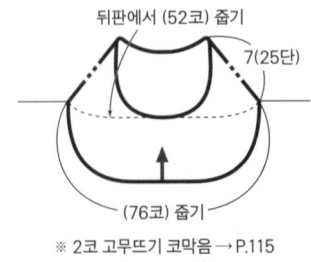

## 배색무늬뜨기

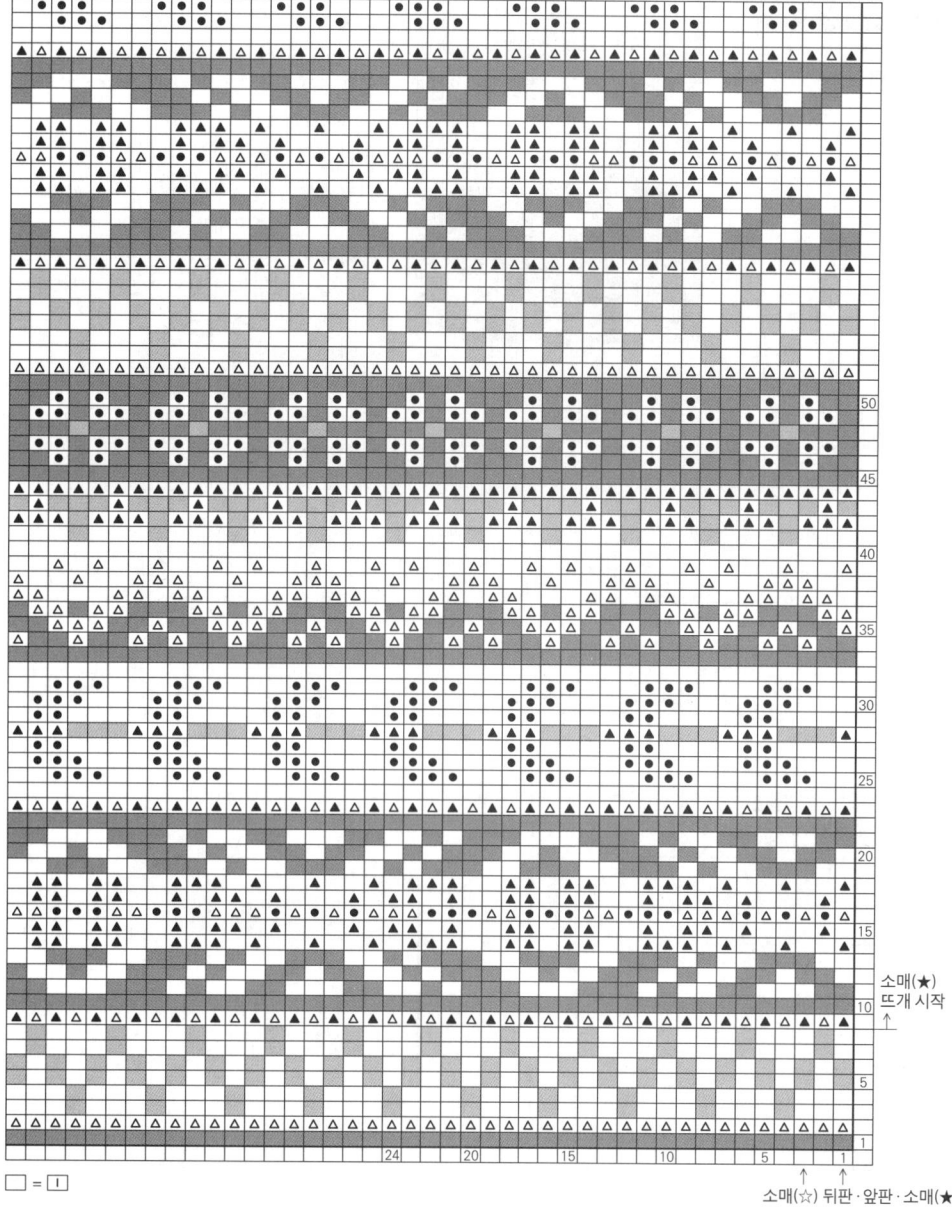

### 배색무늬뜨기의 배색

| | 풀오버 | 컬러 베리에이션 |
|---|---|---|
| ■ | 올리브그린(7021) | 카멜색(7006) |
| △ | 파랑(7019) | 베이지(7025) |
| □ | 베이지(7025) | 미색(7002) |
| ▨ | 핑크(7011) | 갈색(7022) |
| ▲ | 녹색(7020) | 그레이(7026) |
| ● | 벽돌색(7013) | 차콜그레이(7027) |

## 무늬뜨기와 증감코

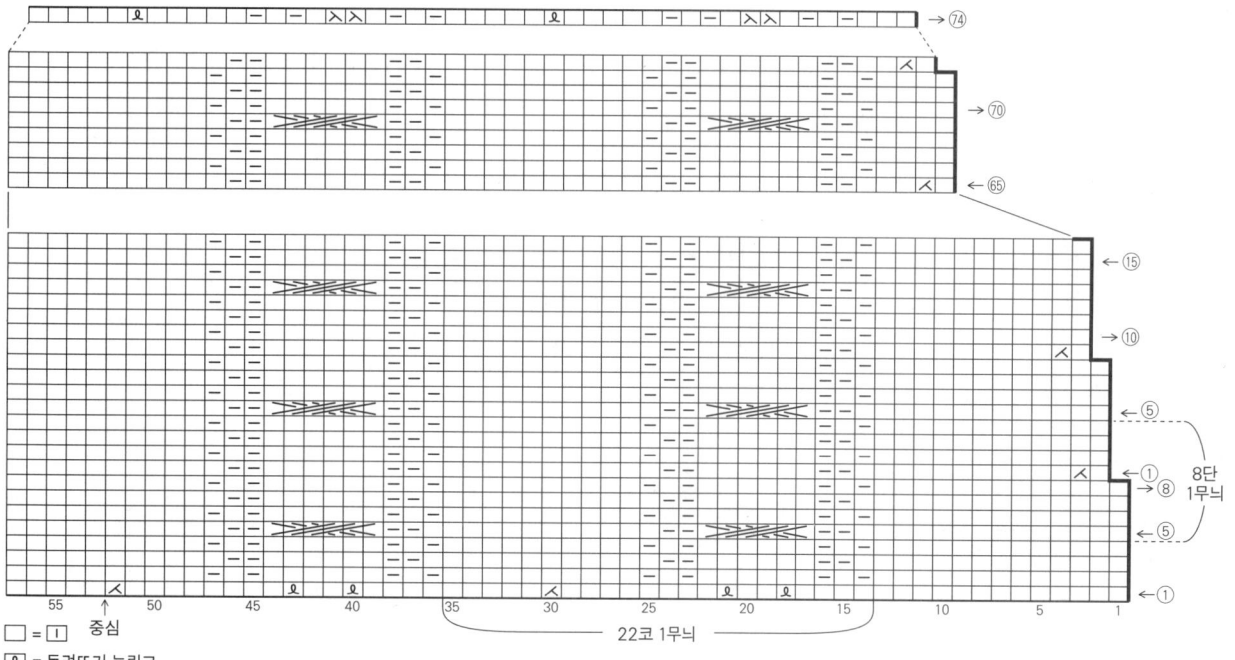

# 페어아일 니팅
## 17 Page ★★★

스키 태즈메이니안 폴워스

### 재료
실…스키 안 스키 태즈메이니안 폴워스 ※실의 색이름·색 번호·사용량은 표를 참고하세요.
단추…지름 15mm×7개

### 도구
대바늘 5호·4호

### 완성 크기
가슴둘레 102cm, 어깨너비 38cm, 기장 57.5cm, 소매길이 54.5cm

### 게이지(10×10cm)
메리야스뜨기 24.5코×35.5단, 배색무늬뜨기 A·B·C·D 27코×29단

### POINT
● 몸판·소매…별도사슬로 기초코를 만들어 뜨개를 시작하고 도안을 참고해 메리야스뜨기, 배색무늬뜨기 A·B·C·D를 배치해 뜹니다. 배색무늬뜨기는 실을 가로로 걸치는 방법으로 합니다. 줄임코는 2코 이상은 덮어씌우기, 1코는 끝의 1코를 세우는 줄임코를 합니다. 늘림코는 1코 안쪽에서 돌려뜨기 늘림코를 합니다. 밑단·소맷부리는 기초코의 사슬을 풀어서 코를 줍고, 배색무늬 2코 고무뜨기 A로 뜹니다. 뜨개 끝은 겉뜨기는 겉뜨기로, 안뜨기는 안뜨기로 떠서 덮어씌워 코막음합니다.
● 마무리…어깨는 지정 콧수만큼 코를 겹쳐서 덮어씌워 잇기로 연결합니다. 옆선·소맷단은 떠서 꿰매기로 연결합니다. 앞단·목둘레는 지정 콧수를 주워 배색무늬 2코 고무뜨기 B로 뜹니다. 오른쪽 앞단에는 단춧구멍을 만듭니다. 뜨개 끝은 밑단과 같은 방법으로 진행합니다. 소매는 빼뜨기 잇기로 몸판과 합칩니다. 단추를 달아 완성합니다.

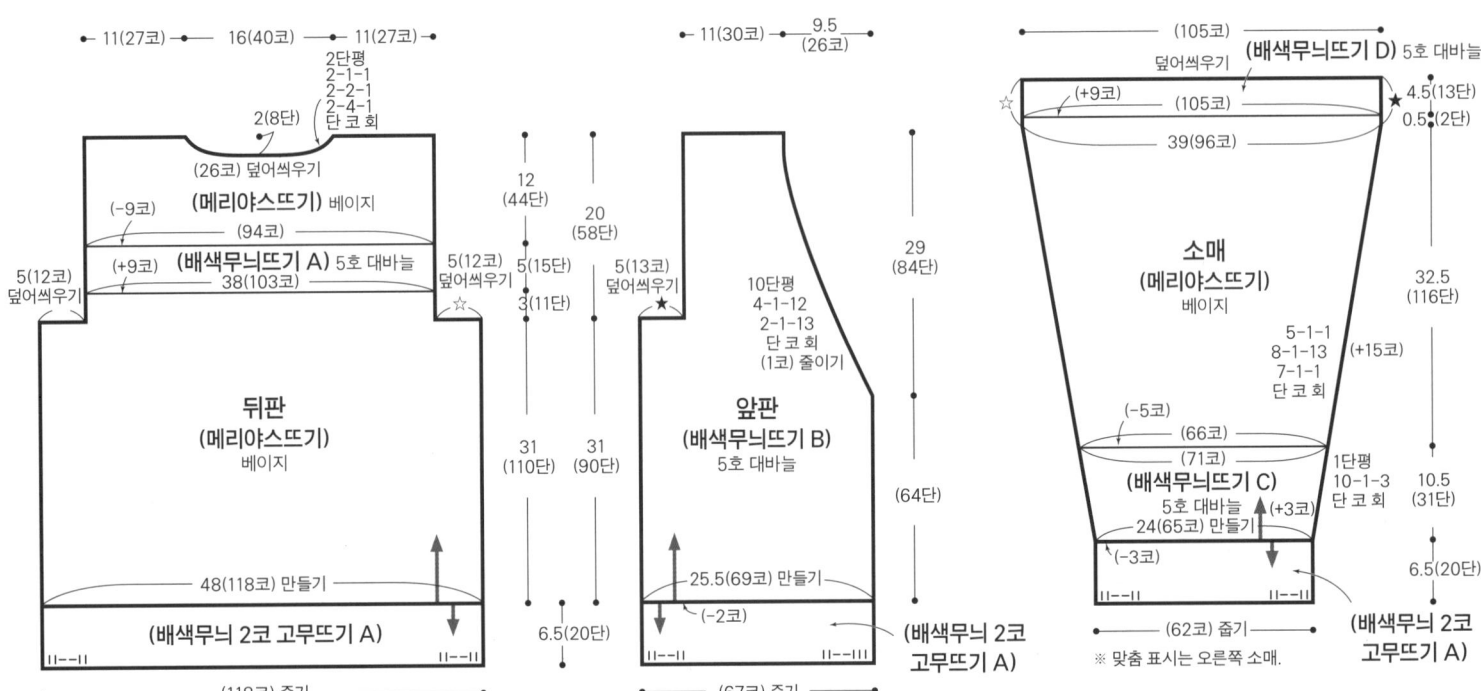

## 배색무늬뜨기 B

## 배색무늬뜨기 C

## 배색무늬뜨기 D

베이지로 덮어씌워 코막음

## 배색무늬 2코 고무뜨기 B

베이지로 겉뜨기는 겉뜨기로, 안뜨기는 안뜨기로 떠서 덮어씌워 코막음

## 앞단·목둘레 (배색무늬 2코 고무뜨기 B)

앞판은 세 군데에서 코를 겹쳐 덮어씌워 잇기

(42코) 줍기
(80코) 줍기
(80코) 줍기
(1코)
단춧구멍 (1코)
◆ = (11코)
(6코)
3(10단)

왼쪽 앞판 · 오른쪽 앞판
뜨개 시작

### 배색
- ▨ = 카멜색
- ▨ = 파랑
- □ = 베이지
- ▲ = 하늘색
- △ = 노랑
- ■ = 벽돌색
- ● = 갈색

## 단춧구멍 (오른쪽 앞단)

베이지로 겉뜨기는 겉뜨기로, 안뜨기는 안뜨기로 떠서 덮어씌워 코막음

(80코) (1코)(1코) (11코) (1코) (11코) (11코) (1코) (11코) (1코) (6코)

□ = |

# 4사이즈 니팅
## 22 Page ★★★
모헤어

### 재료
- S…NV 얀 모헤어 베이지(109) 120g 6볼
- M…NV 얀 모헤어 베이지(109) 130g 7볼
- L…NV 얀 모헤어 베이지(109) 140g 7볼
- XL…NV 얀 모헤어 베이지(109) 155g 8볼

### 도구
대바늘 5호·3호, 코바늘 3/0호

### 완성 크기
- S…가슴둘레 127cm, 기장 54cm, 화장 55.5cm
- M…가슴둘레 134cm, 기장 54.5cm, 화장 56cm
- L…가슴둘레 141cm, 기장 57cm, 화장 58.5cm
- XL…가슴둘레 148cm, 기장 59cm, 화장 59.5cm

### 게이지(10×10cm)
무늬뜨기 20코×32단, 메리야스뜨기 23코×32단

### POINT
● 손가락으로 거는 기초코로 뜨개를 시작하고, 목둘레를 1코 고무뜨기로 원형뜨기합니다. 이어서 요크를 무늬뜨기와 메리야스뜨기로 진행합니다. 분산 늘림코는 도안을 참고하세요. 뒤판에 앞뒤 단차로 16단을 왕복뜨기합니다. 뒤판·앞판은 요크에서 지정 콧수를 줍고, 겨드랑이 부분은 감아코로 코를 만들어 메리야스뜨기로 원형뜨기합니다. 이어서 밑단은 가터뜨기로 뜹니다. 뜨개 끝은 덮어씌워 코막음을 합니다. 소매는 앞뒤 단차와 요크의 쉼코와 겨드랑이에서 코를 주워 뒤판·앞판과 같은 방법으로 뜹니다.

S·M

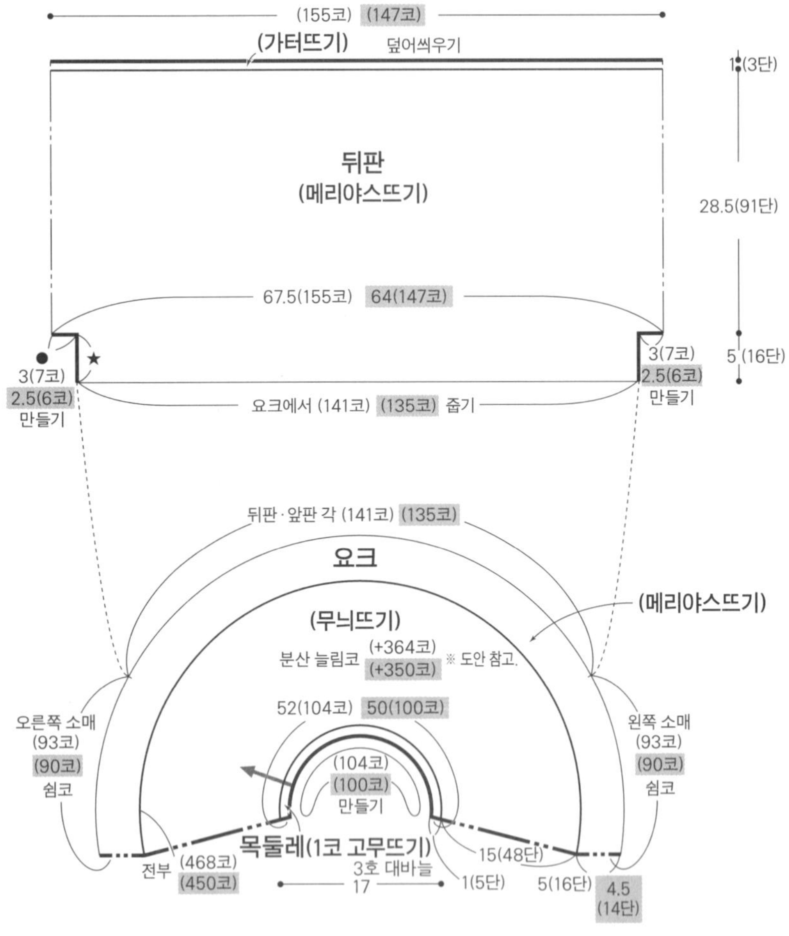

※ 지정하지 않은 것은 5호 대바늘로 뜬다.
※ ▨는 S, 그 외는 M 또는 공통.
※ 겨드랑이 부분의 코는 앞뒤 몸판을 연속해서 각 (13코) (11코)를 감아코로 만든다.
※ 뒤판의 뜨개 시작은 (1코) (4코)를 오른쪽 바늘로 옮기고 뜨기 시작한다.

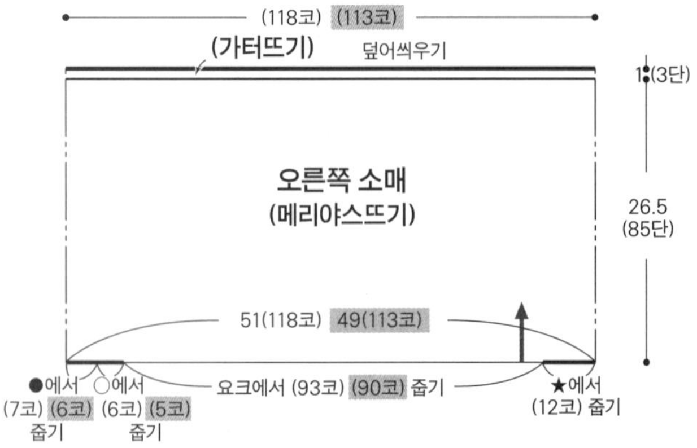

L·XL

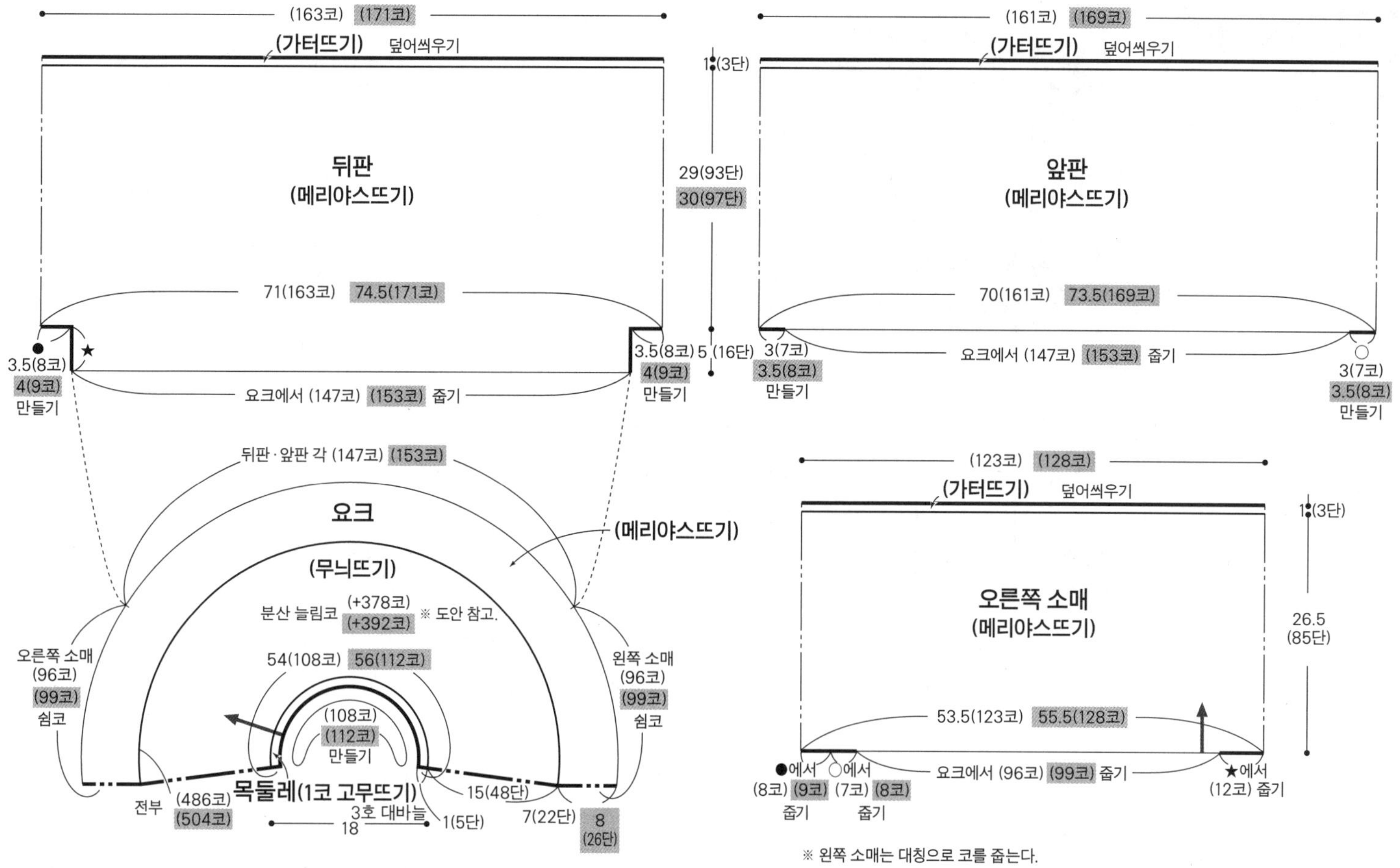

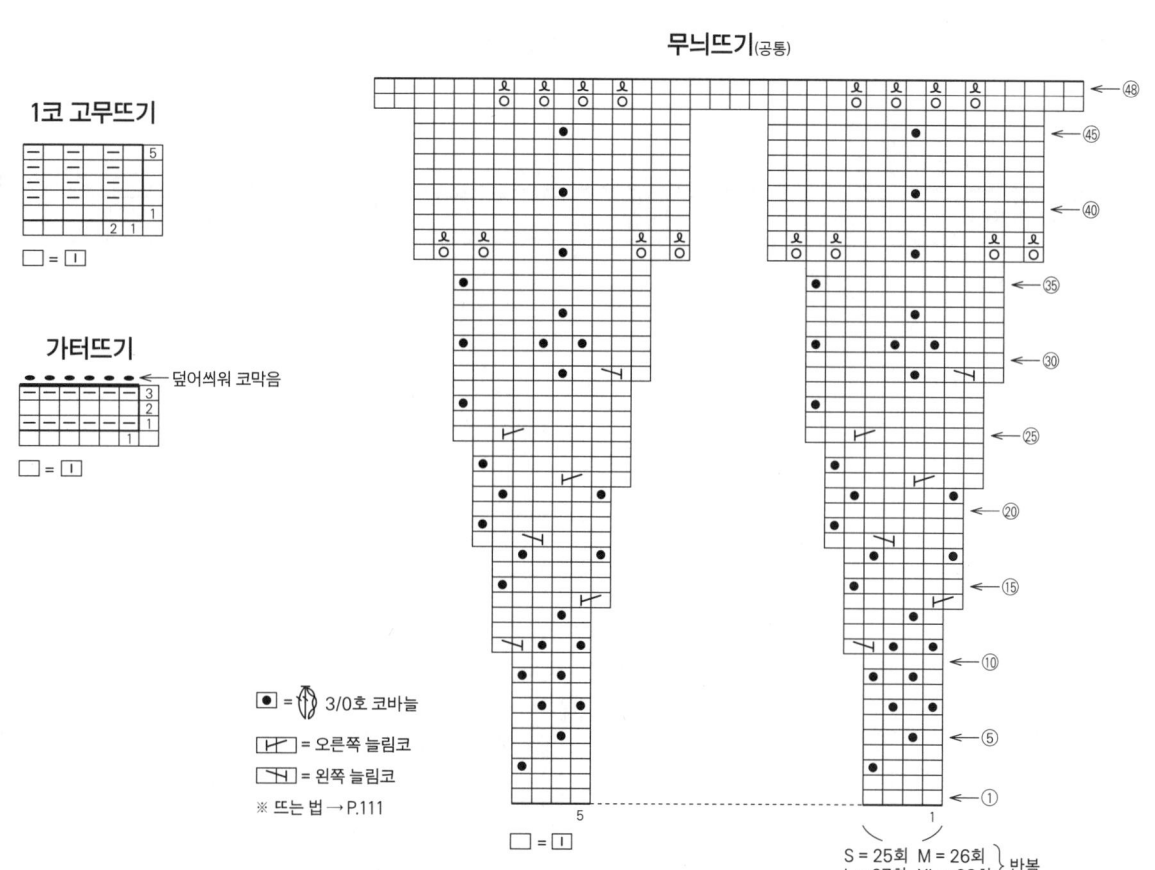

# 가을의 크로셰
## 24 Page ★★★

다이아 알파카 릴리카

**재료**
다이아몬드케이토 다이아 알파카 릴리카 그레이 (2302) 345g 12볼

**도구**
코바늘 9/0호

**완성 크기**
가슴둘레 96cm, 어깨너비 39cm, 길이 74cm

**게이지**
무늬뜨기 A(10×10cm) 18코×9.5단, 무늬뜨기 B 1무늬=8.9cm, 9.5단=10cm

**POINT**
● 몸판…사슬뜨기로 기초코를 만들어 뜨기 시작해 오른쪽 앞판과 뒤판, 왼쪽 앞판을 각각 무늬뜨기 A·B로 뜹니다. 19단을 뜬 다음 도안을 참고해 지정 콧수만큼 주워 앞뒤 몸판을 이어서 뜹니다. 옆선까지 뜨면 진동둘레는 코를 줄이면서 오른쪽 앞판과 뒤판, 왼쪽 앞판으로 나눠 진행합니다. 어깨는 감아서 잇기로 연결하고, 목둘레는 앞뒤를 이어서 무늬뜨기 A로 뜹니다.
● 마무리…슬릿·뒤판 밑단과 슬릿·앞판 밑단·앞단·목둘레 가장자리와 진동둘레는 각각 테두리뜨기합니다. 슬릿 트임 끝은 앞쪽이 위로 가게 겹쳐서 휘감칩니다.

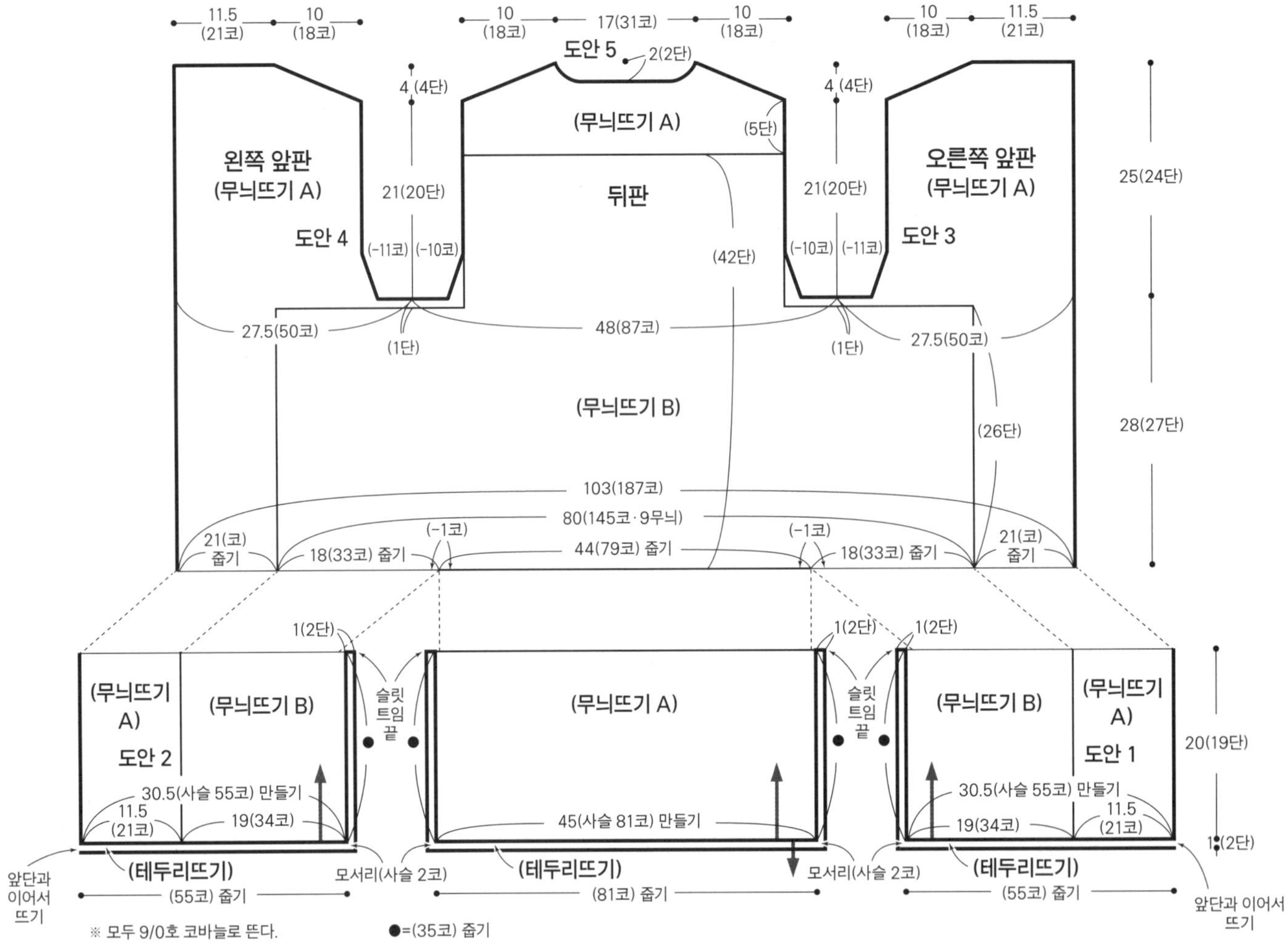

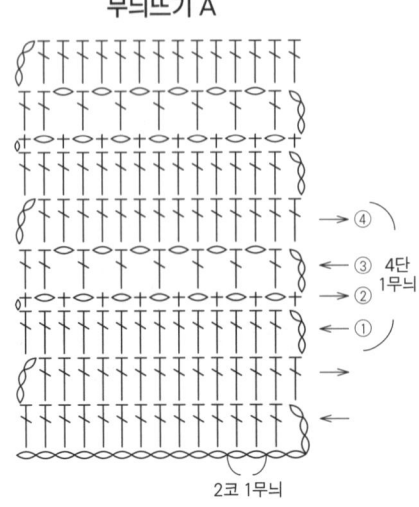

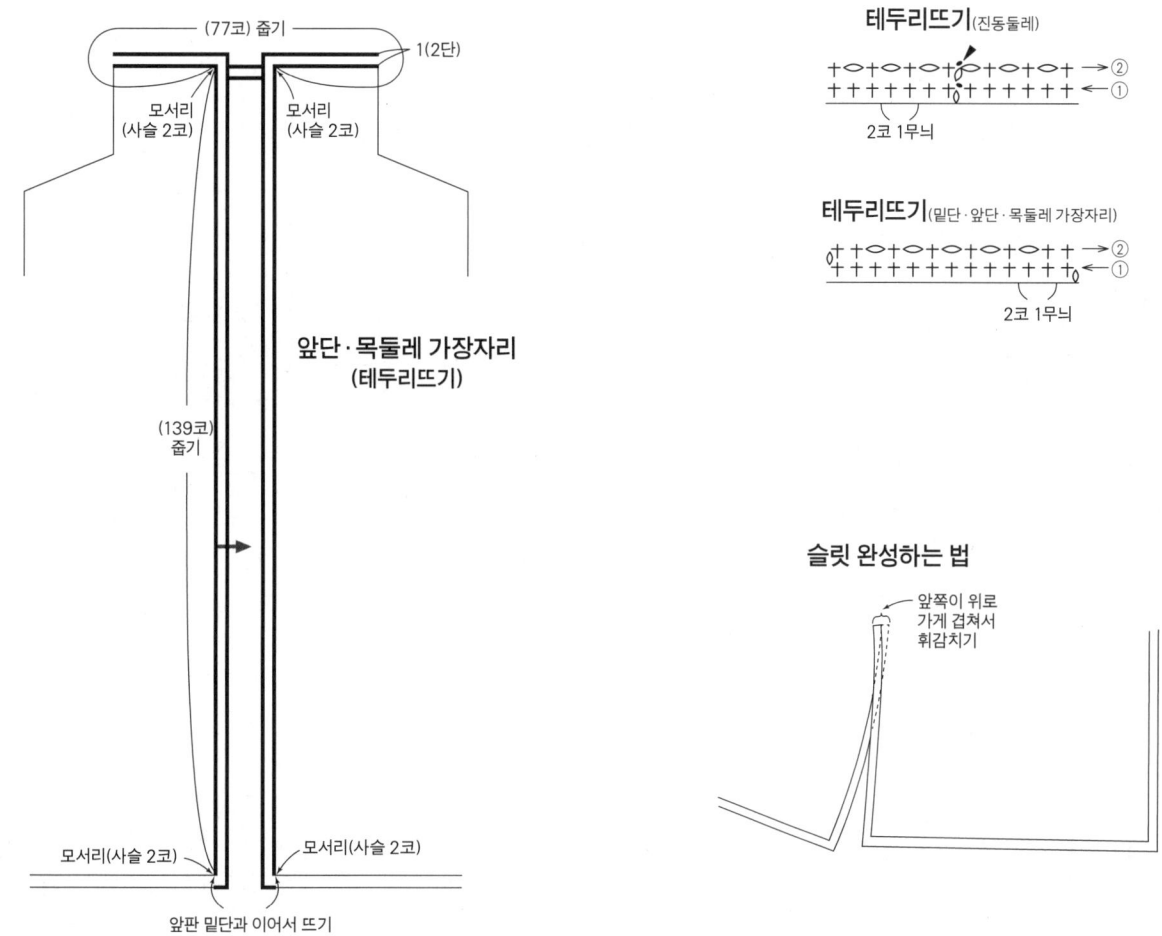

124페이지로 이어집니다. ▶

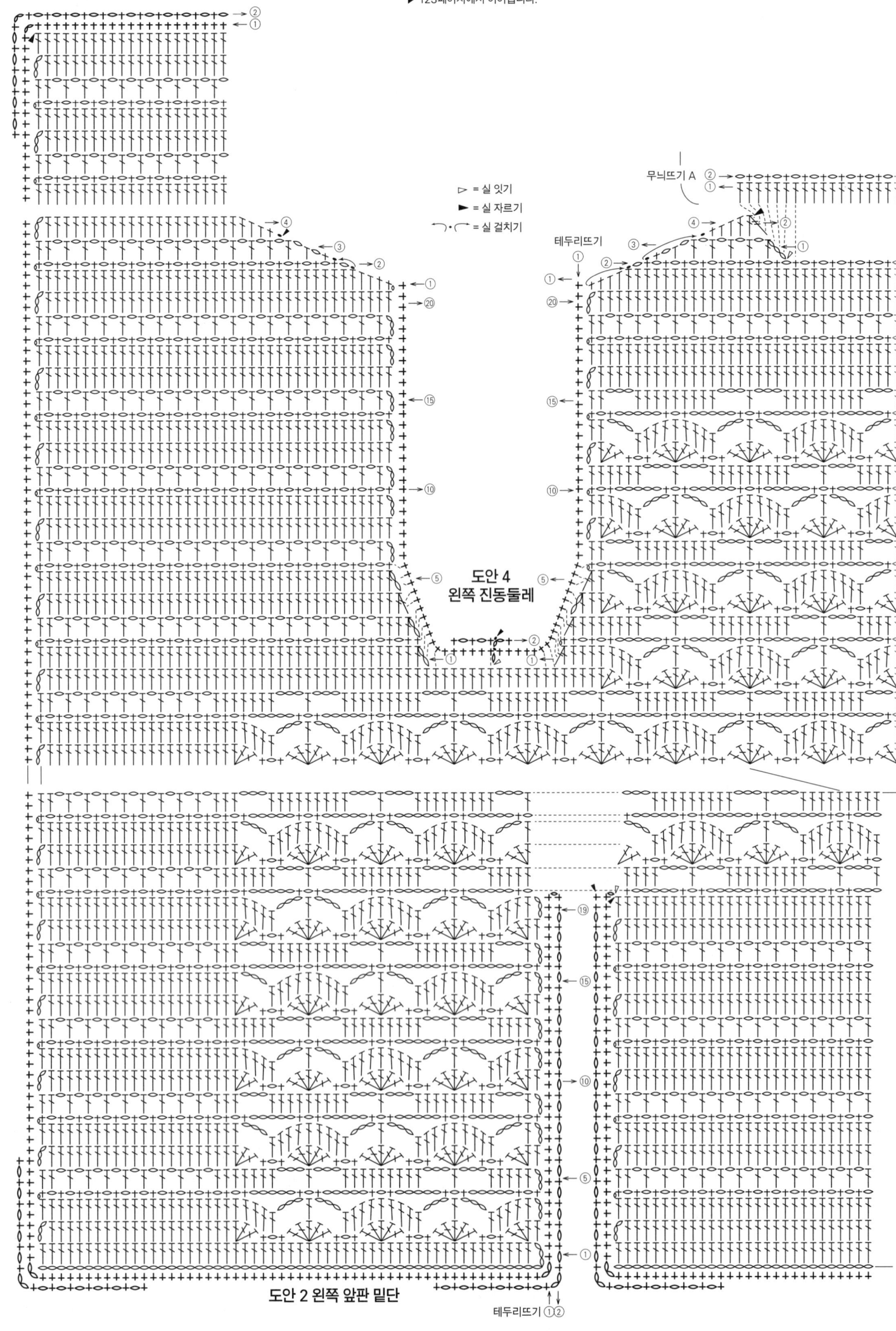

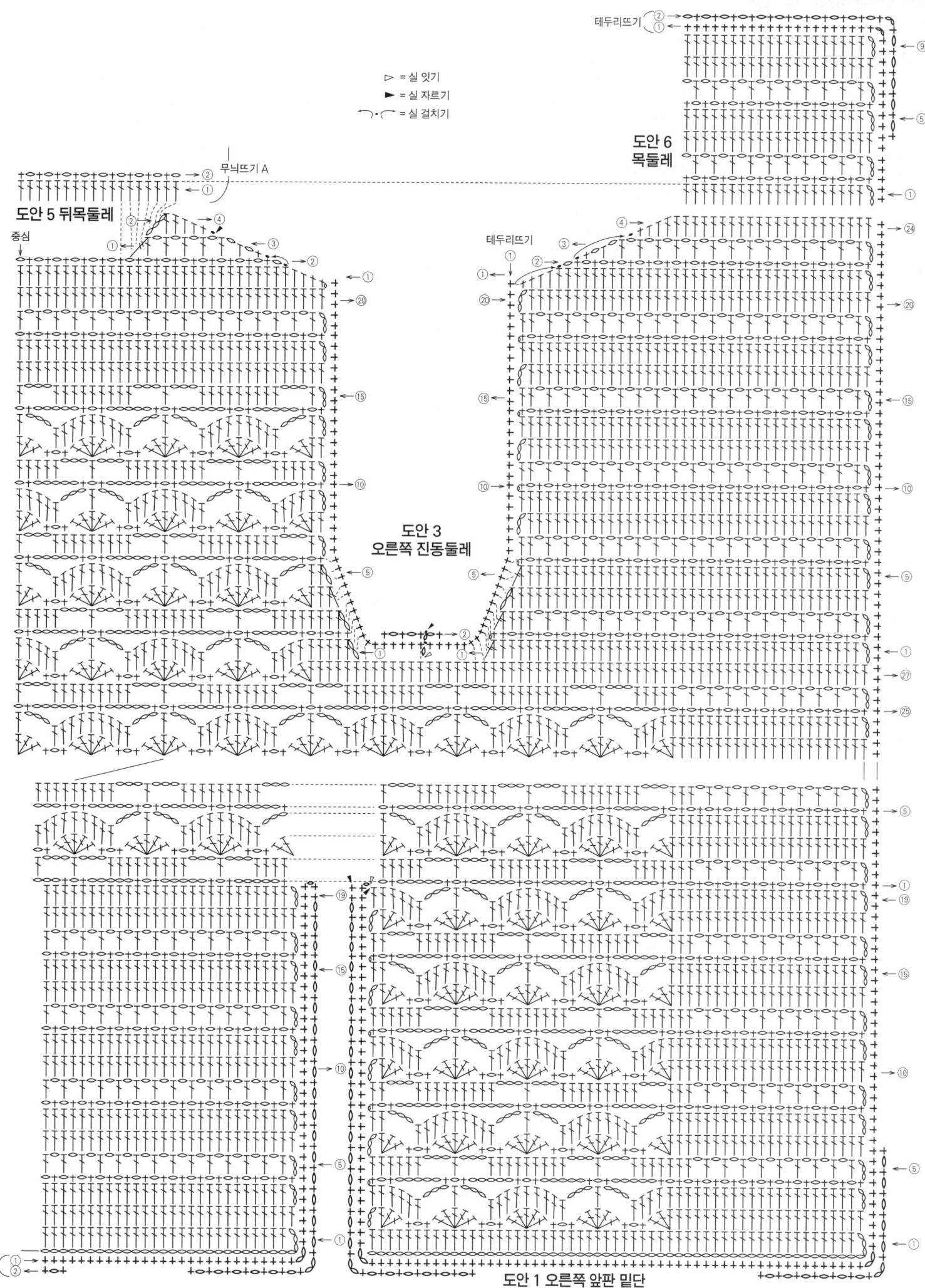

# 가을의 크로셰
## 25 Page ★★★

다이아 카리용

다이아 태즈메이니안 메리노 '파인'

### 재료
실…다이아몬드케이토 다이아 카리용 녹색·물색 계통 그라데이션(2504) 195g 7볼
실…다이아몬드케이토 다이아 태즈메이니안 메리노 '파인' 진회색(117) 50g 2볼, 녹색(106) 45g 2볼, 그레이(116) 45g 2볼
단추…지름 13mm×2개

### 도구
코바늘 4/0호

### 완성 크기
가슴둘레 98cm, 길이 57cm, 화장 72.5cm

### 게이지(10×10cm)
줄무늬 무늬뜨기 A 28.5코×10단

### POINT
● 몸판·소매·요크…몸판·소매는 사슬뜨기로 기초코를 만들어 뜨기 시작해 줄무늬 무늬뜨기 A로 뜹니다. 증감코는 도안을 참고하세요. 옆선·소맷단은 사슬뜨기와 빼뜨기로 꿰매기를 합니다. 밑단은 줄무늬 테두리뜨기, 소맷부리는 줄무늬 무늬뜨기 B와 줄무늬 테두리뜨기로 원형뜨기합니다. 래글런선은 사슬뜨기와 빼뜨기로 꿰매기를 합니다. 요크는 지정 콧수만큼 주워 줄무늬 무늬뜨기 B로 뜨고, 목둘레를 줄무늬 무늬뜨기 B와 줄무늬 테두리뜨기로 뜹니다. 분산 줄임코는 도안을 참고하세요.
● 마무리…뒤트임은 짧은뜨기합니다. 단추를 달아 마무리합니다.

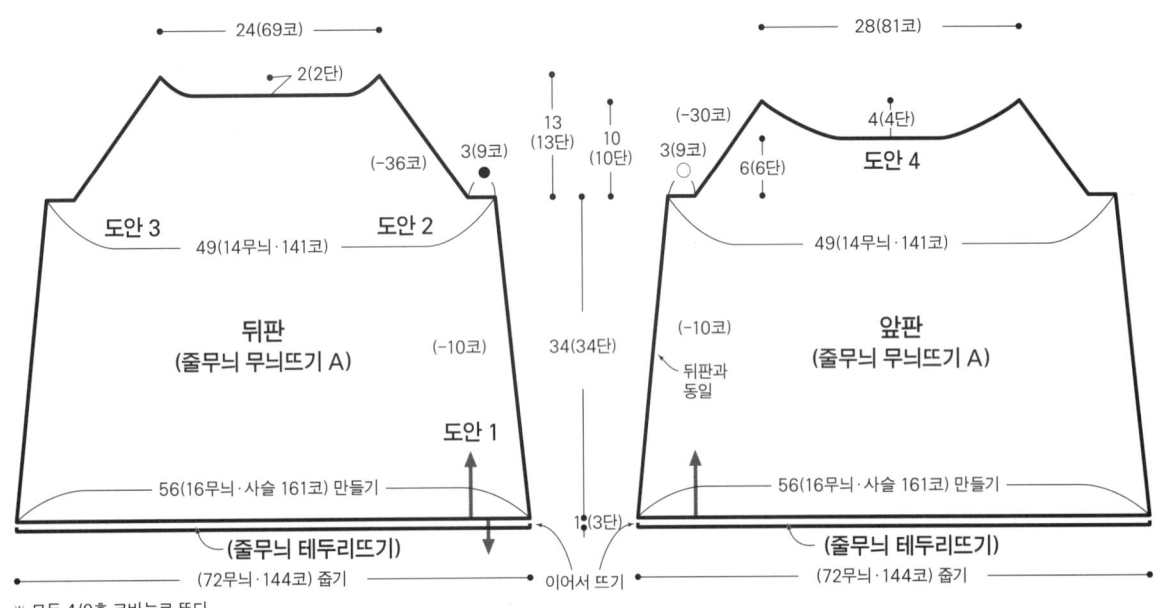

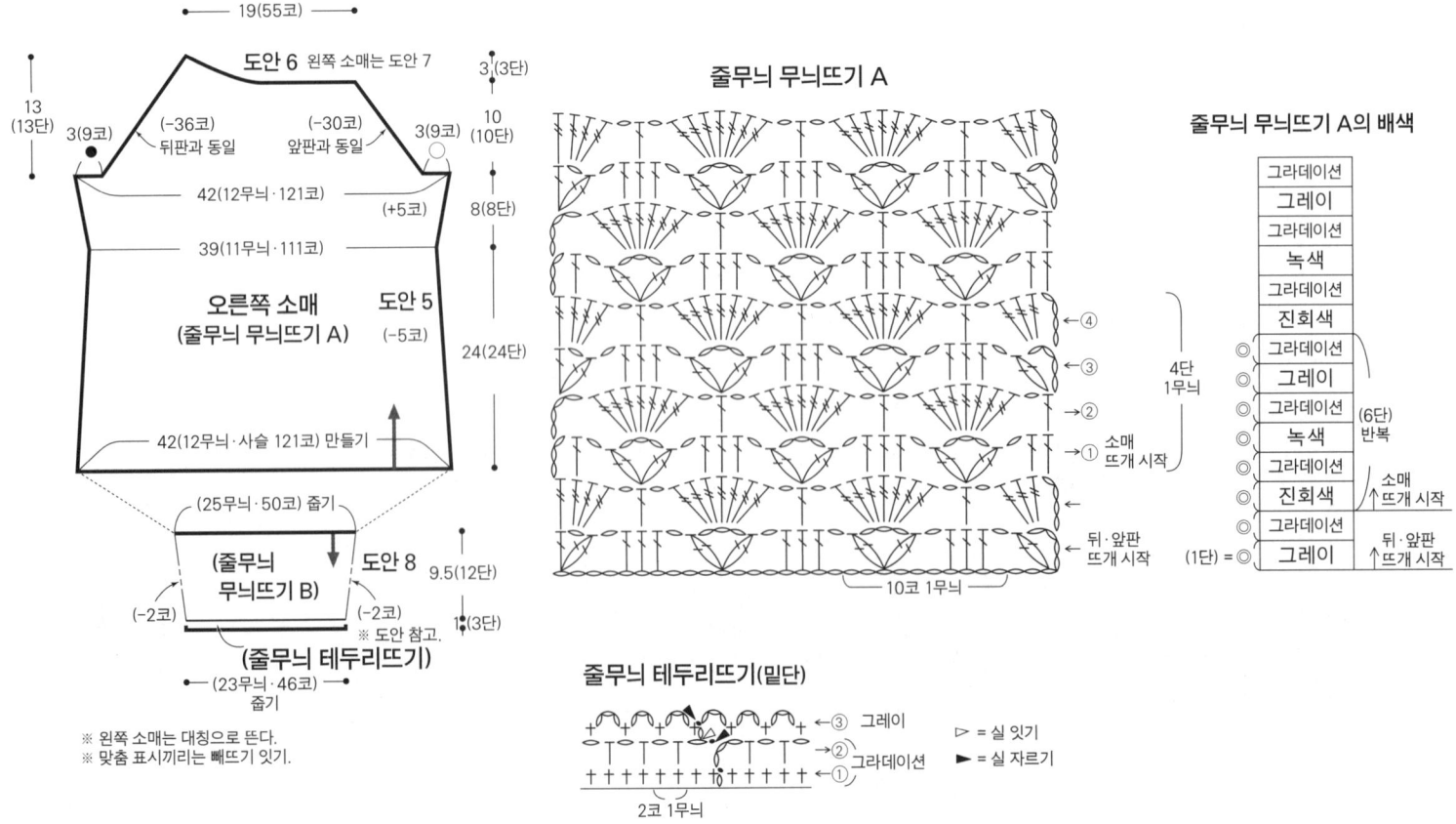

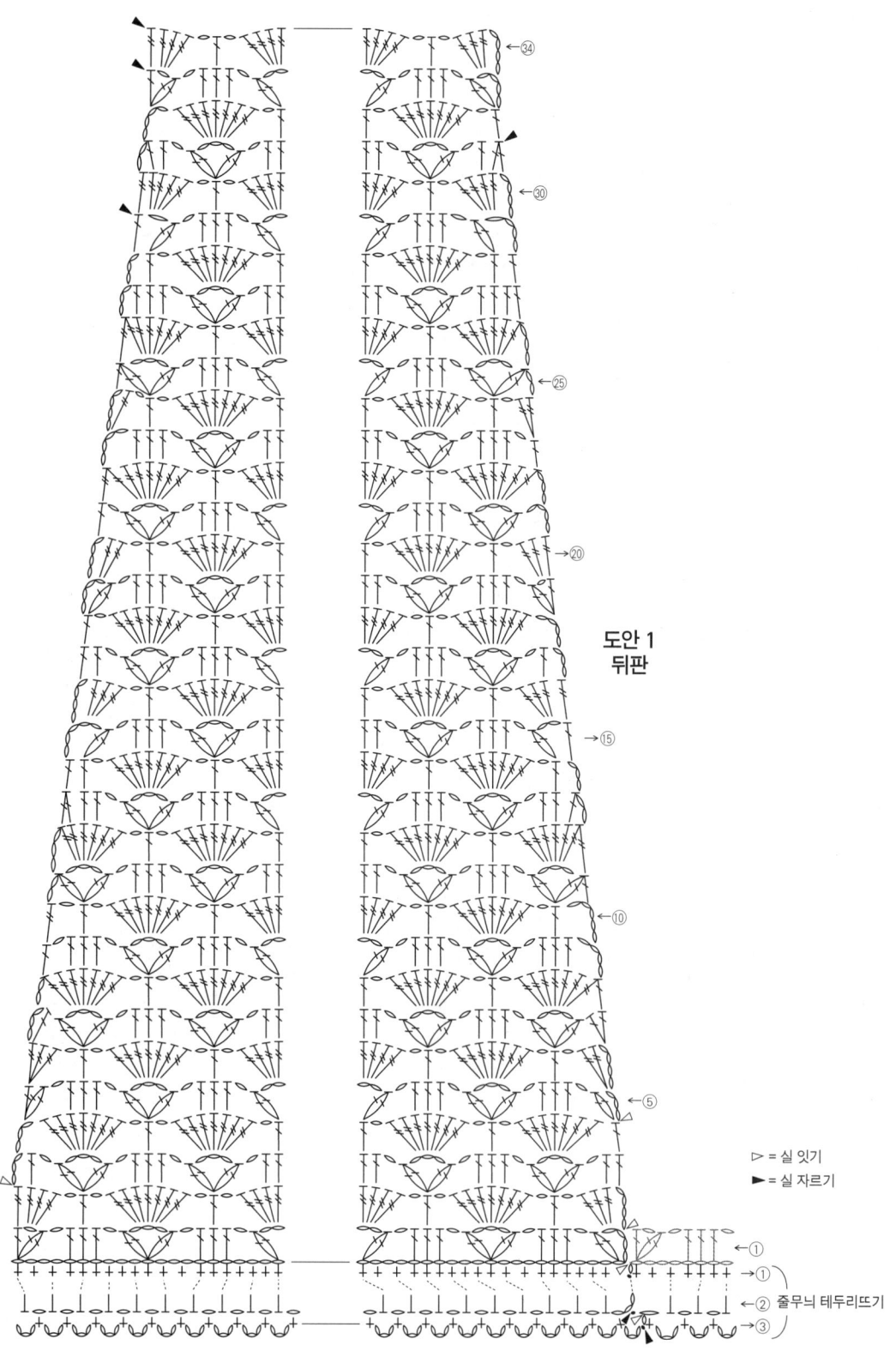

도안 1
뒤판

▷ = 실 잇기
► = 실 자르기

128페이지로 이어집니다. ▶

▶ 127페이지에서 이어집니다.

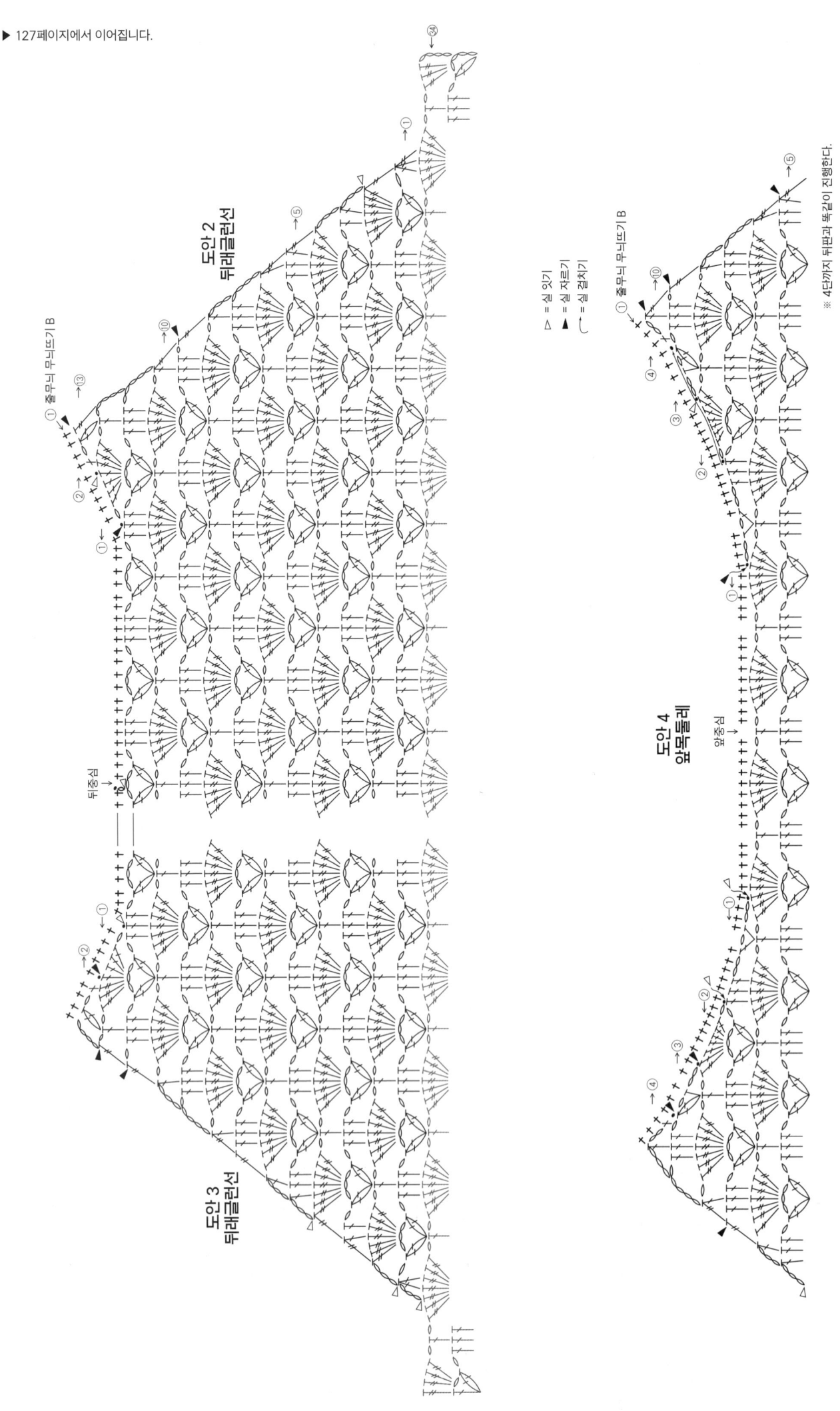

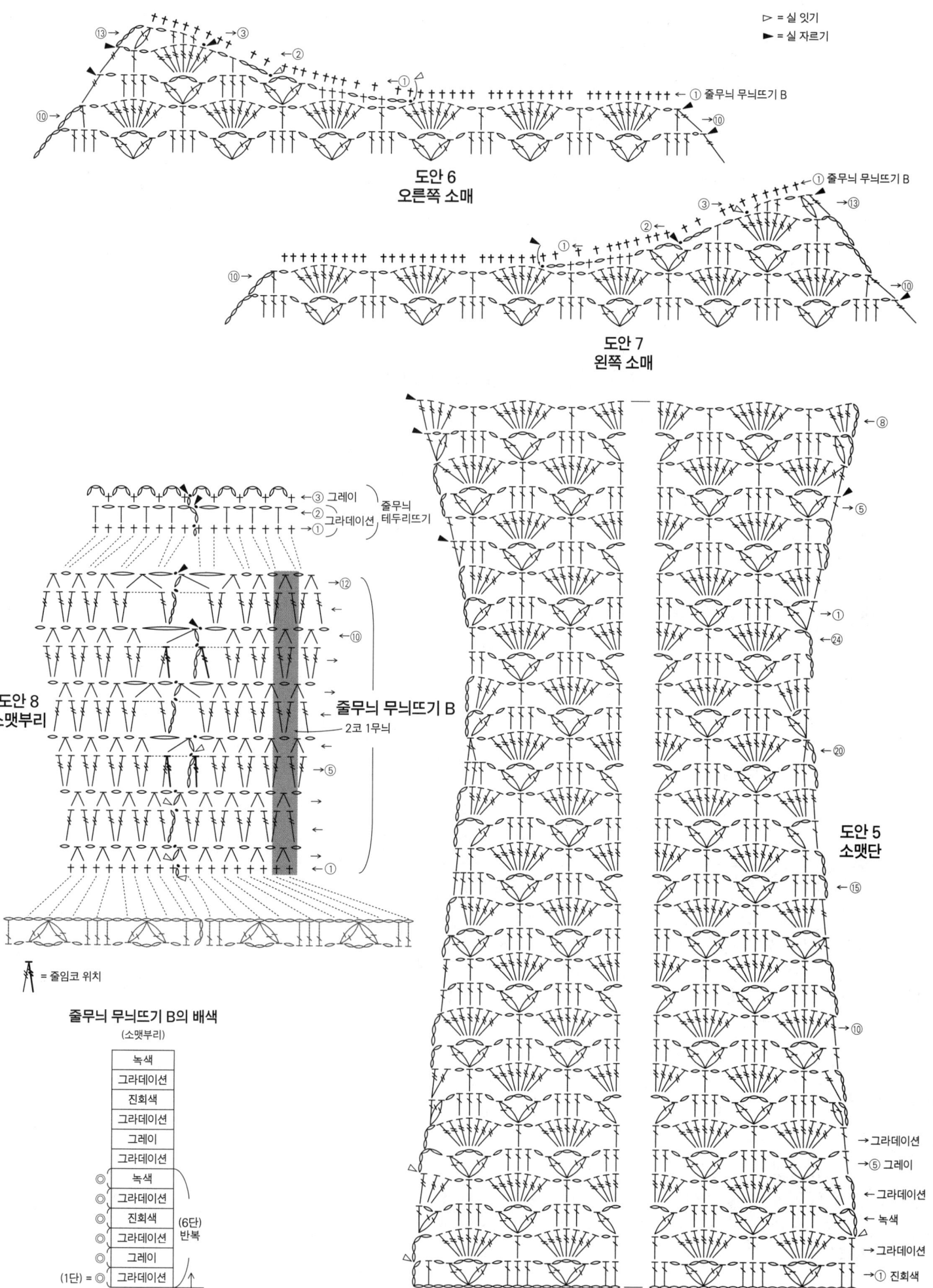

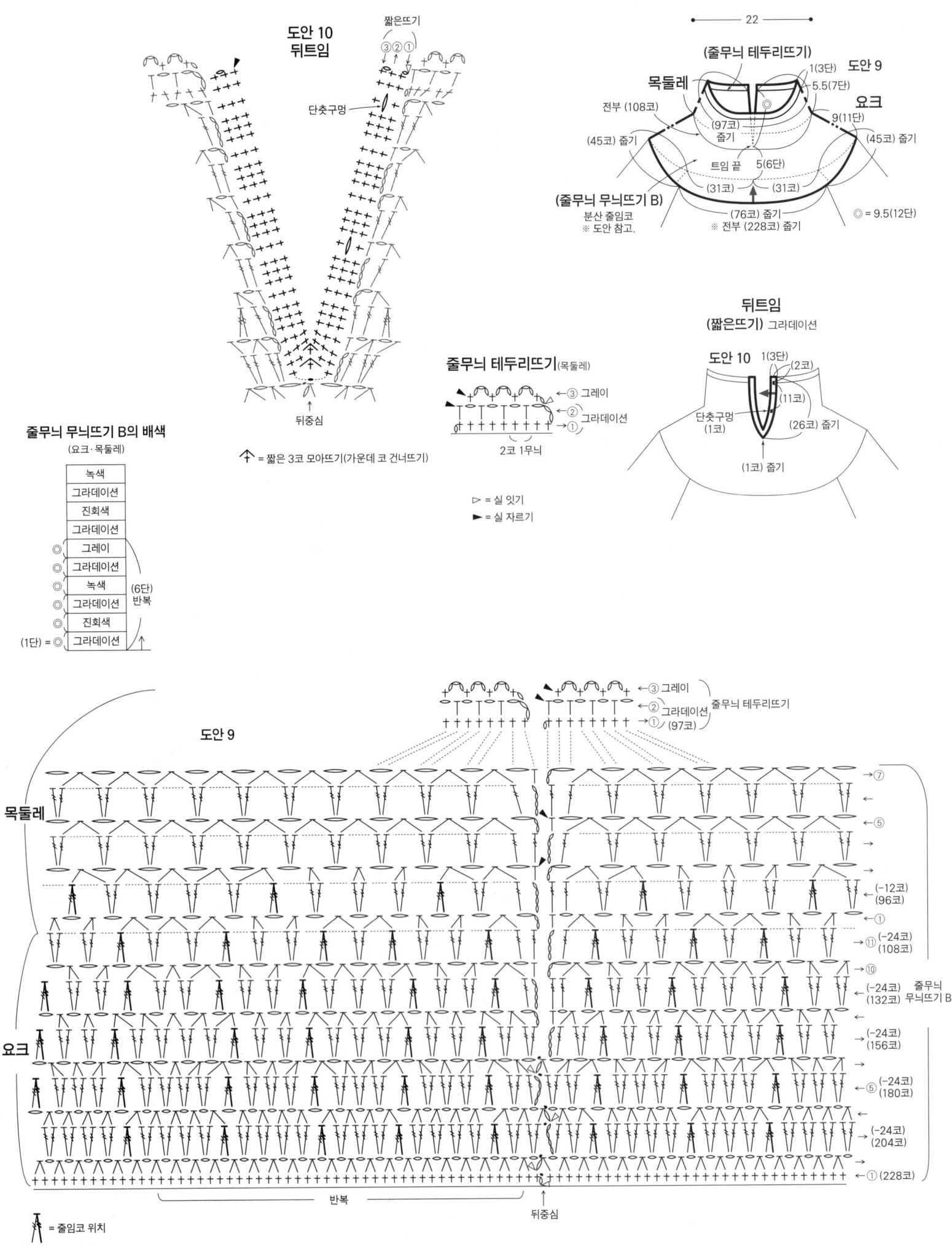

# 가을의 크로셰
## 28 Page ★★★

인디시타 DK

**재료**
실…나이토상사 인디시타 DK 그레이(402) 950g 19볼
단추…지름 18mm×6개

**도구**
코바늘 6/0호·5/0호

**완성 크기**
가슴둘레 107cm, 길이 58.5cm, 화장 71.5cm

**게이지**(10×10cm)
무늬뜨기 23코×15단

**POINT**
● 몸판·소매…사슬뜨기로 기초코를 만들어 뜨기 시작해 무늬뜨기를 합니다. 소맷단의 늘림코는 도안을 참고하세요. 옆선·소맷단은 사슬뜨기와 빼뜨기로 꿰매기를 합니다. 요크는 몸판과 소매에서 코를 줍고 도안을 참고해 코를 줄이면서 뜹니다.
● 마무리…겨드랑이 부분의 코는 떠서 잇기를 합니다. 밑단·앞단·목둘레·소맷부리는 테두리뜨기 합니다. 오른쪽 앞단에는 단춧구멍을 냅니다. 단추를 달아 마무리합니다.

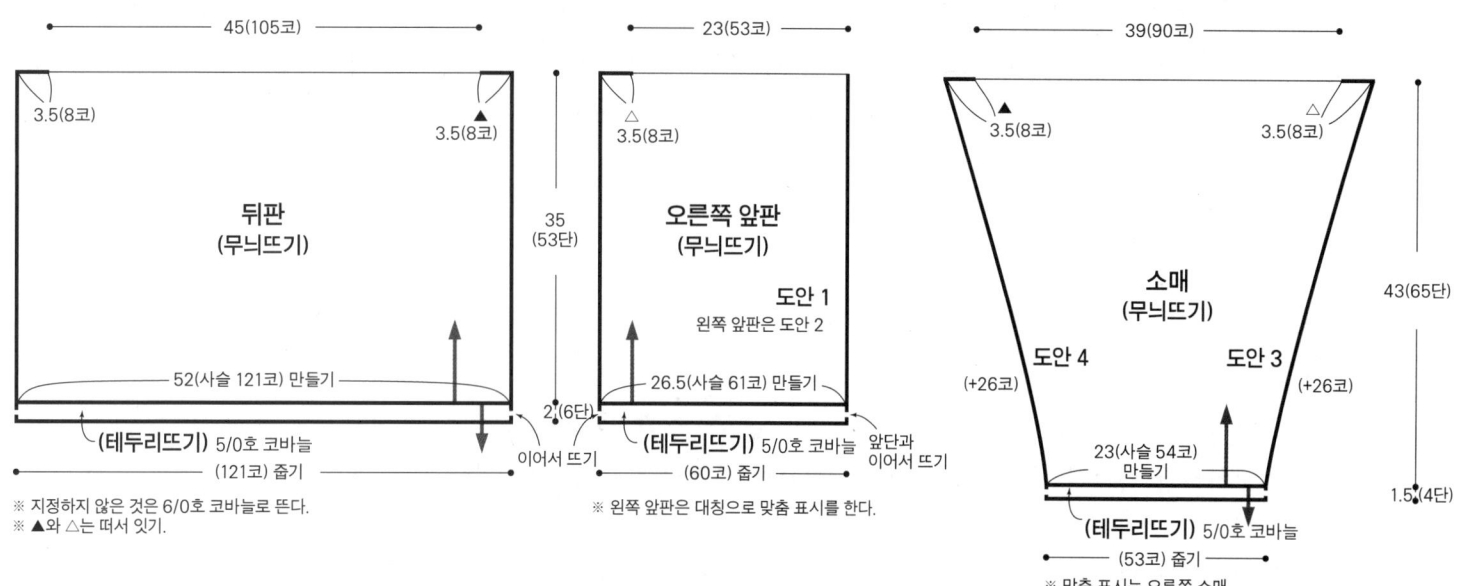

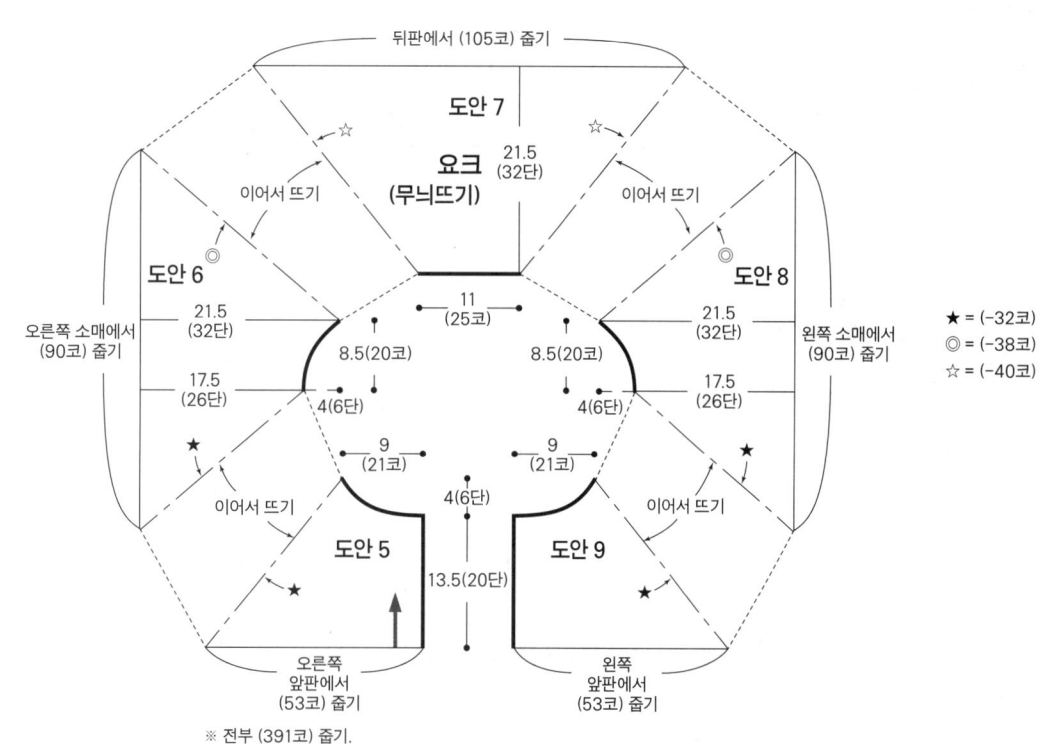

132페이지로 이어집니다. ▶

▶ 131페이지에서 이어집니다.

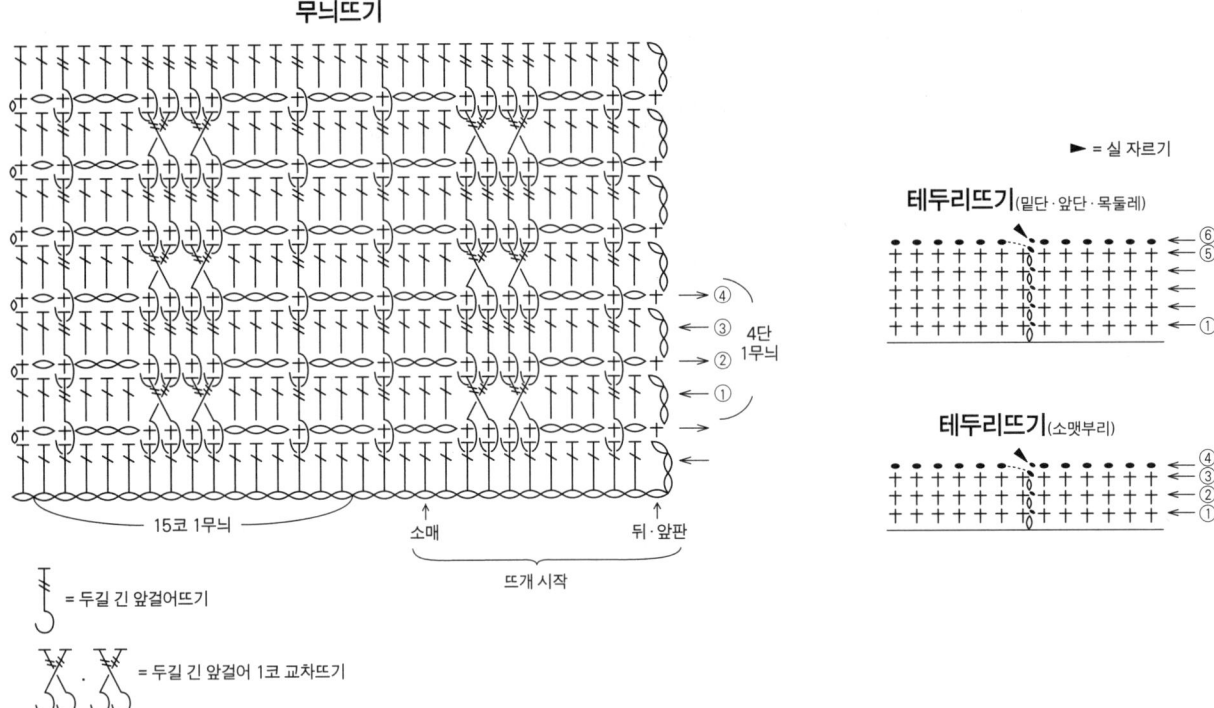

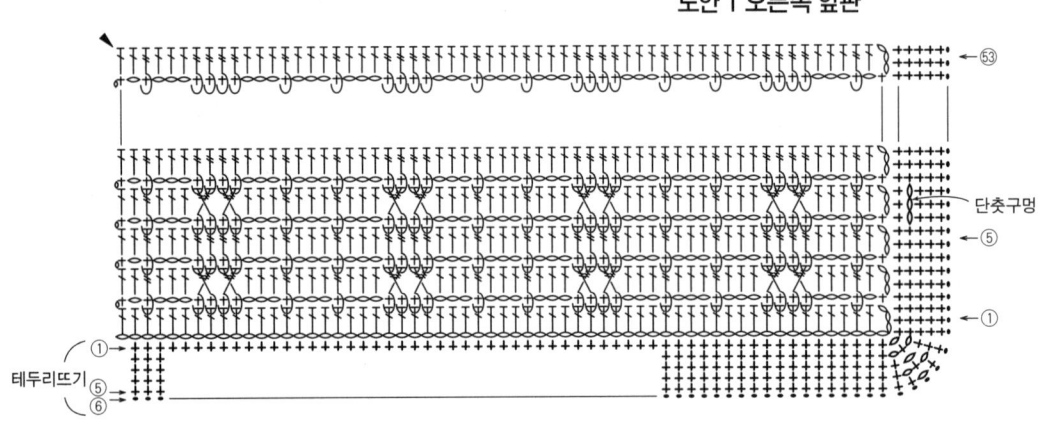

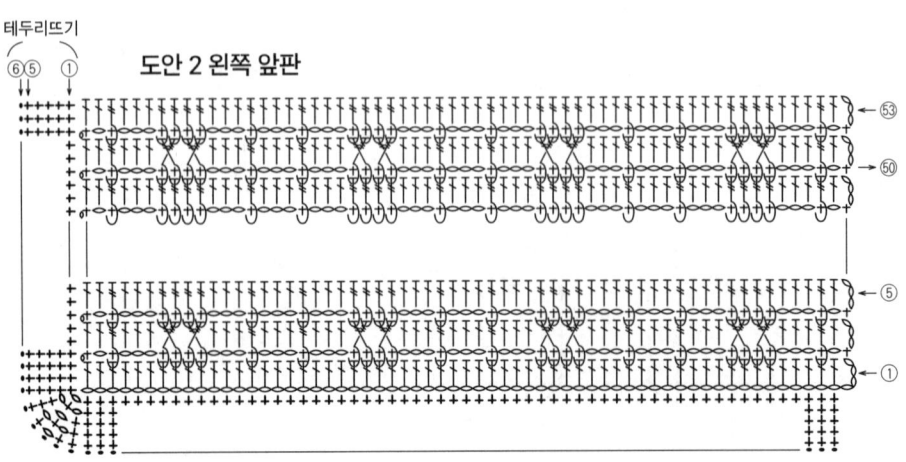

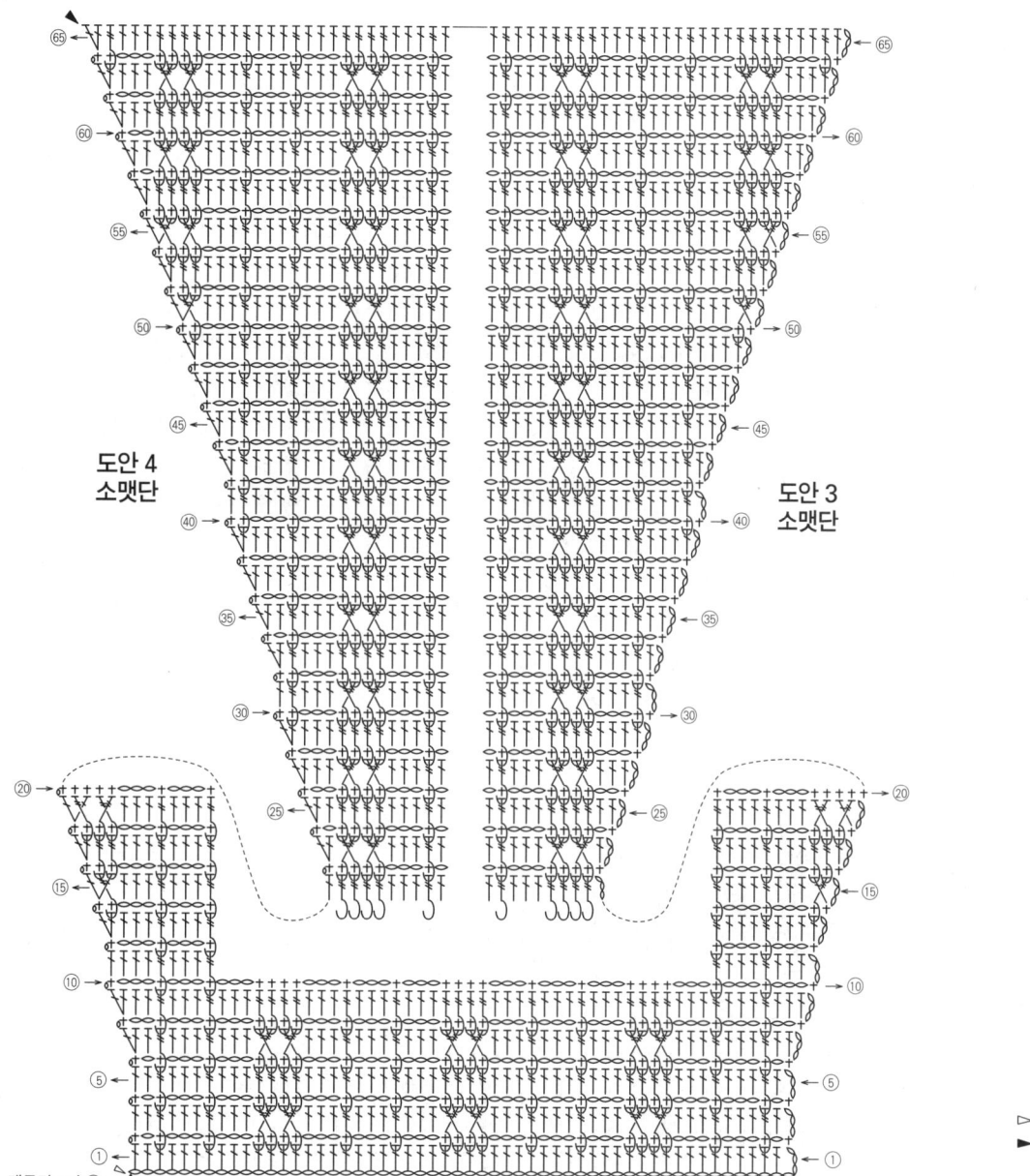

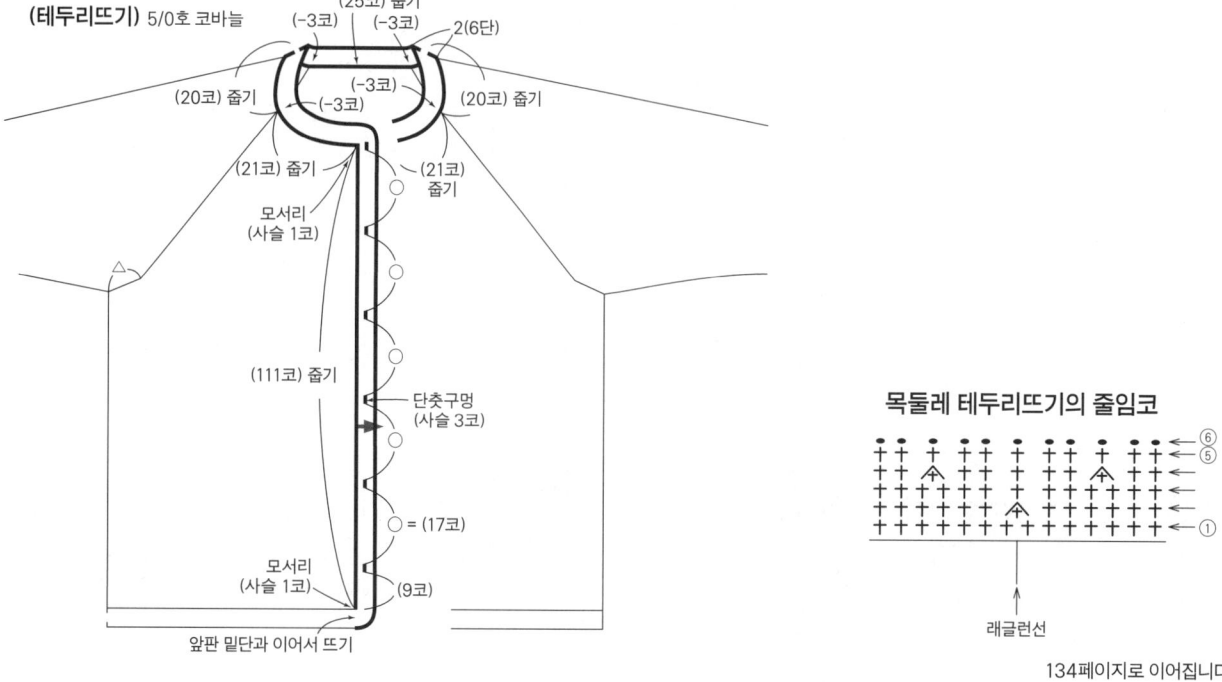

134페이지로 이어집니다. ▶

▶ 133페이지에서 이어집니다.

도안 5 오른쪽 앞판 요크

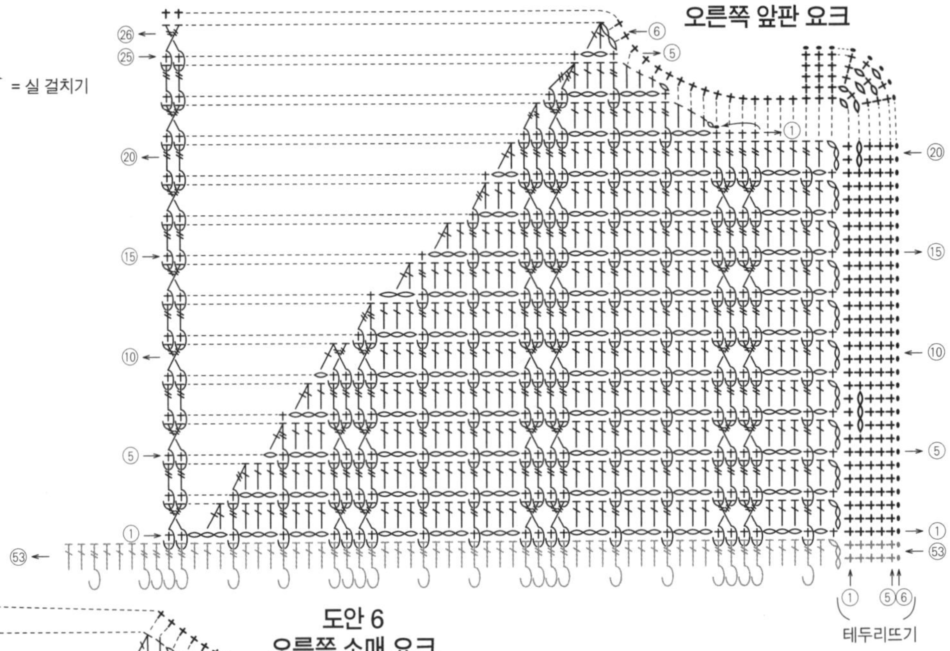

⌒·⌒ = 실 걸치기

⌒ʃ = 짧은 앞걸어뜨기

⌒ʃ = 한길 긴 앞걸어뜨기

테두리뜨기

도안 6 오른쪽 소매 요크

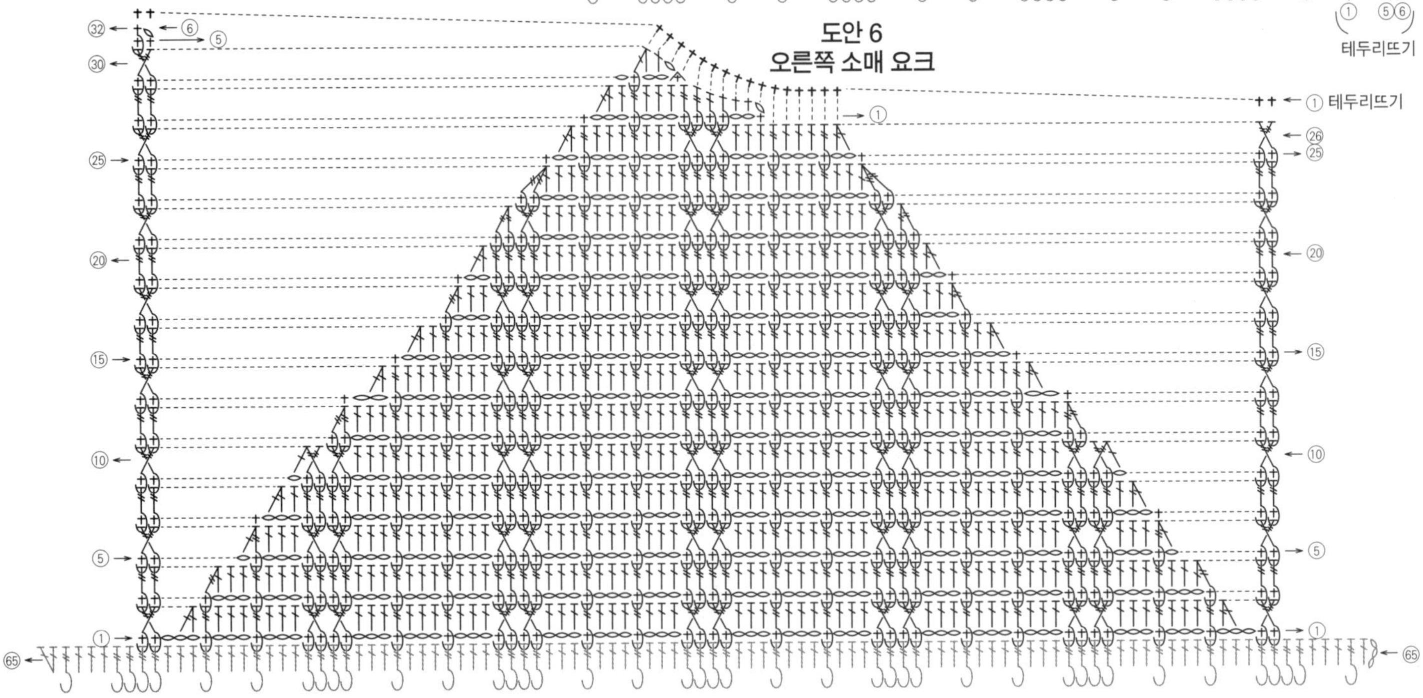

테두리뜨기

도안 7 뒤판 요크

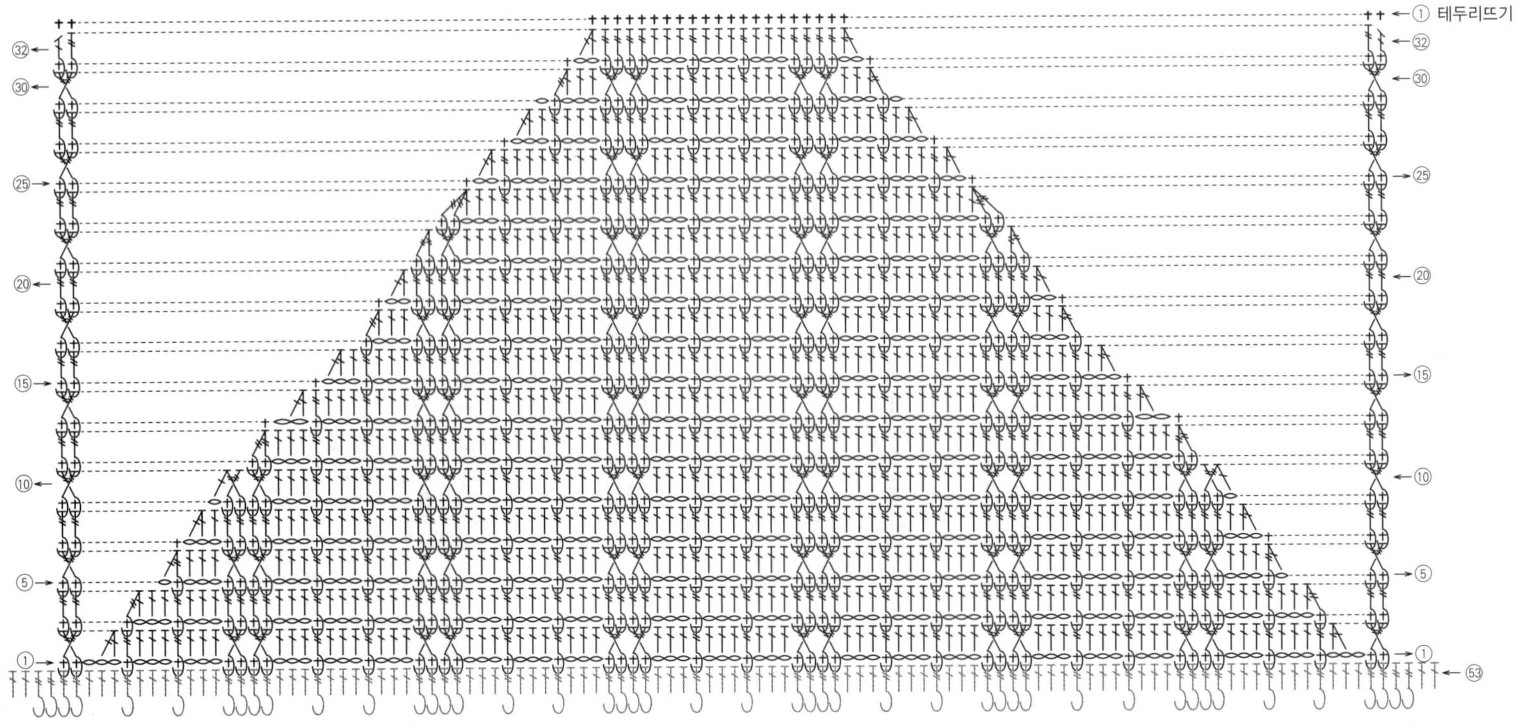

테두리뜨기

## 도안 8 왼쪽 소매 요크

▷ = 실 잇기
▶ = 실 자르기
⌒ = 실 걸치기

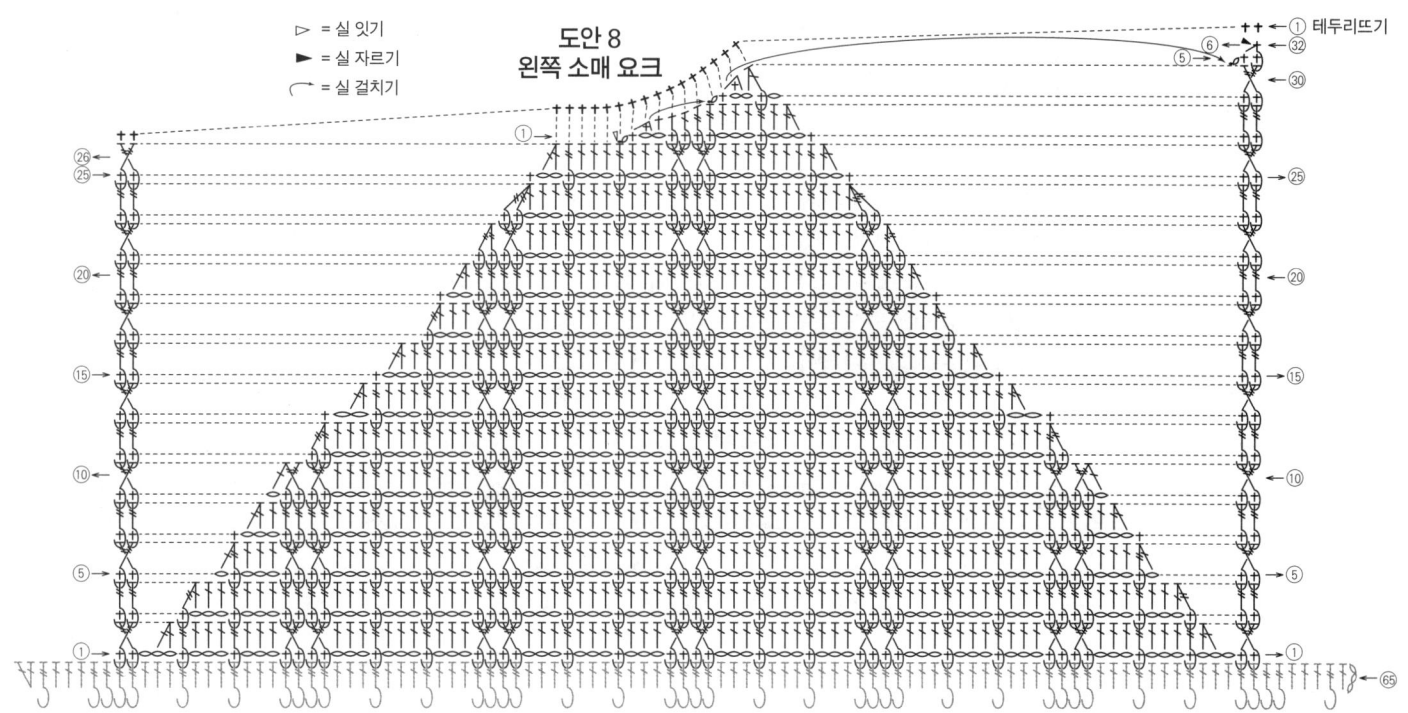

## 도안 9 왼쪽 앞판 요크

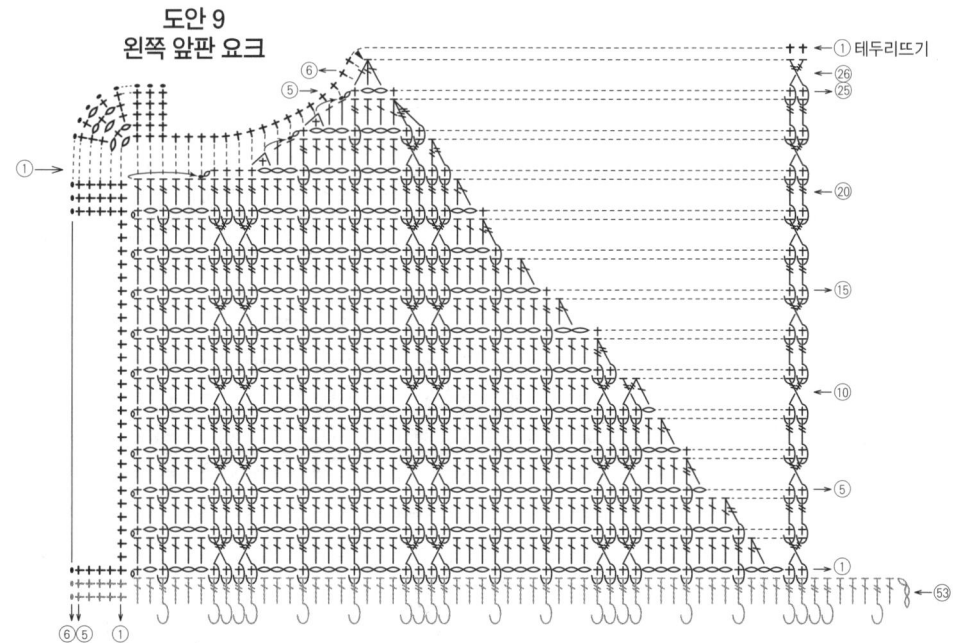

⌓ = 짧은 앞걸어뜨기

⌓ = 한길 긴 앞걸어뜨기

## 한길 긴 앞걸어 1코 교차뜨기
(사이에 사슬 1코 뜨기)

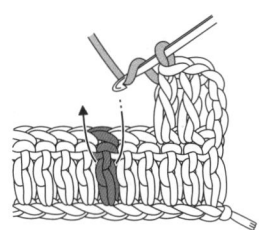

**1** 코바늘에 실을 걸고 앞단의 한길 긴뜨기를 2코 건너뛰어 3번째 코의 다리 전체를 떠내듯이 앞에서 코바늘을 넣어서 앞으로 빼낸다.

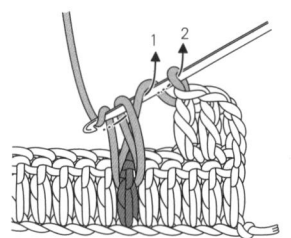

**2** 코바늘에 실을 걸고 길게 빼내듯 한길 긴뜨기를 뜬다.

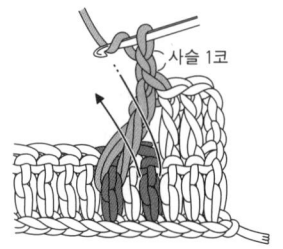

**3** 이어서 사슬 1코를 뜨고, 코바늘에 실을 걸어 앞단의 건너뛴 1번째 한길 긴뜨기의 다리에 같은 요령으로 코바늘을 넣은 다음 실을 길게 빼내 한길 긴뜨기를 뜬다.

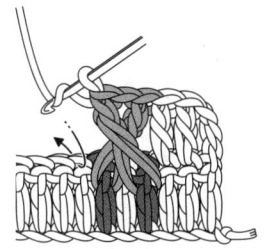

**4** 한길 긴 앞걸어 1코 교차 뜨기를 완성했다. 다음 코는 앞단의 3코를 건너뛰어 뜬다.

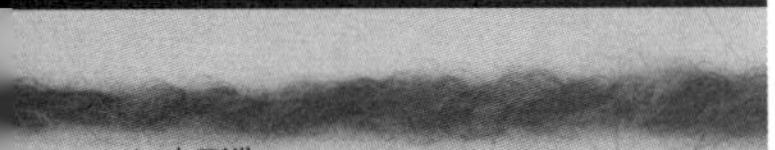

# 가을의 크로셰
## 26 Page ★★★

스키 로벨

**재료**
스키 얀 스키 로벨 갈색 계통 그라데이션(8101) 380g 13볼

**도구**
코바늘 8/0호·7/0호

**완성 크기**
가슴둘레 104cm, 어깨너비 44cm, 길이 52.5cm, 소매길이 45cm

**게이지(10×10cm)**
무늬뜨기 14.5코×12단

**POINT**
● 몸판·소매…몸판은 사슬뜨기로 기초코를 만들어 뜨기 시작해 무늬뜨기를 합니다. 줄임코는 도안을 참고하세요. 어깨는 감아서 잇기를 합니다. 소매는 몸판에서 코를 주워 짧은뜨기, 무늬뜨기, 테두리뜨기 B로 뜹니다.
● 마무리…목둘레는 지정 콧수만큼 주워 테두리뜨기 B로 왕복합니다. 옆선·소맷단·목둘레 옆선은 떠서 꿰매기를 합니다. 밑단은 몸판의 1단에서 코를 주워 테두리뜨기 A로 원형뜨기합니다.

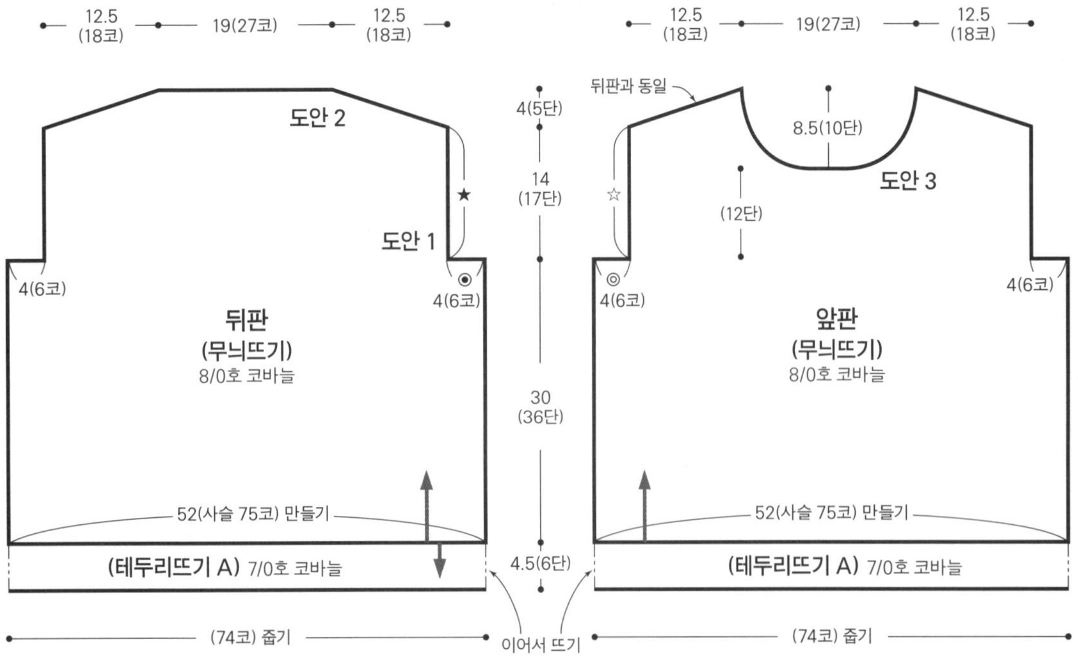

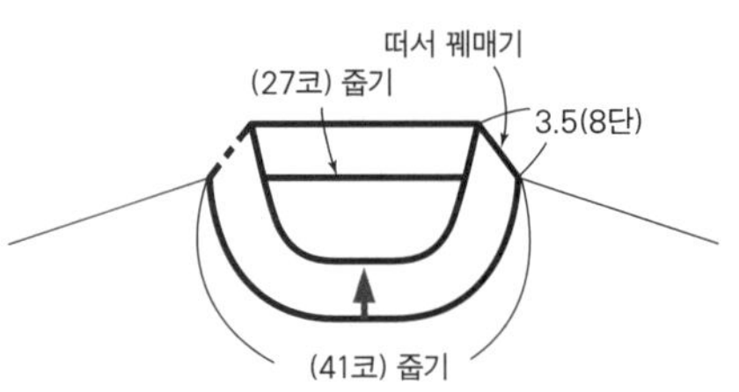

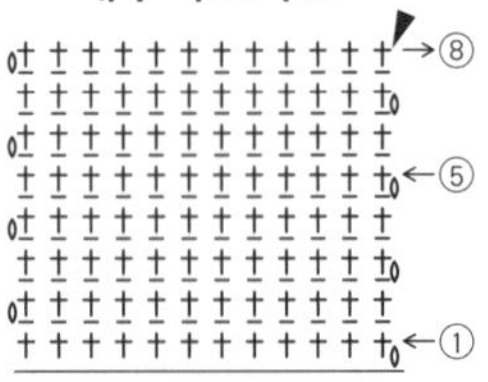

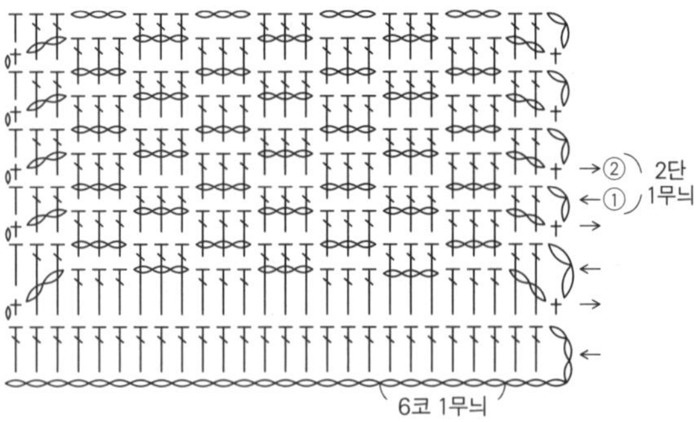

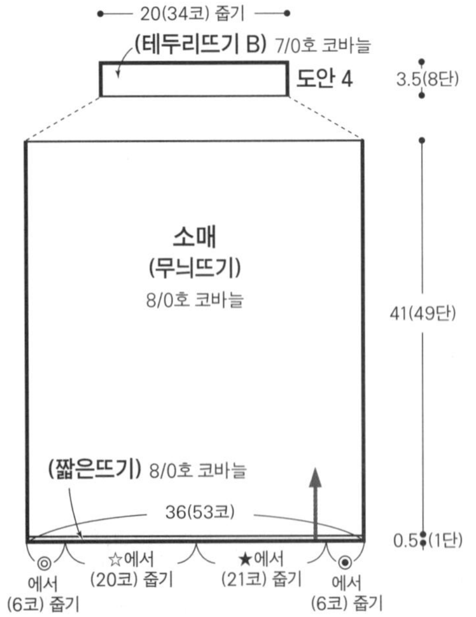

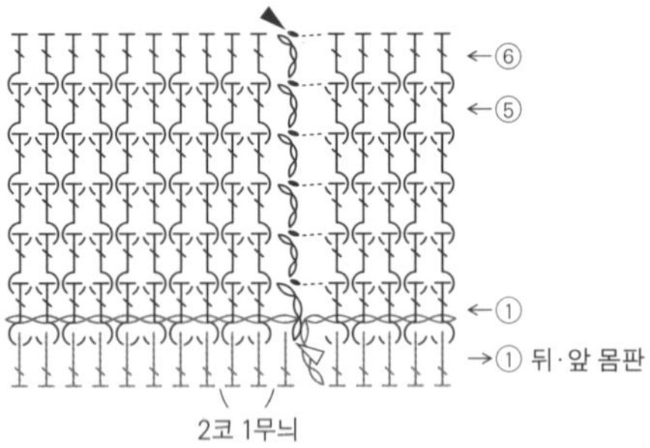

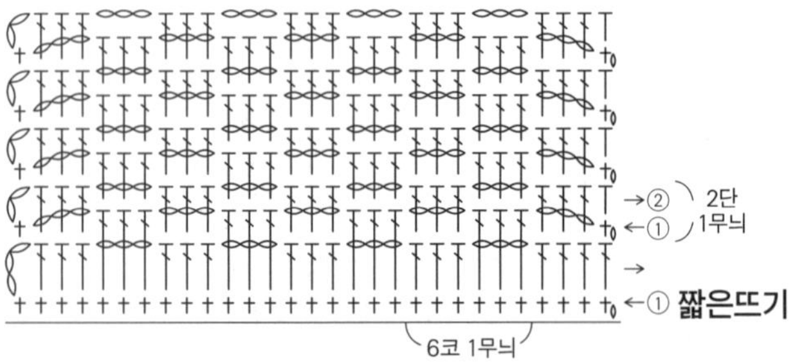

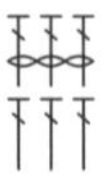

★ 개수는 작품을 선택하는 기준으로 참고해주세요. ★ … 초심자도 안심, ★★ 자신이 조금 생겼다면, ★★★ 끈기도 겸비한 중·상급자, ★★★★ 솜씨에 자신 있음. 실은 실물 크기입니다.

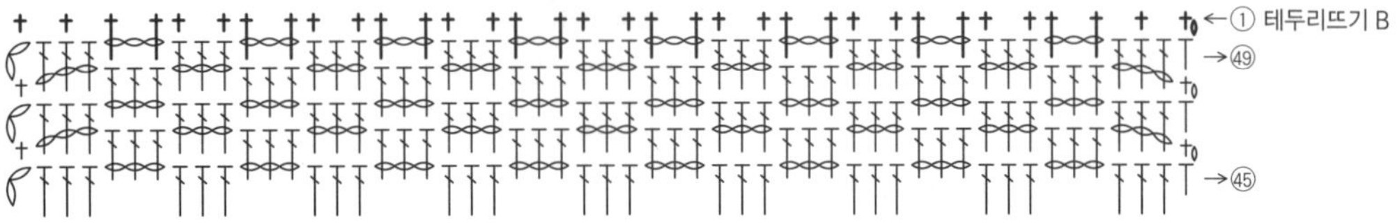

## 도안 2 뒤목둘레

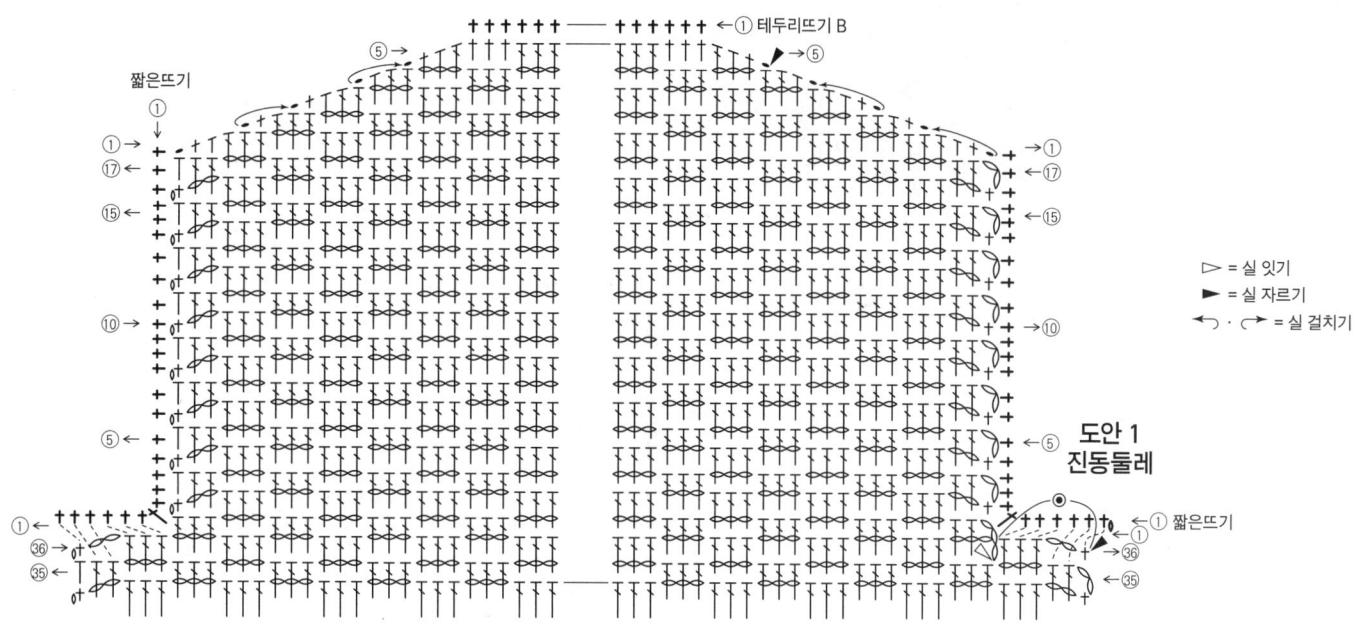

## 도안 3 앞목둘레

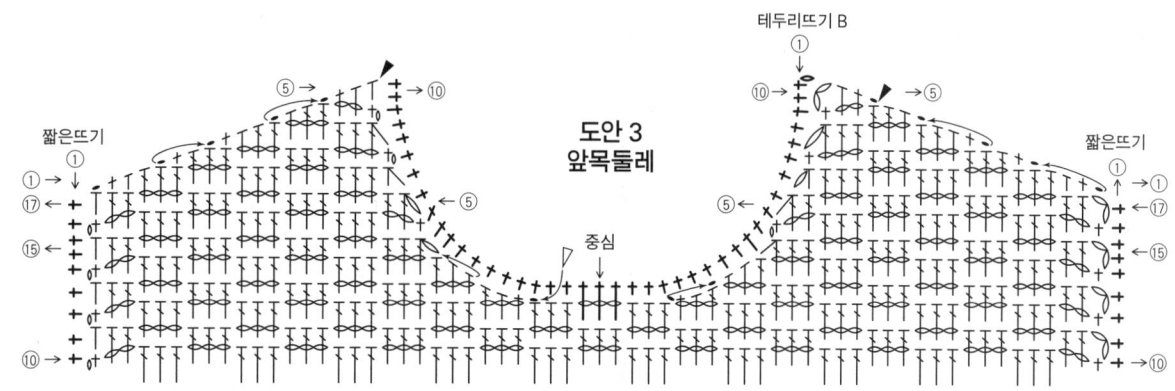

### 왼코 겹쳐 3코 모아뜨기
(3코 늘리기)

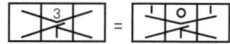

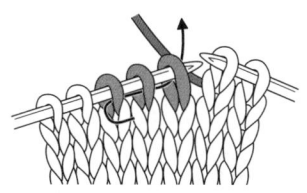

1 화살표와 같이 왼쪽에서 3코에 한꺼번에 오른쪽 대바늘을 넣어 겉뜨기를 뜬다.

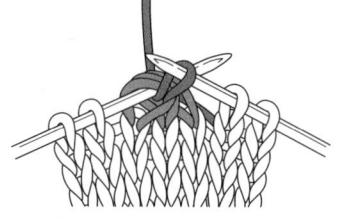

2 왼코 겹쳐 3코 모아뜨기를 뜬 모습 (왼쪽 대바늘은 빼지 않는다).

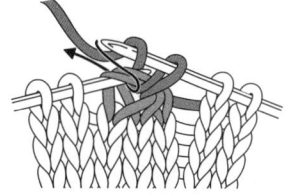

3 오른쪽 대바늘에 실을 걸고 화살표와 같이 오른쪽 대바늘을 넣은 다음 실을 걸어 빼낸다.

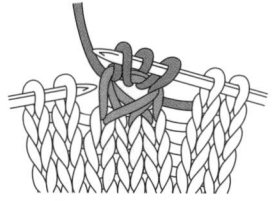

4 왼코 겹쳐 3코 모아뜨기에서 3코 늘리기를 완성했다.

# 가을의 크로셰
## 27 Page ★★★

스키 프로일라인

스키 로벨

### 재료
실…스키 얀 스키 프로일라인 남색(2942) 275g 7볼, 오렌지색(2937) 110g 3볼

실…스키 얀 스키 로벨 파랑·핑크·황록색 계통 그라데이션(8104) 200g 7볼

고무 밴드…폭 30mm×길이 70cm

### 도구
코바늘 7/0호

### 완성 크기
허리둘레 88cm, 스커트 길이 73.5cm

### 게이지(10×10cm)
줄무늬 무늬뜨기 A 17코×9단

### POINT
● 별도사슬로 기초코를 만들어 뜨기 시작해 줄무늬 무늬뜨기 A·A'·B로 뜹니다. 132단을 뜬 다음 코를 만든 별도사슬을 풀면서 도안을 참고해 1단의 한길 긴뜨기와 마지막 단의 짧은뜨기를 잇습니다. 밑단은 테두리뜨기 A, 벨트 안면은 테두리뜨기 B와 무늬뜨기로 원형으로 뜹니다. 고무밴드는 양 끝을 2cm 겹쳐서 꿰매 둥글게 만듭니다. 벨트 안면은 고무밴드를 끼워서 안으로 접고 겉으로 보이지 않게 느슨히 감칩니다.

### 옆선 잇기

마지막 단까지 떴으면 별도사슬을 풀면서 오렌지색 실로 1단과 마지막 단을 떠서 원형으로 잇는다. 1단은 한길 긴뜨기 다리의 실 2가닥을 뜨고, 마지막 단은 짧은뜨기 머리의 팔자 모양 실 사이에 돗바늘을 넣어 뜬다.

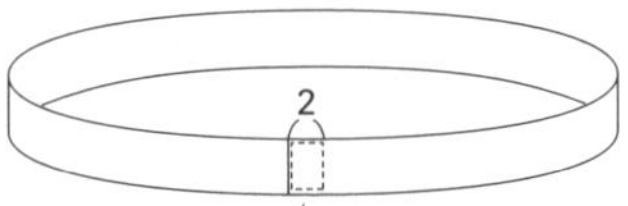

### 본체

88 (132단)

147 (11무늬·132단)

(275코) 줍기

(줄무늬 무늬뜨기 A)
(줄무늬 무늬뜨기 A')
(줄무늬 무늬뜨기 B)
(테두리뜨기 A)

도안 1

밑단

(22코) 41.5(79코) 16.5(28코) 14.5(25코)
(57코)

72.5(사슬 132코) 만들기   0.5(1단)

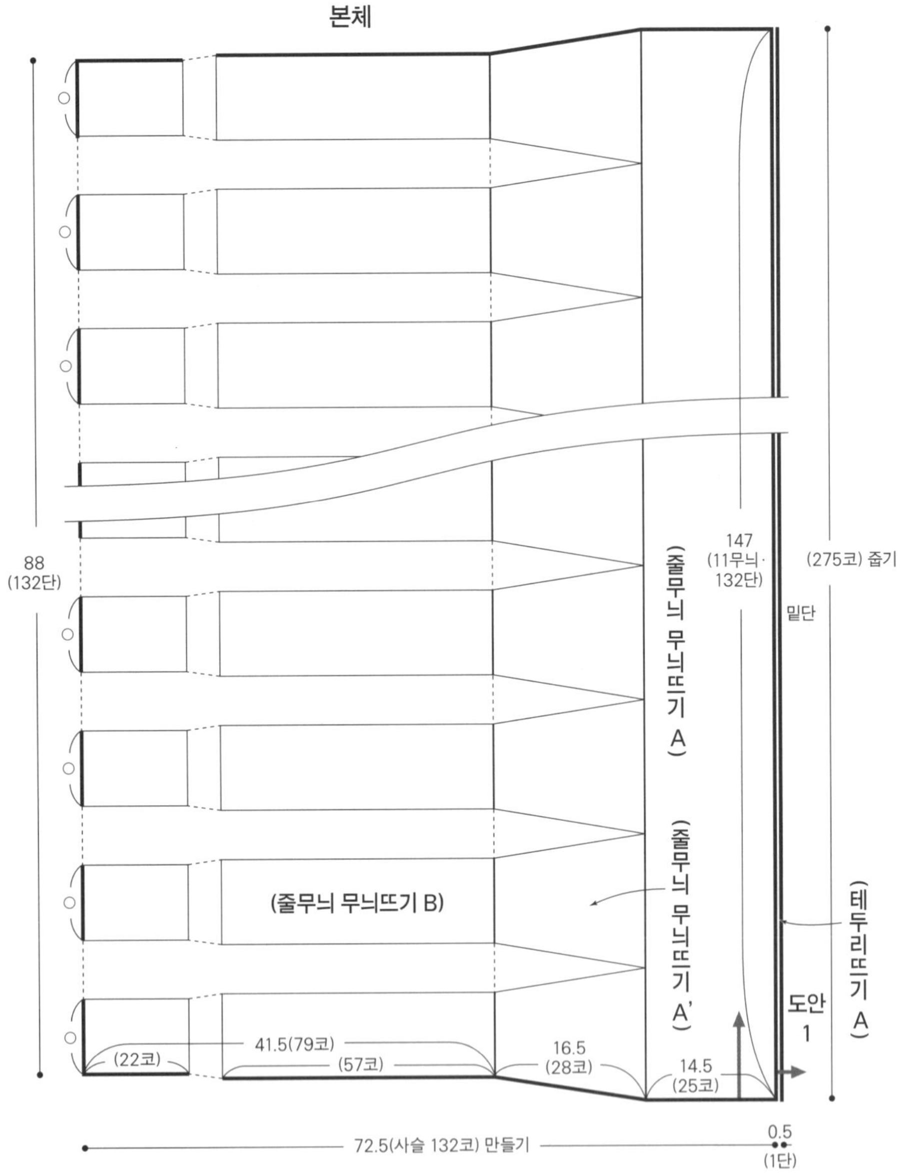

※ 모두 7/0호 코바늘로 뜬다.
○ = (12단)

### 고무 밴드

2cm 겹쳐서 꿰매 둥글게 만든다

### 벨트 안면 도안 2

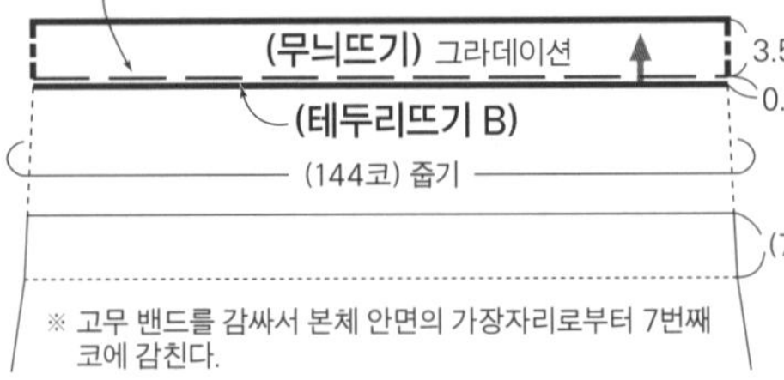

안으로 접는다

(무늬뜨기) 그라데이션 — 3.5(4단)
(테두리뜨기 B) — 0.5(1단)
(144코) 줍기
(7코)

※ 고무 밴드를 감싸서 본체 안면의 가장자리로부터 7번째 코에 감친다.

### 도안 1

반복
(1코) (13코) (11코)

배색: ＝ 남색  ＝ 그라데이션
▷ = 실 잇기  ▶ = 실 자르기

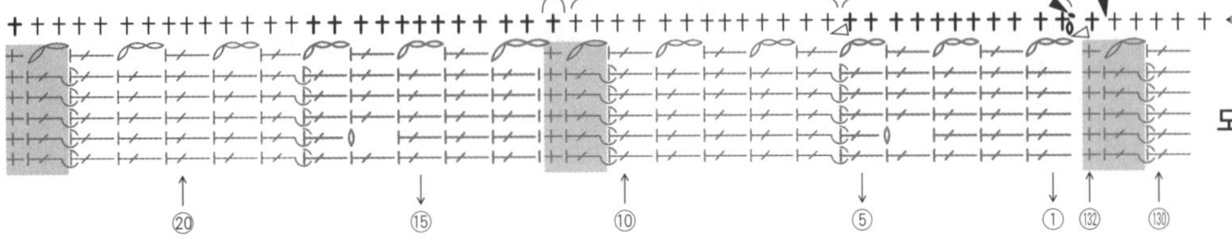

① 테두리뜨기 A
※ 다른 한 색깔의 실을 감싸며 뜬다.

⑳ ⑮ ⑩ ⑤ ① 132 130

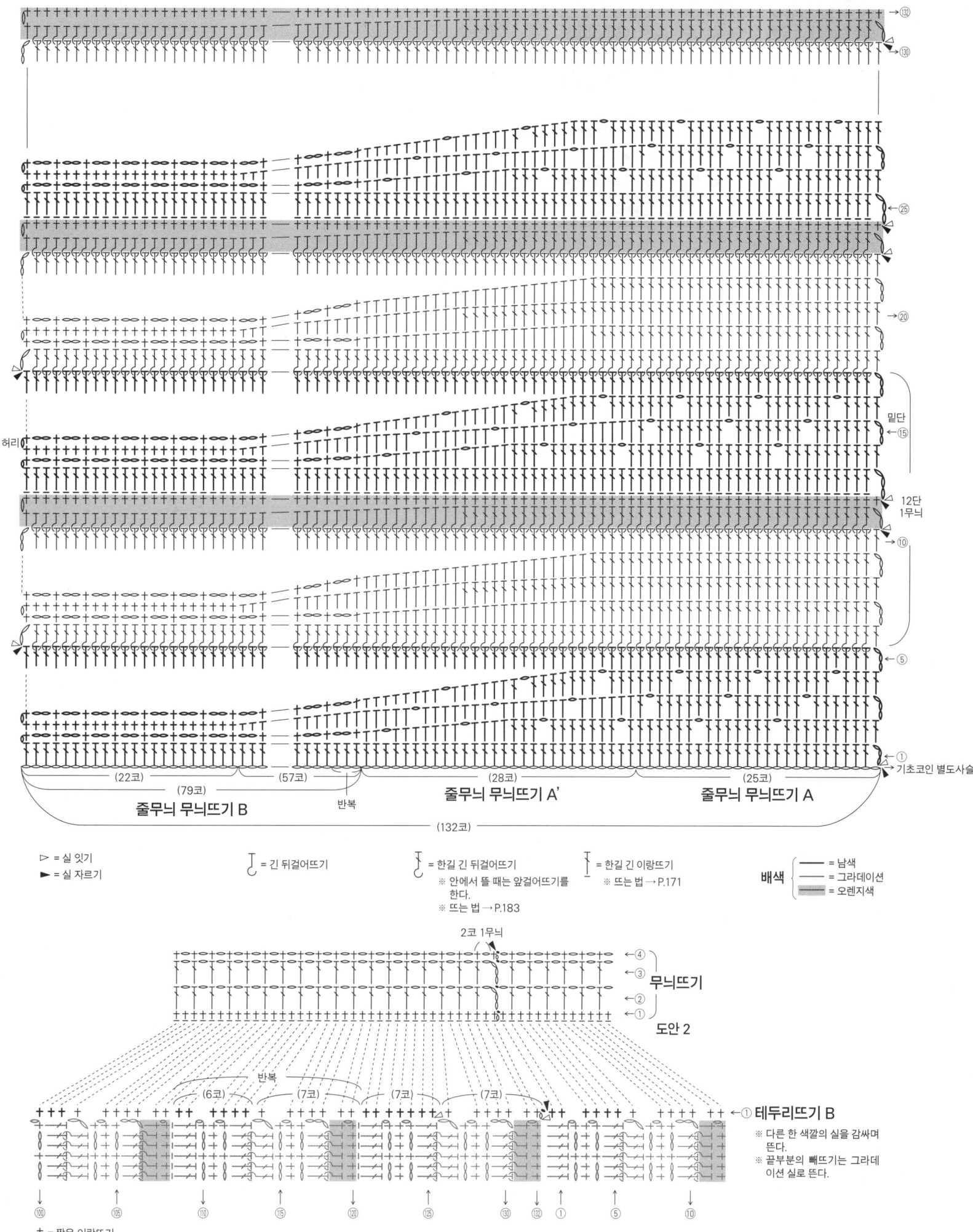

# 가을의 크로셰
## 29 Page ★★★

라자
믹스 넵

**재료**
실…나이토상사 라자 녹색(FJ1443) 245g 5볼
실…나이토상사 믹스 넵 남색(204) 110g 2볼

**도구**
코바늘 7mm · 5/0호

**완성 크기**
가슴둘레 110cm, 길이 49cm, 화장 81cm

**게이지**(10×10cm)
무늬뜨기 A 11코×5.5단, 무늬뜨기 B 10코×6단

**POINT**
● 몸판·소매…사슬뜨기로 기초코를 만들어 뜨기 시작해 몸판은 무늬뜨기 A, 소매는 무늬뜨기 B로 뜹니다. 증감코는 도안을 참고하세요. 밑단·소맷부리는 기초코 사슬에서 코를 주워 테두리뜨기로 진행합니다.
● 마무리…어깨는 사슬뜨기와 빼뜨기 잇기, 옆선·소맷단은 소맷부리의 엄지 구멍을 남겨서 사슬뜨기와 빼뜨기로 꿰매기를 합니다. 목둘레는 지정 콧수만큼 주워 테두리뜨기로 원형으로 뜹니다. 소매는 사슬뜨기와 빼뜨기로 꿰매기를 해서 몸판과 연결합니다.

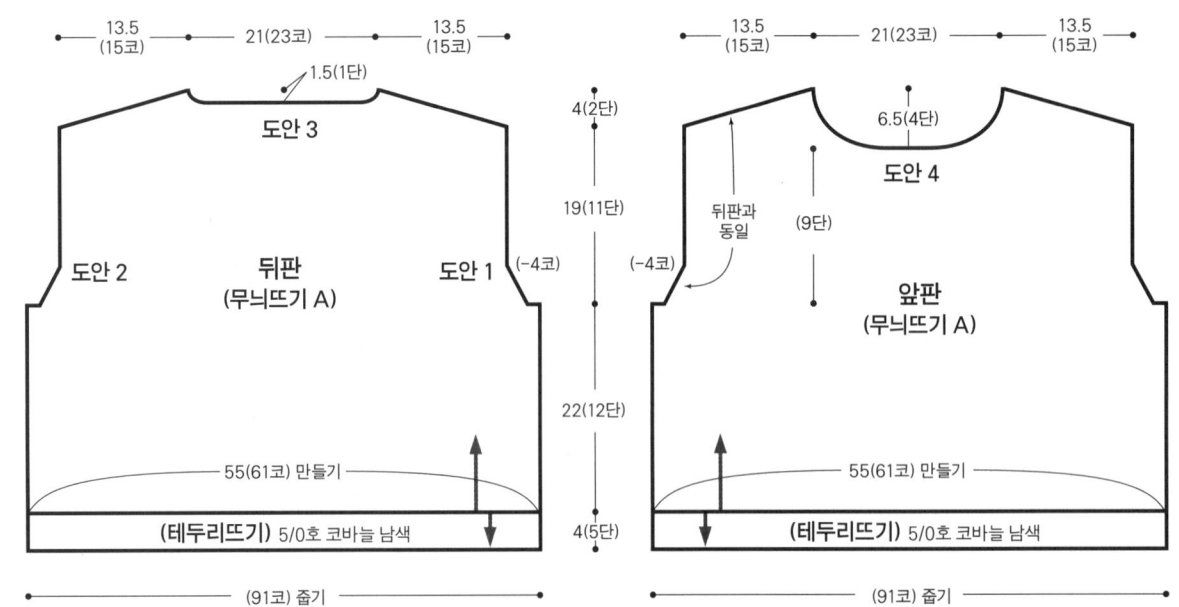

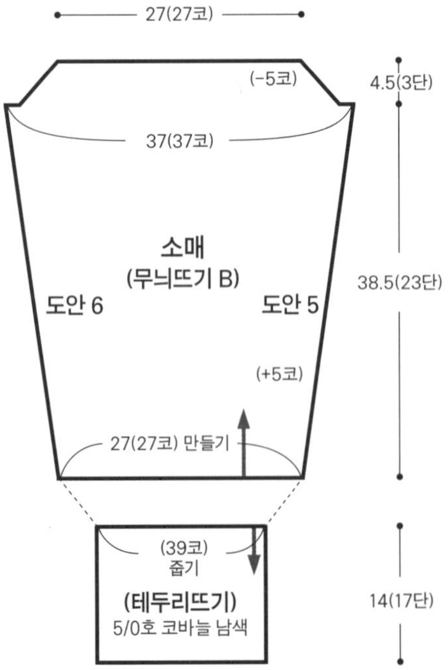

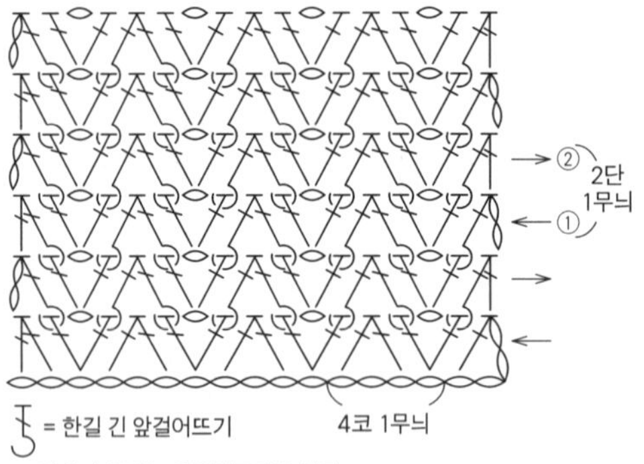

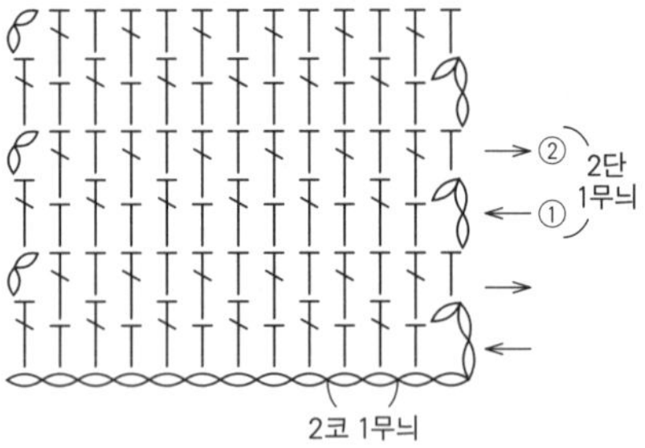

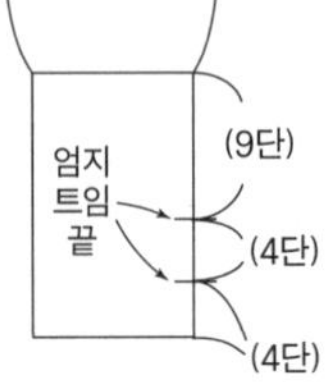

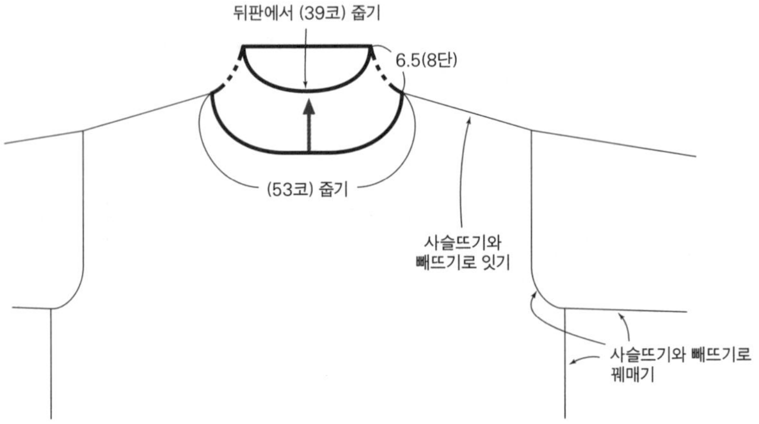

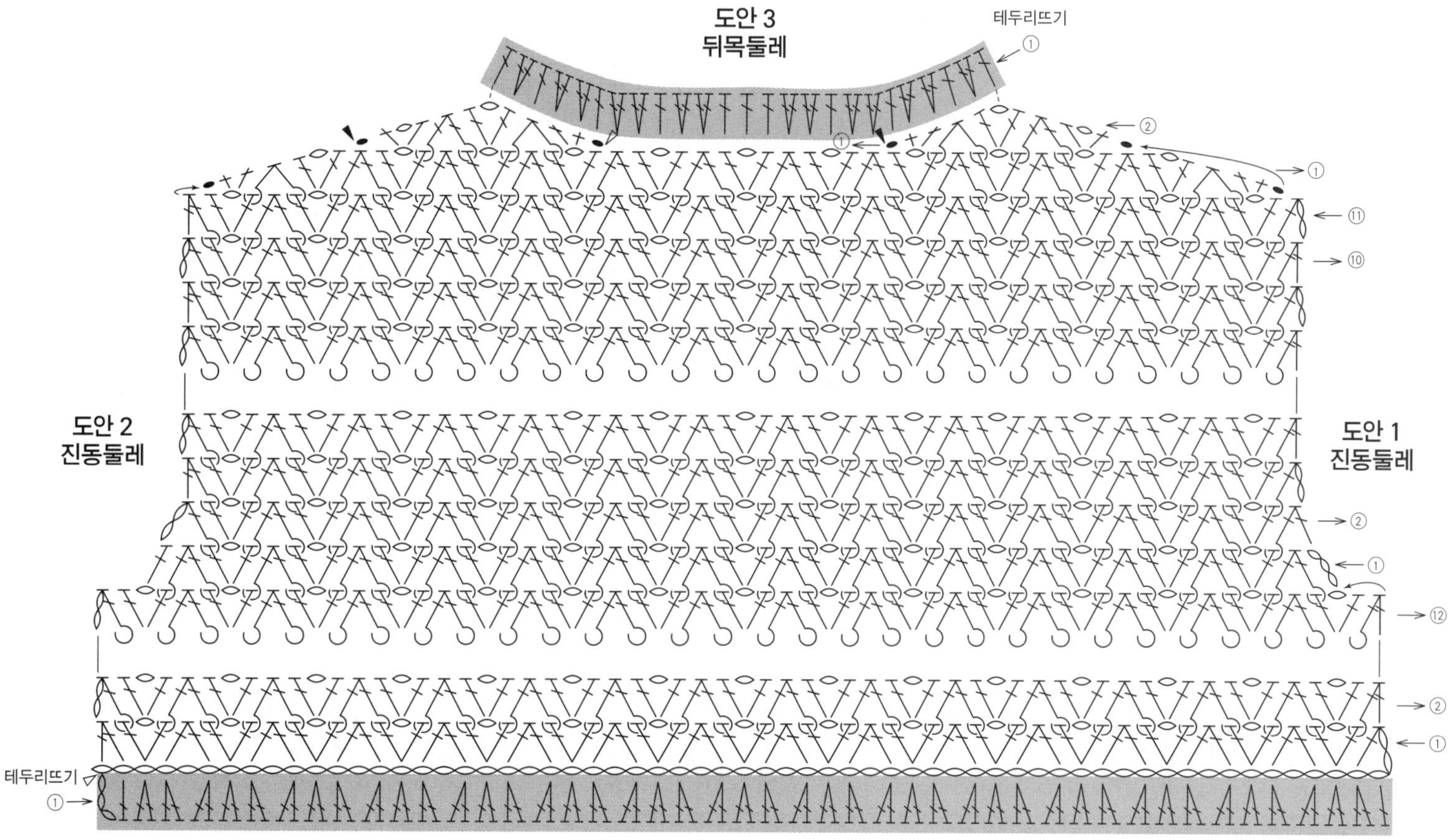
도안 3
뒤목둘레
테두리뜨기
①
②
①
①
⑪
⑩
도안 2
진동둘레
도안 1
진동둘레
②
①
⑫
②
①
테두리뜨기
①

▷ = 실 잇기
► = 실 자르기
↩·↪ = 실 걸치기

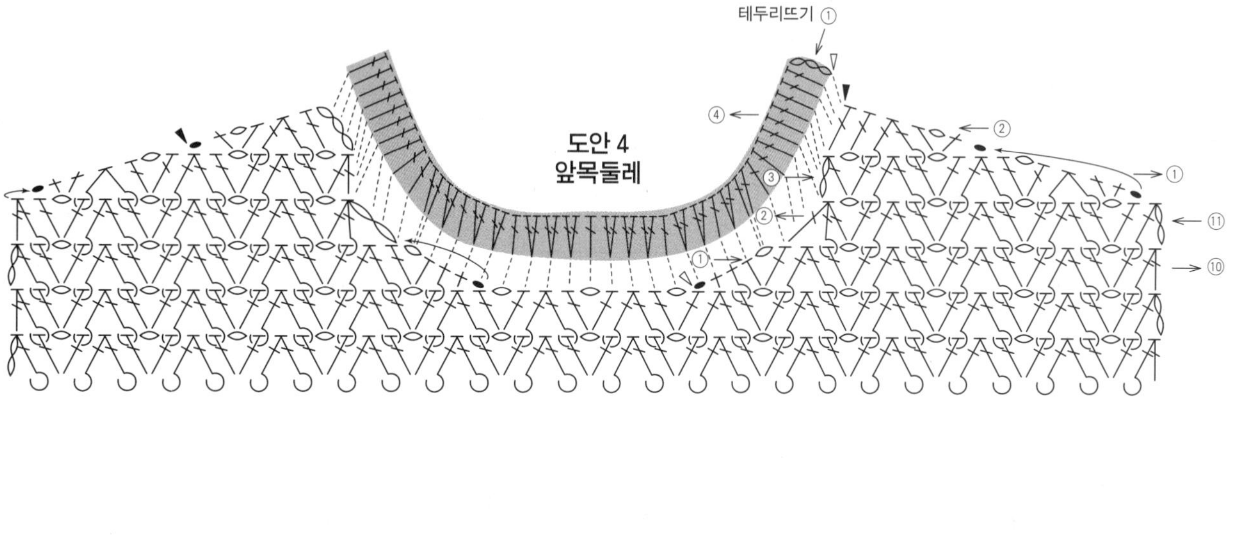
테두리뜨기 ①
④
②
도안 4
앞목둘레
①
③
⑪
②
⑩
①

142페이지로 이어집니다. ▶

▶ 141페이지에서 이어집니다.

### 테두리뜨기 (밑단)

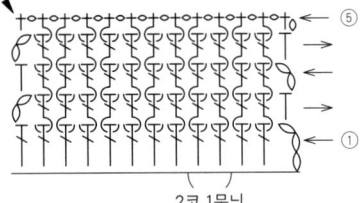

2코 1무늬

### 테두리뜨기 (소맷부리)

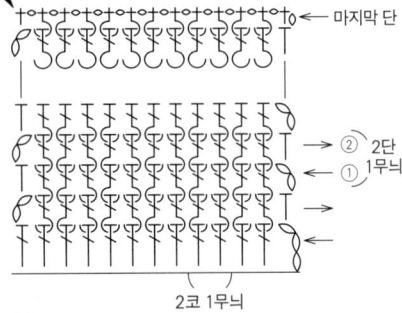

2코 1무늬

⊃ = 한길 긴 앞걸어뜨기
※ 안에서 뜰 때는 뒤걸어뜨기를 한다.

⊃ = 한길 긴 뒤걸어뜨기
※ 안에서 뜰 때는 앞걸어뜨기를 한다.
※ 뜨는 법 → P.183

### 테두리뜨기 (목둘레)

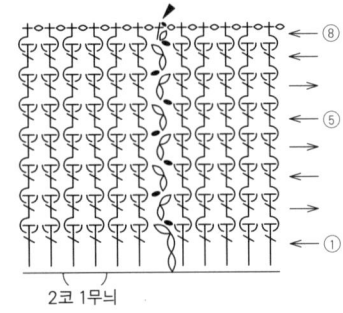

2코 1무늬

▷ = 실 잇기
▶ = 실 자르기

ち = 짧은 앞걸어뜨기
ζ = 짧은 뒤걸어뜨기

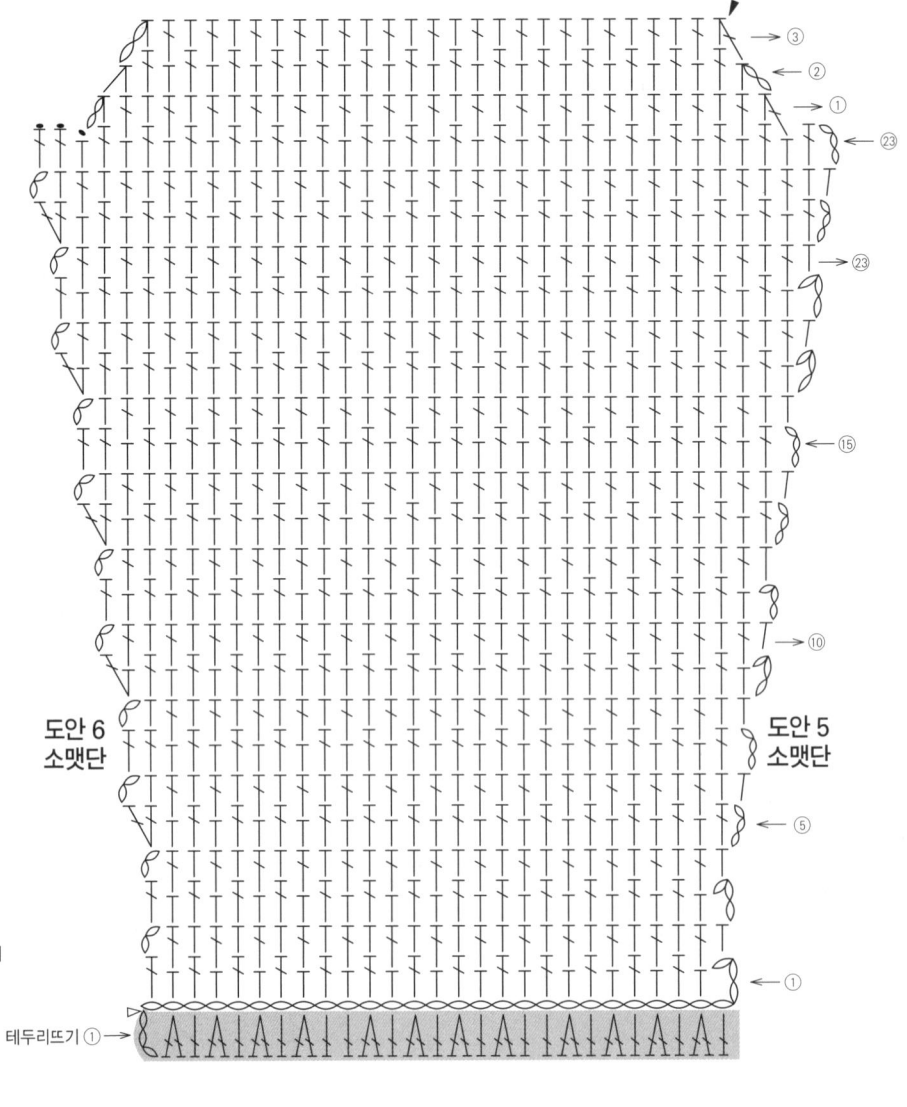

도안 6 소맷단　　　도안 5 소맷단

테두리뜨기 ①

### 짧은 앞걸어뜨기 (2단 아래의 코를 주울 경우)

ち

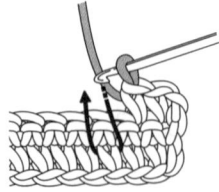 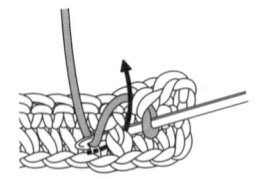 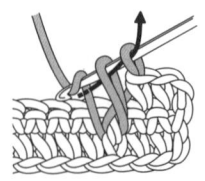 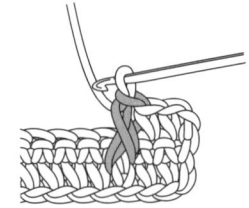

1　2단 전의 짧은뜨기에 앞에서 코바늘을 쑥 넣는다.

2　코바늘에 실을 걸고 화살표와 같이 실을 길게 빼낸다.

3　코바늘에 실을 걸고, 코바늘에 걸린 2개의 고리 안으로 빼낸다.

4　짧은 앞걸어뜨기 완성.

### 짧은 뒤걸어뜨기 (2단 아래의 코를 주울 경우)

ζ

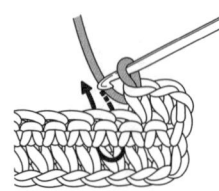 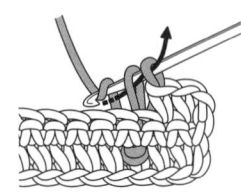 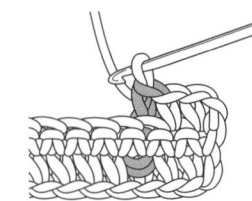

1　2단 전의 짧은뜨기에 화살표와 같이 뒤에서 코바늘을 넣어 실을 빼낸다.

2　코바늘에 실을 걸고, 코바늘에 걸린 2개의 고리 안으로 빼낸다.

3　짧은 뒤걸어뜨기 완성.

# 시퀀스 니팅
## 36 Page ★★

포르투나

**재료**
퍼피 포르투나 그레이(2107) 25g 1볼

**도구**
대바늘 4호·3호

**완성 크기**
손바닥 둘레 20cm, 길이 16cm

**게이지**(10×10cm)
무늬뜨기 22.5코×36단

**POINT**
● 손가락에 걸어서 만드는 기초코로 뜨개를 시작하고 2코 고무뜨기를 원형으로 뜹니다. 14단을 뜨면 다시 14단을 평뜨기로 왕복뜨기해 엄지 구멍을 만듭니다. 이어서 첫 단에서 1코 코 늘리기를 한 다음 무늬뜨기로 원형으로 뜹니다. 마무리는 무늬뜨기하면서 덮어씌워 코막음합니다.

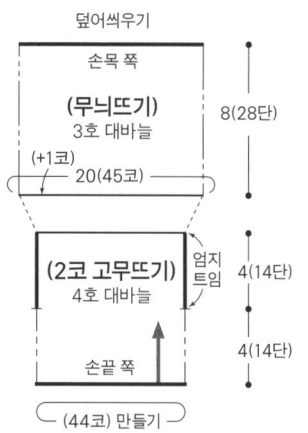

### 핸드 워머 뜨는 법

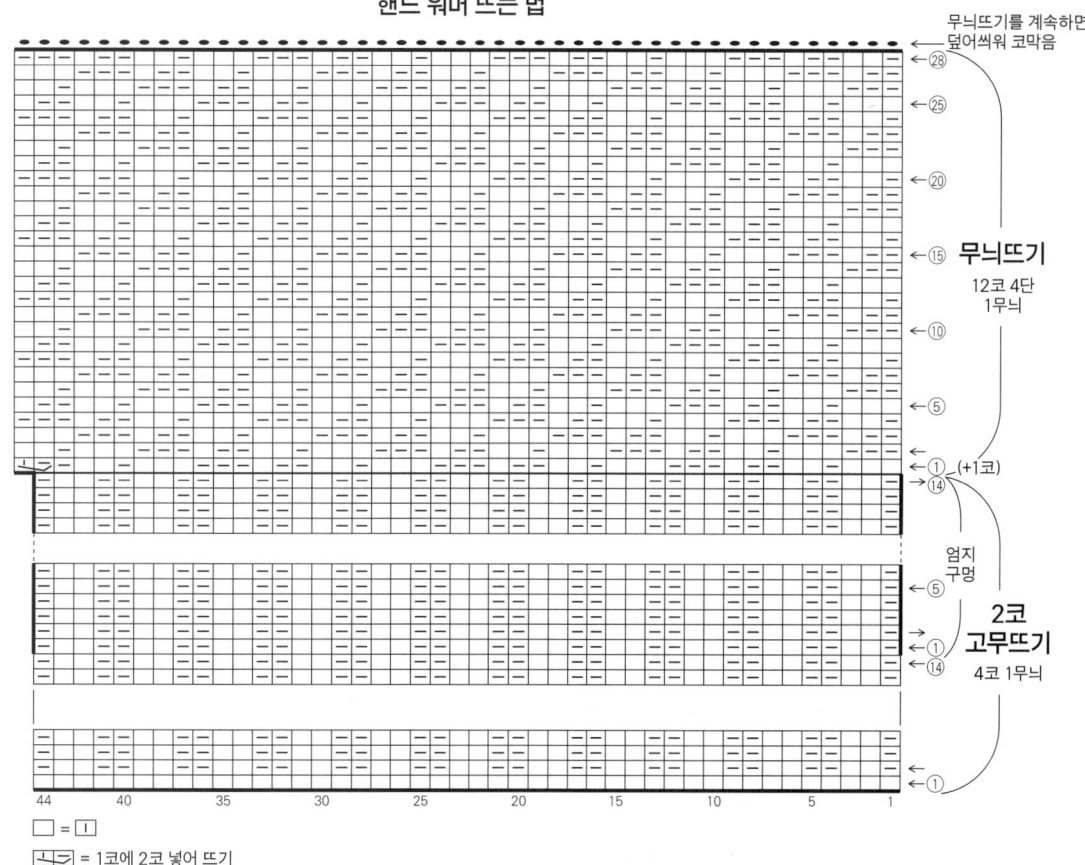

A (3×)
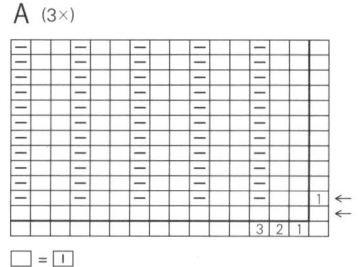

B (3×+1)
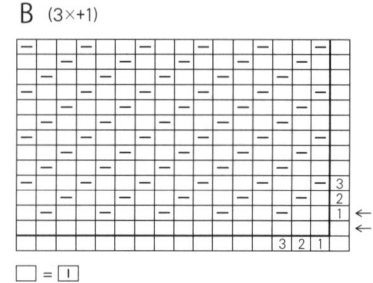

C (3×−1)
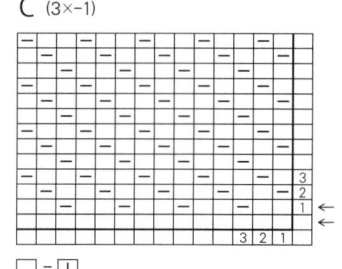

143

# Enjoy Keito
## 40 Page ★★★

카라모프

우미우시 포코포코

**재료**
실…케이토 카라모프 미색(000) 85g 1볼
실…케이토 우미우시 포코포코 핑크·파랑·오렌지색 계열 믹스실(103) 85g 1볼

**도구**
코바늘 8mm

**완성 크기**(프린지 제외)
폭 122cm, 길이 63cm

**게이지**(10×10cm)
무늬뜨기 9코×4.5단

**POINT**
● 사슬뜨기의 기초코를 만들고 도안을 참고해 코줄이기를 하면서 무늬뜨기합니다. 계속해서 왼쪽에 미색으로 짧은뜨기를 뜹니다. 기초코의 사슬을 주워 믹스실로 테두리뜨기를 합니다. 지정 위치에 프린지를 달아 마무리합니다.

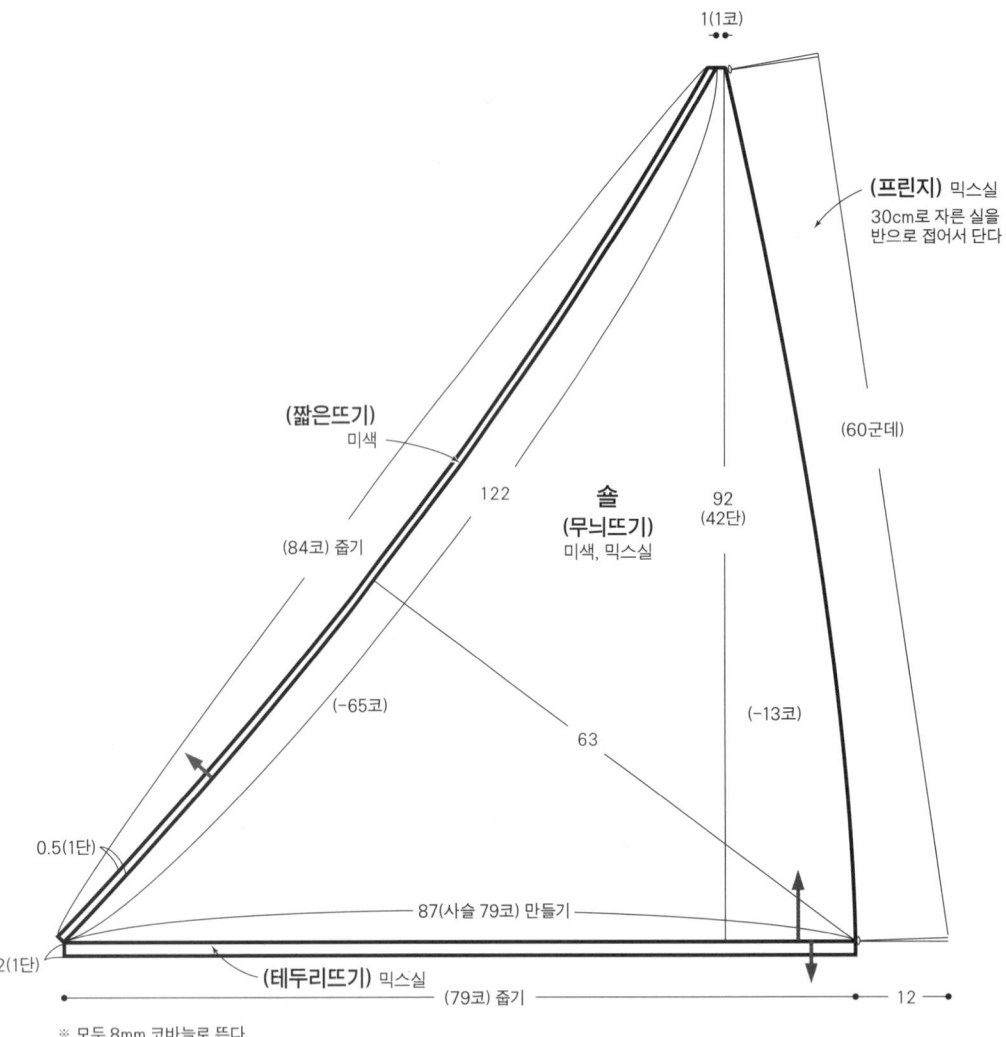

(프린지) 믹스실
30cm로 자른 실을 반으로 접어서 단다

(60군데)

(짧은뜨기) 미색

솔 (무늬뜨기) 미색, 믹스실

122

92 (42단)

(84코) 줍기

(−65코)

63

(−13코)

0.5(1단)

2(1단)

87(사슬 79코) 만들기

(테두리뜨기) 믹스실

(79코) 줍기

12

1(1코)

※ 모두 8mm 코바늘로 뜬다.

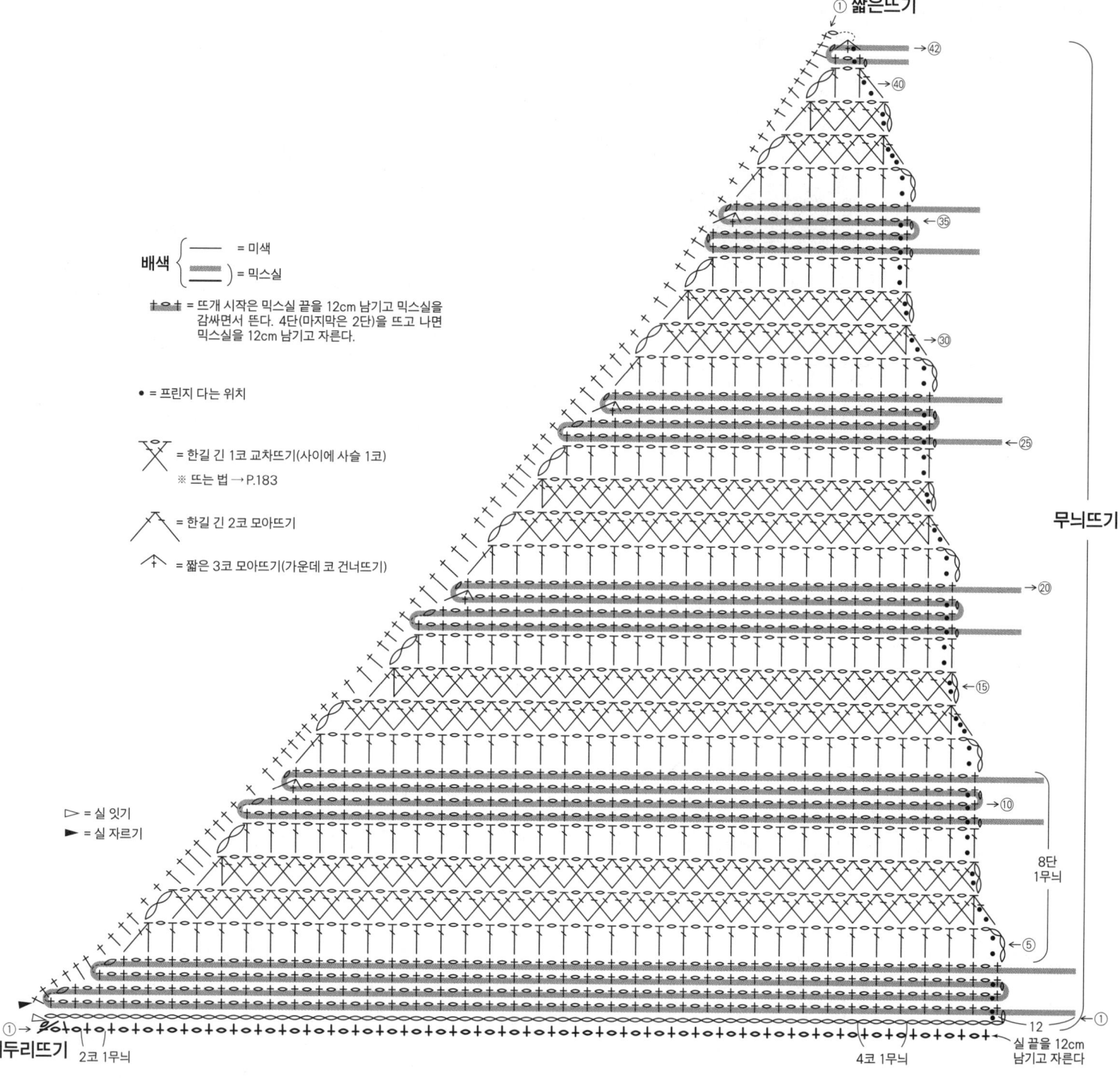

# Enjoy Keito
## 41 Page ★★★

캐시미어

**재료**
케이토 캐시미어 미색(000) 185g 4볼, 연갈색(002) 40g 1볼, 파랑(M03) 40g 1볼

**도구**…대바늘 6호·4호·3호, 코바늘 4/0호·3/0호

**완성 크기**
가슴둘레 98cm, 옷길이 53.5cm, 소매길이 70.5cm

**게이지**(10×10cm)
메리야스뜨기 23코×33단, 배색무늬뜨기 C 23코×31단

**POINT**
● 요크·몸판·소매…요크는 별도사슬로 기초코를 만들고 배색무늬 A·B, 무늬뜨기 A로 원형으로 뜹니다. 배색무늬는 실을 가로로 걸치는 방법으로 뜹니다. 분산 늘림코는 도안을 참고하세요. 뒤판은 앞판과 차이가 나는 부분을 메리야스뜨기로 10단 왕복합니다. 겨드랑이 부분을 감아코로 만든 다음 요크에서 지정 콧수를 주워 뒤·앞판을 메리야스뜨기, 무늬뜨기 B, 배색무늬 C, 줄무늬 테두리뜨기로 원형뜨기합니다. 뜨개 끝은 코바늘로 무늬를 뜨면서 코를 막습니다. 소매는 겨드랑이 부분의 코와 앞뒤 차이 나는 부분과 요크에서 코를 주워 같은 방법으로 진행합니다. 소맷단의 줄임코는 도안을 참고하세요. 뜨개 끝은 밑단과 같은 방법으로 마무리합니다.

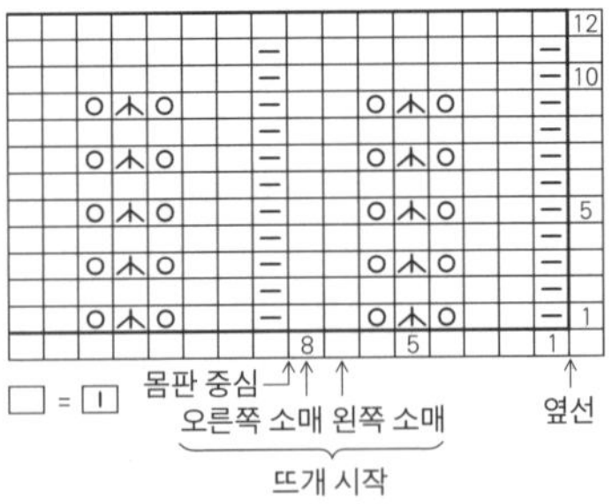

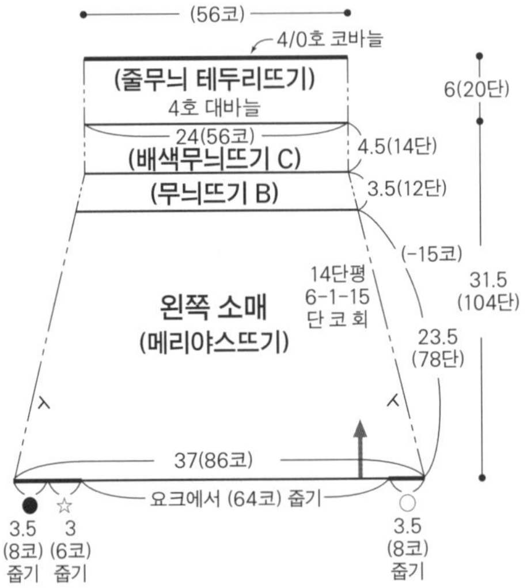

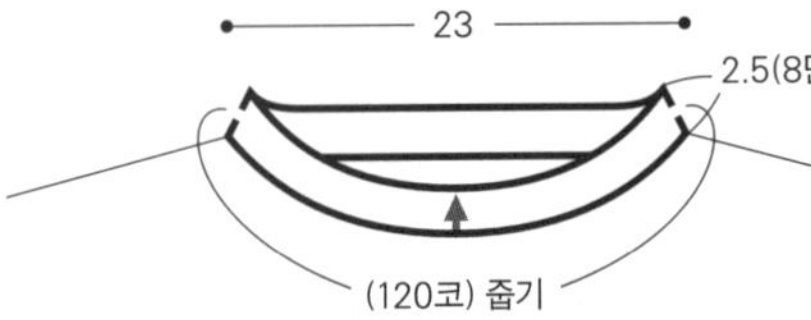

● 마무리…목둘레는 기초코의 사슬을 풀어서 코를 줍고 줄무늬 테두리뜨기로 원형뜨기합니다. 뜨개 끝은 밑단과 같은 방법으로 마무리합니다.

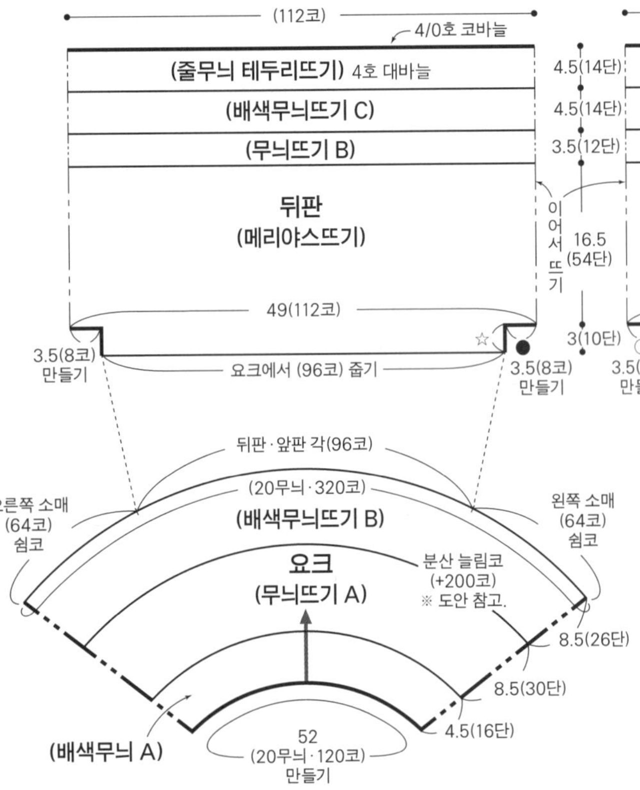

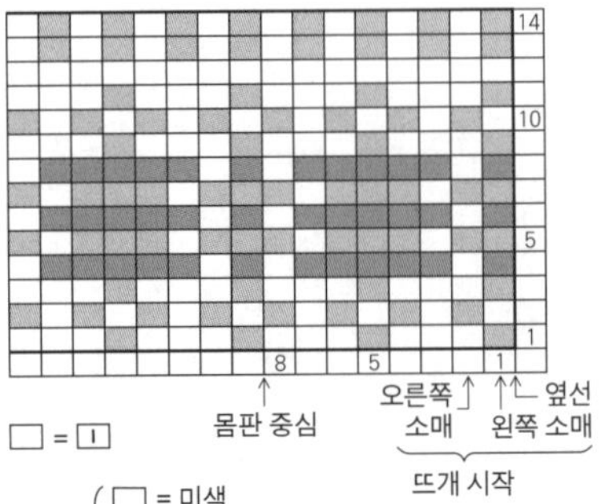

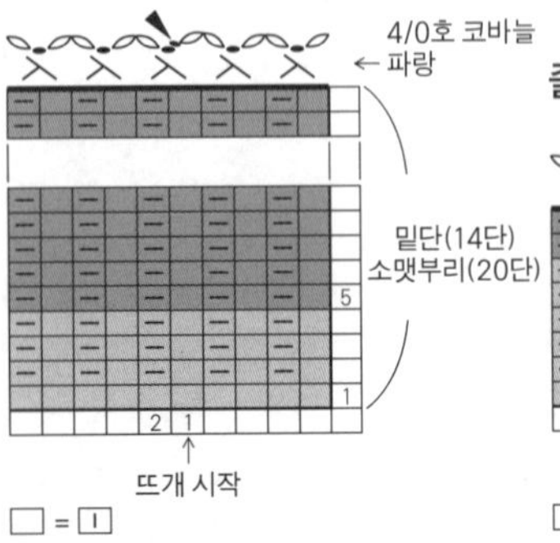

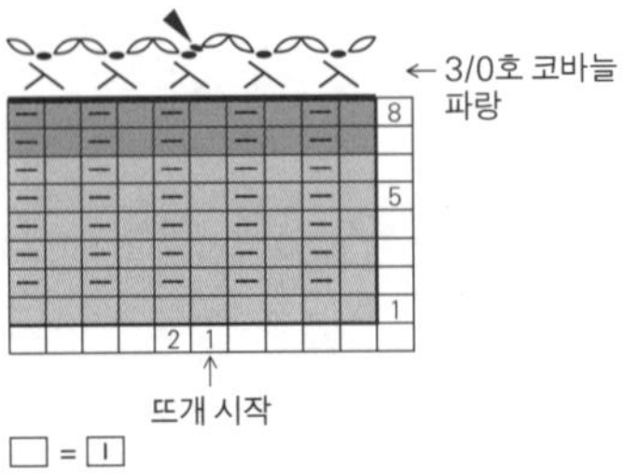

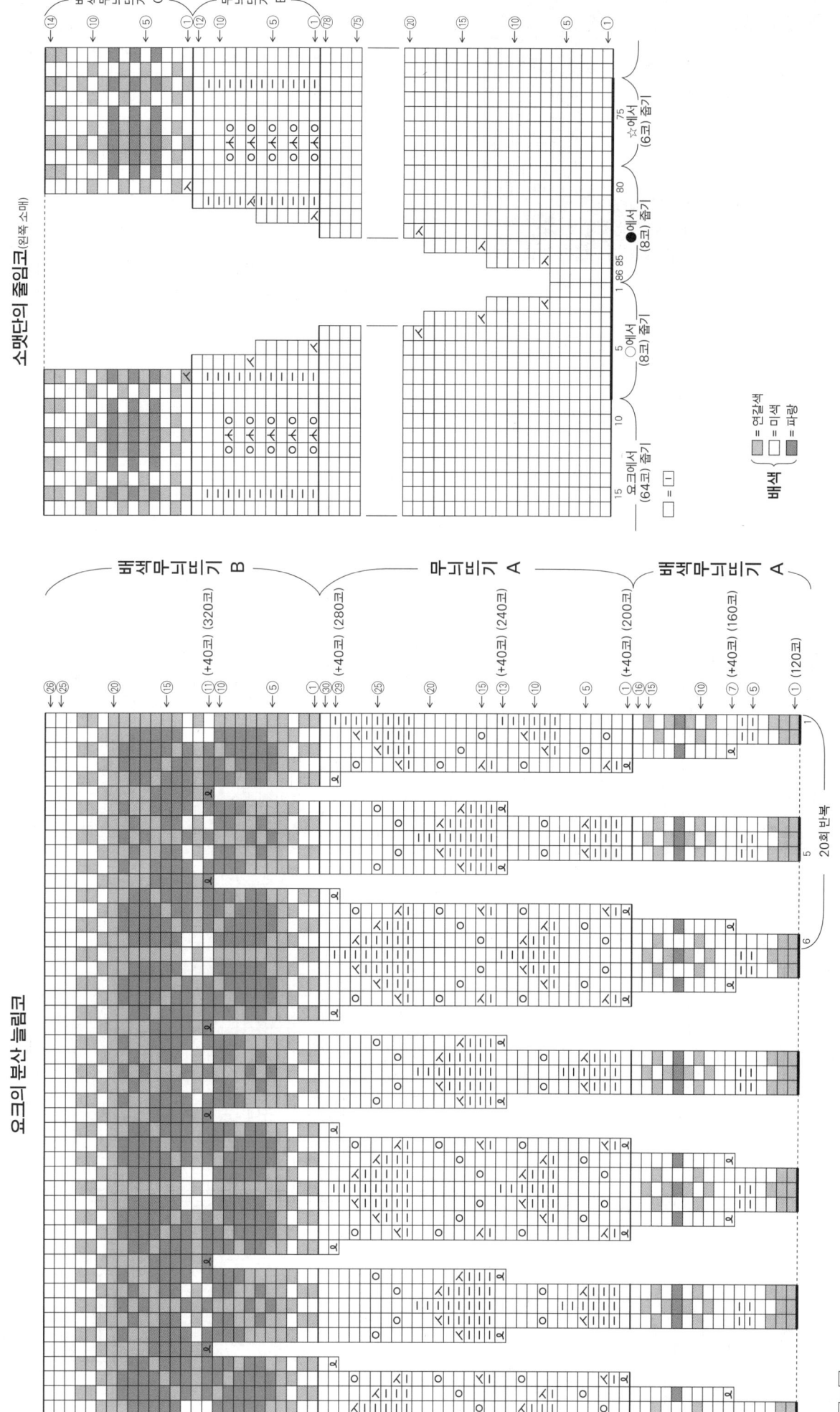

# 온 가족이 함께 즐기는 니트
## 42·43 Page ★★★

트리하우스 포레스트

### 재료
120cm…올림푸스 트리하우스 포레스트 회녹색 (103) 310g 8볼
150cm…올림푸스 트리하우스 포레스트 미색 (101) 405g 11볼

### 도구
대바늘 8호·7호·5호.

### 완성 크기
120cm…가슴둘레 80cm, 기장 41cm, 화장 52cm
150cm…가슴둘레 92cm, 기장 52.5cm, 화장 64cm

### 게이지
메리야스뜨기(10×10cm) 20코×27단, 무늬뜨기(10×10cm) B 28.5코×27단, 무늬뜨기 A·A'(1무늬 3.5×10cm) 7코×27단

### POINT
● 몸판·소매…손가락으로 거는 기초코로 뜨개를 시작하고, 2코 고무뜨기합니다. 이어서 몸판은 메리야스뜨기, 무늬뜨기 A·A'·B를, 소매는 메리야스뜨기, 무늬뜨기 B를 배치해 뜹니다. 겨드랑이 부분의 코는 덮어씌우기, 래글런선의 줄임코는 끝에서 2번째 코와 3번째 코를 모아뜨기합니다. 앞목둘레의 줄임코는 도안을 참고하세요. 소맷단의 늘림코는 1코 안쪽에서 돌려뜨기 늘림코를 합니다.
● 마무리…래글런선·옆선·소맷단은 떠서 꿰매기, 겨드랑이 부분의 코는 메리야스 잇기로 연결합니다. 목둘레는 지정 콧수를 주워 2코 고무뜨기로 뜹니다. 120cm의 뜨개 끝은 겉뜨기는 겉뜨기로, 안뜨기는 안뜨기로 떠서 덮어씌워 코막음, 150cm는 2코 고무뜨기 코막음을 합니다.

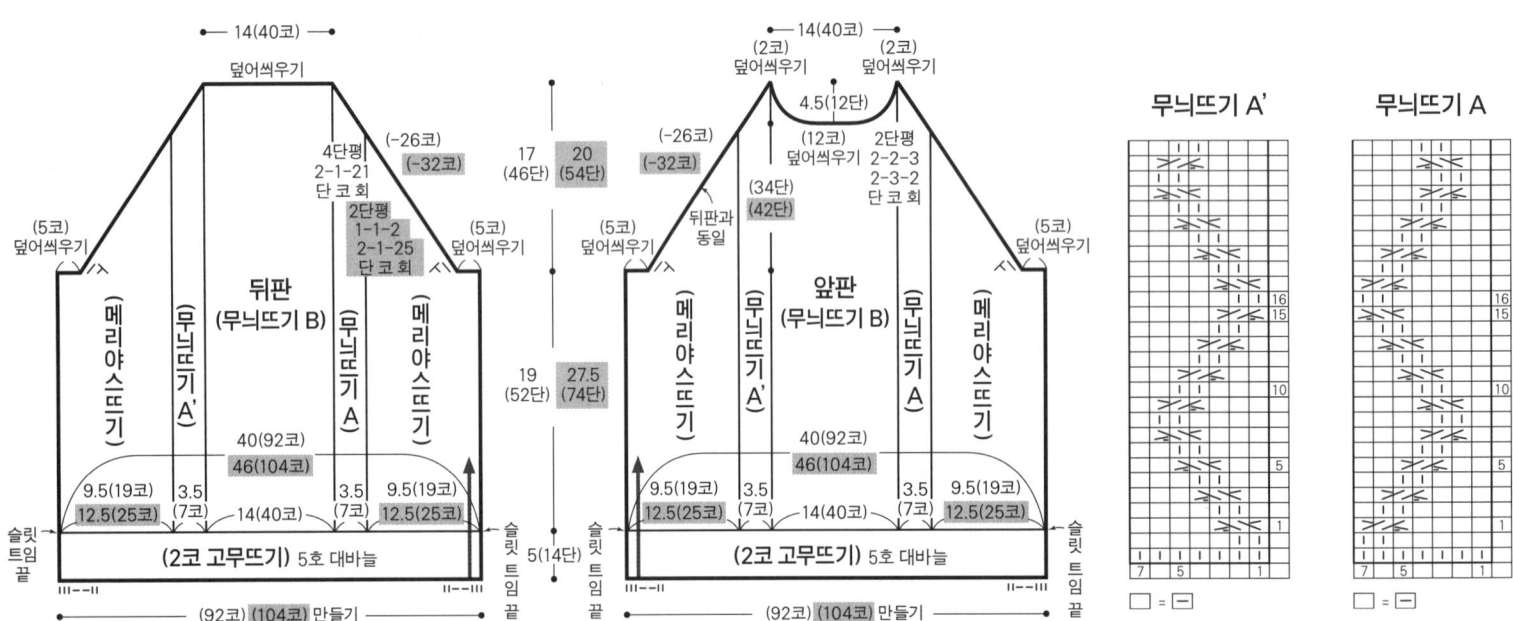

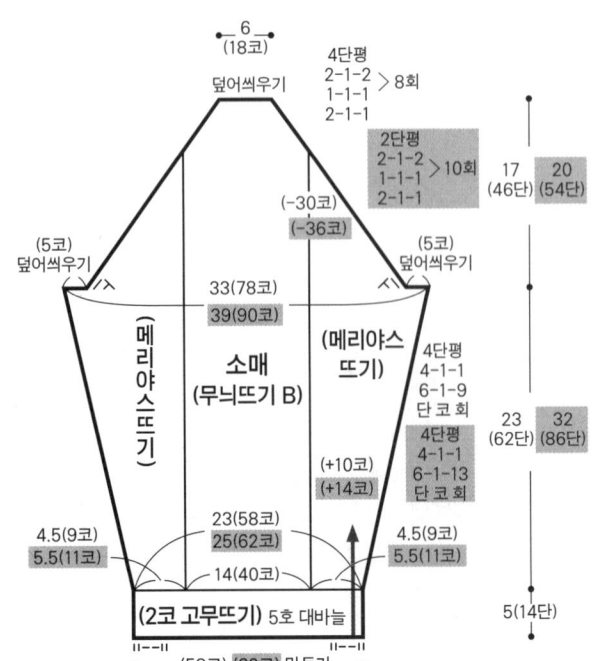

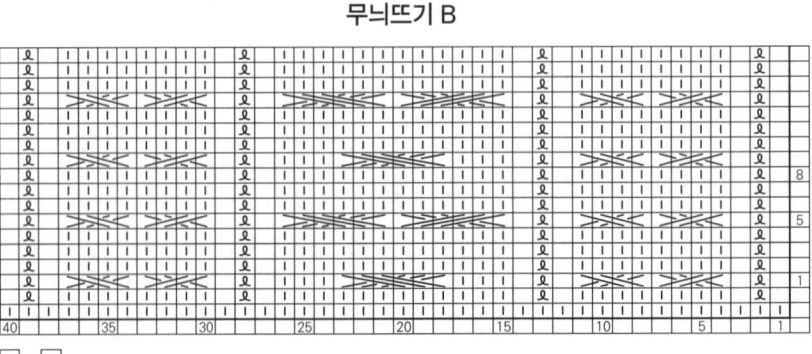

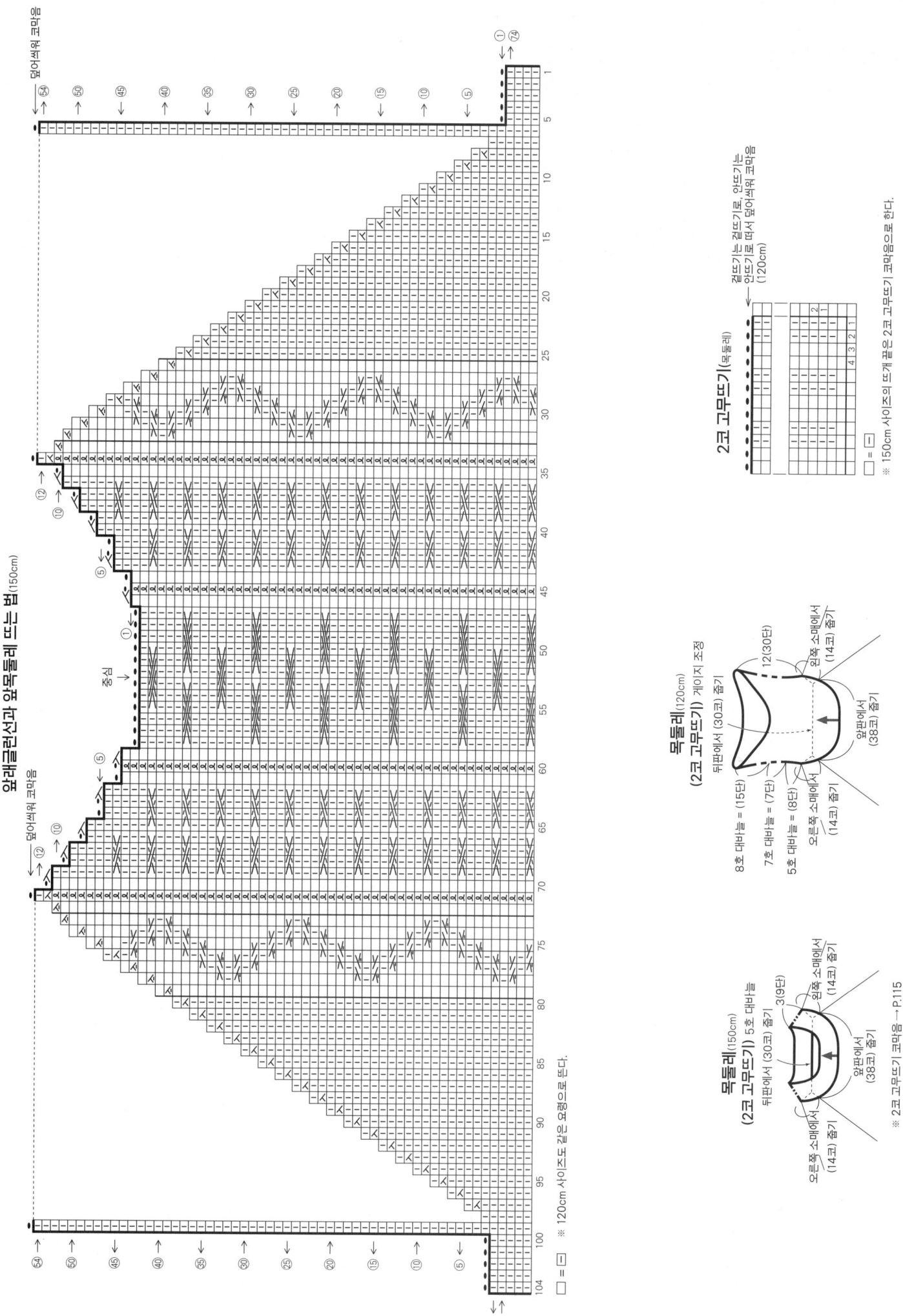

## 온 가족이 함께 즐기는 니트
### 44·45 Page ★★★

트리하우스 블레스

**재료**
실…올림푸스 트리하우스 블레스 연갈색(809) 450g 12볼, 회녹색(810) 65g 2볼
단추…지름 18cm×7개
**도구**…대바늘 7호·6호·4호

**완성 크기**
가슴둘레 123cm, 기장 66cm, 화장 79cm

**게이지**(10×10cm)
메리야스뜨기 22코×30.5단, 줄무늬 무늬뜨기 23.5코×50단

**POINT**
● 몸판·소매…손가락으로 거는 기초코로 뜨개를 시작하고 줄무늬 무늬뜨기, 메리야스뜨기를 합니다. 앞판은 지정 위치에서 좌우로 나눠 주머니 위치를 만듭니다. 옆선, 소맷단의 늘림코는 1코 안쪽에서 돌려뜨기 늘림코를 합니다. 래글런선의 줄임코는 끝의 2코를 세우는 줄임코로 하고, 목둘레의 줄임코는 2코 이상은 덮어씌우기, 1코는 끝의 1코를 세우는 줄임코를 합니다.
● 마무리…주머니 안쪽과 주머니 입구를 뜹니다. 래글런선, 옆선·소맷단은 떠서 꿰매기, 겨드랑이 부분의 코는 메리야스 잇기로 연결합니다. 목둘레는 지정 콧수를 줍고 도안을 참고해 2번째 단에서 늘림코를 하면서 2코 고무뜨기로 뜹니다. 뜨개 끝은 2코 고무뜨기 코막음을 합니다. 앞단은 지정 콧수를 주워 1코 고무뜨기를 합니다. 왼쪽 앞단에는 단춧구멍을 만듭니다. 뜨개 끝은 1코 고무뜨기 코막음을 합니다. 단추를 달아 완성합니다.

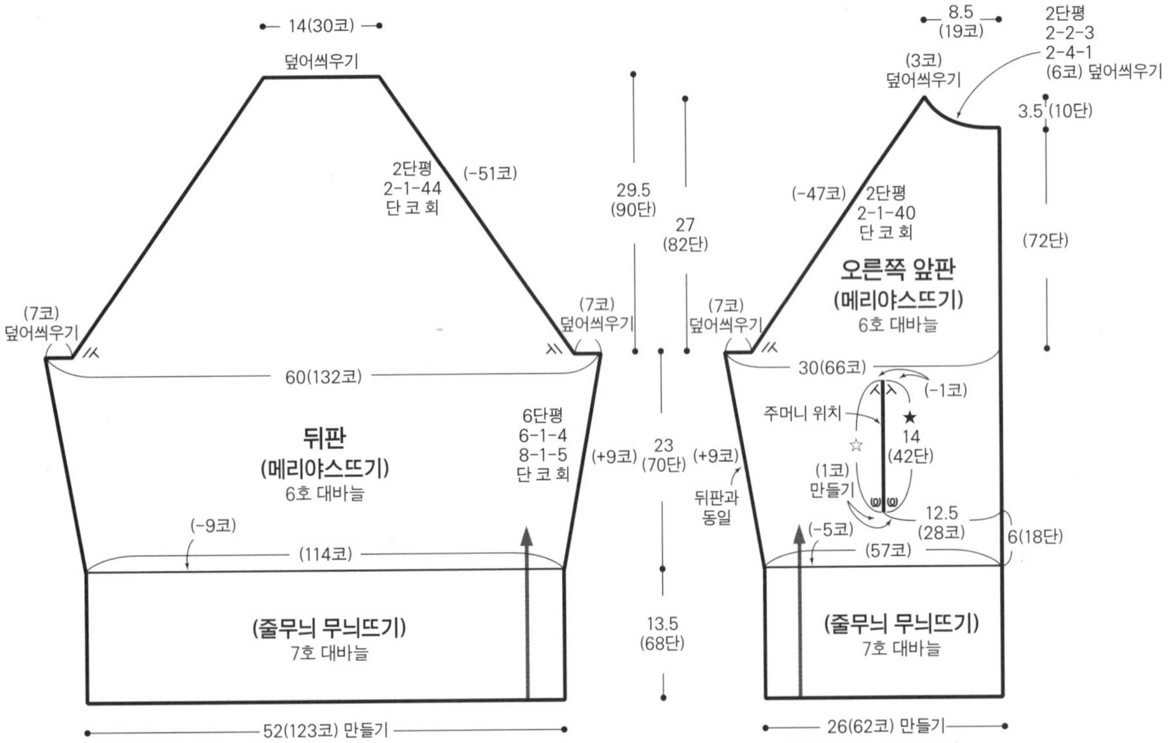

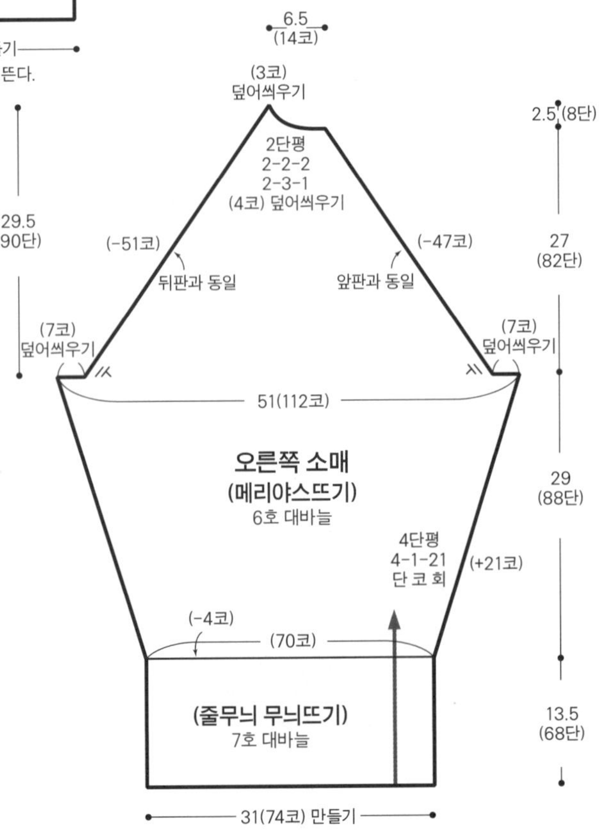

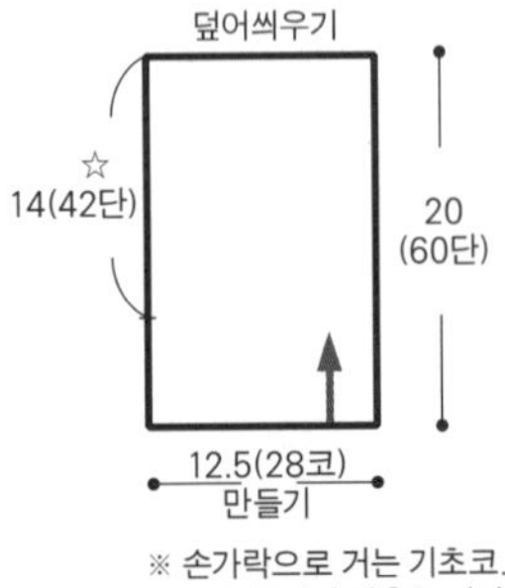

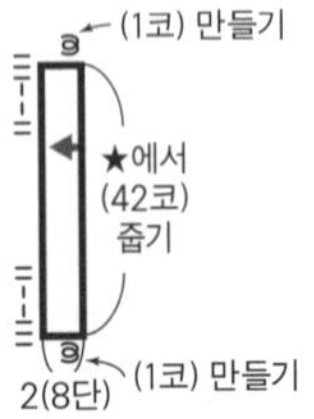

## 줄무늬 무늬뜨기

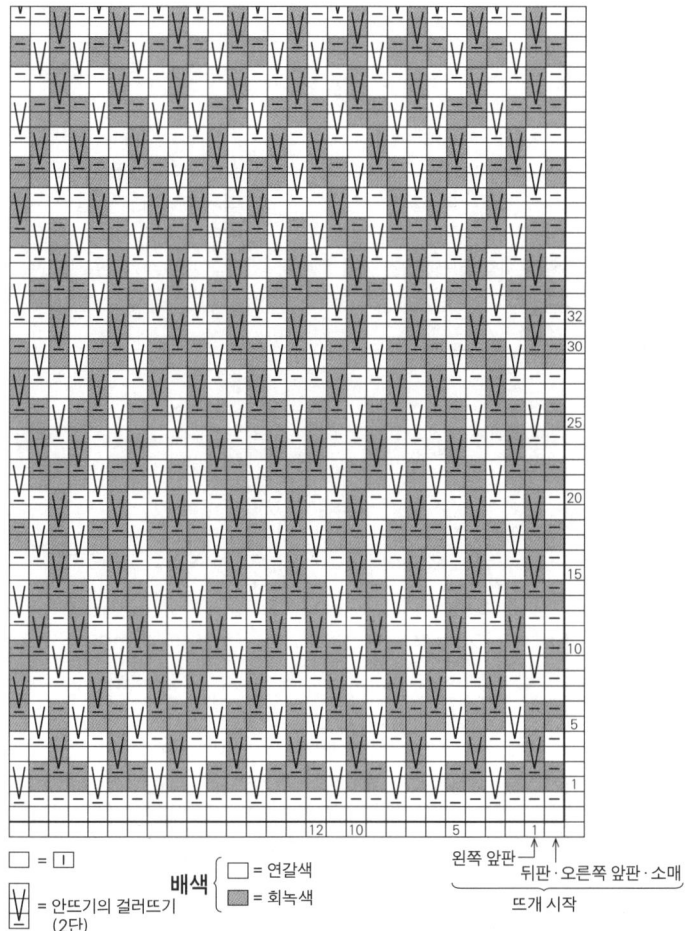

□ = ☐

배색 { □ = 연갈색, ▨ = 회녹색 }

왼쪽 앞판 / 뒤판·오른쪽 앞판·소매
뜨개 시작

∨ = 안뜨기의 걸러뜨기 (2단)

## 목둘레(2코 고무뜨기)
4호 대바늘

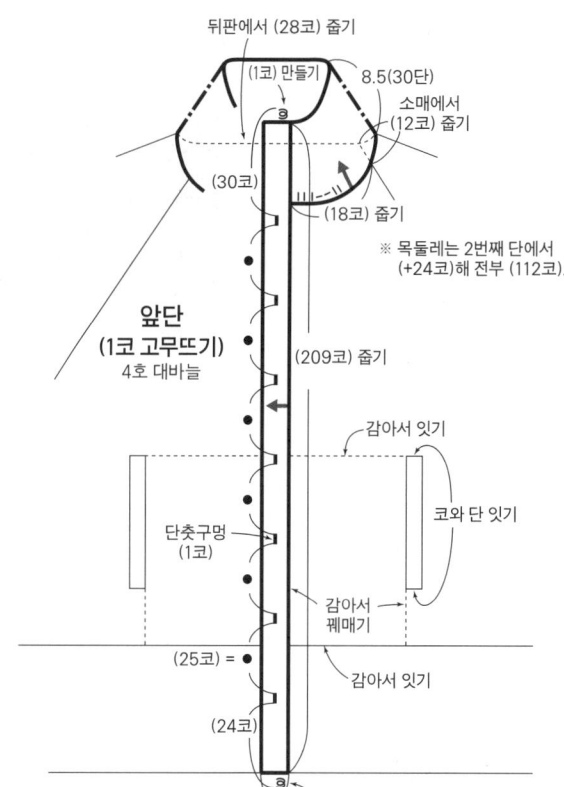

뒤판에서 (28코) 줍기
(1코) 만들기
8.5(30단)
소매에서 (12코) 줍기
(30코)
(18코) 줍기

※ 목둘레는 2번째 단에서 (+24코)해 전부 (112코).

### 앞단 (1코 고무뜨기)
4호 대바늘

(209코) 줍기

감아서 잇기
코와 단 잇기
단춧구멍 (1코)
감아서 꿰매기
감아서 잇기

(25코) =
(24코)
3(10단) (1코) 만들기

## 단춧구멍 (왼쪽 앞단)

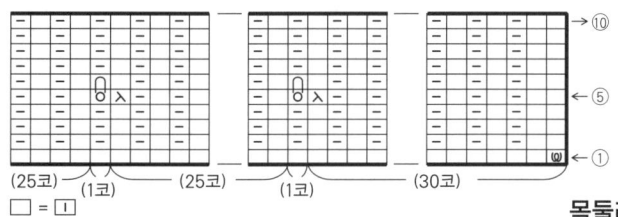

(25코) (1코) (25코) (1코) (30코)

□ = ☐
◉ = 감아코
∩ = 끌어올리기

## 1코 고무뜨기

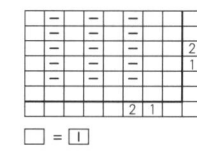

## 2코 고무뜨기

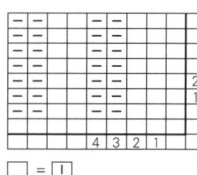

□ = ☐

## 목둘레의 늘림코

② (+24코) (112코)
① (88코)
늘림코의 반복

## 안뜨기의 걸러뜨기 (2단)

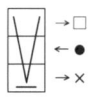

∨ → □
 → ●
 → ×

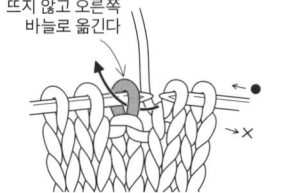

**1** ×단은 안뜨기가 되도록 뜬다. ●단은 실을 뒤쪽에 둔 다음 코의 방향을 바꾸지 않고 그대로 뜨지 않은 상태로 오른쪽 바늘로 옮긴다.

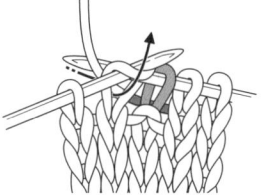

**2** 다음 코는 겉뜨기한다.

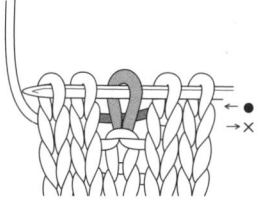

**3** 안뜨기의 걸러뜨기를 1단 뜬 모습.

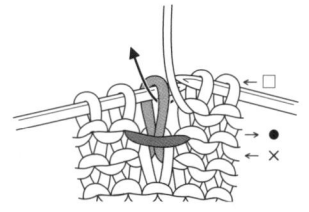

**4** 뒷면의 단은 실을 앞쪽에 둔 다음 코를 뜨지 않고 오른쪽 바늘로 옮긴다. 다음 코는 안뜨기한다.

# 온 가족이 함께 즐기는 니트
## 44·45 Page ★★★

아리아

**재료**
올림푸스 아리아 연보라(10) 305g 9볼

**도구**
대바늘 7호·5호

**완성 크기**
가슴둘레 100cm, 기장 58cm, 화장 68cm

**게이지(10×10cm)**
무늬뜨기 23코×27.5단, 메리야스뜨기 21.5코×29단

**POINT**
● 몸판·소매…별도사슬로 기초코를 만들어 뜨기를 시작하고 몸판은 무늬뜨기, 소매는 메리야스뜨기합니다. 래글런선의 줄임코는 끝의 2코를 세우는 줄임코로 합니다. 목둘레의 줄임코는 2코 이상은 덮어씌우기, 1코는 끝의 1코를 세우는 줄임코를 합니다.
● 마무리…옆선·소맷단은 떠서 꿰매기로 연결합니다. 밑단·소맷부리는 기초코의 사슬을 풀어서 코를 줍고, 1코 고무뜨기로 원형뜨기합니다. 뜨개 끝은 1코 고무뜨기 코막음을 합니다. 래글런선은 떠서 꿰매기, 겨드랑이 부분의 코는 메리야스 잇기로 연결합니다. 목둘레는 지정 콧수를 줍고, 1코 고무뜨기로 원형뜨기합니다. 뜨개 끝은 밑단과 같은 방법으로 합니다.

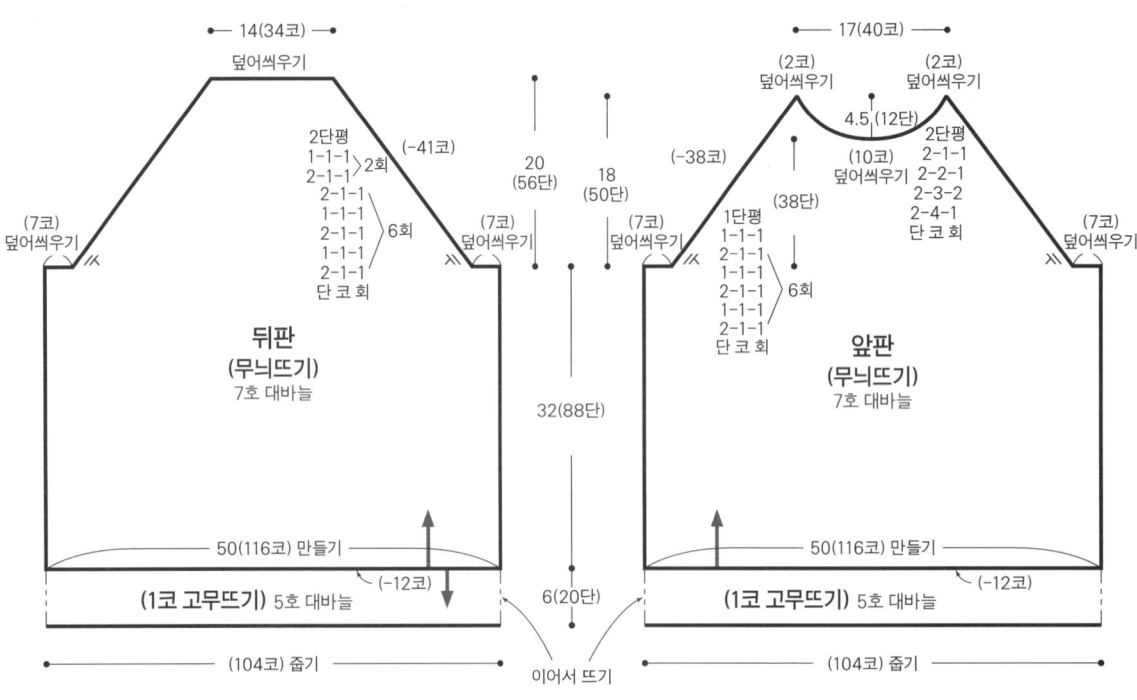

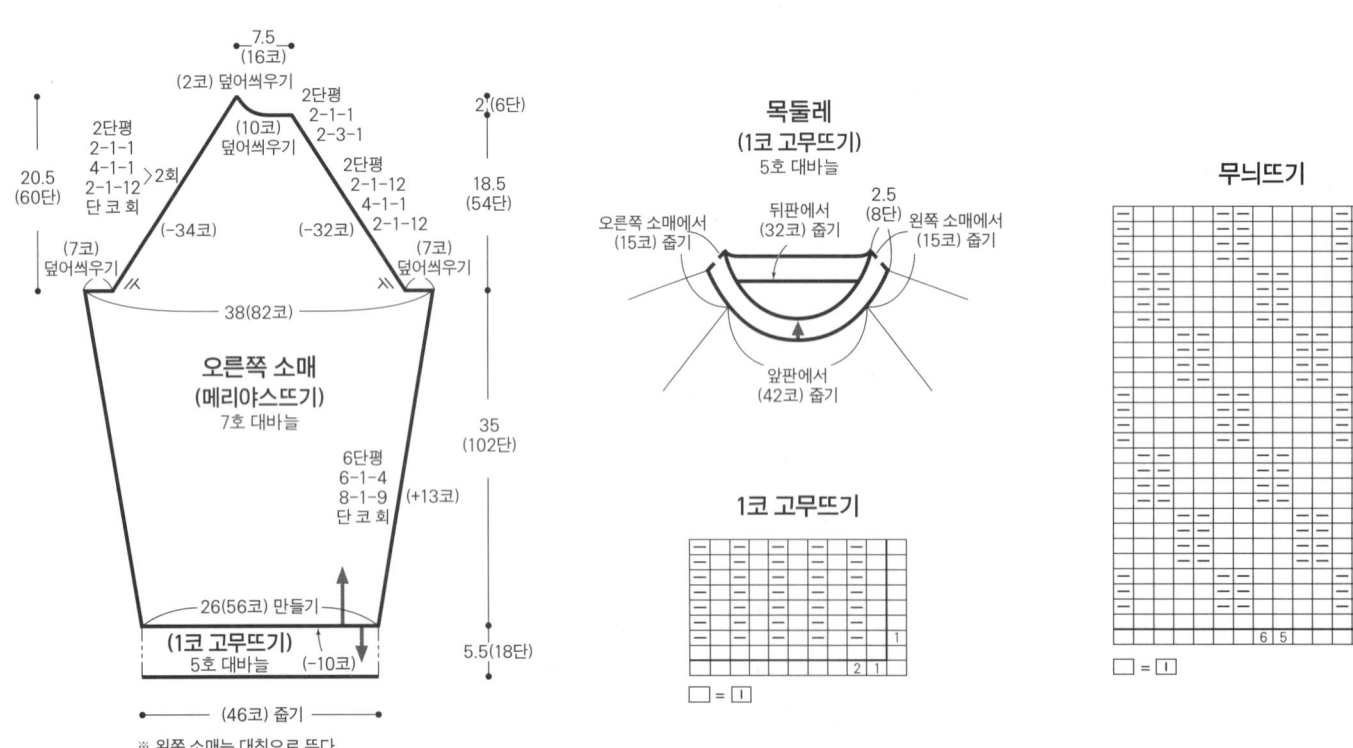

# 온 가족이 함께 즐기는 니트
## 46·47 Page ★★★

다이아 알파카 토리노

### 재료
롱 베스트…다이아몬드케이토 다이아 알파카 토리노 그레이 계열 그라데이션(2602) 250g 5볼
슈러그…다이아몬드케이토 다이아 알파카 토리노 그레이 계열 그라데이션(2602) 210g 5볼
단추…지름 18mm×12개

### 도구
대바늘 8호·7호·6호·5호, 코바늘 6/0호

### 완성 크기
롱 베스트…가슴둘레 100cm, 기장 90cm, 화장 25cm
슈러그…기장 25.5cm, 화장 73cm

### 게이지(10×10cm)
롱 베스트…메리야스뜨기 18코×25.5단, 무늬뜨기 22코×25.5단
슈러그(8호 대바늘)…무늬뜨기 22코×26단

### POINT
● 롱 베스트…손가락으로 거는 기초코를 만들어 뜨개를 시작하고 2코 고무뜨기, 메리야스뜨기, 무늬뜨기로 진행합니다. 목둘레의 줄임코는 2코 이상은 덮어씌우기, 1코는 끝의 1코를 세우는 줄임코를 합니다. 어깨는 덮어씌워 잇기, 옆선은 떠서 꿰매기로 연결합니다. 목둘레는 지정 콧수를 줍고 2코 고무뜨기로 원형뜨기합니다. 뜨개 끝은 겉뜨기는 겉뜨기로, 안뜨기는 안뜨기로 떠서 덮어씌워 코막음합니다. 소맷부리·슬릿 둘레는 빼뜨기로 마무리합니다.

● 슈러그…본체는 손가락으로 거는 기초코로 뜨개를 시작하고, 2코 고무뜨기와 무늬뜨기로 뜹니다. 뜨개 끝은 겉뜨기는 겉뜨기로, 안뜨기는 안뜨기로 떠서 덮어씌워 코막음합니다. 밑단은 지정 콧수를 줍고, 1코 고무뜨기합니다. 앞판의 밑단은 단춧구멍을 만듭니다. 뜨개 끝은 본체와 같은 방법으로 합니다. ★와 ☆은 같은 모양끼리 떠서 꿰매기로 연결합니다. 목둘레 트임은 빼뜨기로 마무리합니다. 단추를 달아 완성합니다.

## 롱 베스트

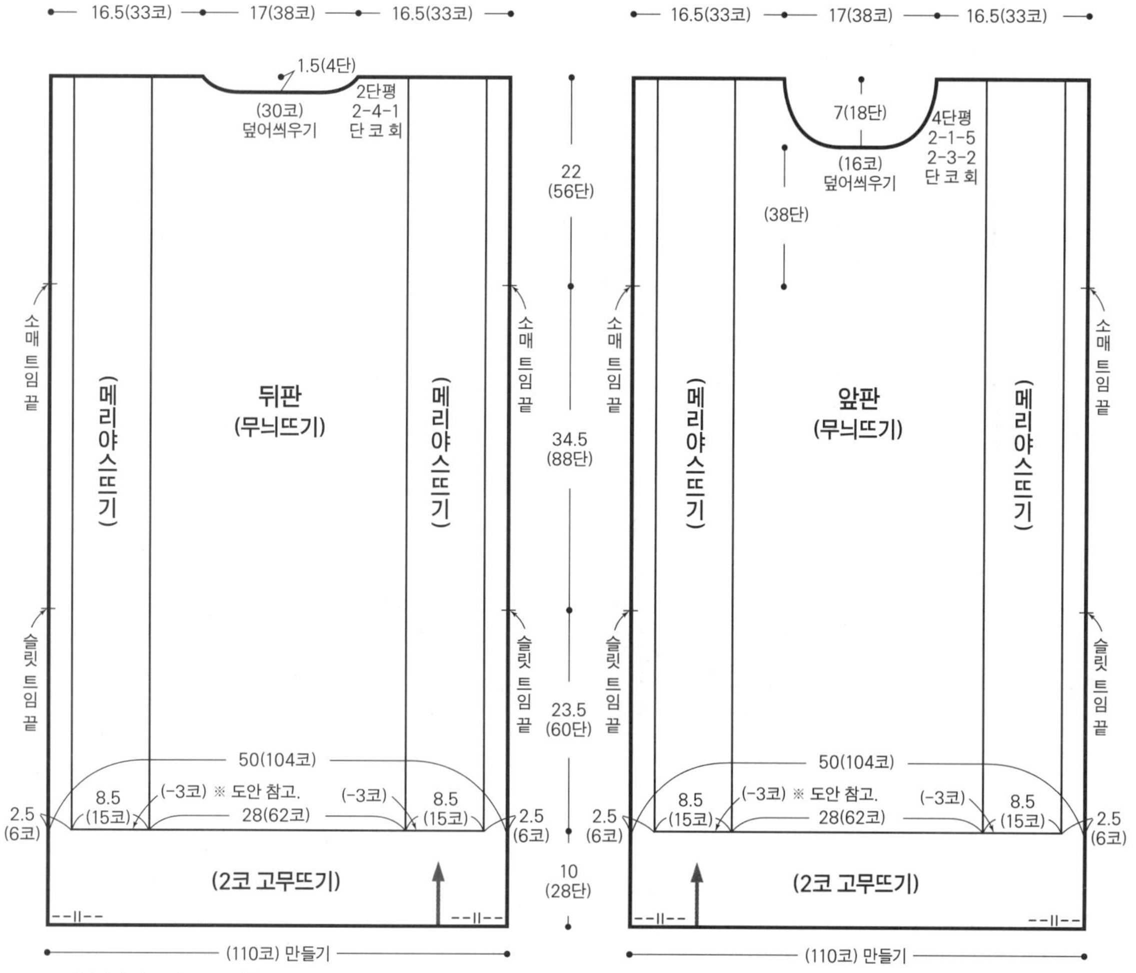

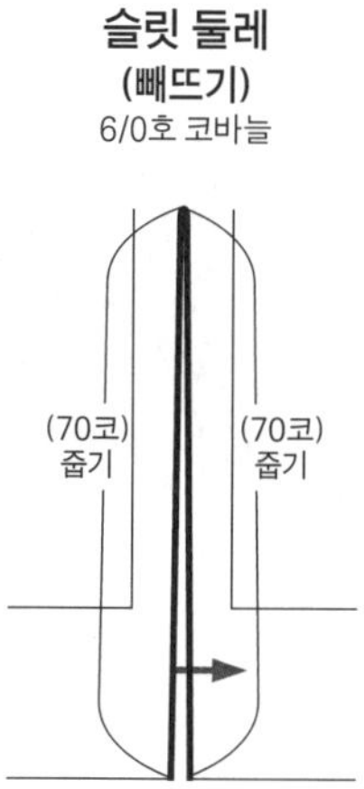

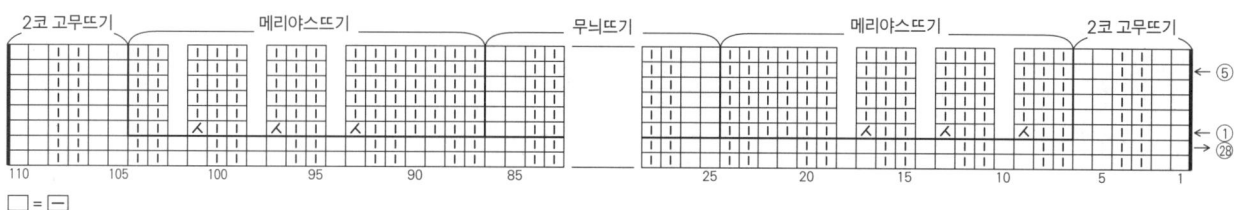

### 밑단의 줄임코(롱 베스트)

154페이지로 이어집니다. ▶

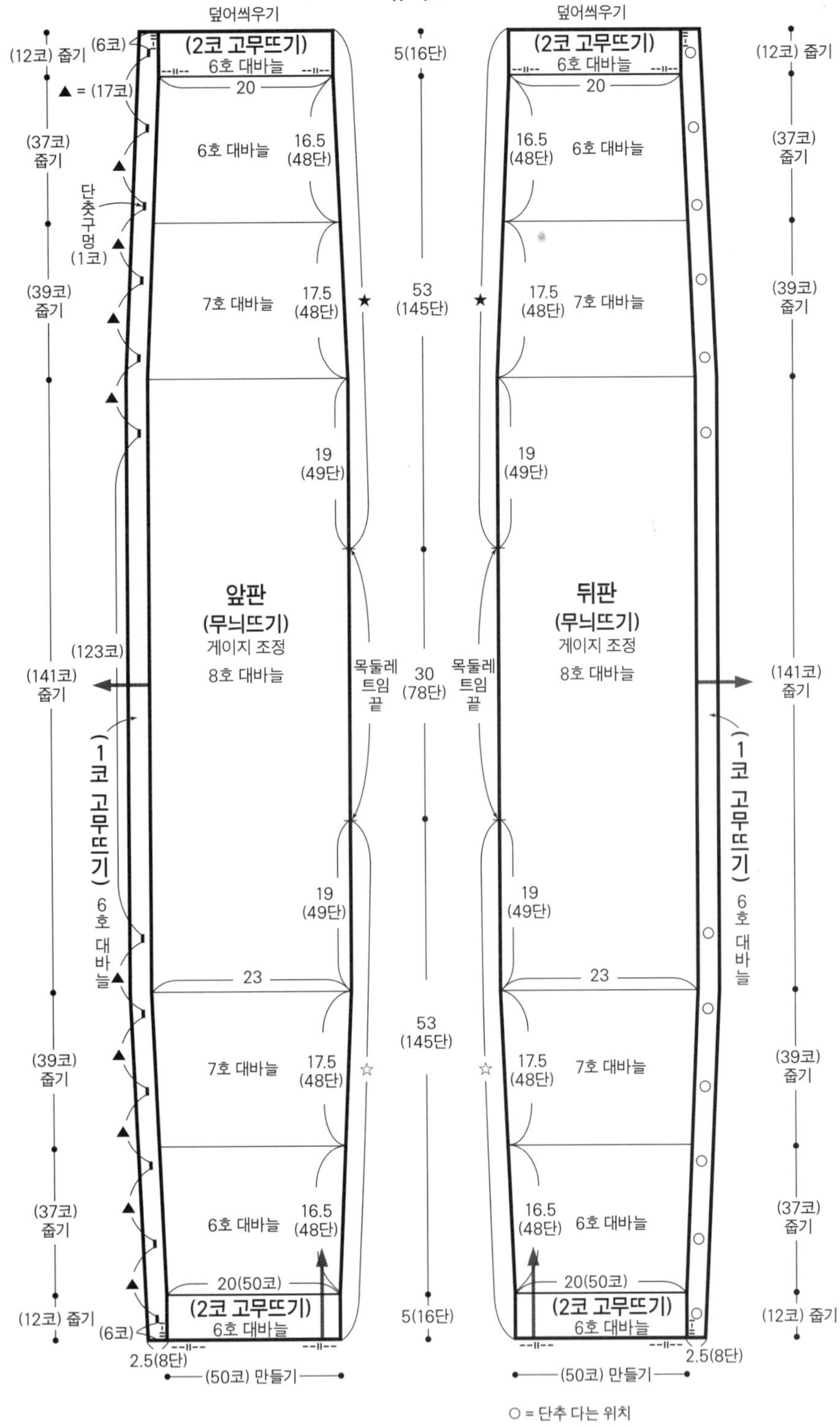

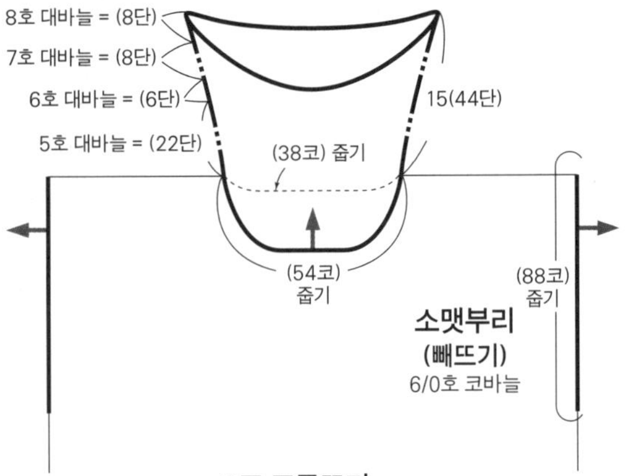

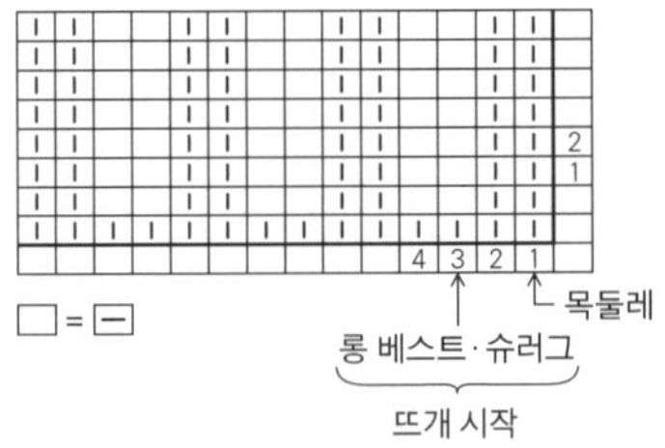

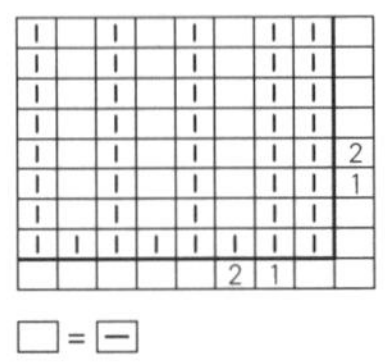

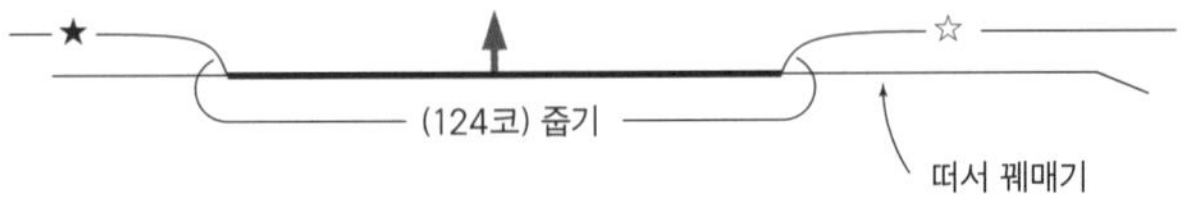

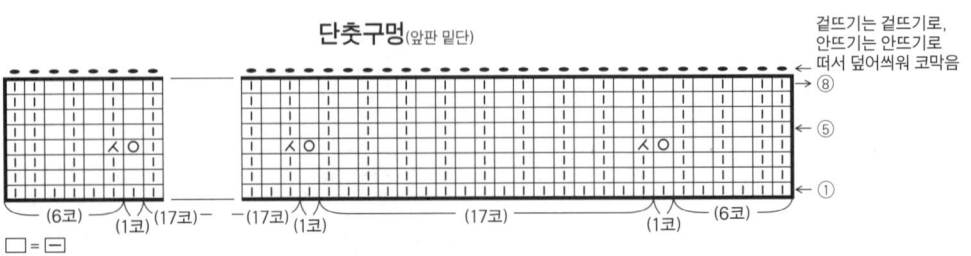

## 무늬뜨기

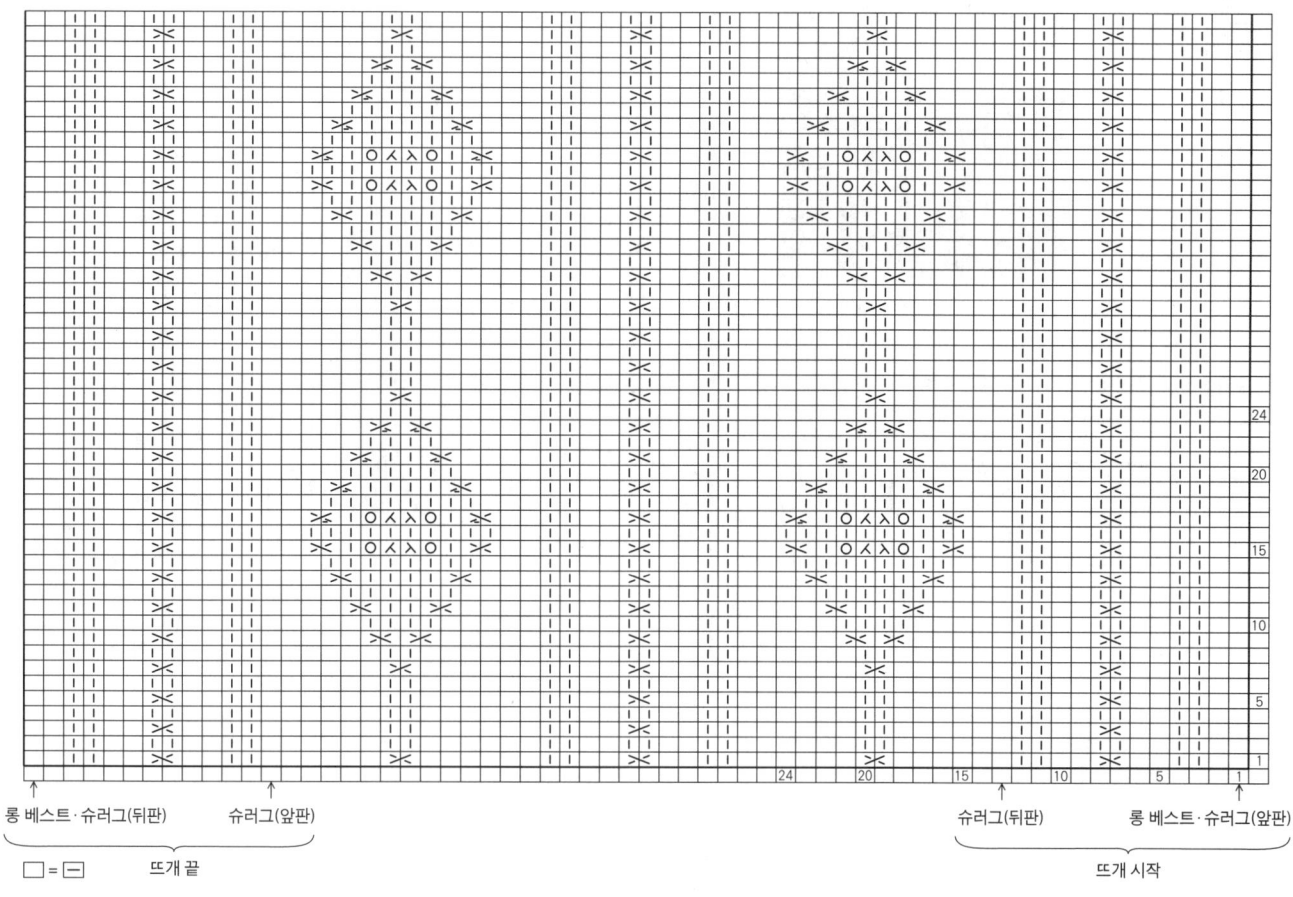

롱 베스트·슈러그(뒤판)　슈러그(앞판)　　　슈러그(뒤판)　롱 베스트·슈러그(앞판)

□ = ⊟　뜨개 끝　　　뜨개 시작

---

### 실을 세로로 걸치는 배색무늬뜨기

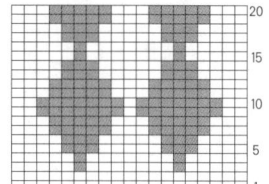

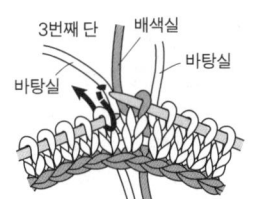

**1** 다이아몬드무늬의 뾰족한 끝부분에 실을 각각 연결해 뜨기 시작한다.

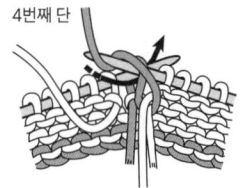

**2** 배색실로 바꿀 때는 바탕실 밑을 지나게 해서 교차한다.

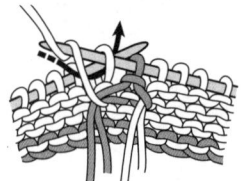

**3** 바탕실로 바꿀 때도 밑에서 끌어 올려 교차한다.

**4** 앞면을 보고 뜨는 단도 뜨는 실을 밑에서 끌어 올려 교차한다.

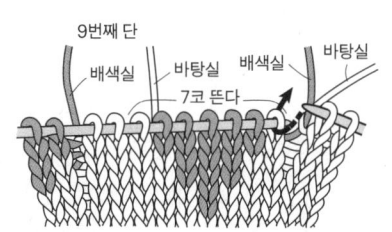

**5** 이 무늬는 2단 반복의 다이아몬드 무늬이므로 겉뜨기 쪽에서 무늬가 바뀐다.

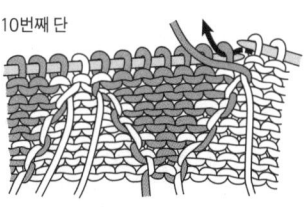

**6** 안뜨기 쪽은 전단과 같은 색으로 뜬다. 색을 바꿀 때는 2색을 교차 한다.

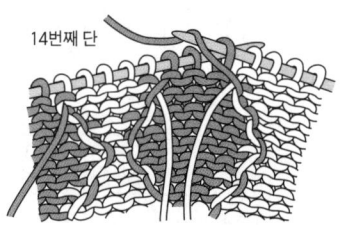

**7** 14번째 단을 뜨고 있는 모습. 뒷면(안면)은 이런 상태다.

# 온 가족이 함께 즐기는 니트
## 46·47 Page ★★★

다이아 알파카 릴리카

### 재료
다이아몬드케이토 다이아 알파카 릴리카 연보라 (2304) 265g 9볼, 미색(2301) 145g 5볼, 그레이 (2302) 50g 2볼

### 도구
대바늘 9호·7호·6호

### 완성 크기
가슴둘레 108cm, 어깨너비 46cm, 기장 68.5cm, 소매길이 53.5cm

### 게이지(10×10cm)
메리야스뜨기 20코×28단, 배색무늬뜨기 26코×23단

### POINT
● 몸판·소매…1코 고무뜨기 기초코로 뜨개를 시작하고 1코 고무뜨기, 메리야스뜨기, 배색무늬뜨기 합니다. 배색무늬뜨기는 실을 가로로 걸치는 방법으로 진행합니다. 줄임코는 2코 이상은 덮어씌우기, 1코는 끝의 1코를 세우는 줄임코를 합니다. 소맷단의 늘림코는 1코 안쪽에서 돌려뜨기 늘림코를 합니다.

● 마무리…어깨는 덮어씌워 잇기, 옆선·소맷단은 떠서 꿰매기로 연결합니다. 목둘레는 지정 콧수를 주워 게이지를 조정하면서 1코 고무뜨기로 원형뜨기 합니다. 뜨개 끝의 덮어씌워 코막음을 하고, 안쪽으로 접은 다음 꿰맵니다. 소매는 빼뜨기 잇기로 몸판과 합칩니다.

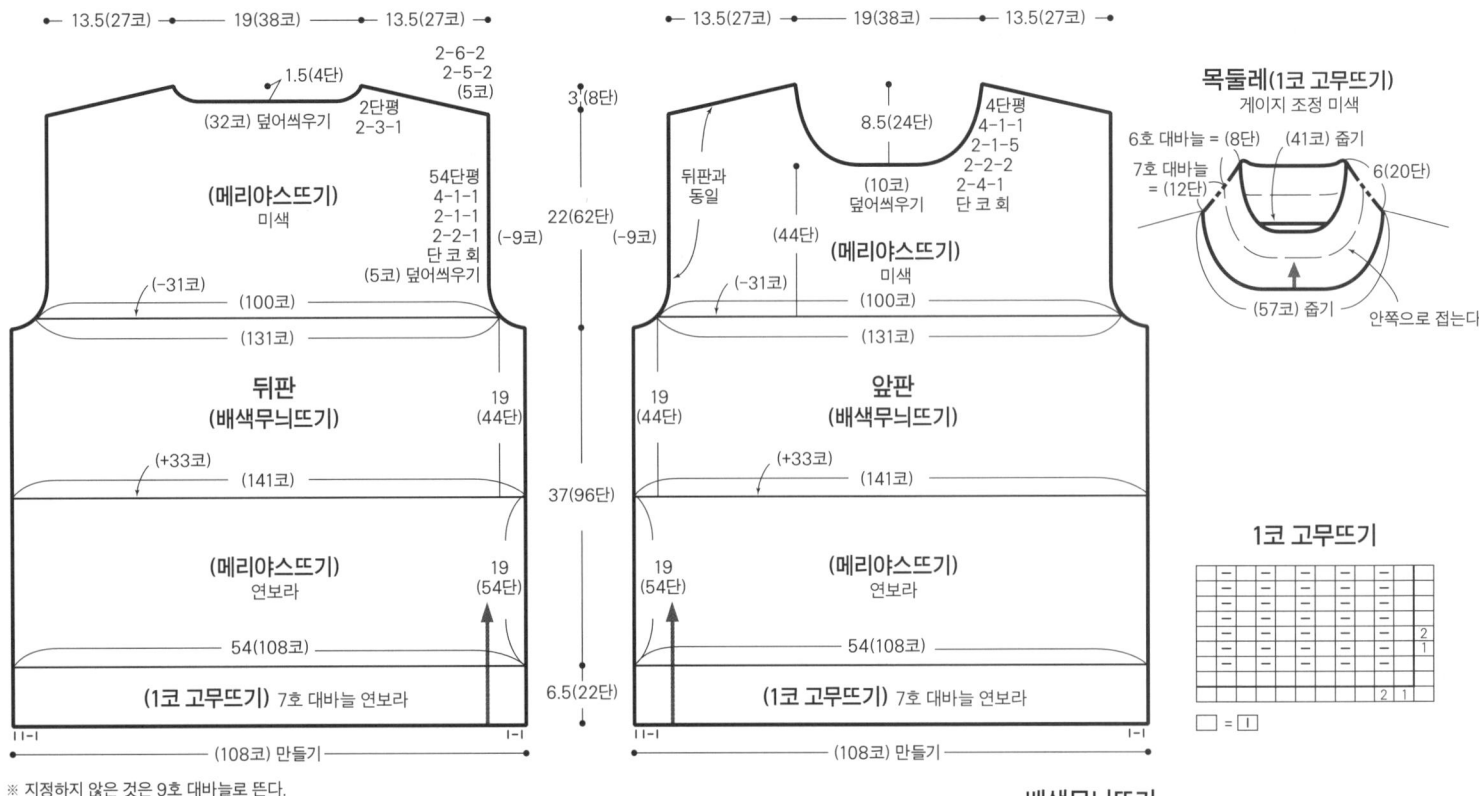

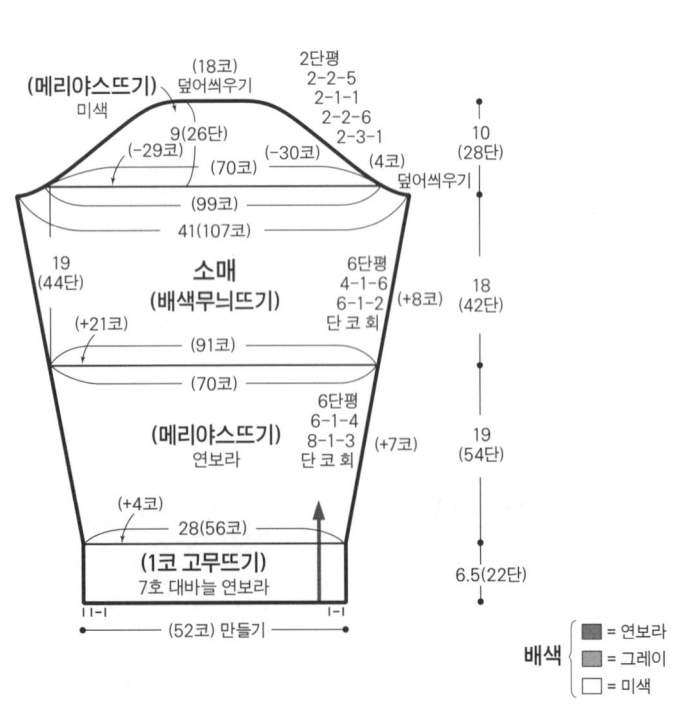

## 온 가족이 함께 즐기는 니트
### 49 Page ★★★

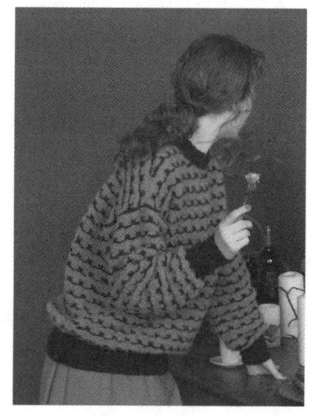

**재료**
실…NV 얀 루프 회색(206) 200g 7볼
실…NV 얀 나미부토 적흑색(14) 175g 5볼

**도구**
대바늘 7호·4호

**완성 크기**
가슴둘레 106cm, 기장 64cm, 화장 73.5cm

**게이지**(10×10cm)
줄무늬 무늬뜨기 20코×35.5단

**POINT**
● 몸판·소매…손가락으로 거는 기초코로 뜨개를 시작하고 2코 고무뜨기, 줄무늬 무늬뜨기를 합니다. 목둘레의 줄임코는 2코 이상은 덮어씌우기, 1코는 끝의 1코를 세우는 줄임코를 합니다. 소맷단의 늘림코는 1코 안쪽에서 돌려뜨기 늘림코를 합니다.
● 마무리…어깨는 덮어씌워 잇기로 연결합니다. 목둘레는 지정 콧수를 주워 2코 고무뜨기로 원형 뜨기합니다. 뜨개 끝은 덮어씌워 코막음을 하고 안쪽으로 접어서 꿰맵니다. 소매는 코와 단 잇기로 몸판과 합칩니다. 옆선·소맷단은 떠서 꿰매기로 연결합니다.

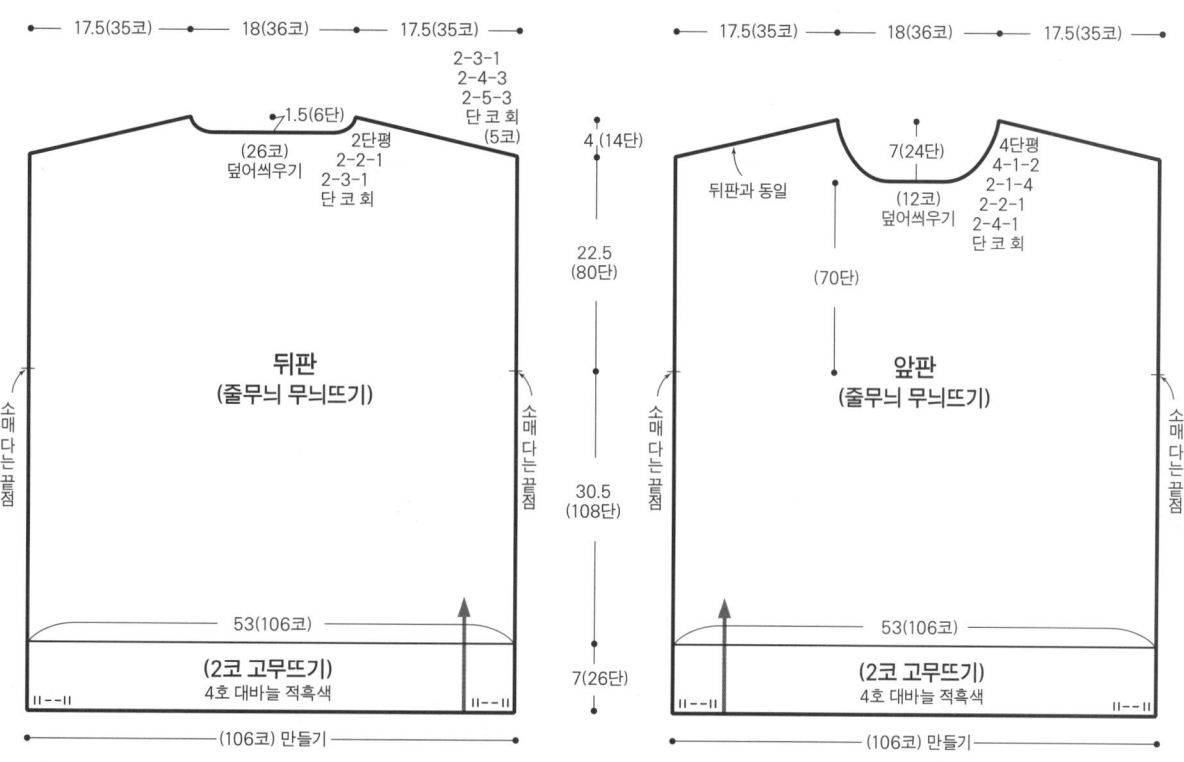

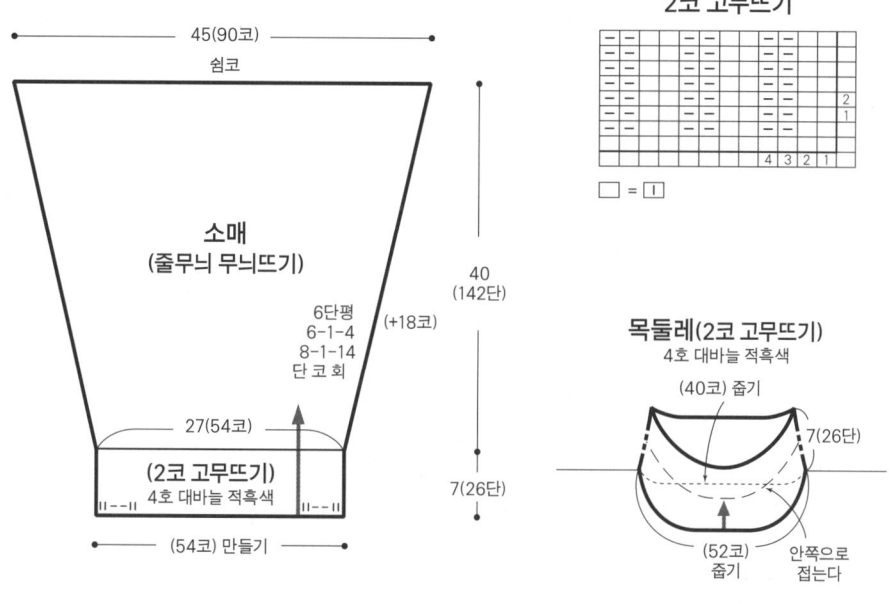

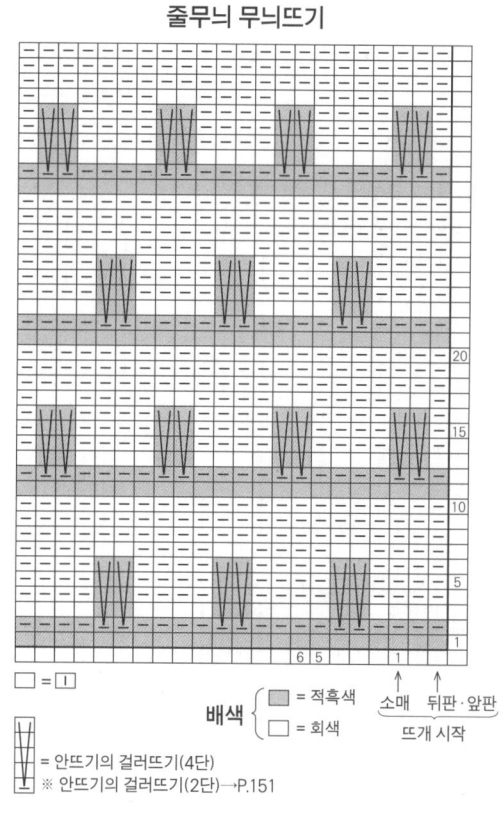

# 온 가족이 함께 즐기는 니트
## 48 Page ★★★

나미부토

**재료**
실…NV 얀 나미부토 남색(12) 445g 12볼
실…NV 얀 나미부토 베이지(6) 20g 1볼

**도구**
대바늘 6호·3호

**완성 크기**
가슴둘레 112cm, 어깨너비 51cm, 기장 66.5cm

**게이지**(10×10cm)
무늬뜨기 A·A' 24코×34단, 무늬뜨기 B 30코×34단

**POINT**
● 몸판…별도사슬 기초코로 뜨개를 시작하고, 무늬뜨기 A·A'·B로 뜹니다. 줄임코는 2코 이상은 덮어씌우기, 1코는 끝의 1코를 세우는 줄임코를 합니다. 늘림코는 1코 안쪽에서 돌려뜨기 늘림코를 합니다. 밑단은 기초코의 사슬을 풀어서 코를 줍고, 1코 고무뜨기 줄무늬 A로 뜹니다. 뜨개 끝은 1코 고무뜨기 코막음을 합니다.
● 마무리…어깨는 덮어씌워 잇기. 옆선은 떠서 꿰매기로 연결합니다. 지정 콧수를 주워 목둘레는 1코 고무뜨기 줄무늬 B, 진동둘레는 1코 고무뜨기로 원형뜨기합니다. 뜨개 끝은 밑단과 같은 방법으로 합니다.

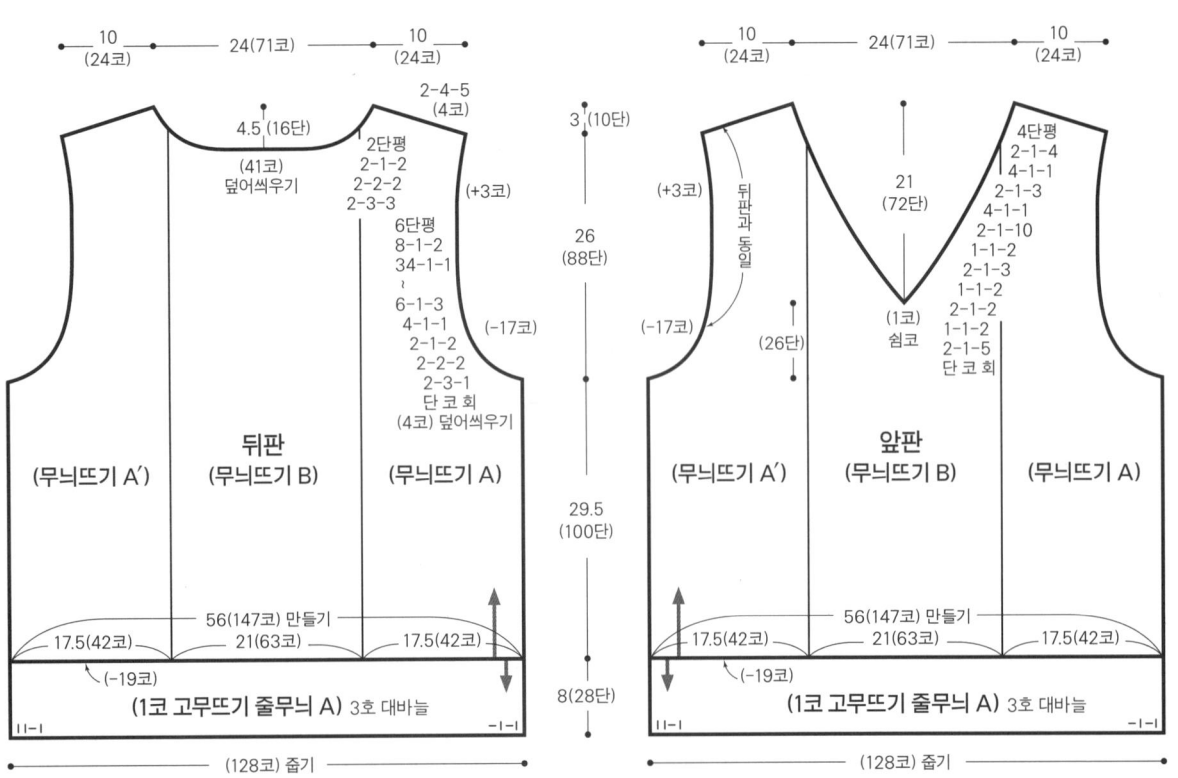

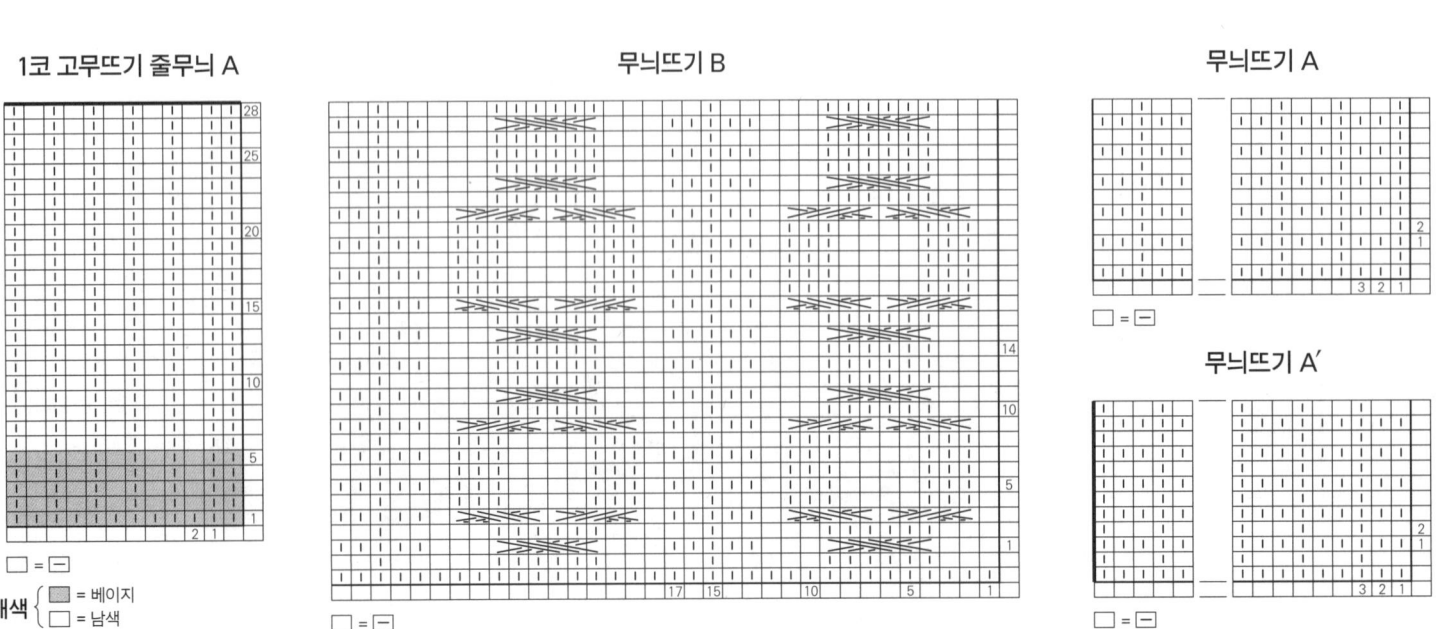

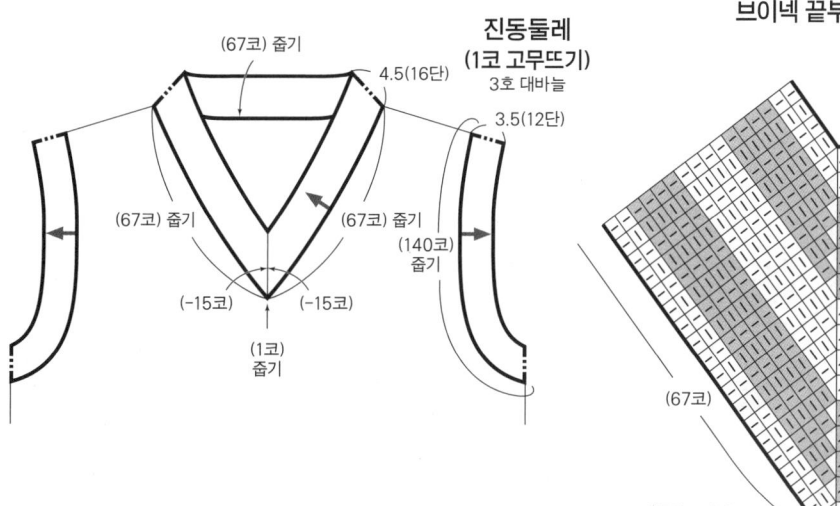

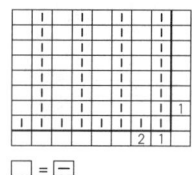

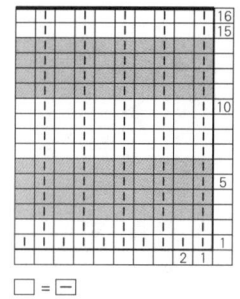

### 160페이지의 ∧ 뜨는 법

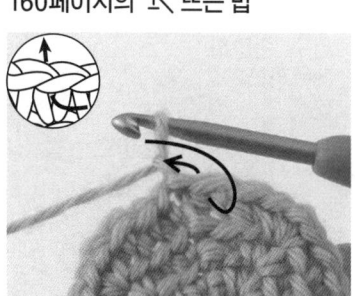

1. 1코 전의 짧은뜨기에 화살표와 같이 바늘을 넣고 실을 뺀다.

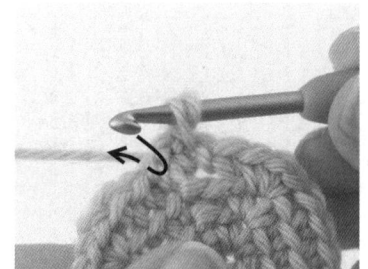

2. 다음 코의 뒤쪽 반코에 바늘을 넣고 실을 뺀다.

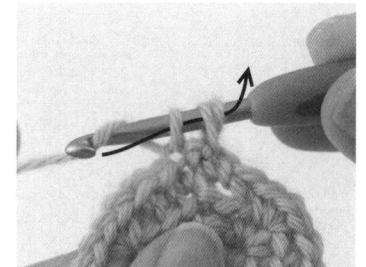

3. 실을 걸어 바늘에 걸려 있는 고리 3개를 한 번에 뺀다.

4. 다음 2코는 전단의 뒤쪽 실 1가닥을 주워 짧은 이랑뜨기를 뜬다. 1·2·3·4를 반복한다.

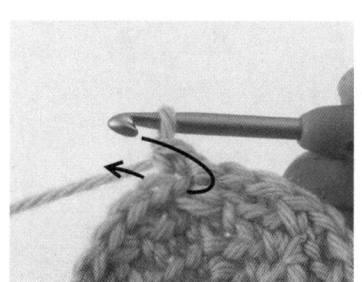

5. 2번째 단 이후는 전단의 코에 화살표와 같이 바늘을 넣어 실을 빼고,

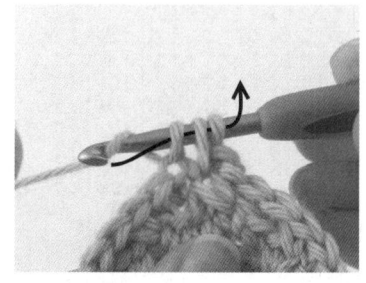

6. 다음 코의 뒤쪽 반코에 바늘을 넣은 다음 바늘에 걸려 있는 고리 3개를 한 번에 뺀다.

7. 다음 2코는 전단의 뒤쪽 실 1가닥을 주워 짧은 이랑뜨기를 한다. 이 과정을 반복한다.

## 에어 튈로 뜨는 가방

**51** Page ★★★

에어 튈

**재료**
조인트 에어 튈 골드베이지(534) 375g 3볼

**도구**
코바늘 10mm

**완성 크기**
너비 44cm, 깊이 28cm

**게이지**(10×10cm)
무늬뜨기 B 7.5코×8단

**POINT**
● 바닥은 사슬뜨기 기초코를 만들어 무늬뜨기 A로 진행합니다. 연속해서 본체를 무늬뜨기 B, 입구·손잡이를 테두리뜨기합니다. 손잡이 안쪽 둘레는 빼뜨기를 1단 떠서 마무리합니다. 장식 리본을 만들고 지정 위치에 꿰매어 완성합니다.

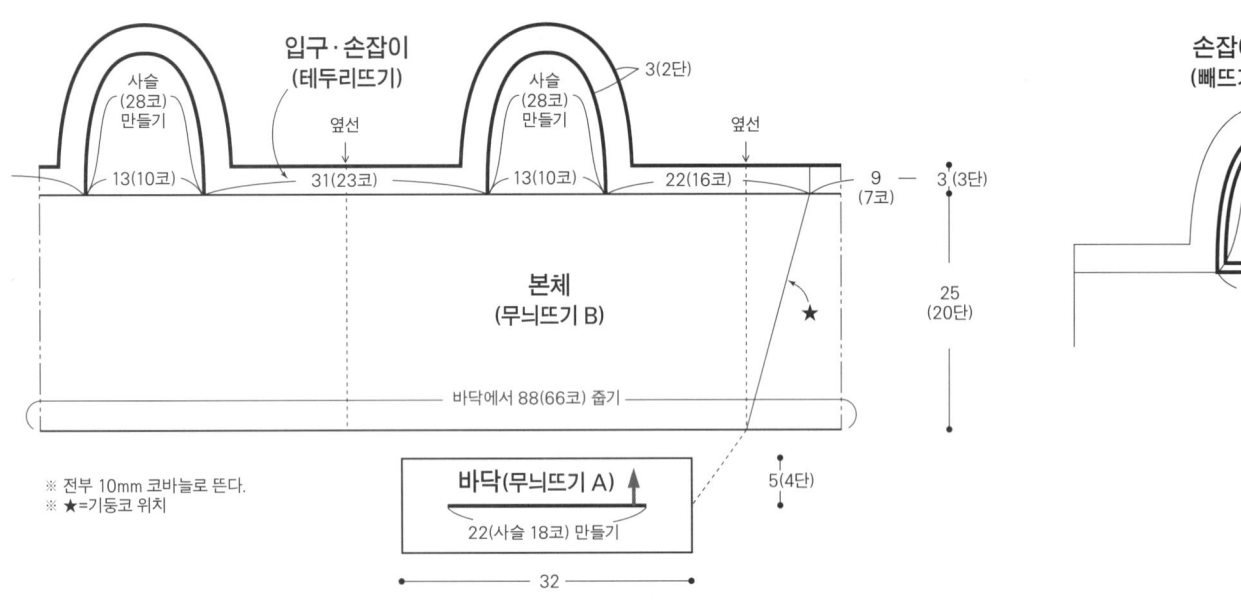

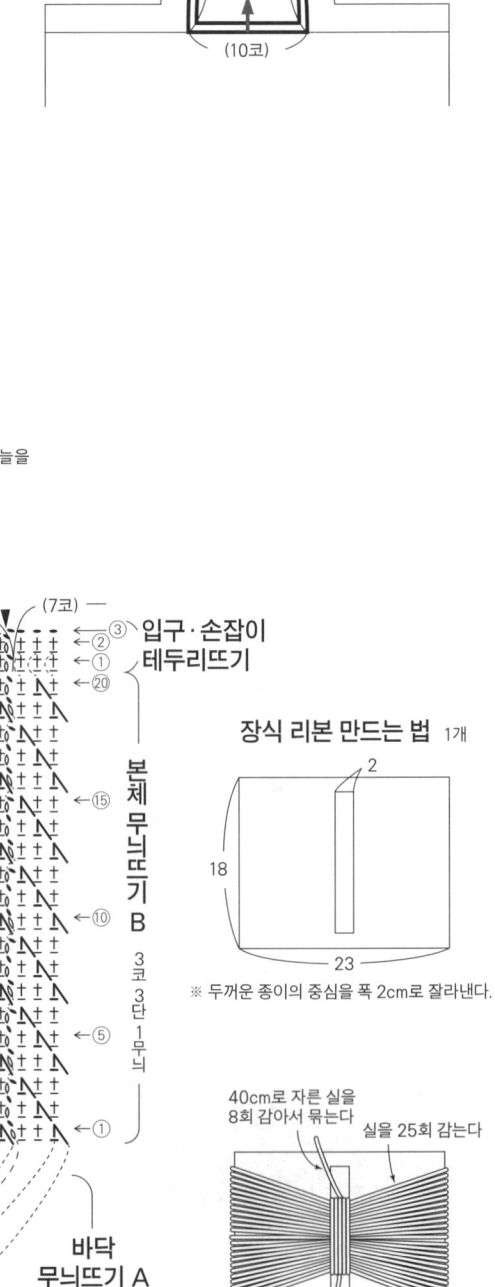

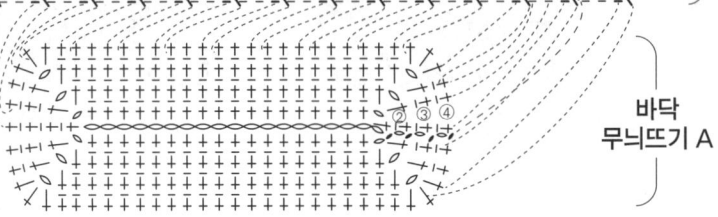

## 에어 튈로 뜨는 가방
### 50 Page ★★★

**재료**
실…조인트 에어 튈 카키(46) 350g 3볼
우드 링 핸들(JIM-W7-#711)…안지름 12cm×1세트

**도구**
코바늘 10mm

**완성 크기**
너비 43cm, 깊이 25cm

**게이지**(10×10cm)
무늬뜨기 B 8코×7단

**POINT**
● 사슬뜨기로 기초코를 만들어 뜨개를 시작하고 무늬뜨기 A·B로 뜹니다. 증감코는 도안을 참고하세요. 손잡이에 짧은뜨기를 뜹니다. 본체의 지정 위치와 손잡이의 짧은뜨기에서 코를 주워 빼뜨기로 합칩니다.

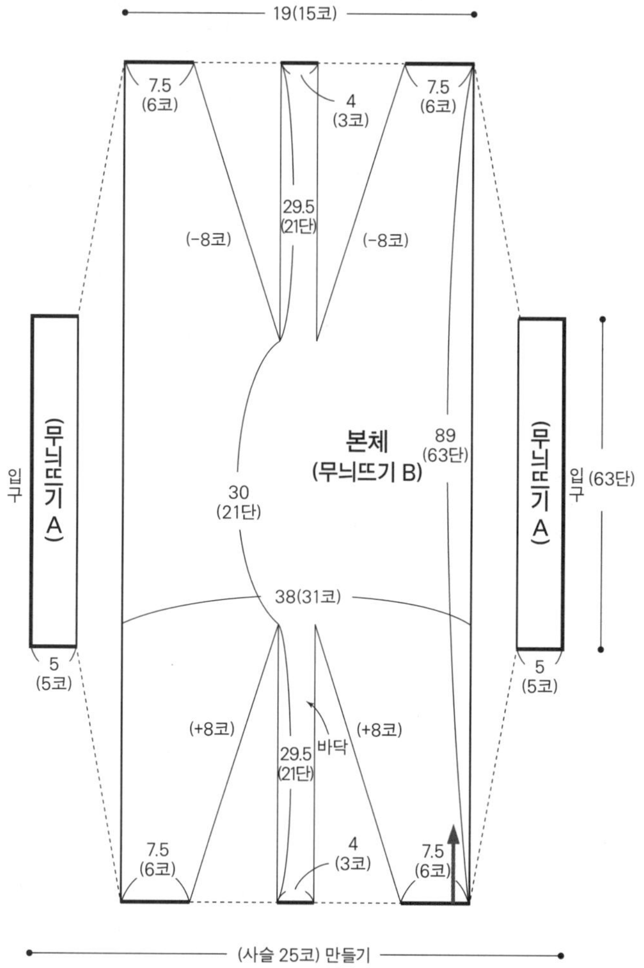

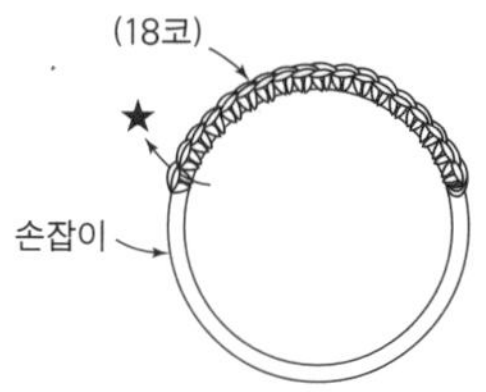

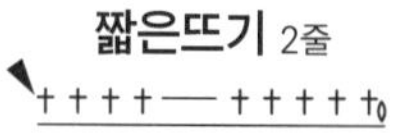

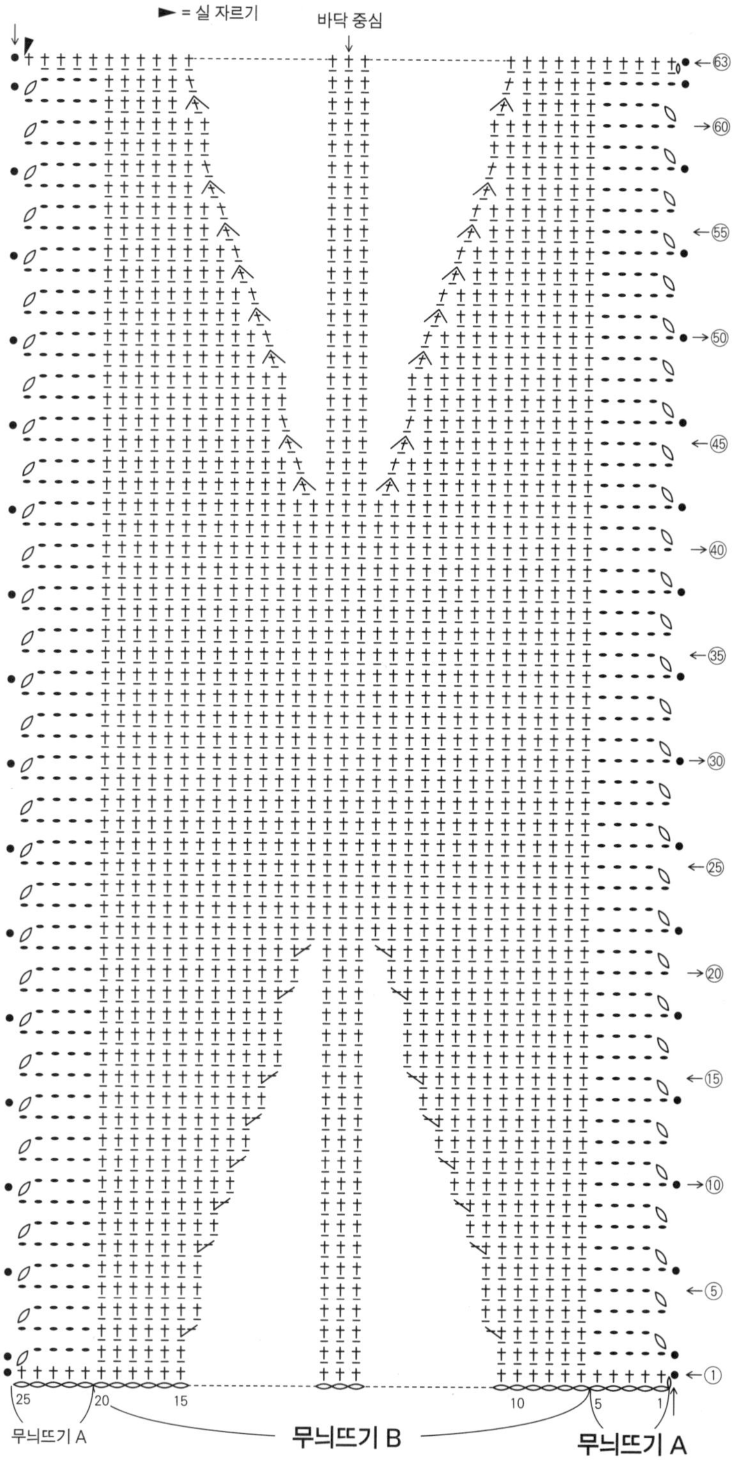

※ =는 전단의 뒤쪽 반코를 줍는다.
† = 짧은 이랑뜨기
● = 빼뜨기로 손잡이와 연결하는 위치

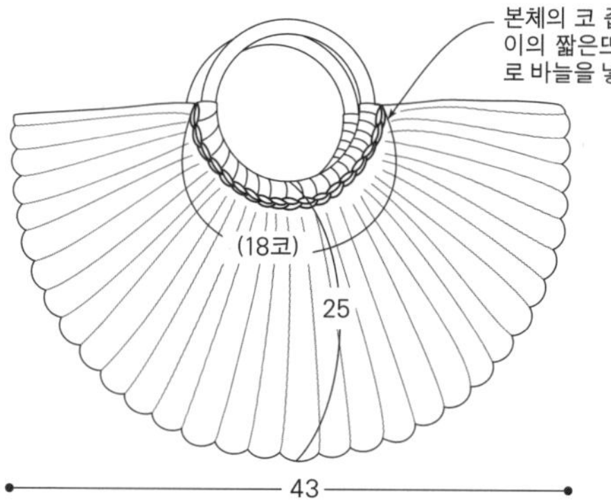

# Color Palette
## 52·53 Page ★★★

밀키 베이비

밀키 베이비 캔디

**재료**
A…올림푸스 밀키 베이비 핑크(12) 95g 3볼
B…올림푸스 밀키 베이비 캔디 노랑·오렌지색·하늘색·황록색 계열 믹스(204) 95g 3볼
C…올림푸스 밀키 베이비 청록색(10) 105g 3볼
D…올림푸스 밀키 베이비 크림색(11) 170g 5볼, 파랑(6) 35g 1볼, 진분홍(7) 35g 1볼, 황록색(21) 35g 1볼
E…올림푸스 밀키 베이비 베이지(19) 255g 7볼
**도구**…대바늘 6호·5호, 코바늘 6/0호·5/0호
**완성 크기**
A·B…가슴둘레 60cm, 어깨너비 21cm, 기장 28.5cm
C…가슴둘레 60cm, 어깨너비 21cm, 기장 33.5cm
D·E…64cm×64cm

**게이지**(10×10cm)
메리야스뜨기 23코×31단, 무늬뜨기 23코×31단. 모티프의 한 변은 7.5cm

**POINT**
● A·B·C…손가락으로 거는 기초코로 뜨개를 시작하고 가터뜨기·메리야스뜨기·무늬뜨기로 뜹니다. 줄임코는 2코 이상은 덮어씌우기, 1코는 끝의 1코를 세우는 줄임코를 합니다. 어깨는 덮어씌워 잇기로 연결합니다. 앞단·목둘레·진동둘레는 지정 콧수를 주워 가터뜨기하는데 앞단·목둘레는 왕복뜨기, 진동둘레는 원형뜨기합니다. 뜨개 끝은 덮어씌워 코막음을 합니다. 끈은 지정 위치에 실을 연결해 이중사슬뜨기합니다.

● D·E…전체를 모티프 연결로 뜹니다. 2번째 장부터는 마지막 단에서 이웃하는 모티프와 빼뜨기로 연결합니다. 둘레는 테두리뜨기합니다.

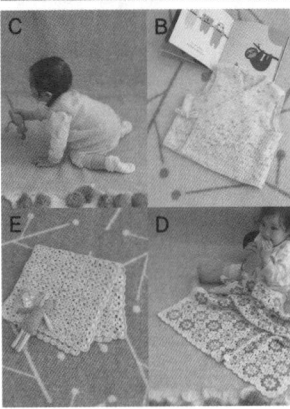
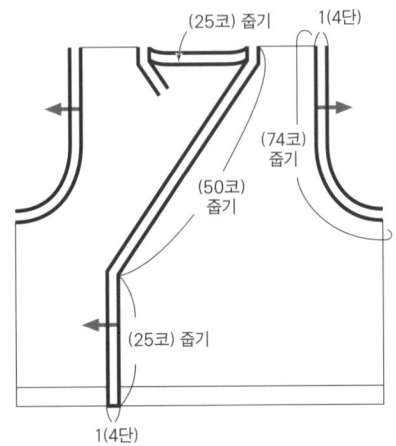
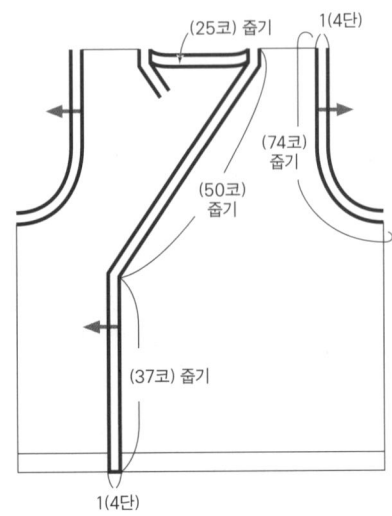

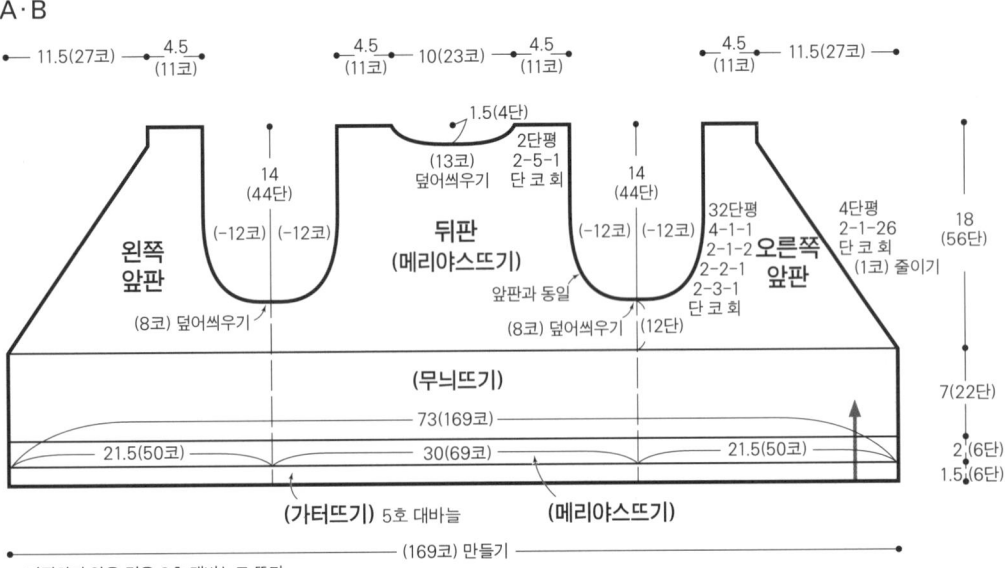

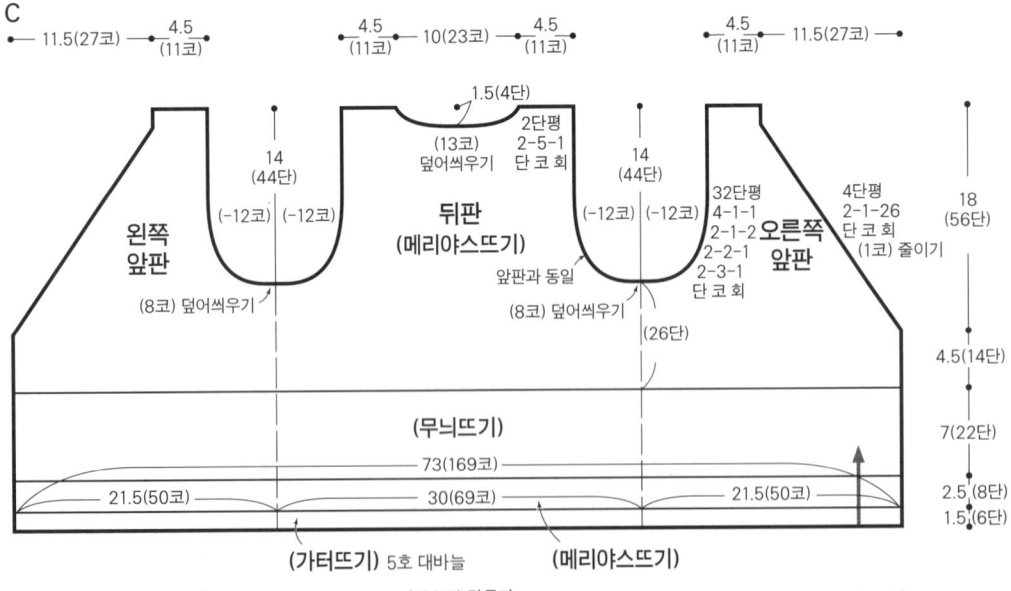

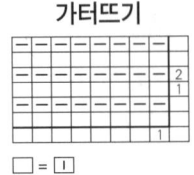
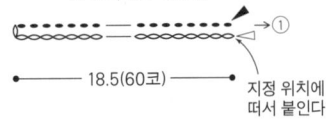

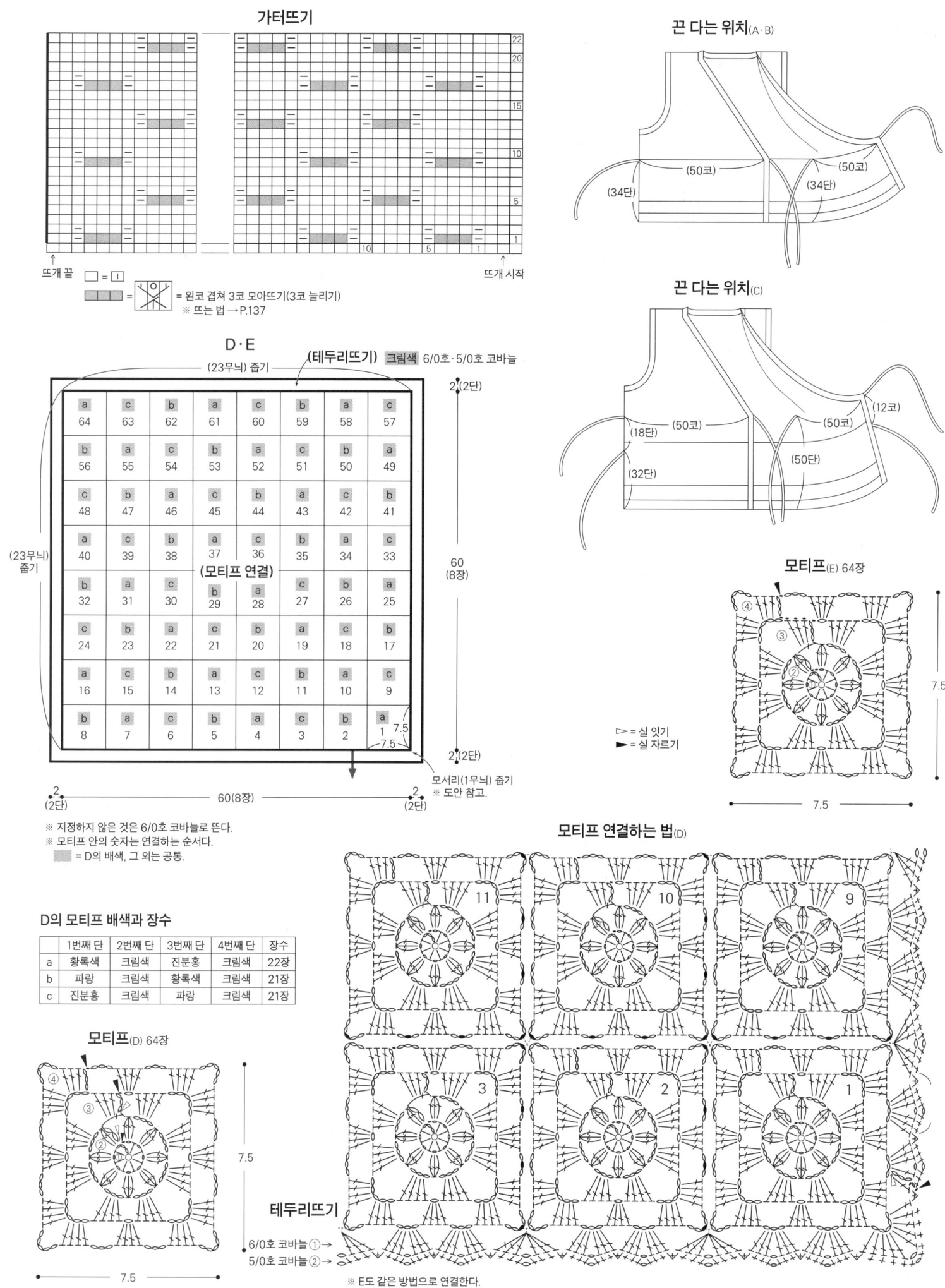

# 이벤트용 니트 38·39 Page ★★★

퀸 애니

### 재료
실(잭 오 랜턴 모자)…퍼피 퀸 애니 오렌지색(967) 115g 3볼, 검은색(803) 5g 1볼, 초록색(935) 5g 1볼
실(마녀 모자)…퍼피 퀸 애니 검은색(803) 130g 3볼, 애쉬 퍼플(984) 15g 1볼
왈자고리…안지름 20mm×1개
실(검은 고양이 가방)…퍼피 퀸 애니 검은색(803) 70g 2볼, 노란색(934) 5g 1볼, 그레이(833) 약간 1볼
아플리케 자석 단추…지름 14mm×1세트

### 도구
코바늘 7/0호

### 완성 크기
잭 오 랜턴 모자…머리둘레 52cm, 깊이 25cm
마녀 모자…머리둘레 52cm, 깊이 30cm
검은 고양이 가방…폭 16cm, 깊이 16cm

### POINT
● 도안을 참고해 각 부분을 뜨고 마무리 방법을 참고해 완성합니다.

**꼭지 부분** 초록색

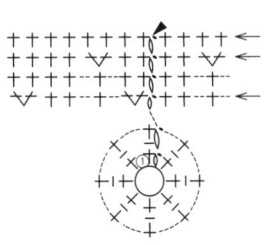

※ 다 뜨고 나면 초록색 실을 채워 넣는다.
† = 짧은 이랑뜨기

**오른쪽 눈** 검은색   **왼쪽 눈** 검은색

**입** 검은색

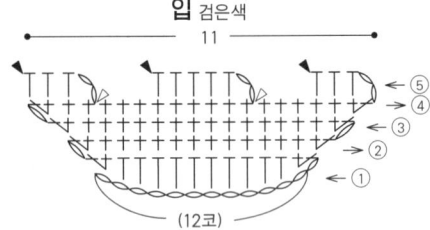

※ 전부 7/0호 코바늘로 뜬다.
▷ = 실 잇기
▶ = 실 자르기

### 마무리 방법

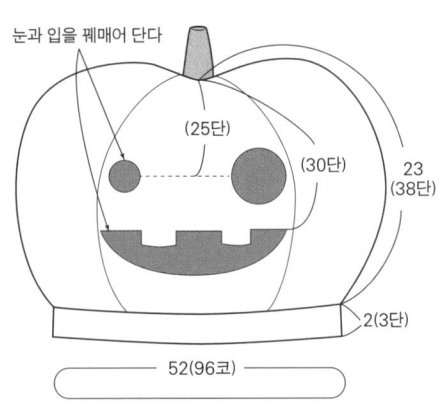

### 잭 오 랜턴 모자의 증감코

| 단수 | 콧수 | |
|---|---|---|
| 2·3단 | 96코 | |
| 1단 | 96코 | (−6코) |
| 38단 | 102코 | (−12코) |
| 37단 | 114코 | |
| 36단 | 114코 | (−12코) |
| 35단 | 126코 | |
| 34단 | 126코 | (−12코) |
| 27~33단 | 138코 | |
| 26단 | 138코 | (+6코) |
| 25단 | 132코 | |
| 24단 | 132코 | (+6코) |
| 23단 | 126코 | |
| 22단 | 126코 | (+6코) |
| 21단 | 120코 | |
| 20단 | 120코 | (+6코) |
| 19단 | 114코 | |
| 18단 | 114코 | (+6코) |
| 17단 | 108코 | |
| 16단 | 108코 | (+6코) |
| 15단 | 102코 | |
| 14단 | 102코 | (+6코) |
| 13단 | 96코 | (+6코) |
| 12단 | 90코 | (+6코) |
| 11단 | 84코 | (+6코) |
| 10단 | 78코 | (+6코) |
| 9단 | 72코 | (+12코) |
| 8단 | 60코 | (+6코) |
| 7단 | 54코 | (+12코) |
| 6단 | 42코 | (+6코) |
| 5단 | 36코 | (+12코) |
| 4단 | 24코 | (+6코) |
| 3단 | 18코 | (+6코) |
| 2단 | 12코 | (+6코) |
| 1단 | 6코 | |

**잭 오 랜턴 모자** 오렌지색

⌡ = 한길 긴 앞걸어뜨기
⌡ = 한길 긴 뒤걸어뜨기

※ 뜨는 법 → P.183

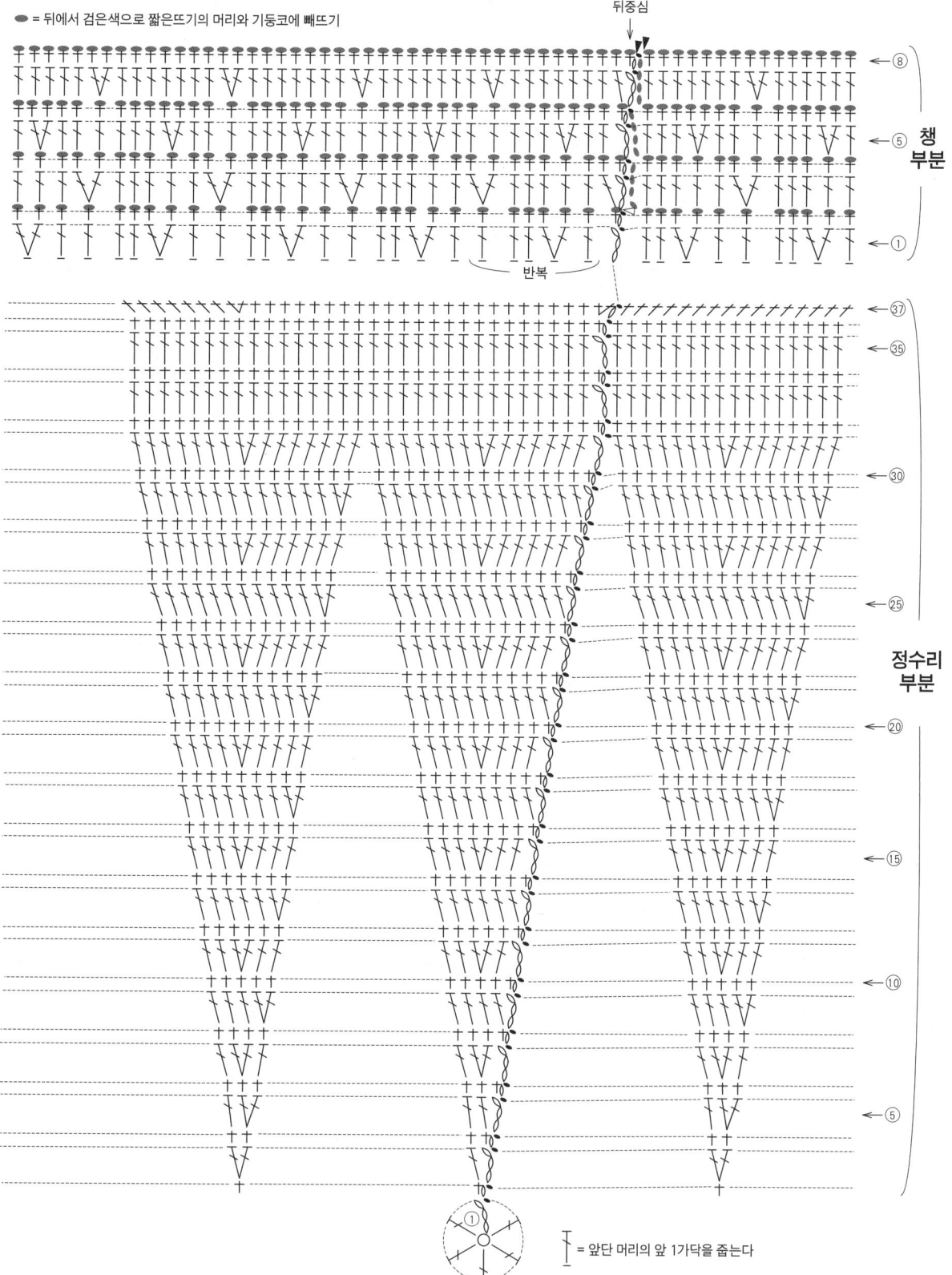

166페이지로 이어집니다. ▶

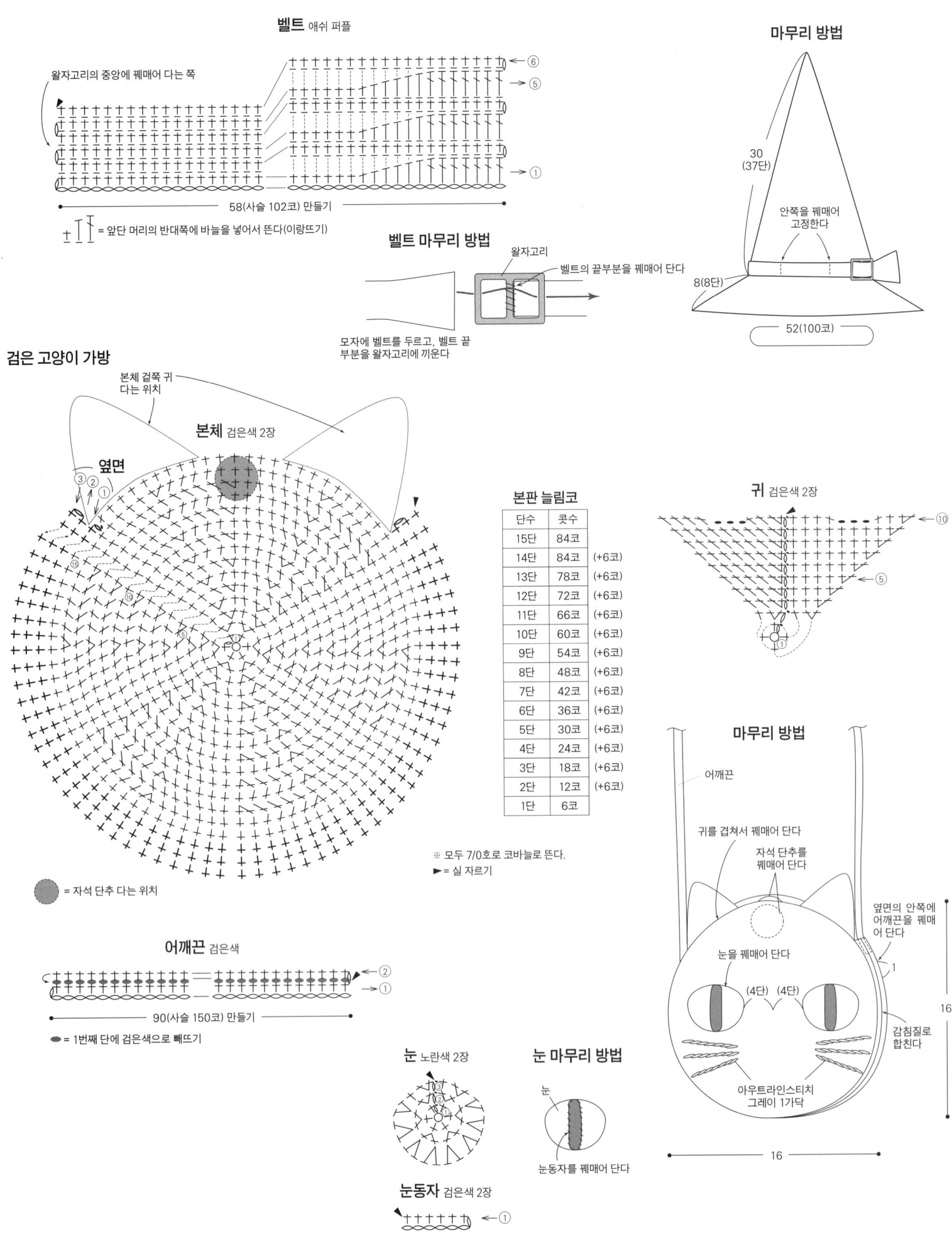

# 벌키 재킷
## 54 Page ★★★

소노모노 그랜드

### 재료
실…하마나카 소노모노 그랜드 갈색(163) 580g 12볼, 미색(161) 190g 4볼, 그레이(165) 70g 2볼
단추…지름 28mm×6개

### 도구
대바늘 15호·13호

### 완성 크기
가슴둘레 105cm, 옷길이 60.5cm, 소매길이 70.5cm

### 게이지(10×10cm)
메리야스뜨기 13코×20단, 배색무늬뜨기 A·B 13코×16단

### POINT
● 몸판·소매…손가락으로 거는 기초코를 만들고 1코 고무뜨기, 메리야스뜨기, 배색무늬뜨기 A·B로 뜨는데 소매는 원형으로 뜹니다. 배색무늬뜨기는 걸치는 실을 감싸면서 뜨는 방법으로 진행합니다. 주머니 위치에는 별도의 실을 떠 넣어둡니다. 소맷단의 늘림코는 도안을 참고하세요. 요크는 새로 실을 잇고 안쪽 단에서 뜨기 시작해 메리야스뜨기와 배색무늬뜨기 A로 뜹니다. 줄임코는 도안을 참고하세요. 뜨개 끝은 쉼코로 마무리합니다.

● 마무리…겨드랑이 부분의 코는 메리야스 잇기를 합니다. 주머니 위치에서 코를 줍고 주머니 입구를 1코 고무뜨기합니다. 뜨개 끝은 겉뜨기는 겉뜨기로, 안뜨기는 안뜨기로 뜨면서 코막음합니다. 주머니 안쪽은 메리야스뜨기, 뜨개 끝은 코막음합니다. 주머니 입구는 떠서 꿰매기, 주머니 안쪽은 감아서 꿰매기와 감아서 잇기로 몸판과 합칩니다. 앞단은 지정 콧수를 주워 1코 고무뜨기합니다. 오른쪽 앞단에는 단춧구멍을 만듭니다. 뜨개 끝은 주머니 입구와 동일한 방법으로 처리합니다. 칼라는 손가락으로 거는 기초코를 만들어 가터뜨기합니다. 줄임코는 도안을 참고하세요. 칼라의 안쪽과 몸판의 겉쪽을 보면서 떠서 꿰매기와 코와 단 잇기로 합칩니다. 단추를 달아 마무리합니다.

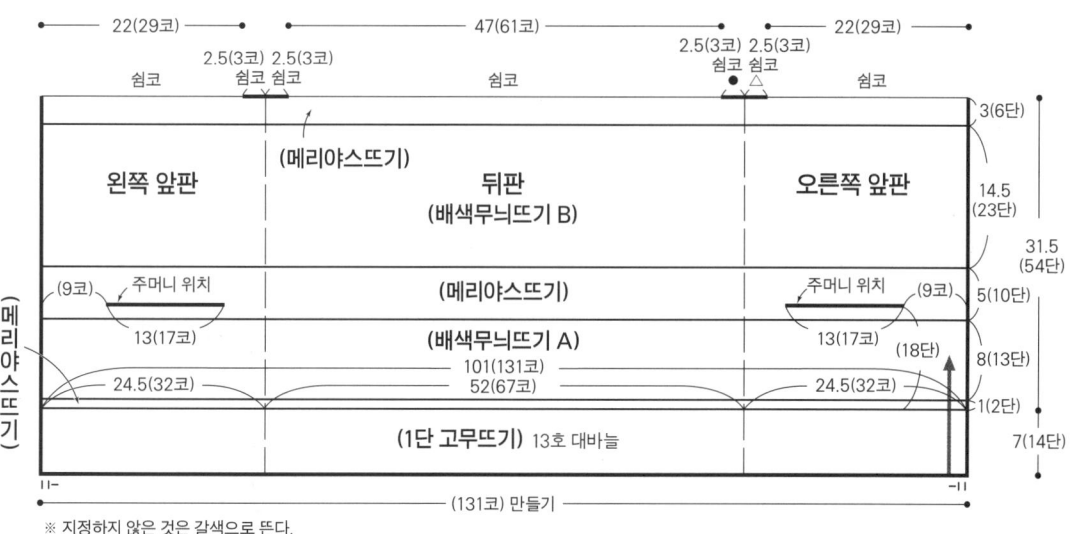

※ 지정하지 않은 것은 갈색으로 뜬다.
※ 지정하지 않은 것은 15호 대바늘로 뜬다.
※ 걸친 실을 감싸며 배색무늬뜨기→P.181
※ ●와 △는 메리야스 잇기.

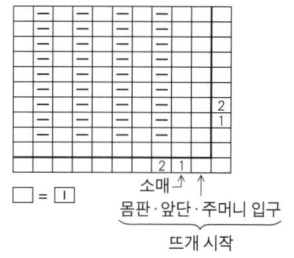

1코 고무뜨기

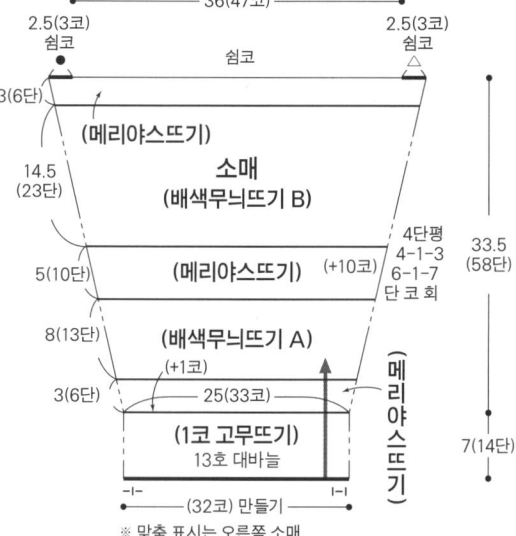

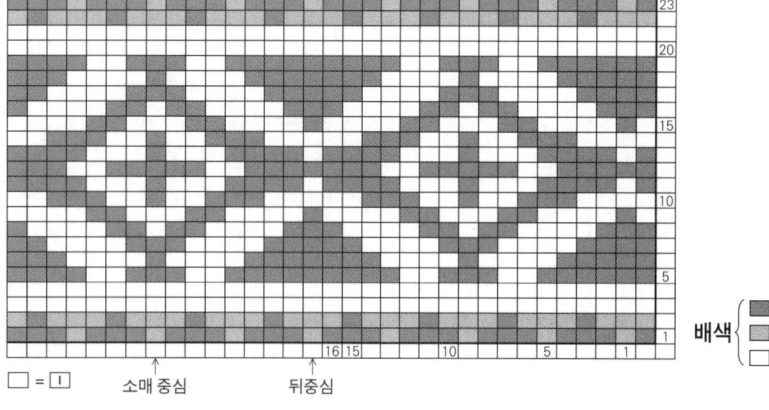

배색무늬뜨기 B

배색
- ■ = 갈색
- ▨ = 그레이
- □ = 미색

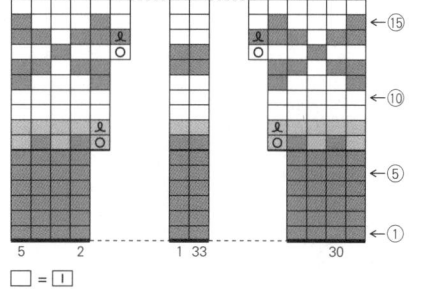

소맷단의 늘림코

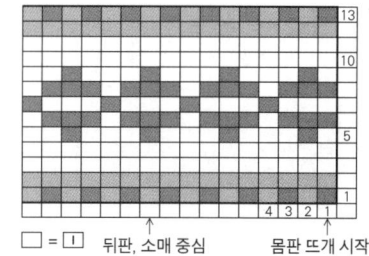

배색무늬뜨기 A

168페이지로 이어집니다. ▶

▶ 167페이지에서 이어집니다.

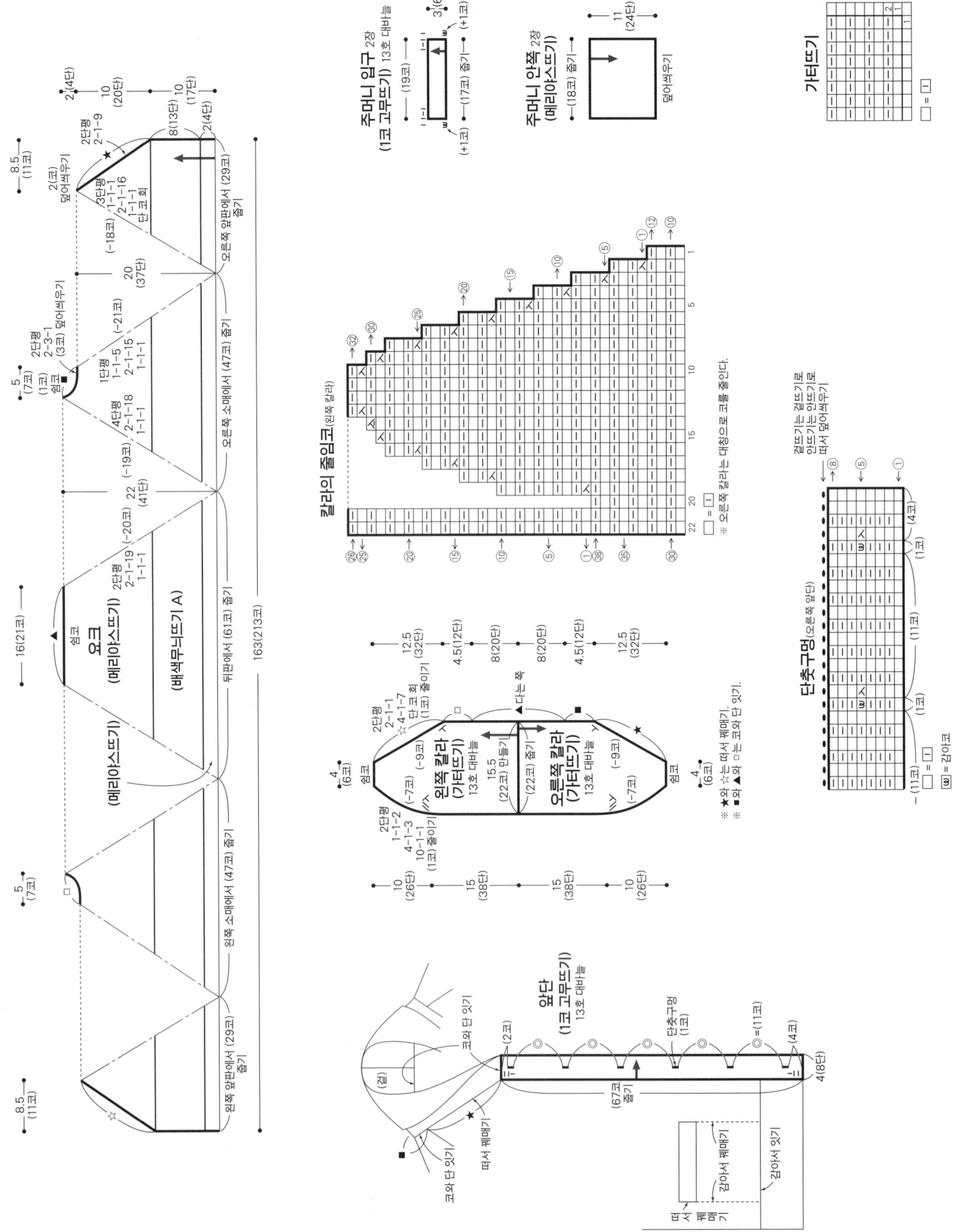

168

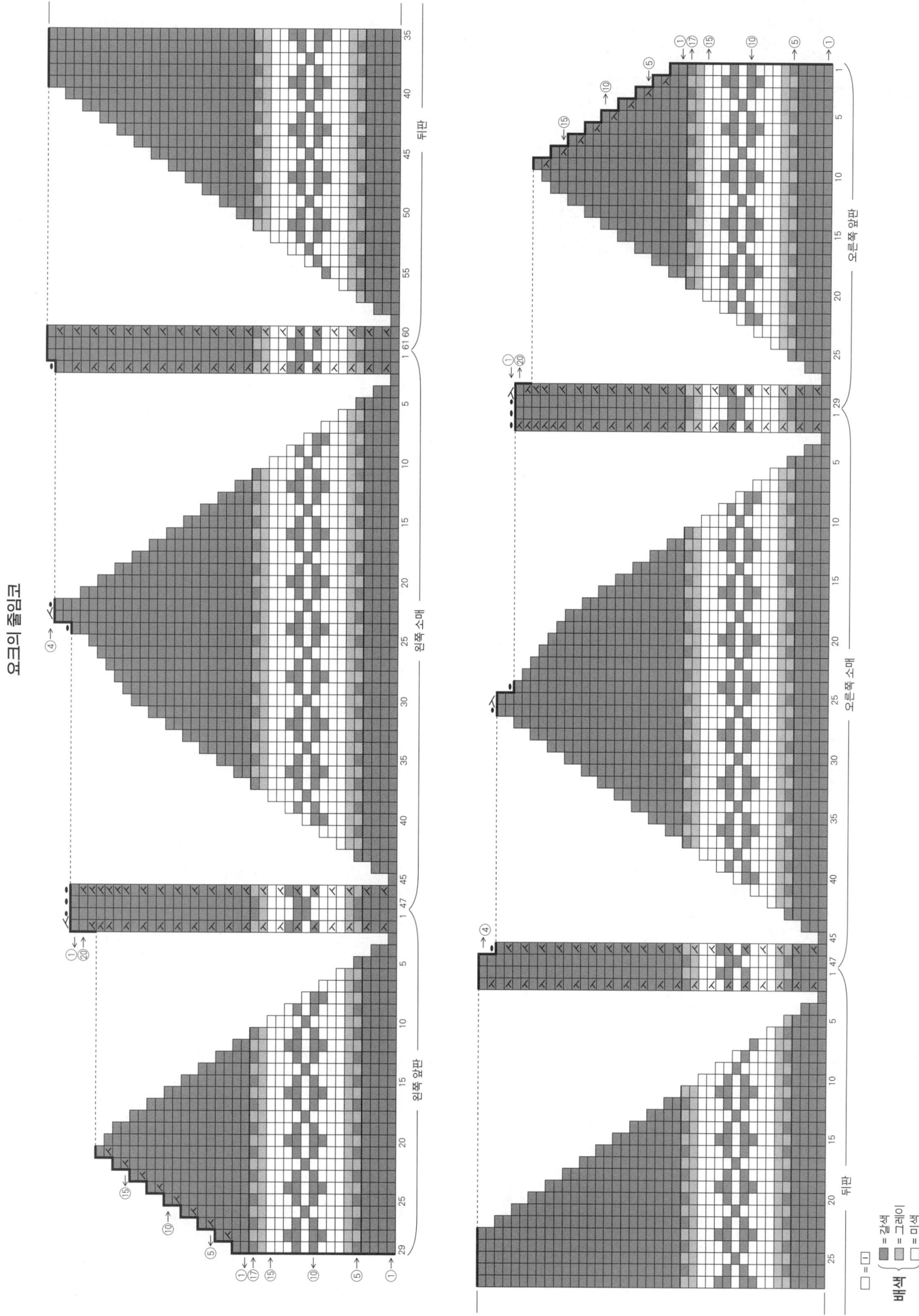

# 벌키 재킷
## 55 Page ★★★

울 탐

### 재료
실…다루마 울 탐 올리브(3) 325g 7볼, 마리골드(2) 150g 3볼, 라이트그레이(5) 80g 2볼, 미색(1) 60g 2볼
단추…지름 25mm×7개

### 도구
대바늘 15호·12호

### 완성 크기
가슴둘레 129cm, 옷길이 68.5cm, 소매길이 83.5cm

### 게이지(10×10cm)
메리야스뜨기 12코×17.5단, 배색무늬뜨기 A·B 12코×15.5단

### POINT
● 몸판·소매·요크…손가락으로 거는 기초코를 만들어 변형 1코 고무뜨기합니다. 계속 몸판은 배색무늬뜨기 A와 메리야스뜨기로, 소매는 배색무늬뜨기 B와 메리야스뜨기합니다. 배색무늬뜨기는 실을 가로로 걸치는 방법으로 뜹니다. 소맷단의 늘림코는 1코 안쪽에서 돌려뜨기로 합니다. 소맷단을 떠서 꿰매기하고 맞춤 표시끼리 연결합니다. 요크는 몸판과 소매에서 코를 주워 배색무늬뜨기 C로 뜹니다. 분산 줄임코는 도안을 참고하세요. 계속 목둘레를 변형 1코 고무뜨기 줄무늬 A로 뜨고, 뜨개 끝은 변형 1코 고무뜨기 코막음으로 마무리합니다.

● 마무리…앞단은 지정 콧수를 주워 변형 1코 고무뜨기 줄무늬 B로 뜹니다. 왼쪽 앞단에는 단춧구멍을 만듭니다. 뜨개 끝은 무늬가 이어지는 부분을 뜨면서 코막음합니다. 단추를 달아 마무리합니다.

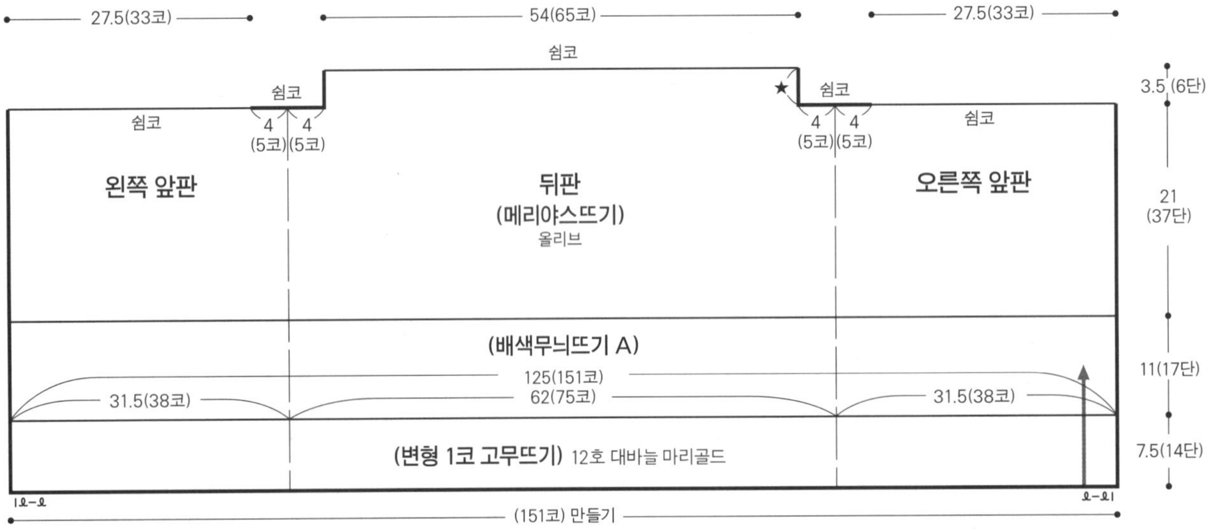

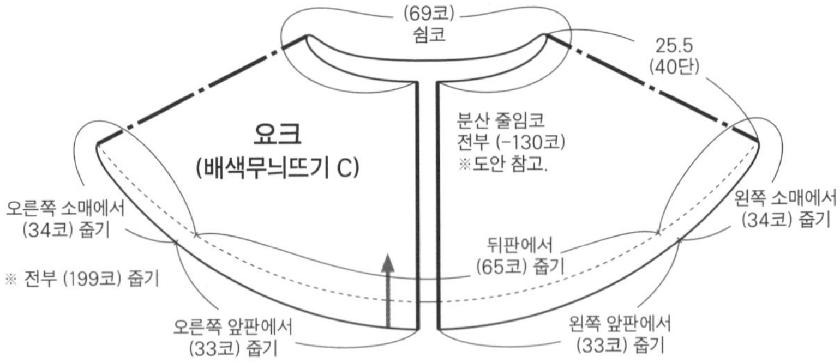

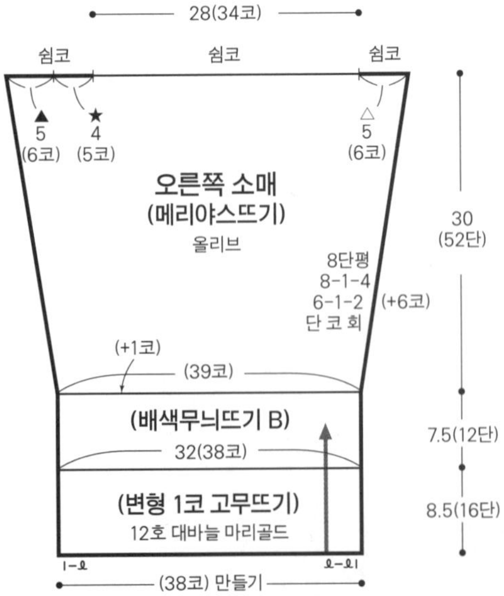

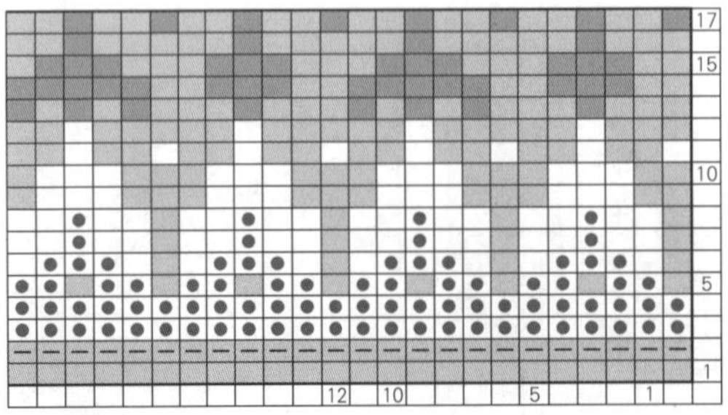

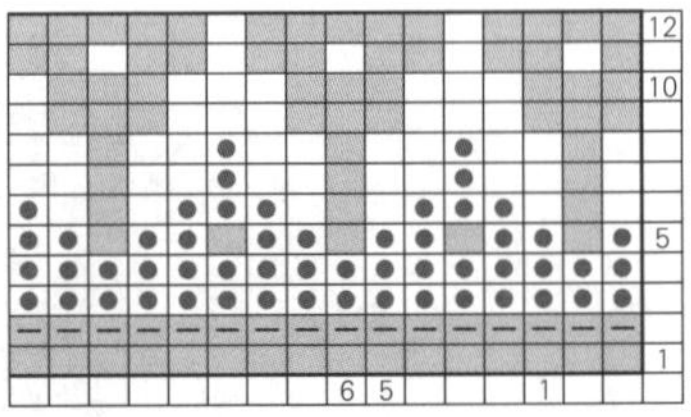

## 목둘레
(변형 1코 고무뜨기 줄무늬 A)
12호 대바늘

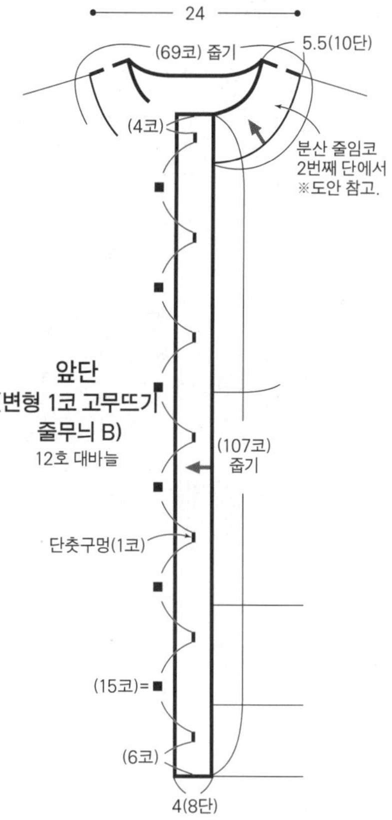

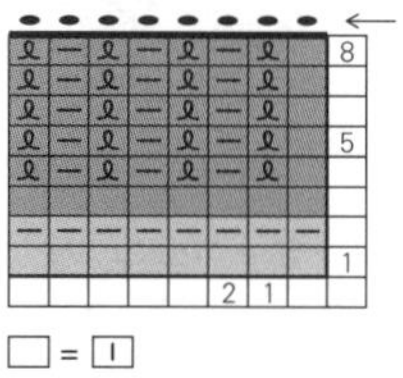

## 배색무늬뜨기 C와 분산 줄임코

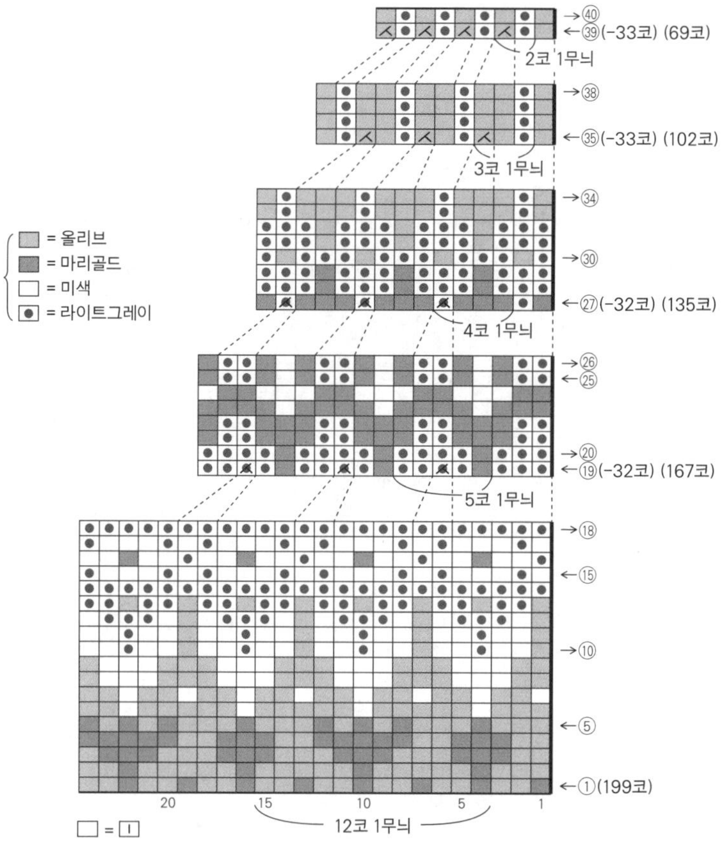

## 변형 1코 고무뜨기
(밑단 · 소맷부리)

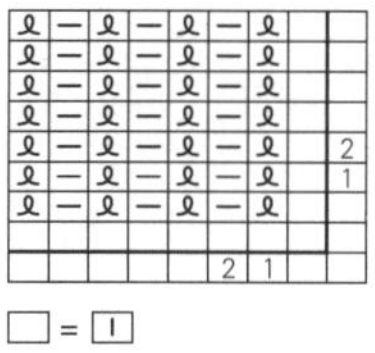

## 앞단
(변형 1코 고무뜨기 줄무늬 B)
12호 대바늘

## 변형 1코 고무뜨기 줄무늬 B

배색
- = 올리브
- = 마리골드

배색
- = 올리브
- = 마리골드
- = 미색
- = 라이트그레이

※ 변형 1코 고무뜨기 코막음 → P.111

## 단춧구멍 (왼쪽 앞단)

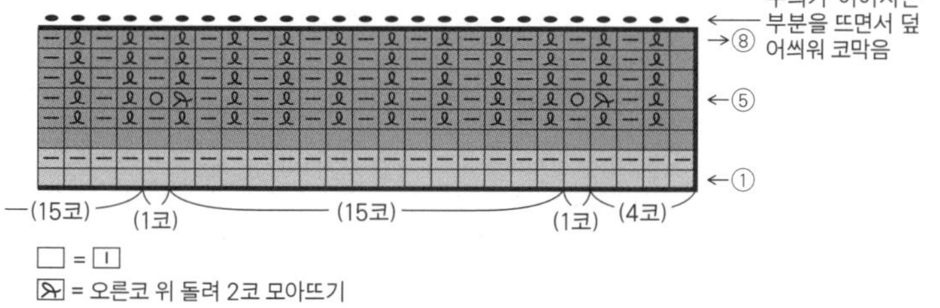

## 변형 1코 고무뜨기 줄무늬 A (목둘레)

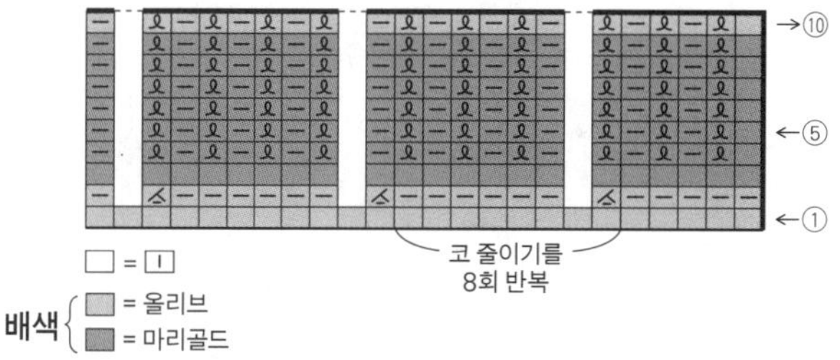

배색
- = 올리브
- = 마리골드

### 한길 긴 이랑뜨기

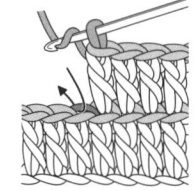
1 바늘에 실을 건 뒤 앞단의 머리 반대쪽 1가닥에 바늘을 넣는다.

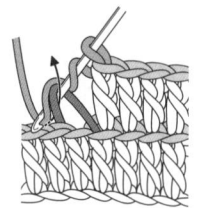
2 바늘에 실을 걸어서 끌어낸다.

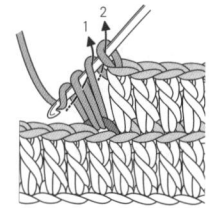
3 바늘에 실을 걸어서 바늘 끝의 고리 2개를 빼낸 뒤 다시 바늘에 실을 걸어 남아있는 고리 2개를 한꺼번에 빼낸다.

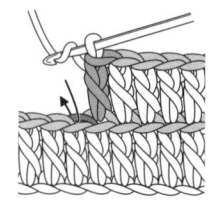
4 한길 긴 이랑뜨기 완성. 다음 코도 반대쪽 1가닥을 주워 뜬다.

### 짧은 이랑뜨기

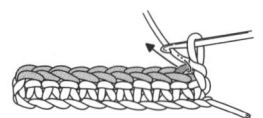
1 앞단 코의 반대쪽 반코에 바늘을 넣어 짧은뜨기한다.

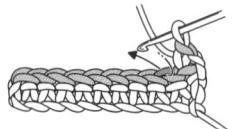
2 다음 코도 계속 같은 방법으로 뜬다.

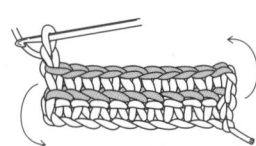
3 끝까지 뜨고 나면 기둥코 1코를 뜨고 뜨개바탕을 뒤집는다.

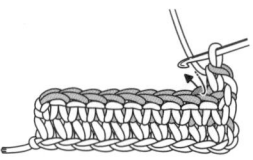
4 앞과 동일한 방법으로 반대쪽 반코에 바늘을 넣어 짧은뜨기한다.

## 마크라메 백 56·57 Page ★★★

아크릴코드 2×2

**재료**
메르헨 아트 마크라메용 아크릴코드 2×2 ※실의 색이름·색 번호·사용량·부자재는 표를 참고하세요.

**도구**
마크라메 보드, 마크라메 핀

**완성 크기**
폭 21cm, 깊이 17cm

**POINT**
● 지정 치수로 끈을 자르고 도안을 참고해 엮어 나갑니다. 지정 위치에 단추를 답니다.

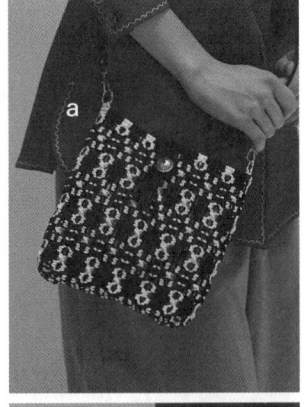

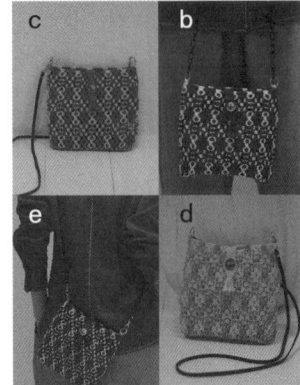

### 사용 소재 목록

| | 아크릴코드 2×2 | | 부자재 | | |
|---|---|---|---|---|---|
| | 색이름(색 번호) | 사용량 | | | |
| a | 검은색(572) | 2볼 | 천연가죽 어깨끈(S1138 실버) 120cm×1개 | 콘초단추(AC319 오닉스) 20mm×1개 | 두꺼운 O링(S1804 실버) 15mm×각 1세트 |
| b | 미색(571) | 1볼 | | | |
| b | 빨간색(577) | 2볼 | 훅 달린 체인(MA2192 검은색) 48cm×1개 | 콘초단추(AC318 코랄) 20mm×1개 | |
| | 미색(571) | 1볼 | | | |
| c | 모스그린(581) | 2볼 | 천연가죽 어깨끈(S1138 실버) 120cm×각 1개 | 콘초단추(AC315 앤틱실버) 20mm×각 1개 | |
| | 베이지(584) | 1볼 | | | |
| d | 옐로(579) | 2볼 | | | |
| | 오렌지(578) | 1볼 | | | |
| e | 블루그레이(574) | 2볼 | | 콘초단추(AC317 터쿼이즈) 20mm×각 1개 | |
| | 그레이(573) | 1볼 | | | |

### 배색

| | A색 | B색 |
|---|---|---|
| a | 검은색(572) | 미색(571) |
| b | 빨간색(577) | 미색(571) |
| c | 모스그린(581) | 베이지(584) |
| d | 옐로(579) | 오렌지(578) |
| e | 블루그레이(574) | 그레이(573) |

### 끈 자르는 치수

| | | |
|---|---|---|
| A색 | a(중심 끈) | 140cm×1줄 |
| | b(엮는 끈) | 160cm×48줄 |
| | c(단추 고정 벨트) | 60cm×2줄 |
| | d(단추 고정 벨트) | 100cm×1줄 |
| B색 | e(엮는 끈) | 160cm×24줄 |

※ 단추 달기용으로 A색 40cm×2줄.

### 마무리 방법

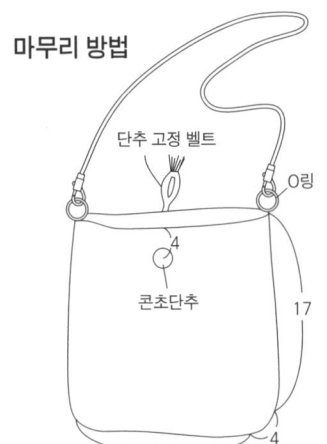

### 왼쪽 위 평매듭

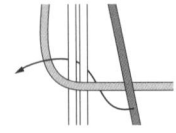 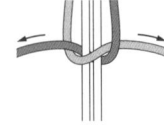 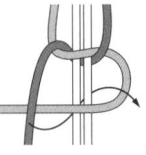 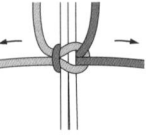

### 오른쪽 위 평매듭

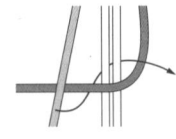 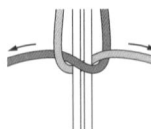 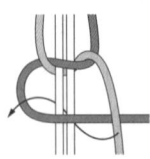 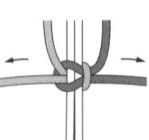

### 왼쪽 위 나선매듭

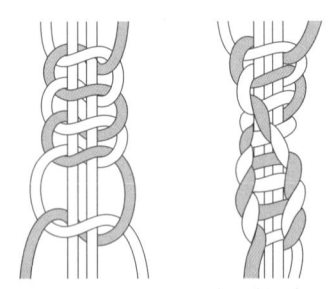

왼쪽 위 평매듭의 응용으로, 왼쪽 실을 접고 오른쪽 실을 감는 과정을 반복한다. 6회 정도 엮으면 왼쪽에서 오른쪽으로 꼬아 나간다.

### 옭매듭

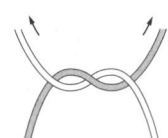 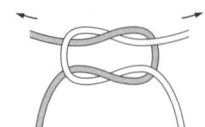 

### 끈 다는 법

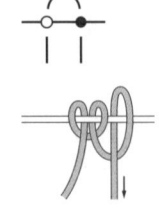 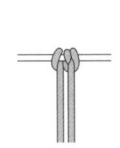 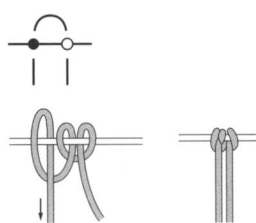

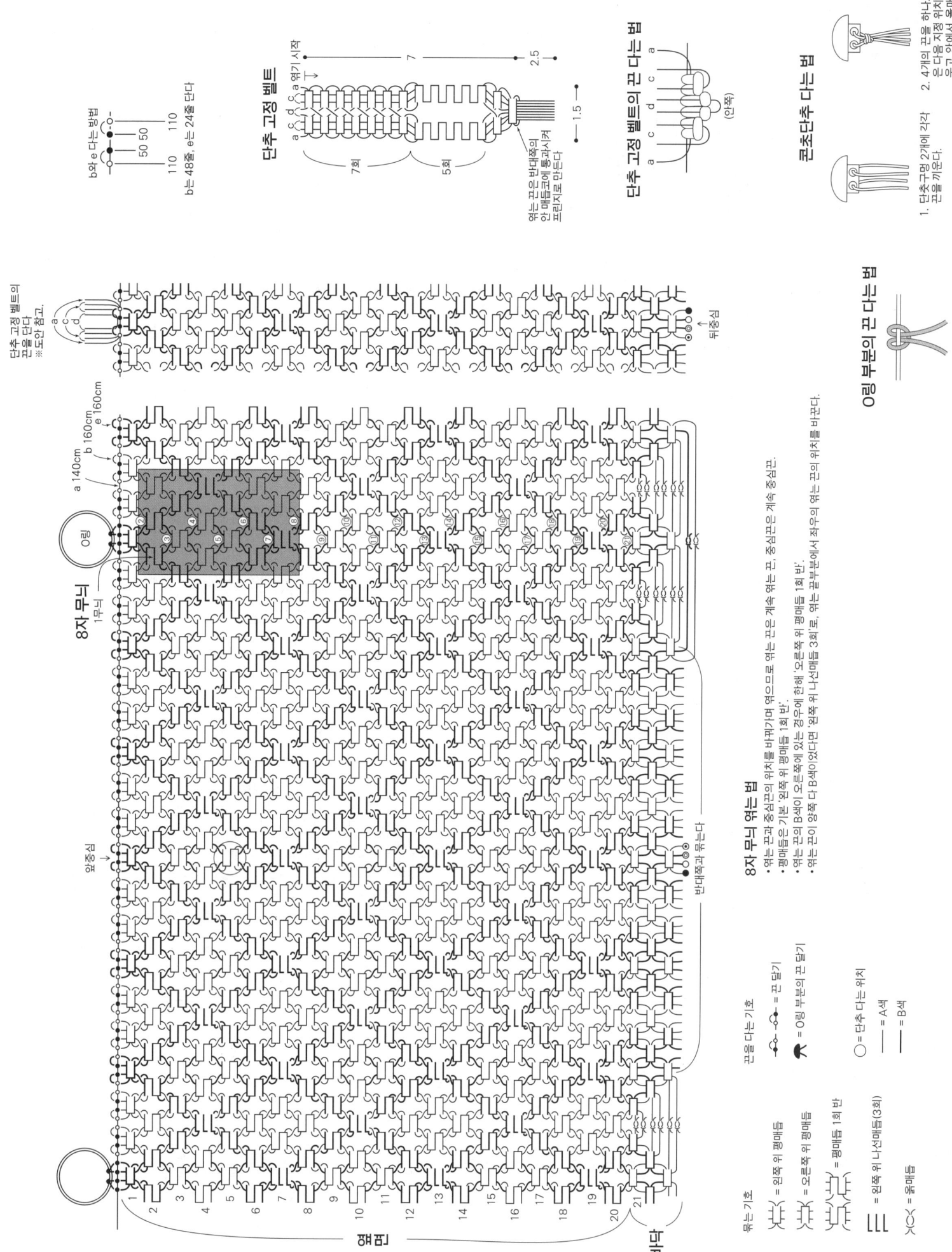

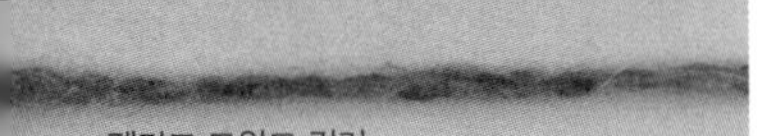

# Simple is Best
## 88 Page ★★

펠티드 트위드 컬러

**재료**
로완 펠티드 트위드 컬러 빨강·파랑 계열 그라데이션(021 Blush) 405g 9볼

**도구**
대바늘 5호

**완성 크기**
가슴둘레 116cm, 기장 57cm, 화장 69.5cm

**게이지(10×10cm)**
무늬뜨기 B 24코×44단

**POINT**
● 몸판·소매…손가락에 걸어서 만드는 기초코로 뜨개를 시작하고 메리야스뜨기, 무늬뜨기 A·B를 합니다. 목둘레 코 줄이기는 2번째 코부터는 덮어씌우기, 첫 코는 가장자리를 1코 세워 코 줄이기를 합니다. 소매 아래선의 코 늘리기는 1코 안쪽에서 돌려뜨기 늘림코를 합니다.

● 마무리…어깨는 덮어씌워 잇기, 옆선·소매 아래선은 떠서 꿰매기를 합니다. 목둘레는 지정 콧수만큼 주워 무늬뜨기 A, 메리야스뜨기를 원형으로 뜹니다. 마무리는 덮어씌워 코막음을 합니다. 소매는 빼뜨기 꿰매기를 해 몸판과 연결합니다.

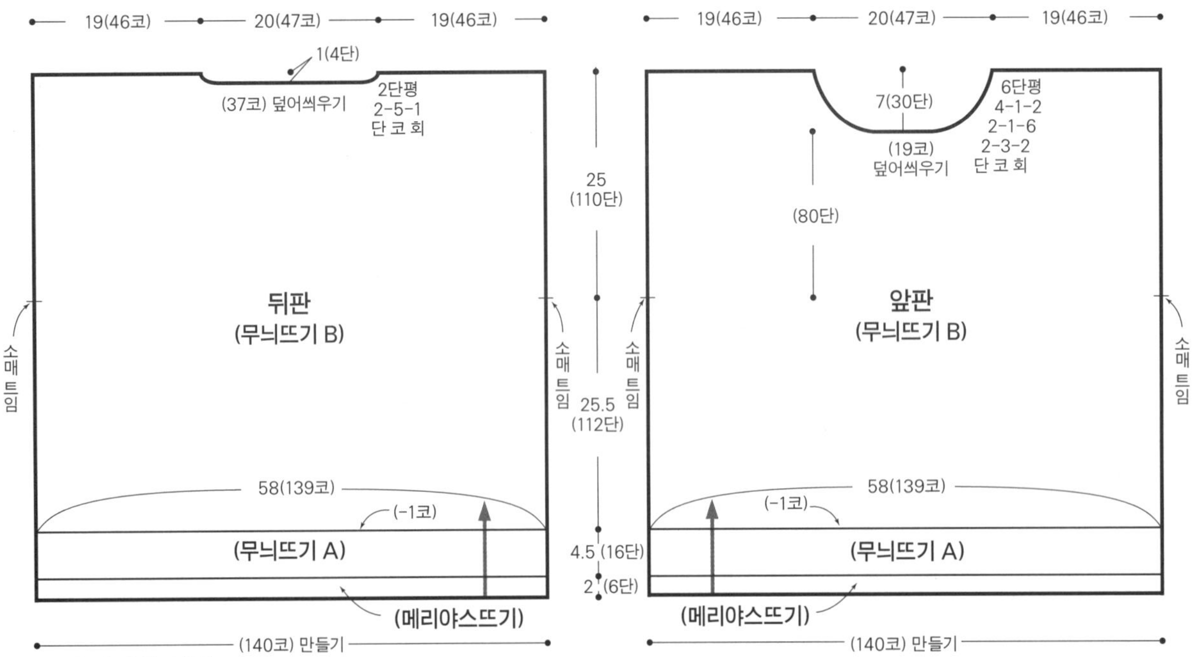

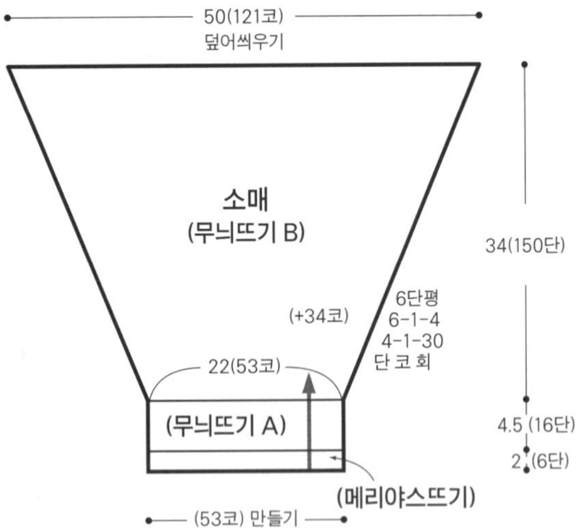

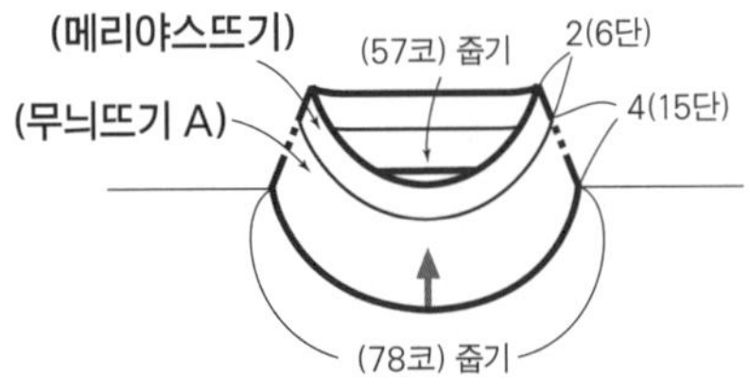

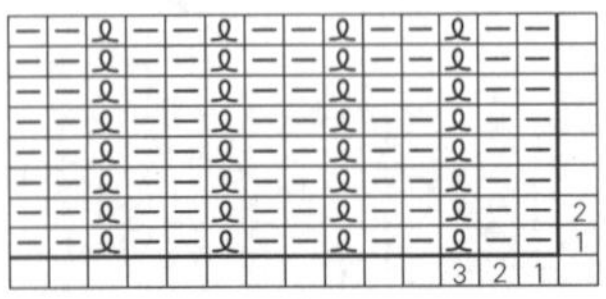

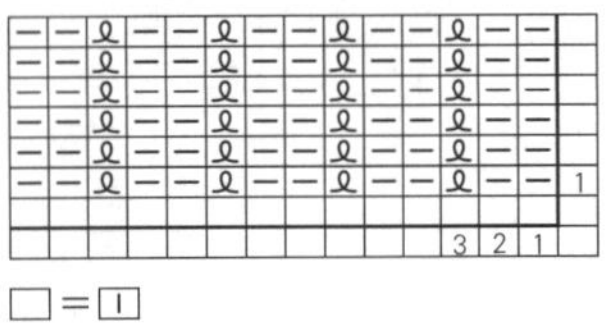

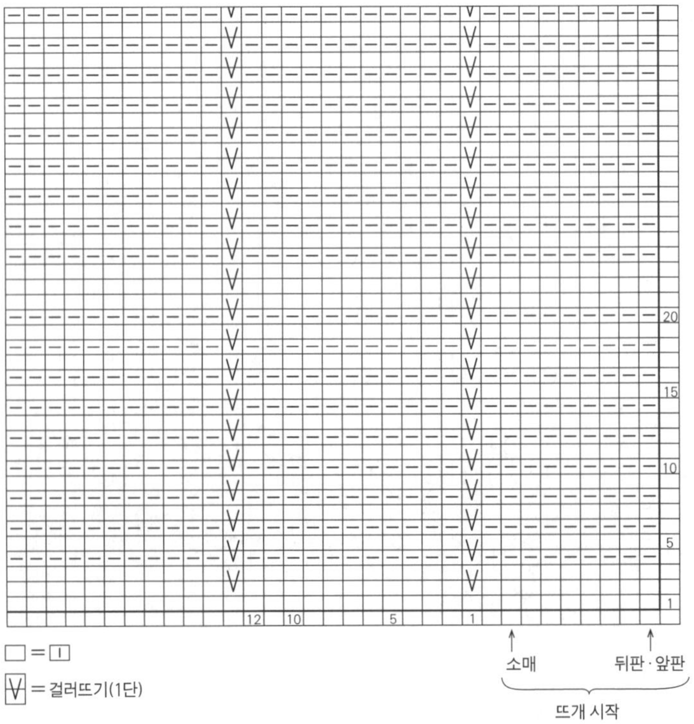

# Simple is Best
## 89 Page ★★★

키드실크 헤이즈

**재료**
로완 키드실크 헤이즈 베이지(686 Lustre) 265g 11볼

**도구**
대바늘 11호·9호

**완성 크기**
가슴둘레 114cm, 기장 55.5cm, 화장 70.5cm

**게이지**(10×10cm)
무늬뜨기 20코×26단

**POINT**
● 몸판·소매…모두 실 2가닥으로 뜹니다. 몸판은 독일식 트위스티드 코잡기(=올드 노르웨이언 코잡기)로 기초코를 만들어 뜨개를 시작하고 변형 1코 고무뜨기, 무늬뜨기를 합니다. 목둘레 코 줄이기는 2번째 코부터는 덮어씌우기, 첫 코는 가장자리 1코를 세워서 코 줄이기를 합니다. 어깨는 덮어씌워 잇기를 합니다. 소매는 지정 콧수만큼 주워 무늬뜨기, 변형 1코 고무뜨기를 합니다. 소매 아래선의 코 줄이기는 가장자리에서 2번째 코와 3번째 코를 2코 모아뜨기합니다. 마무리는 무늬를 이어 뜨면서 덮어씌워 코막음을 합니다.

● 마무리…목둘레는 지정 콧수만큼 주워 1코 고무뜨기를 원형으로 뜹니다. 마무리는 겉뜨기 코는 겉뜨기로, 안뜨기 코는 안뜨기로 뜨고 덮어씌워 코막음을 합니다. 옆선·소매 아래선은 떠서 꿰매기를 합니다.

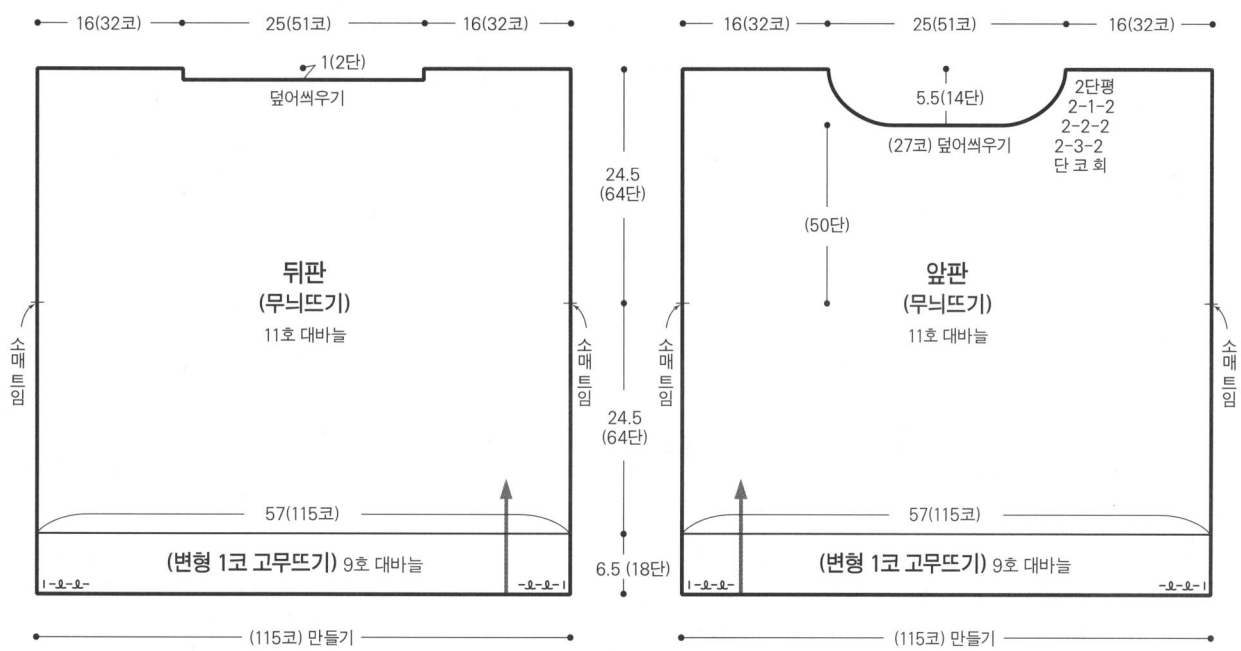

※ 모두 실 2가닥으로 뜬다.
※ 독일식 트위스티드 코잡기→P.177

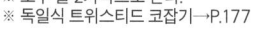

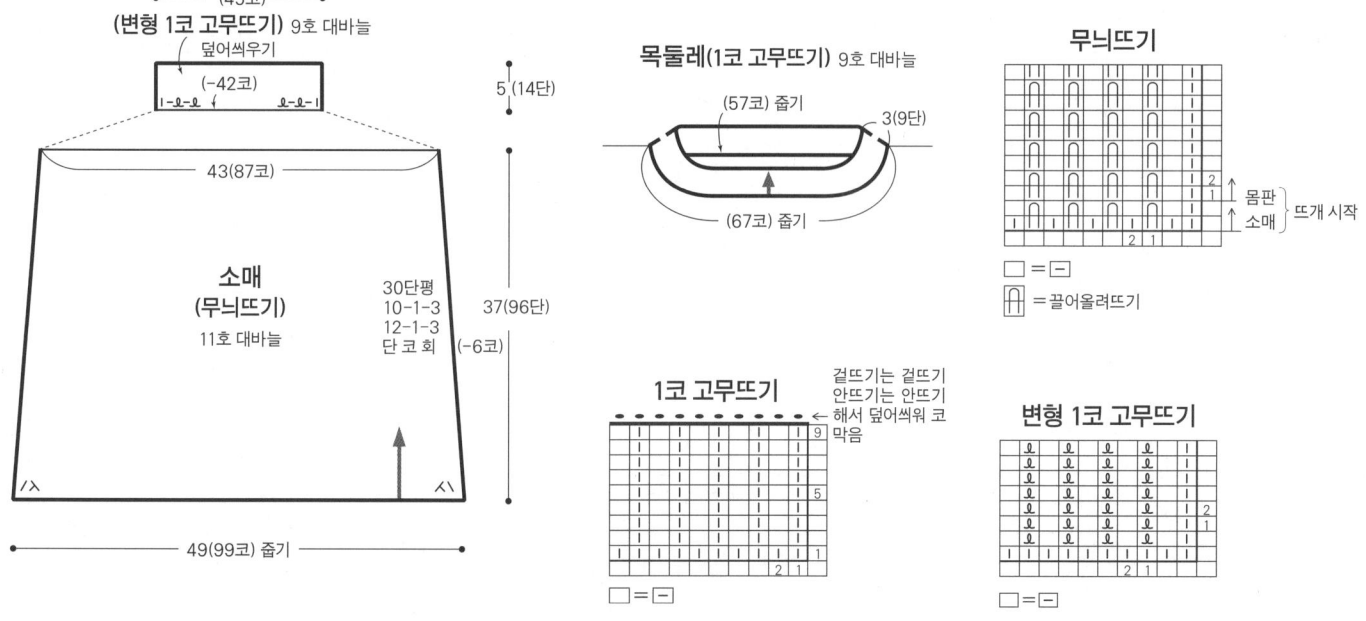

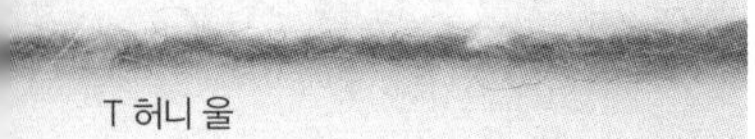

# Simple is Best
## 90 Page ★★★

T 허니 울

**재료**
데오리아 T 허니 울 올리브그린(07) 370g

**도구**
대바늘 8호·6호

**완성 크기**
가슴둘레 98cm, 기장 51.5cm, 화장 67.5cm

**게이지**(10×10cm)
메리야스뜨기 17코×26단, 무늬뜨기 B 18코×26.5단

**POINT**
● 목둘레는 손가락에 걸어서 만드는 기초코로 뜨개를 시작하고 무늬뜨기 A를 원형뜨기합니다. 계속해서 요크는 도안을 참고해 코 늘리기를 하면서 메리야스뜨기합니다. 몸판은 뒤판에 앞뒤 단차가 나오도록 왕복뜨기를 6단 합니다. 앞·뒤판 겨드랑이 부분은 감아코로 코 만들기 하고, 요크에서 지정 콧수를 주워 메리야스뜨기, 무늬뜨기 B, 1코 고무뜨기를 원형으로 합니다. 마무리는 겉뜨기 코는 겉뜨기, 안뜨기 코는 안뜨기하면서 덮어씌워 코막음을 합니다. 소매는 요크와 앞뒤 단차가 나는 부분, 겨드랑이 부분에서 코를 주워 몸판과 같은 방법으로 진행합니다. 소매 아래선의 코 줄이기는 도안을 참고하세요. 마무리는 몸판과 같은 방법으로 합니다.

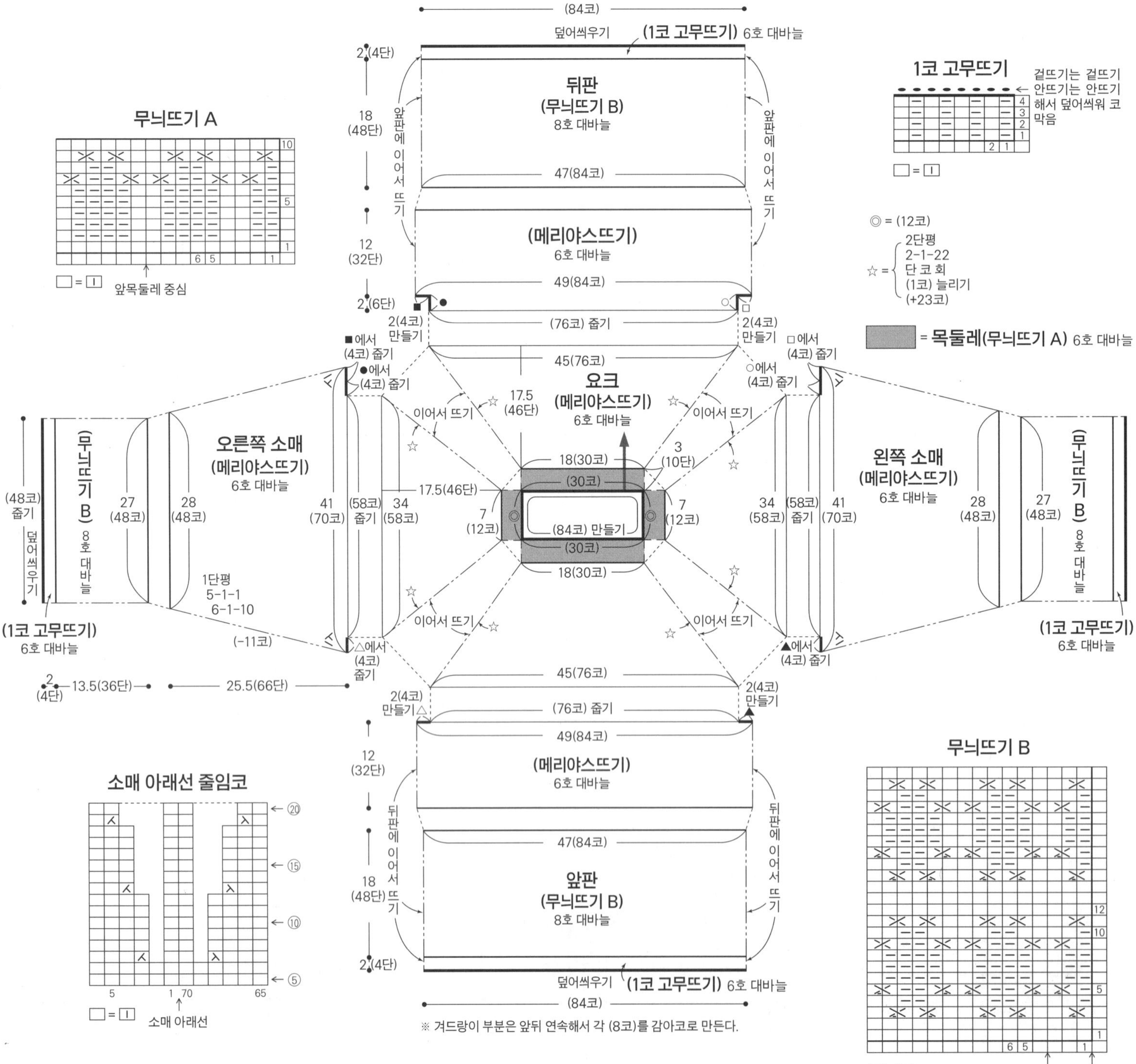

## 요크 늘림코

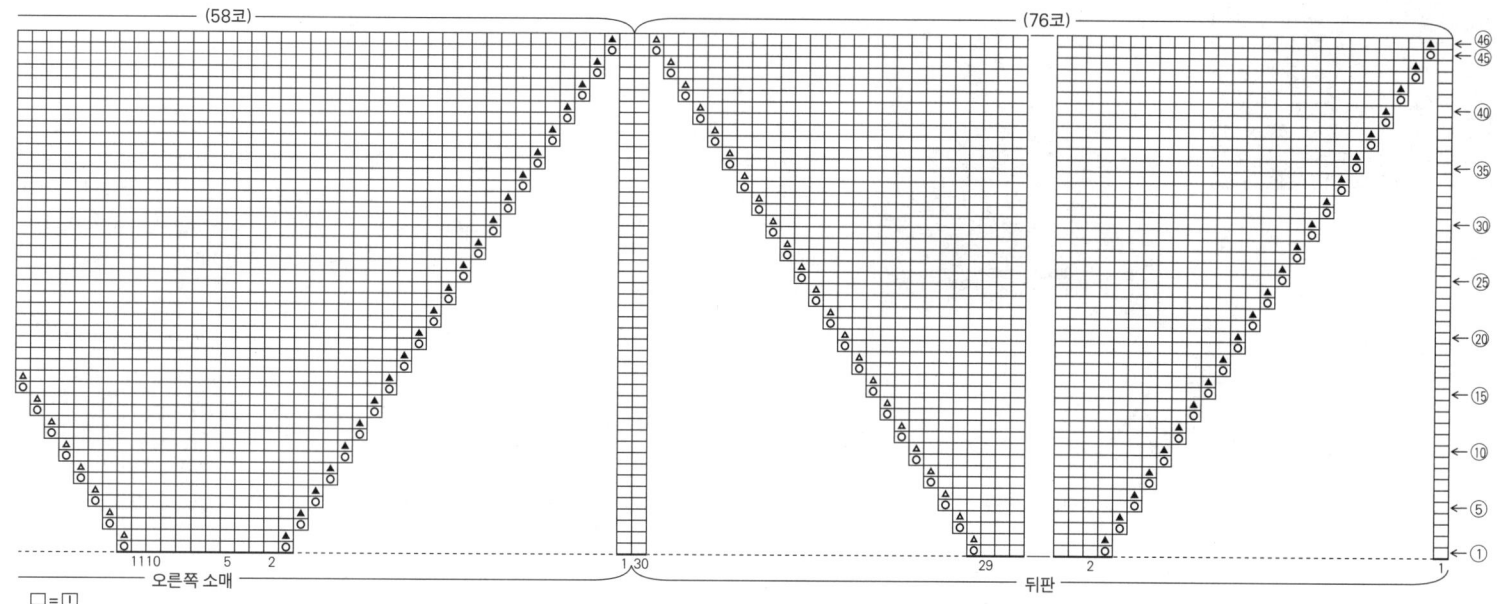

□ = ☐
▲ = 왼쪽으로 돌려뜨기 감아코
△ = 오른쪽으로 돌려뜨기 감아코

### 좌우 변형 늘림코

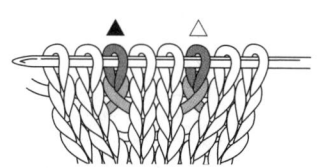

▲ 왼코 변형 늘림코　　△ 오른코 변형 늘림코
(왼쪽으로 돌려뜨기 감아코)　(오른쪽으로 돌려뜨기 감아코)

## 독일식 트위스티드 코잡기

**1** 손가락에 걸어서 만드는 기초코와 같은 방법으로 실을 걸어서 잡는다.

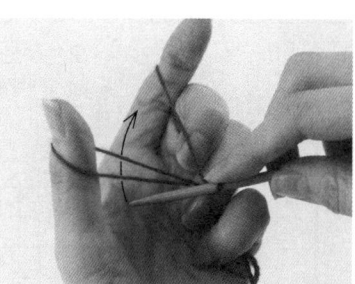

**2** 엄지에 걸린 실 아래쪽으로 바늘을 통과시켜

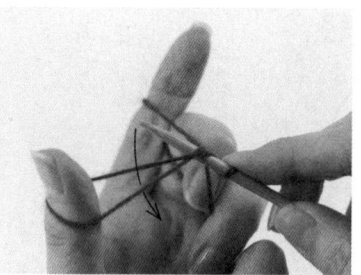

**3** 바깥쪽에서 엄지손가락의 고리 사이로 바늘을 넣는다.

**4** 엄지에 걸린 실을 앞쪽으로 당겨서

**5** 위쪽으로 들어 올린 다음 집게손가락에 걸린 실을 당긴다.

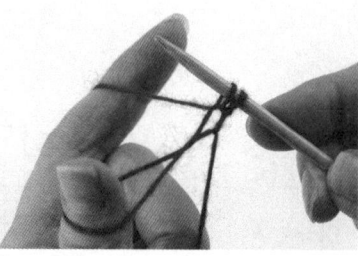

**6** 실을 걸어서 당긴 모습. 엄지손가락의 실을 빼내서 실을 조인다.

**7** 2번째 코 완성.

**8** 필요한 콧수만큼 2~6을 반복한다.

# Simple is Best
## 91 Page ★★

쿠 울

실크 모헤어 레이나

**재료**
실…데오리야 쿠 울 군청색(23) 230g
실…데오리야 실크 모헤어 레이나 남색(10) 95g
**도구**…대바늘 5호
**완성 크기**
가슴둘레 112cm, 기장 60cm, 화장 66.5cm
**게이지**(10×10cm)
메리야스뜨기 21코×33단

**POINT**
● 몸판·소매…손가락에 걸어서 만드는 기초코로 뜨개를 시작하고 메리야스뜨기와 2코 고무뜨기를 합니다. 래글런선의 코 줄이기는 가장자리에서 3번째 코와 4번째 코를 2코 모아뜨기합니다. 목둘레의 코 줄이기는 2번째 코 이후에는 덮어씌우기, 첫 코는 가장자리 1코를 세워서 코 줄이기를 합니다. 소매 아래선의 코 늘리기는 1코 안쪽에서 돌려뜨기 늘림코를 합니다.

● 마무리…래글런선·옆선·소매 아래선은 떠서 꿰매기, 겨드랑이 부분은 메리야스 잇기를 합니다. 목둘레는 지정 콧수만큼 주워 2코 고무뜨기와 메리야스뜨기를 원형으로 합니다. 마무리는 느슨하게 덮어씌워 코막음을 합니다.

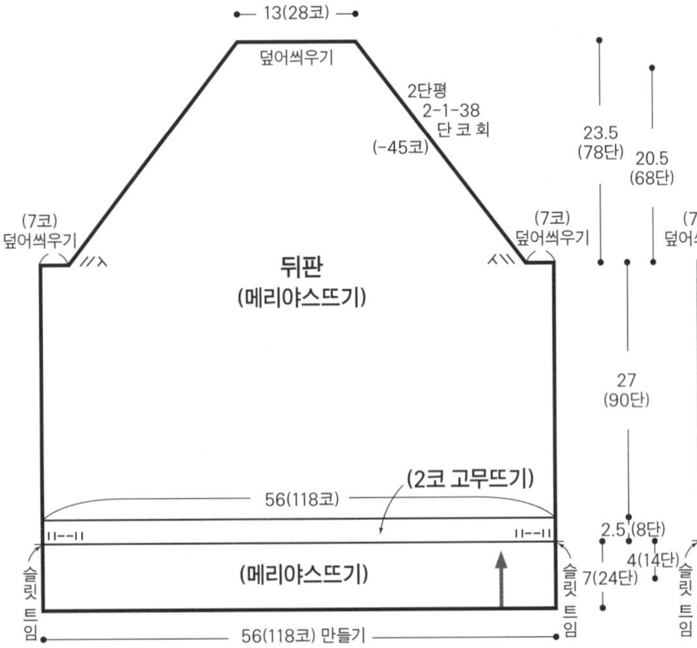

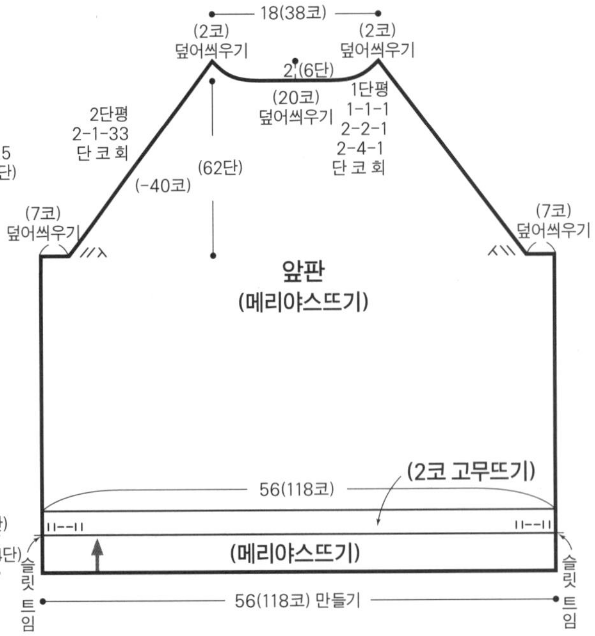

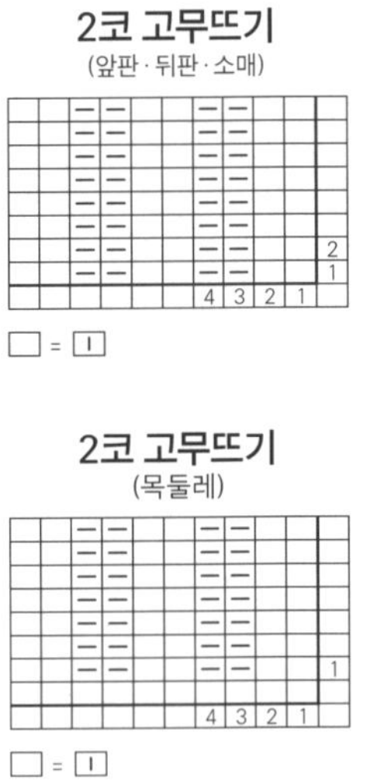

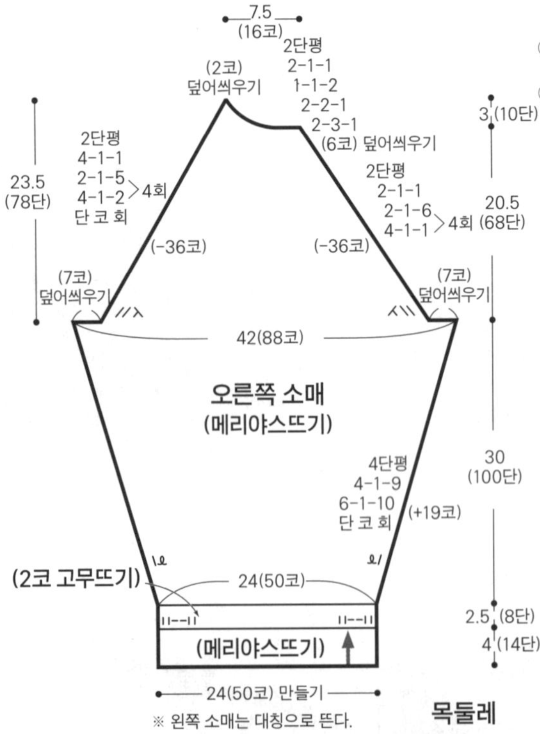

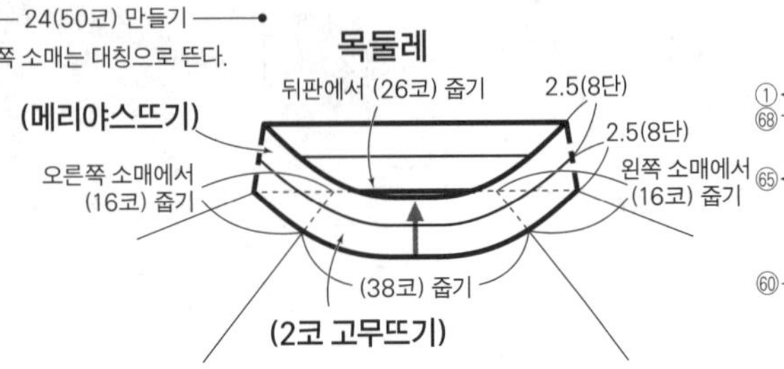

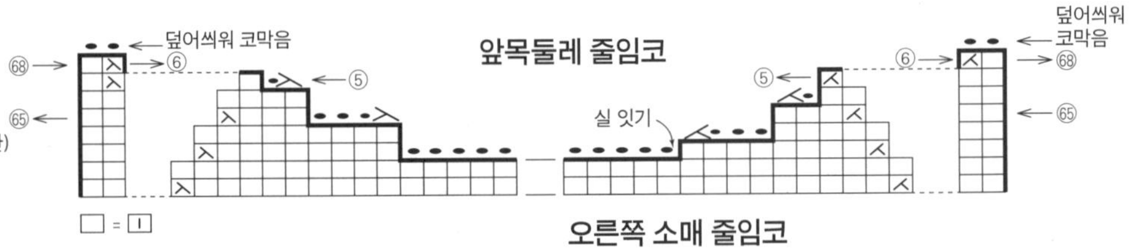

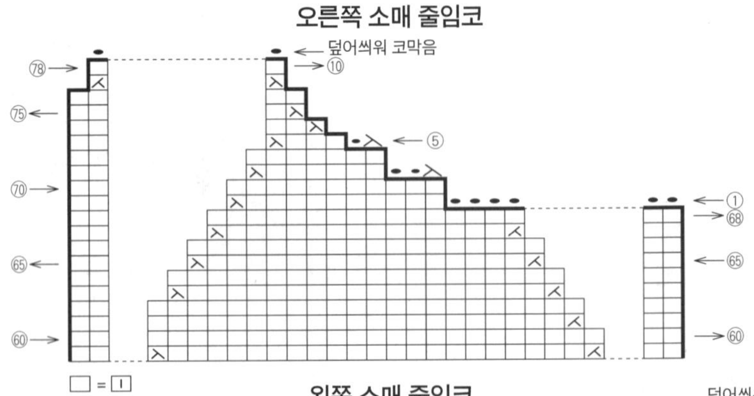

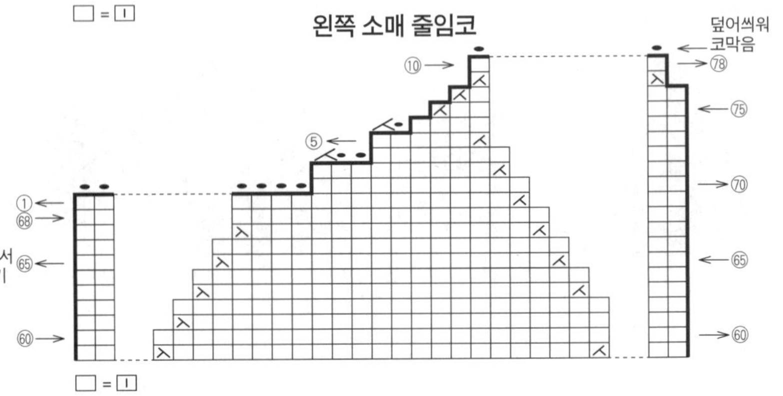

# Simple is Best
## 93 Page ★★★

유리카 모헤어

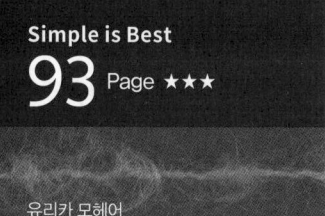

### 재료
실…퍼피 유리카 모헤어 베이지(301) 295g 8볼
단추…지름 18mm×4개

### 도구
대바늘 10호·8호

### 완성 크기
가슴둘레 122cm, 기장 52cm, 화장 72.5cm

### 게이지(10×10cm)
멍석뜨기 13코×25단

### POINT
● 몸판·소매…손가락에 걸어서 만드는 기초코로 뜨개를 시작하고 메리야스뜨기·무늬뜨기·멍석뜨기를 합니다. 코 줄이기는 2번째 코부터는 덮어씌우기, 첫 코는 가장자리 1코 세워서 코 줄이기를 합니다. 소매 아래선의 코 늘리기는 1코 안쪽에서 돌려뜨기 늘림코를 합니다.

● 마무리…어깨는 덮어씌워 잇기, 옆선·소매 아래선은 떠서 꿰매기를 합니다. 앞단은 지정 콧수만큼 주워 가터뜨기합니다. 오른쪽 앞단에는 단춧구멍을 냅니다. 마무리는 덮어씌워 코막음을 합니다. 목둘레는 메리야스뜨기를 하고 마무리는 느슨하게 덮어씌워 코막음합니다. 소매는 빼뜨기 꿰매기로 몸판과 연결합니다. 단추를 달아서 완성합니다.

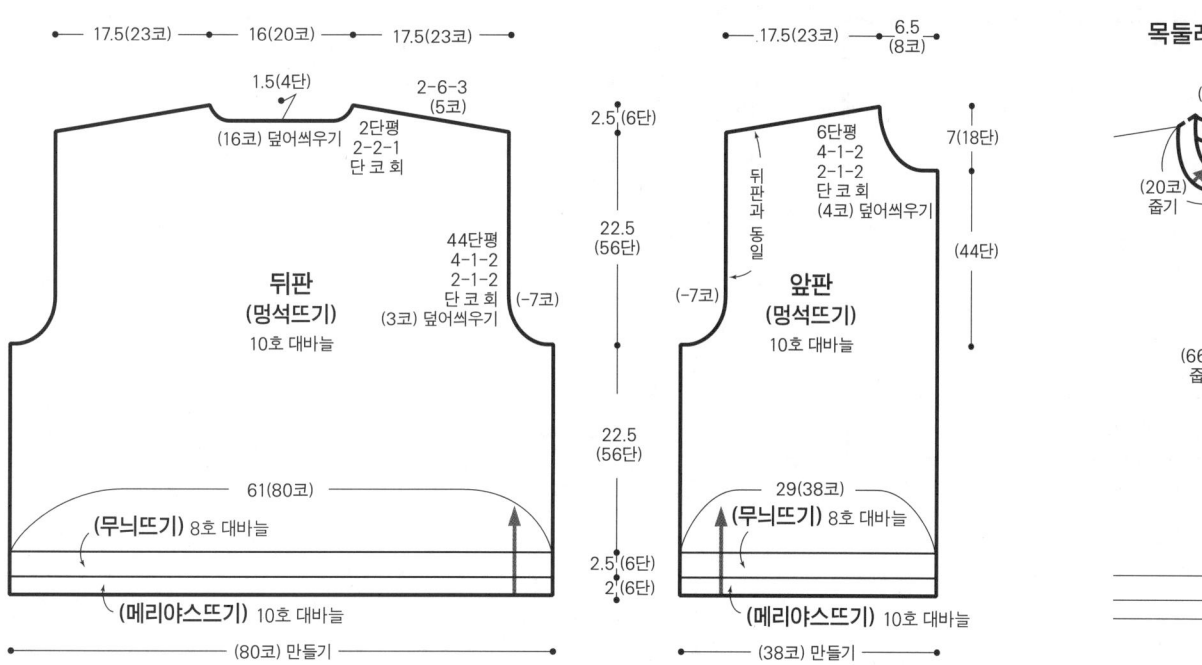

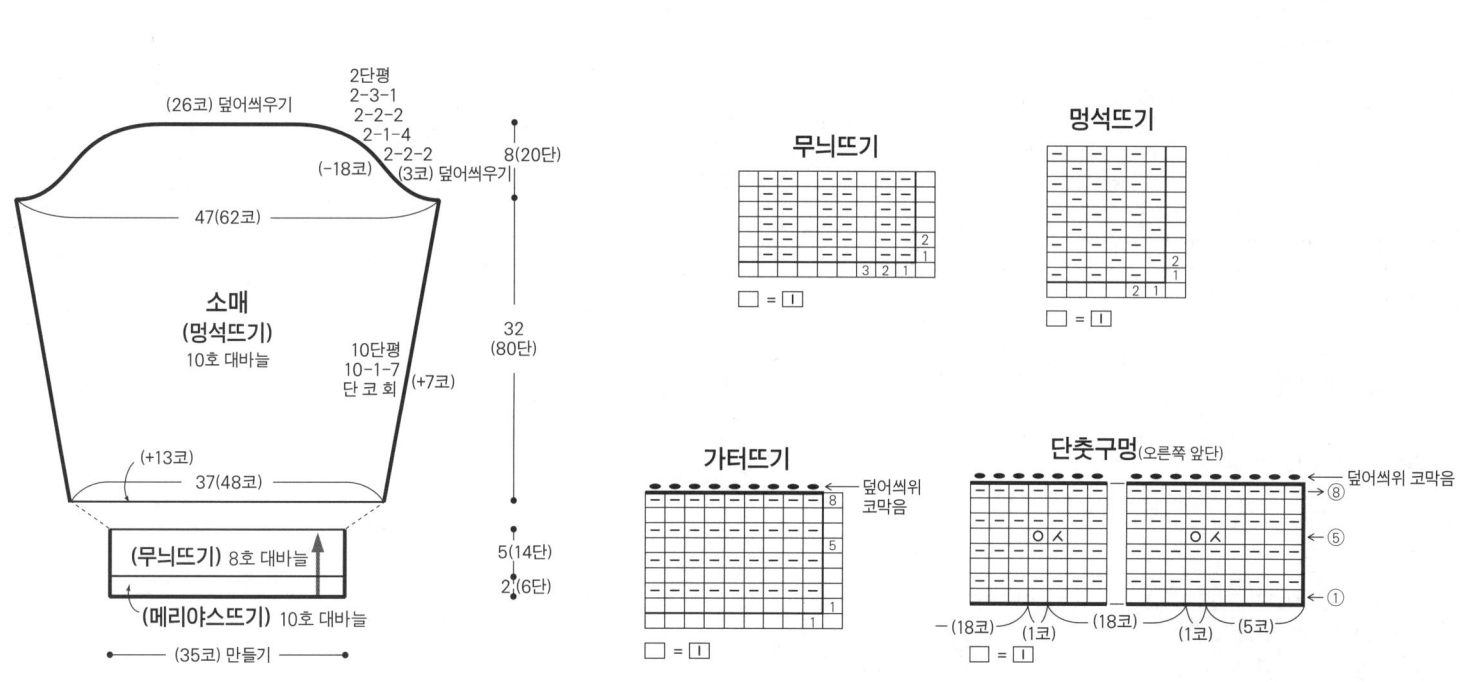

# Simple is Best
## 92 Page ★★★

셰틀랜드

**재료**
퍼피 셰틀랜드 그레이(30) 555g 14볼

**도구**…대바늘 6호

**완성 크기**…가슴둘레 134cm, 기장 46.5cm, 화장 72.5cm

**게이지**(10×10cm)…무늬뜨기 24.5코×34단, 안메리야스뜨기 24코×32단(소매)

**POINT**
● 몸판·소매…몸판은 2코 고무뜨기 기초코로 뜨개를 시작하고 2코 고무뜨기로 앞·뒤판을 따로 뜹니다. 이어서 도안을 참고해 옆선에서 코 늘리기를 하고 안메리야스뜨기, 무늬뜨기로 소매 트임까지 원형으로 뜹니다. 나머지는 앞·뒤판을 따로 뜹니다. 목둘레의 코 줄이기는 가장자리 2코 세워 코 줄이기를 하고 앞판 중심과 뒤판의 목둘레 트임은 쉼코를 합니다. 어깨는 덮어씌워 잇기를 합니다. 소매는 지정 콧수만큼 주워 안메리야스뜨기와 2코 고무뜨기를 원형으로 뜹니다. 소매 아래선의 줄임코는 도안을 참고하세요. 마무리는 2코 고무뜨기 코막음을 합니다.

● 마무리…목둘레는 지정 콧수만큼 주워 2코 고무뜨기를 원형으로 뜹니다. 마무리는 쉼코를 하고, 안쪽에서 접어 메리야스 잇기를 해 두 겹으로 만듭니다.

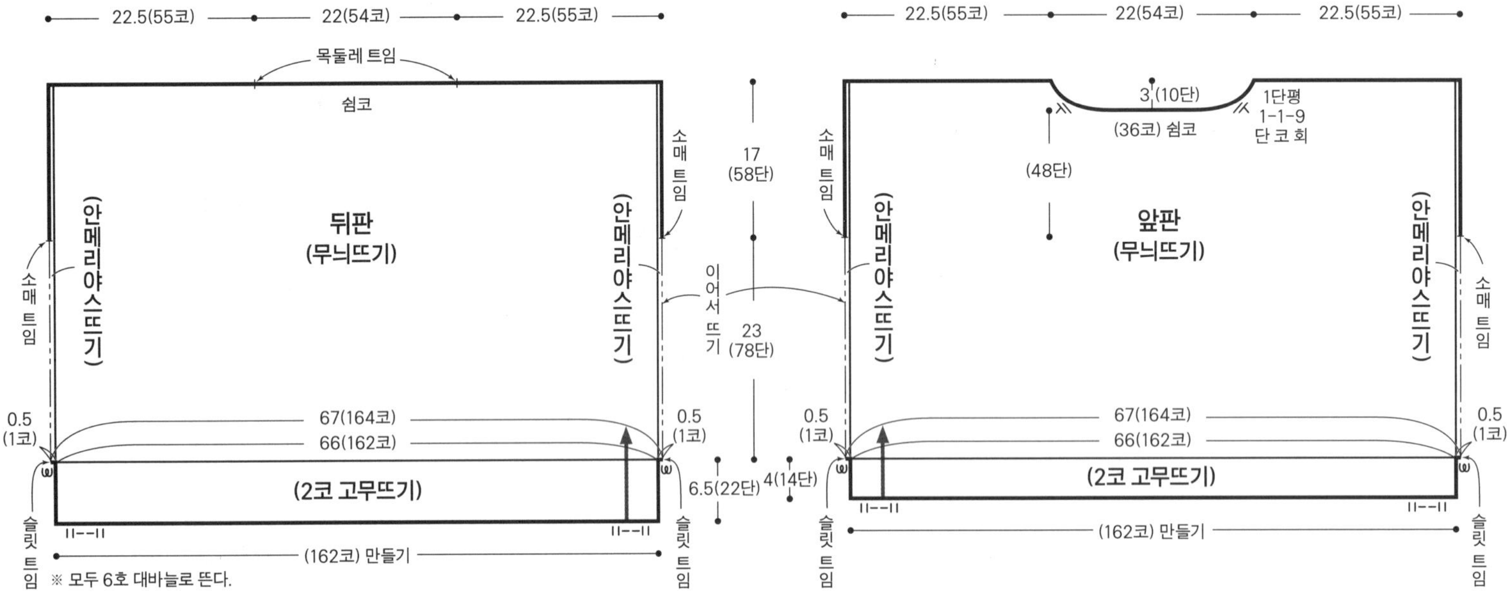

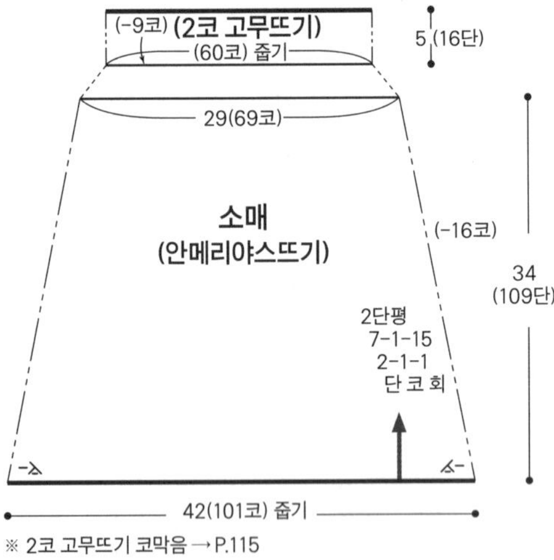

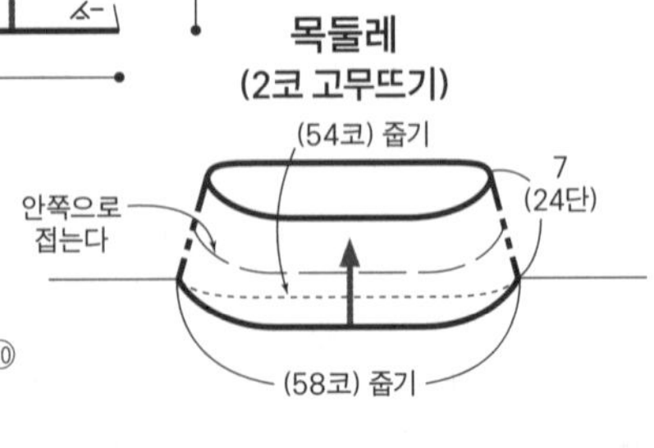

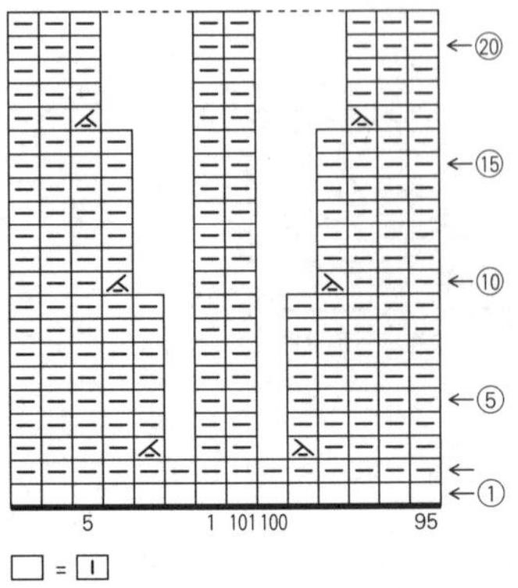

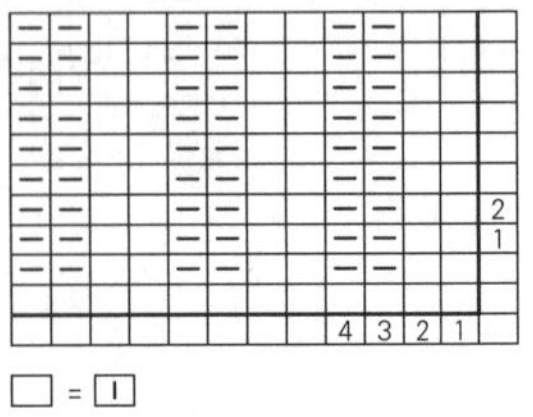

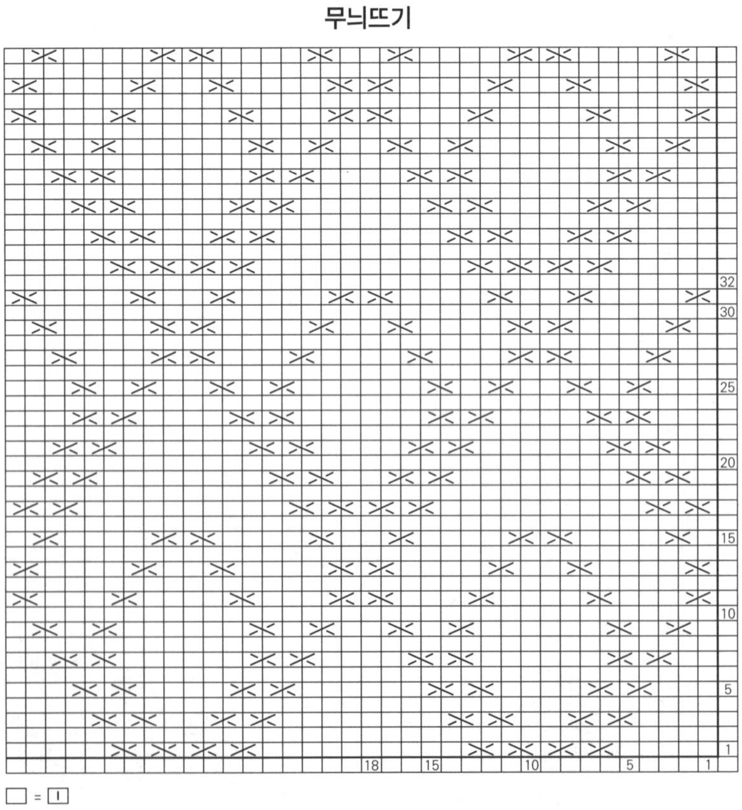

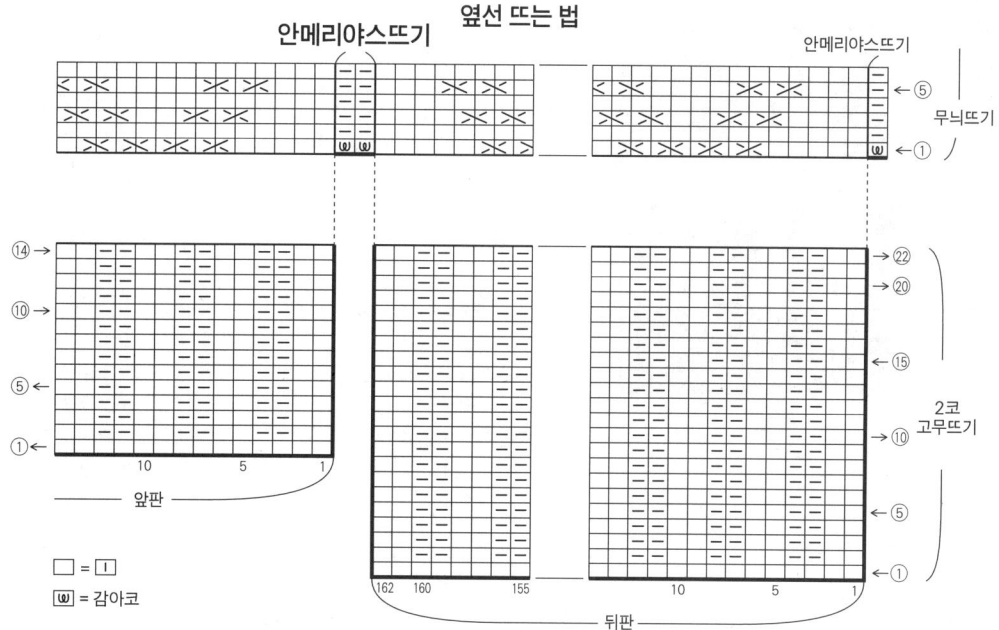

## 걸친 실을 감싸며 배색무늬뜨기

### 겉뜨기 단

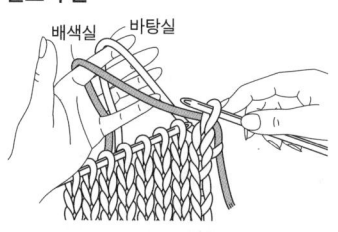

1 바탕실(뜨는 실)을 오른쪽, 배색실(감싸는 실)을 왼쪽으로 해 2가닥을 동시에 왼손에 건다.

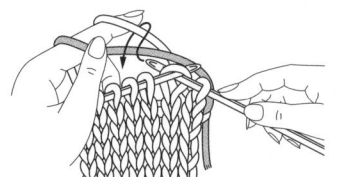

2 배색실 위에서 바탕실로 뜬다. 엄지로 배색실을 잡고 누르면 뜨기 편하다.

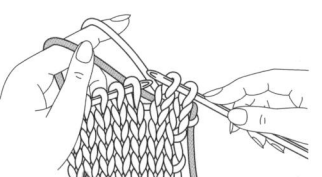

3 뜨개를 완성했다.

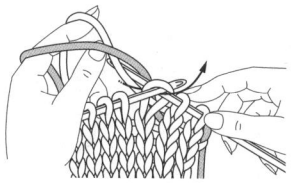

4 다음 코는 배색실을 위에 놓고 아래에서 바탕실을 바늘에 걸어 뜬다.

### 안뜨기 단

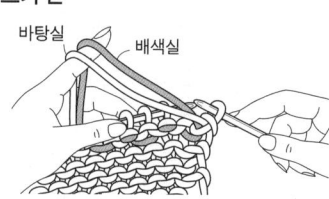

1 뜨개바탕을 다시 잡고 바탕실을 왼쪽, 배색실을 오른쪽으로 해 2가닥을 동시에 왼손에 건다.

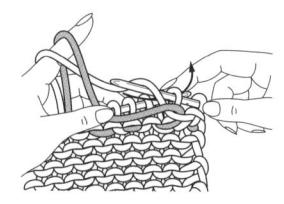

2 바탕실 2번째 코는 배색실 아래에서 뜬다.

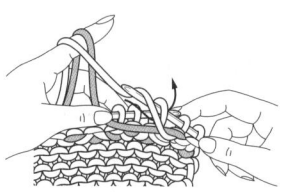

3 다음 코는 배색실 위에서 뜬다.

4 뜨개를 한 모습. 배색실의 위아래에서 번갈아 가며 바탕실로 뜨개를 한다.

# Simple is Best
## 94 Page ★★★

마티스 캐시미어

### 재료
실(베스트)…나이토상사 마티스 캐시미어 짙은 남색(134) 290g 8볼
단추(베스트)…지름 20mm×6개
실(모자)…나이토상사 마티스 캐시미어 짙은 남색(134) 60g 2볼

### 도구
대바늘 6호·5호

### 완성 크기
베스트…가슴둘레 99cm, 어깨 폭 38cm, 기장 60.5cm
모자…머리둘레 50cm, 깊이 28.5cm

### 게이지(10×10cm)
메리야스뜨기 19코×26단

### POINT
● 베스트…손가락에 걸어서 만드는 기초코로 뜨개를 시작하고 2코 고무뜨기, 메리야스뜨기를 합니다. 진동둘레 줄임코는 도안을 참고하세요. 앞목둘레 줄임코는 진동둘레와 같은 요령으로 뜹니다. 왼쪽 앞단에는 단춧구멍을 냅니다. 앞몸판에 이어서 뒤목둘레를 뜹니다. 마무리는 쉼코를 진행합니다. 어깨는 덮어씌워 잇기, 옆선은 떠서 꿰매기를 합니다. 뒤목둘레는 ■는 ■와 빼뜨기 잇기, △를 ▲를 맞대어 코와 단 잇기를 합니다. 단추를 달아 완성합니다.

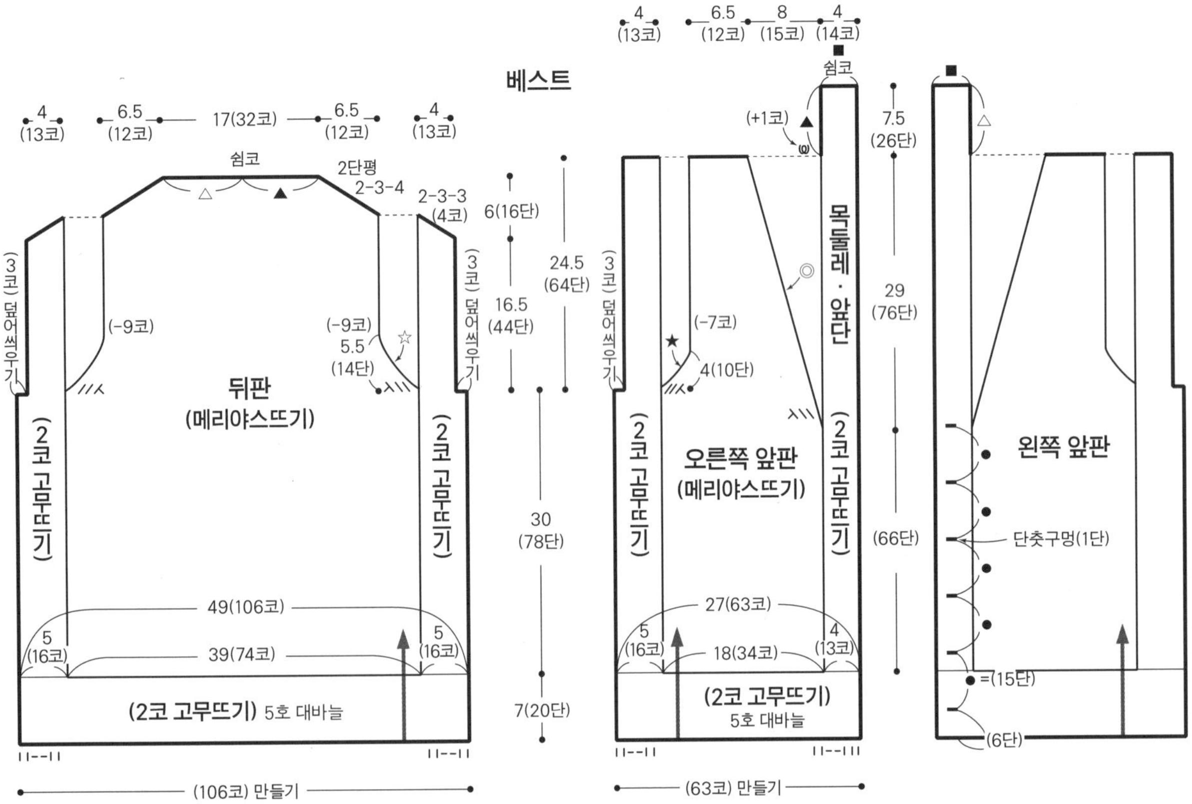

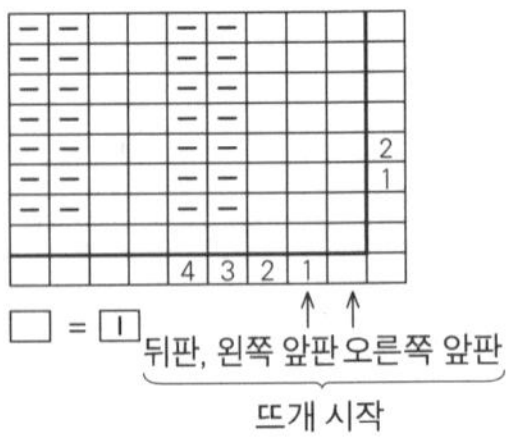

● 모자…손가락에 걸어서 만드는 기초코로 뜨개를 시작하고 2코 고무뜨기, 메리야스뜨기를 원형으로 뜹니다. 분산 줄임코는 도안을 참고하세요. 마무리는 조여서 막습니다.

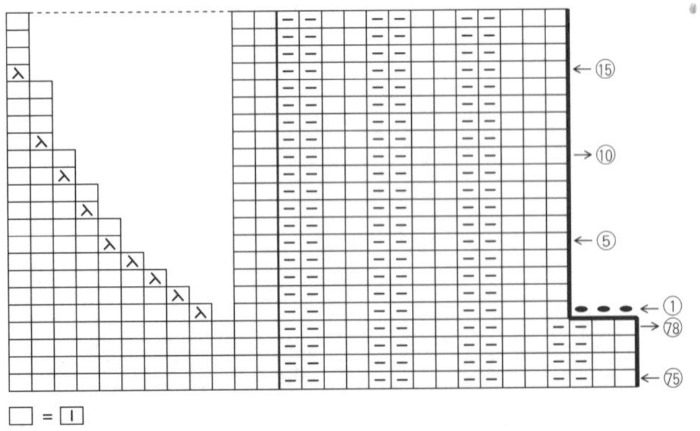

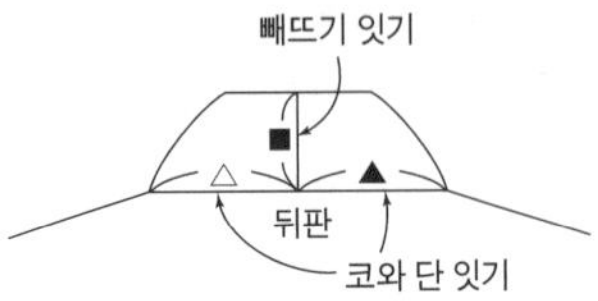

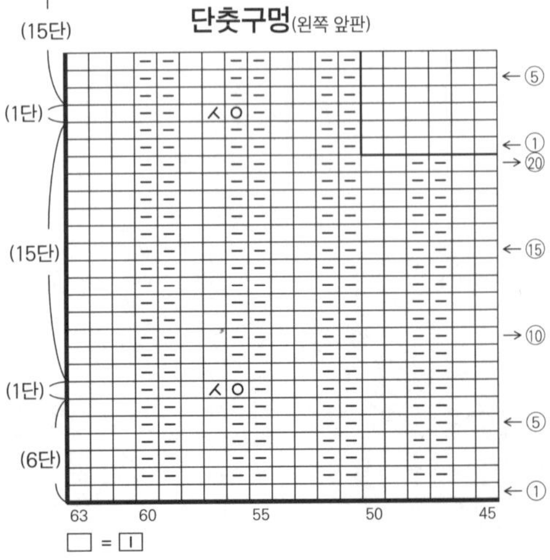

## 모자

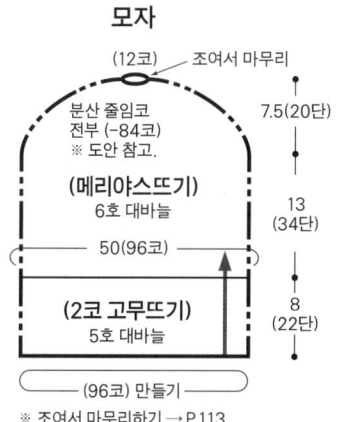
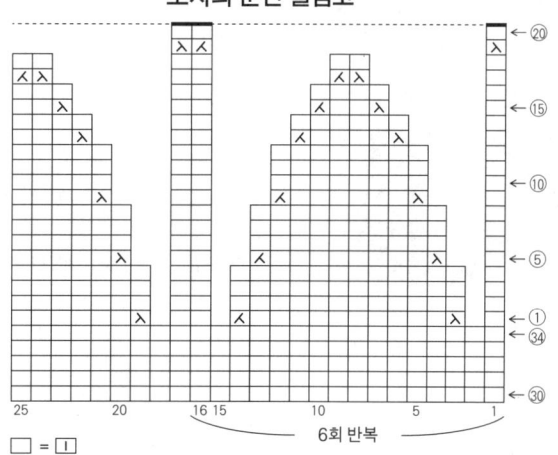

---

### 한길 긴 1코 교차뜨기
(사이에 사슬 1코)

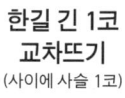

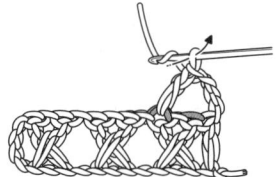
**1** 한길 긴뜨기 1코를 뜨고, 바늘에 실을 걸어 사슬뜨기 1코를 한 다음

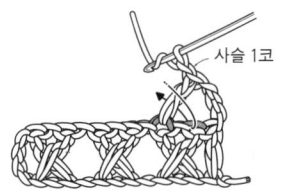
**2** 앞단 오른쪽 한길 긴뜨기 머리에 바늘을 넣어

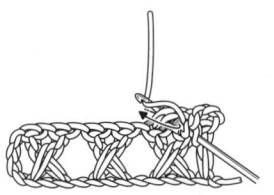
**3** 바늘에 실을 걸고 앞코의 한길 긴뜨기를 감싸듯 실을 빼낸다.

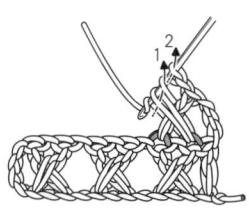
**4** 바늘에 실을 걸어서 바늘에 걸린 고리를 2개씩 빼내 한길 긴뜨기를 완성한다.

### 한길 긴 앞걸어뜨기

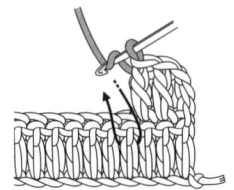
**1** 바늘에 실을 걸어 앞단의 한길 긴뜨기 다리에 화살표처럼 앞쪽에서 바늘을 넣어 실을 빼낸다.

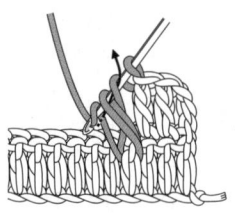
**2** 실을 걸어 바늘에 걸린 고리를 2개 빼낸다.

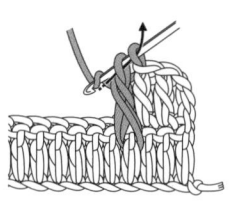
**3** 다시 실을 걸어 바늘에 걸린 고리를 2개 빼낸다.

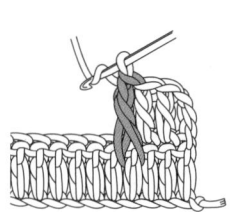
**4** 한길 긴 앞걸어뜨기 1코 완성.

### 한길 긴 뒤걸어뜨기

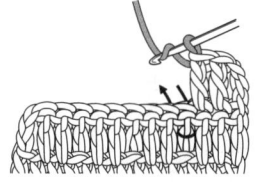
**1** 바늘에 실을 걸어 앞단의 한길 긴뜨기 다리에 화살표처럼 바깥쪽에서 바늘을 넣어 실을 빼낸다.

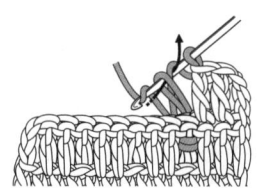
**2** 실을 걸어 바늘에 걸린 고리 2개를 빼낸다.

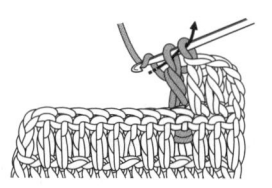
**3** 다시 실을 걸어 바늘에 걸린 고리 2개를 빼낸다.

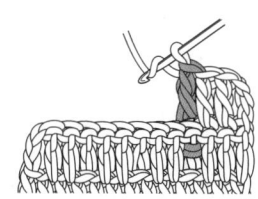
**4** 한길 긴 뒤걸어뜨기 1코 완성.

# Simple is Best
## 95 Page ★★★★

라자

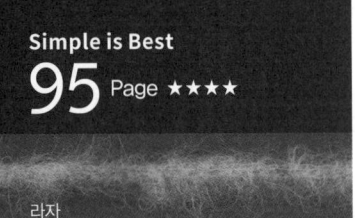

### 재료
나이토상사 라자 차콜그레이(FJ1452) 215g 5볼, 검정(FJ1453) 45g 1볼

### 도구
대바늘 13호

### 완성 크기
가슴둘레 104cm, 어깨 폭 41cm, 기장 61cm, 소매길이 48.5cm

### 게이지(10×10cm)
줄무늬 무늬뜨기 A·B, 무늬뜨기 9.5코×29단

### POINT
● 몸판·소매…손가락에 걸어서 만드는 기초코로 뜨개를 시작하고 1코 고무뜨기, 줄무늬 무늬뜨기 A·B, 무늬뜨기를 합니다. 앞몸판의 주머니 위치는 다른 실로 1단을 떠둡니다. 증감코는 도안을 참고하세요.

● 마무리…어깨는 덮어씌워 잇기, 소매 아래선은 떠서 꿰매기를 합니다. ◎끼리 맞대어 빼뜨기 잇기, △와 ▲를 맞대어 코와 단 잇기를 합니다. 주머니 위치에서 코를 주워 주머니 안쪽은 메리야스뜨기를 합니다. 주머니 입구는 1코 고무뜨기를 하고, 마무리는 1코 고무뜨기 코막음을 합니다. 주머니 안쪽과 주머니 입구의 옆선은 떠서 꿰매기를 합니다. 소매는 코와 단 잇기로 몸판과 연결합니다.

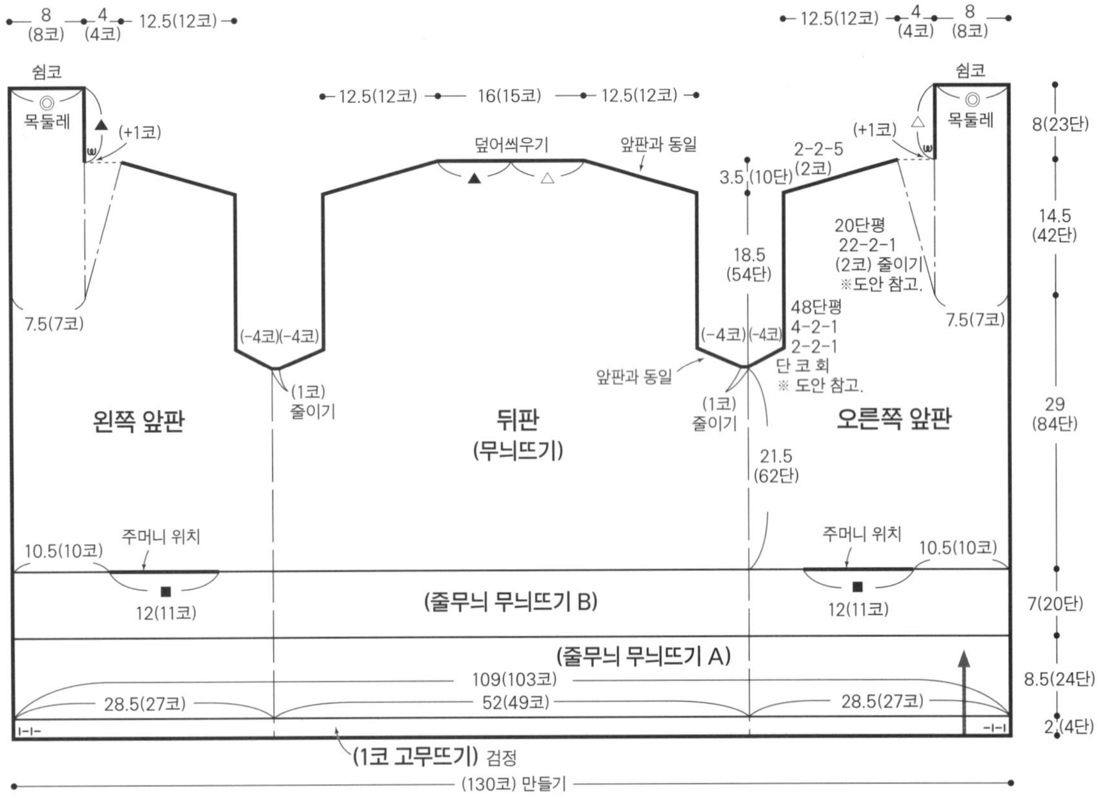

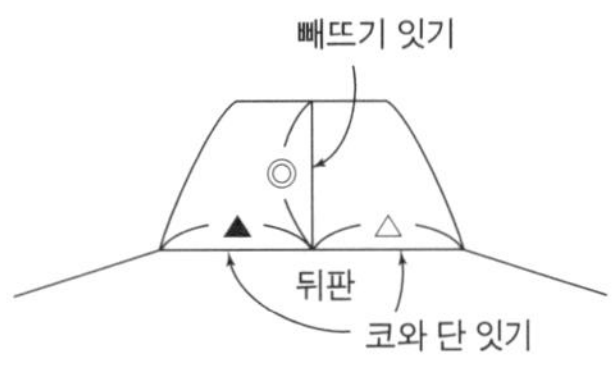

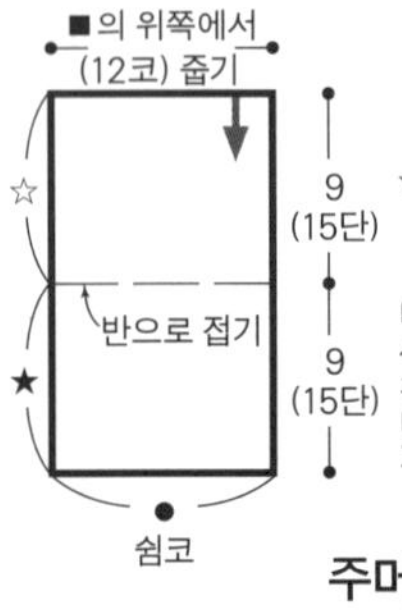

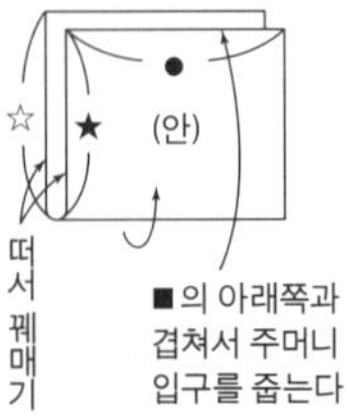

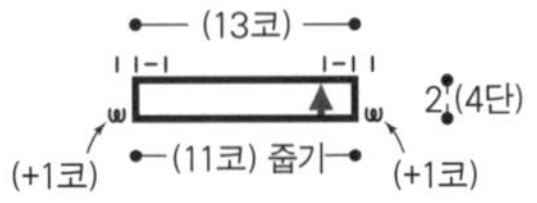

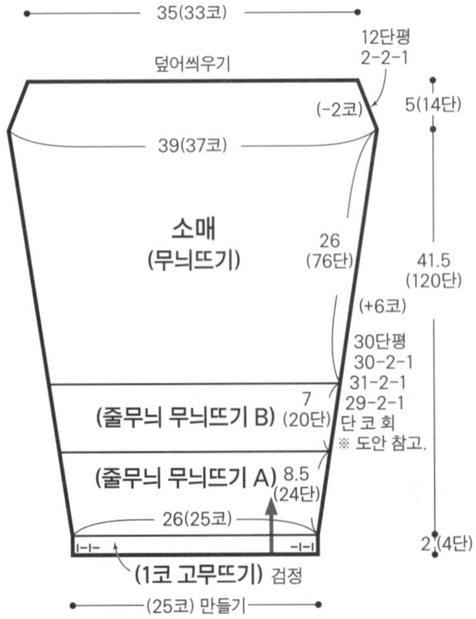

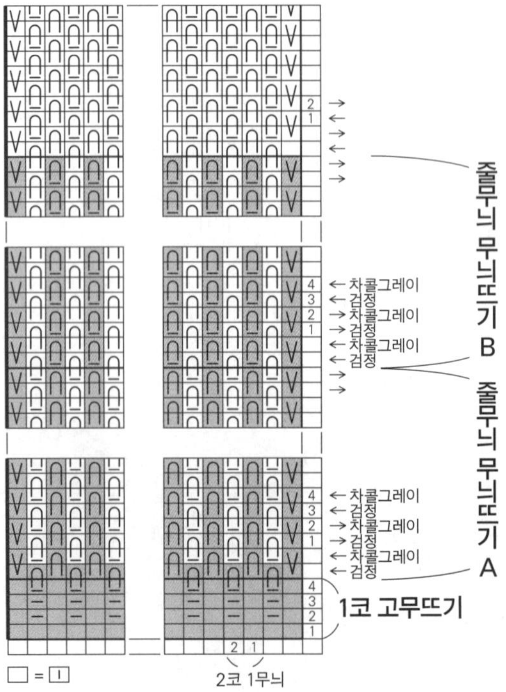

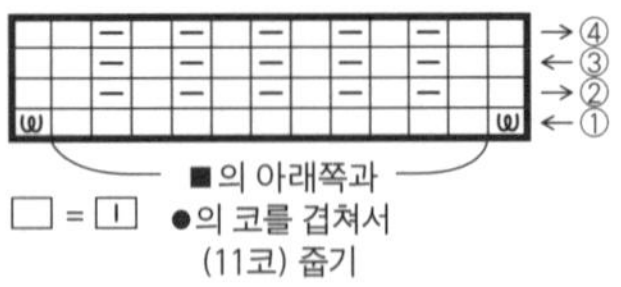

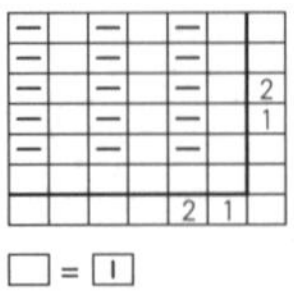

## 몸판과 목둘레 뜨는 법

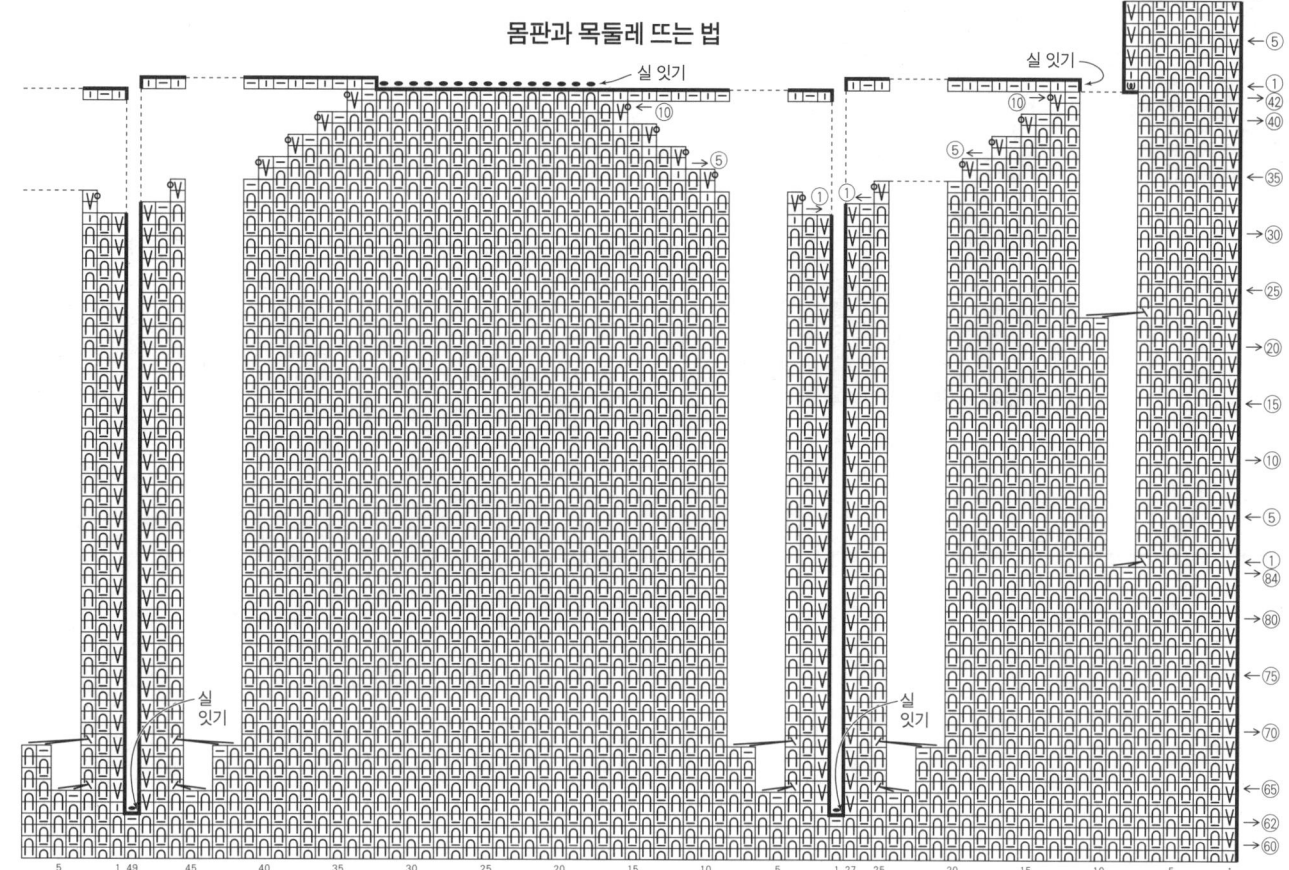

## 소매 뜨는 법

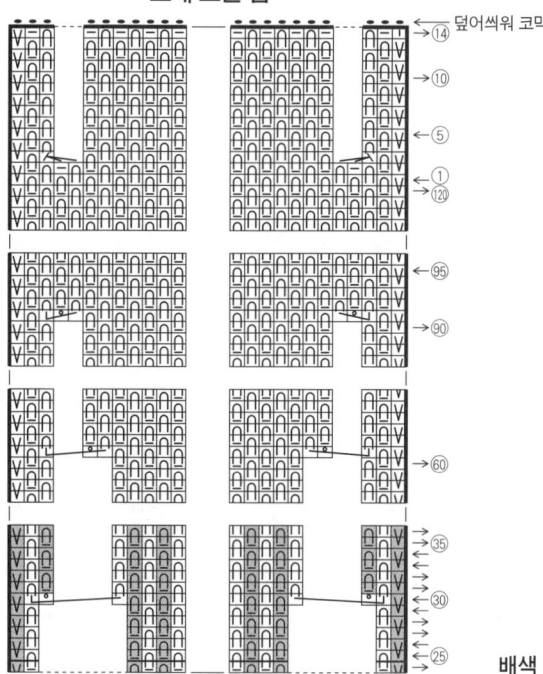

= 끌어올려뜨기

= 끌어올려 안뜨기

= 오른코 겹쳐 3코 모아뜨기, 다음 단에서 끌어올리기

= 왼코 겹쳐 3코 모아뜨기, 다음 단에서 끌어올리기

· = 3코 뜨면서 코 늘리기
(다음 단에서 1번째 코와 3번째 코는 끌어올리고, 걸기코는 겉뜨기)

= 감아코

배색 { ■ = 검정, □ = 차콜그레이 }

### 영국 고무뜨기 (양면 끌어올리기)

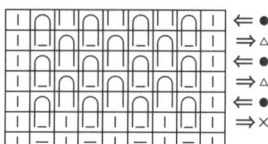

※ 2색으로 뜨는 단은 뜨는 방향이 바뀌므로 주의한다.

**1** 가장자리 코를 뜨고, 안뜨기를 뜨지 않은 상태에서 오른쪽 바늘에 실을 걸어 옮긴다. 다음 코는 겉뜨기한다.

**2** '안뜨기는 하지 않고 오른쪽 바늘에 옮긴 다음 실을 걸어서 겉뜨기'를 반복한다.

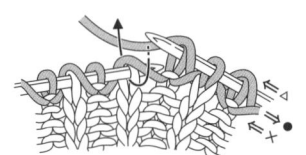

**3** 다음 단에서 걸뜨기는 화살표처럼 바늘을 넣고 앞단에서 걸었던 실을 함께 뜬다.

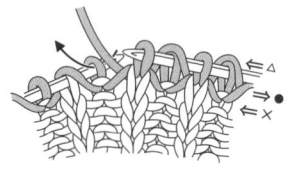

**4** 이후 '안뜨기는 하지 않고 오른쪽 바늘에 옮긴 다음 실을 걸고 겉뜨기는 앞단에서 걸어둔 실을 함께 뜨기'를 반복한다.

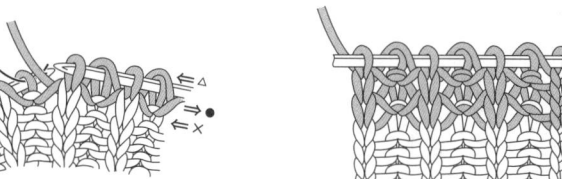

**5** 다음 단에서 **4**를 반복한다.

## 쿠튀르 어레인지
### 96 Page ★★★
다이아 아델

**재료**
실…다이아몬드케이토 다이아 아델 녹색(414) 360g 9볼
단추…지름 18mm×4개

**도구**
대바늘 7호·6호·5호

**완성 크기**
가슴둘레 98cm, 기장 62.5cm, 화장 27.5cm

**게이지**(10×10cm)
무늬뜨기 A 26코×30단, 무늬뜨기 C 24코×30단

**POINT**
● 몸판…손가락에 걸어서 만드는 기초코로 뜨개를 시작하고 가터뜨기를 하는데 첫 단은 안뜨기 단이 되도록 주의하세요. 이어서 무늬뜨기 A·B·C를 합니다. 무늬뜨기 B의 분산 줄임코는 도안을 참고하세요. 목둘레의 코 줄이기는 덮어씌우기를 합니다.

● 마무리…어깨는 덮어씌워 잇기를 합니다. 목둘레와 소맷부리는 지정 콧수만큼 주워 무늬뜨기 D를 원형으로 뜹니다. 목둘레는 9단까지는 겉쪽을 보면서, 10단부터는 뜨개바탕을 다시 잡고 안쪽을 보면서 뜹니다. 마무리는 1코 고무뜨기 코막음을 합니다. 앞단의 지정 위치에서 코를 주워 태브를 무늬뜨기 D로 뜹니다. 뒤판에 단추를 달아 완성합니다.

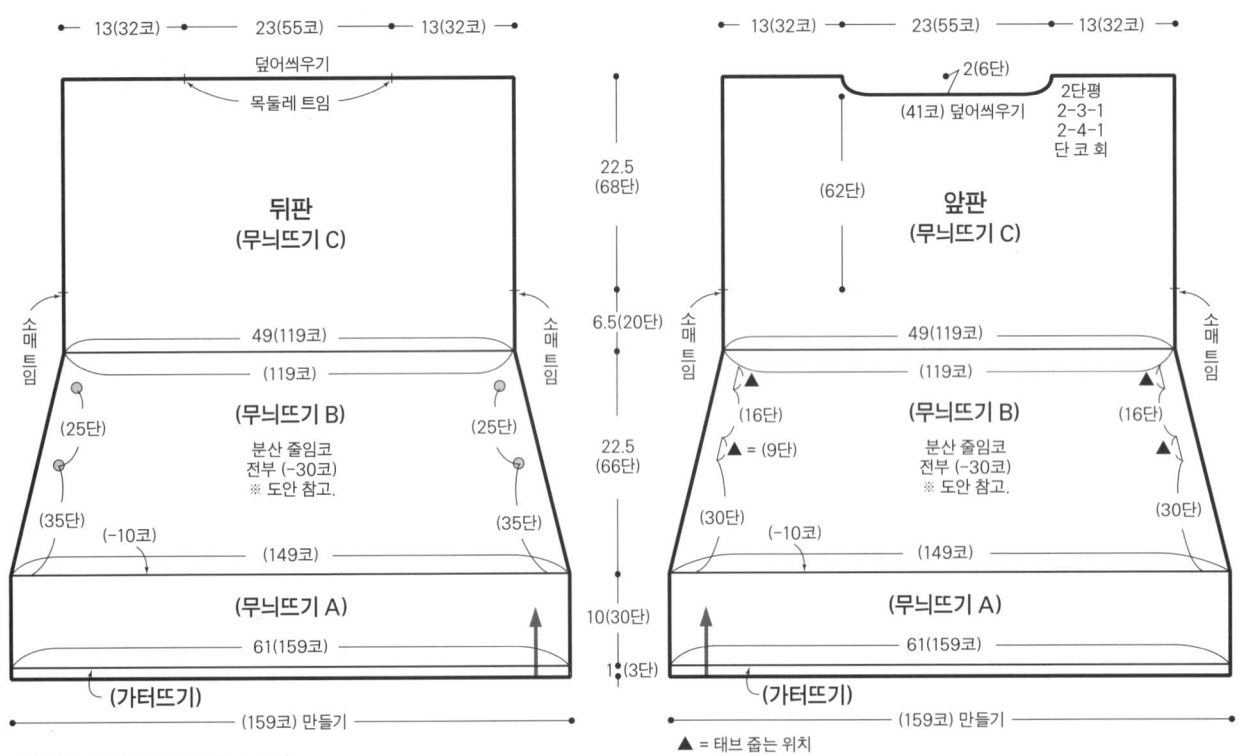

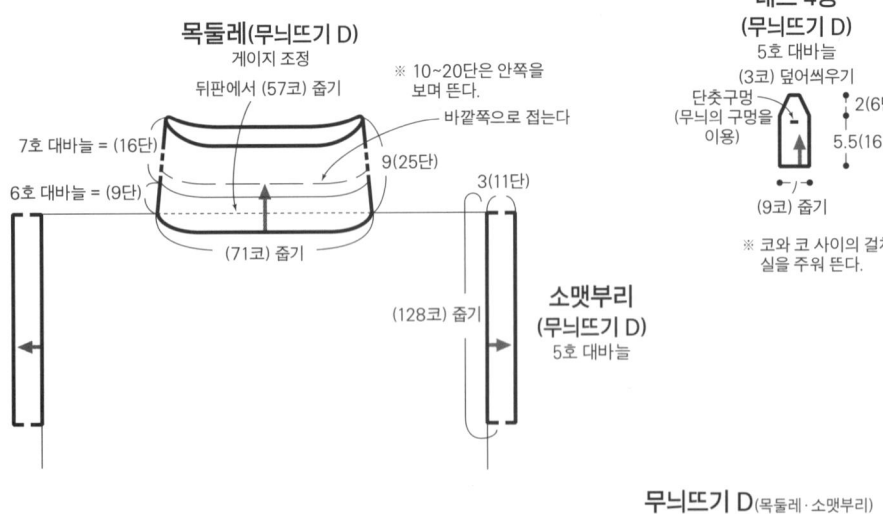

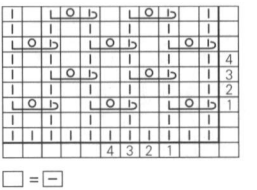

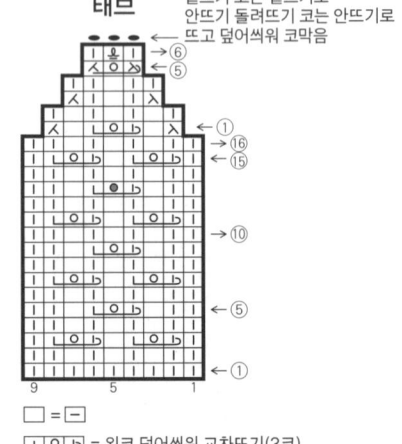

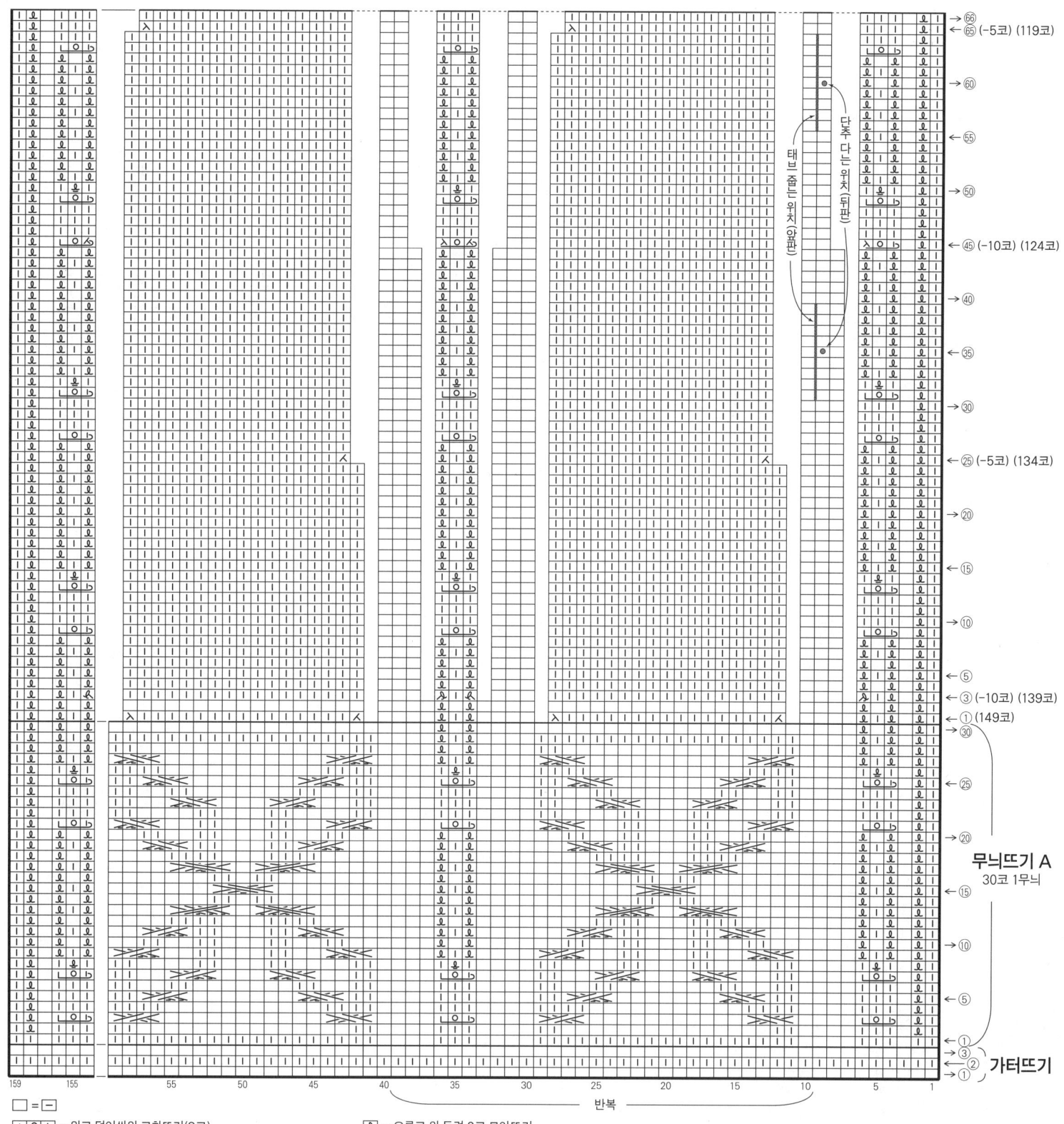

188페이지로 이어집니다. ▶

▶ 187페이지에서 이어집니다.

## 무늬뜨기 C

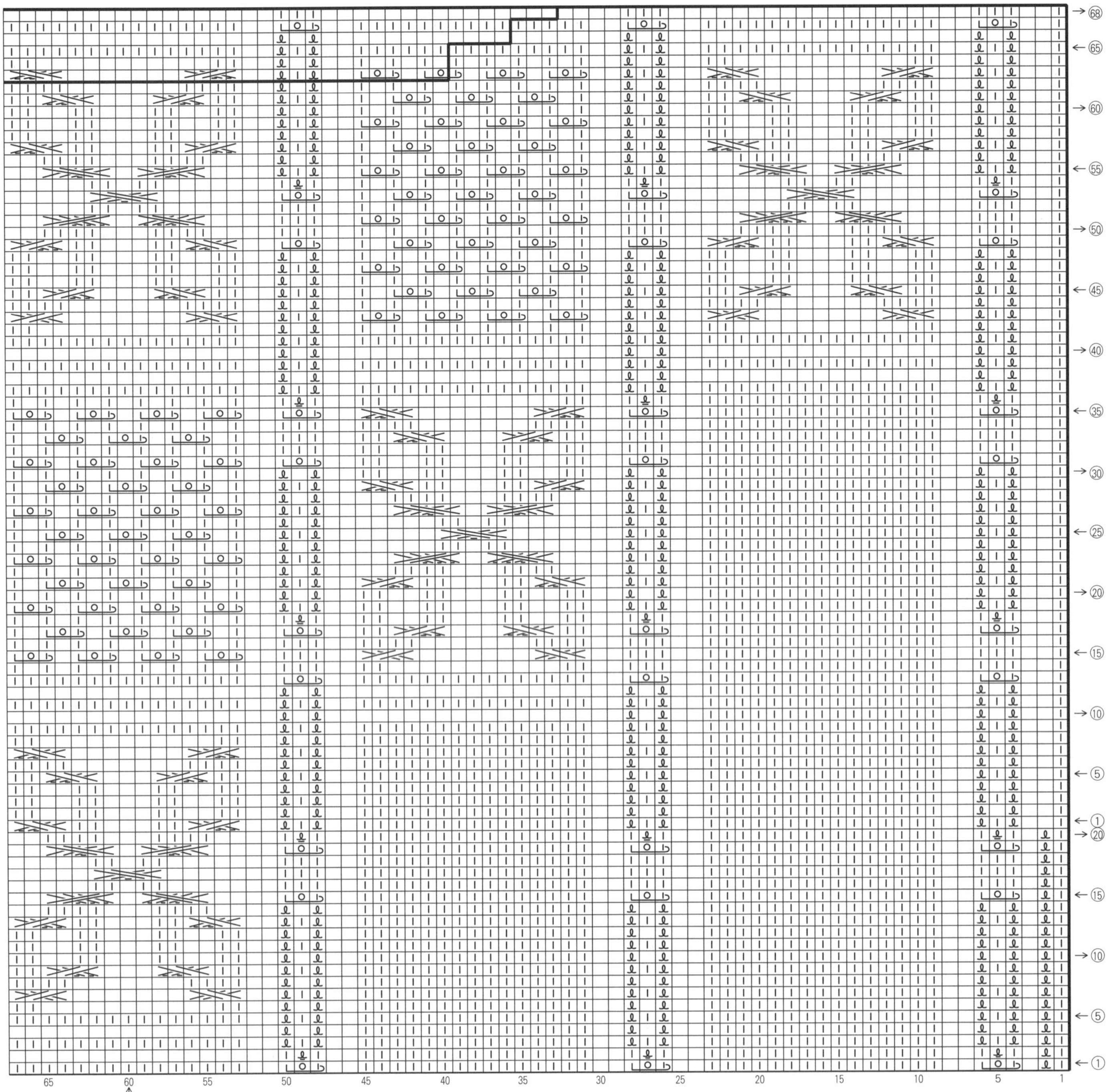

□ = ⊟　↑중심　⌐Ο⌐ = 왼코 덮어씌워 교차뜨기(3코)　※ 중심을 기준으로 무늬를 대칭으로 배치한다.

강아지와 함께
**84·85** Page ★★★

울 모헤어

**재료**
풀오버…다루마 울 모헤어 베이비핑크(9) 140g 7볼, 미색(1) 20g 1볼
강아지 옷…다루마 울 모헤어 민트(3) 35g 2볼, 미색(1) 15g 1볼

**도구**
대바늘 10호, 코바늘 7/0호

**완성 크기**
풀오버…가슴둘레 68cm, 기장 38.5cm, 화장 39.5cm
강아지 옷…몸판 둘레 37cm, 기장 25cm

**게이지**(10×10cm)
메리야스뜨기 15코×19단, 줄무늬 무늬뜨기 A 18코×31단, 줄무늬 무늬뜨기 B 16.5코×22단, 1코 고무뜨기 24코×17.5단

**POINT**
● 풀오버…몸판은 손가락에 걸어서 만드는 기초코로 뜨개를 시작하고 가터뜨기·메리야스뜨기·줄무늬 무늬뜨기 A로 뜹니다. 마무리는 쉼코를 합니다. 어깨는 덮어씌워 잇기, 소매는 지정 콧수만큼 주워 메리야스뜨기·가터뜨기를 합니다. 마무리는 덮어씌워 코막음합니다. 옆선·소매 아래선은 떠서 꿰매기를 합니다. 목둘레는 지정 콧수만큼 주워 메리야스뜨기를 원형으로 뜹니다. 마무리는 느슨하게 덮어씌워 코막음합니다.
● 강아지 옷…손가락에 걸어서 만드는 기초코로 뜨개를 시작하고 등판은 1코 고무뜨기, 1코 고무뜨기 줄무늬, 줄무늬 무늬뜨기 B, 배 쪽은 1코 고무뜨기를 합니다. 왼쪽 등판에는 단춧구멍을 냅니다. 줄임코는 도안을 참고하세요. 마무리는 쉼코를 합니다. 등판과 배 쪽은 맞댄 다음 떠서 꿰맵니다. 목둘레는 지정 콧수만큼 주워 메리야스뜨기합니다. 마무리는 덮어씌워 코막음합니다. 단추를 떠서 오른쪽 등판에 달아 완성합니다.

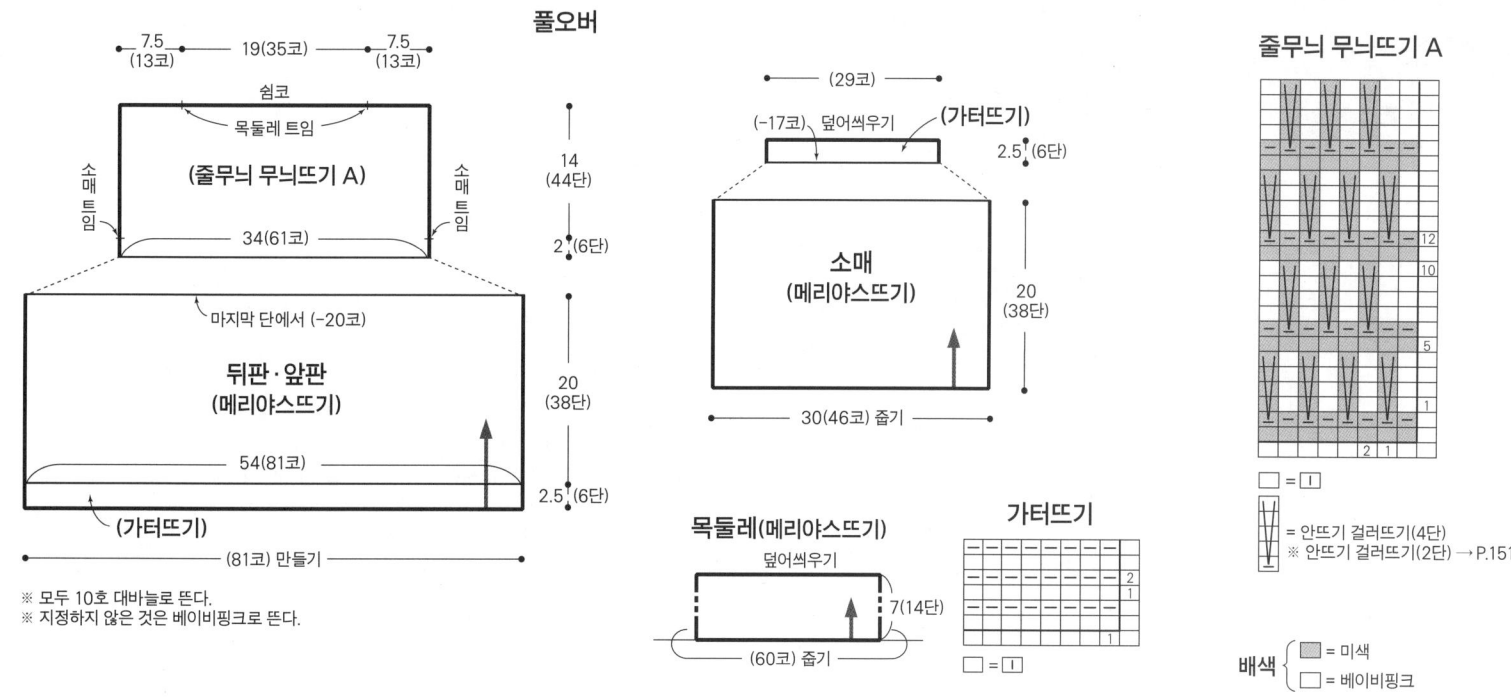

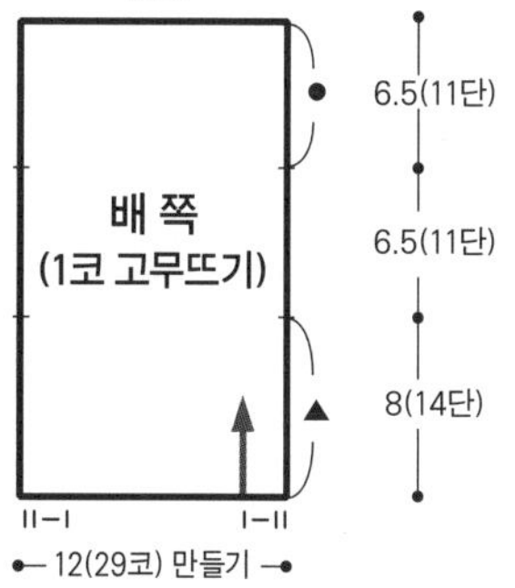

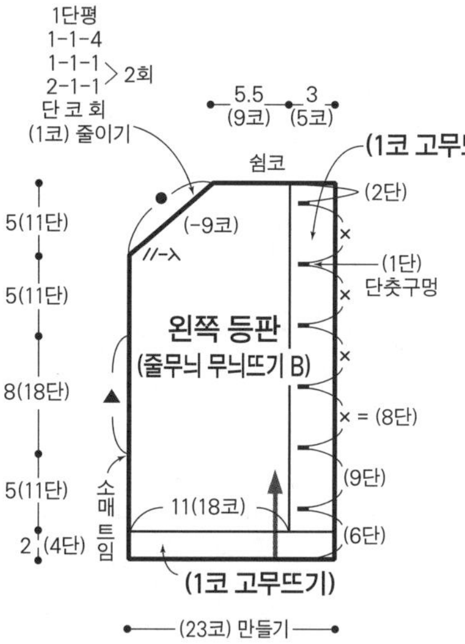

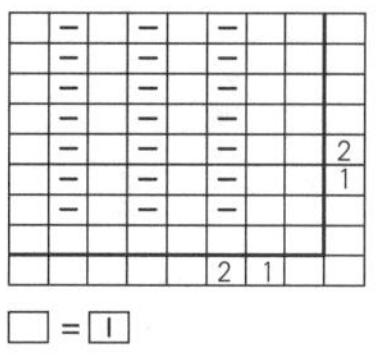

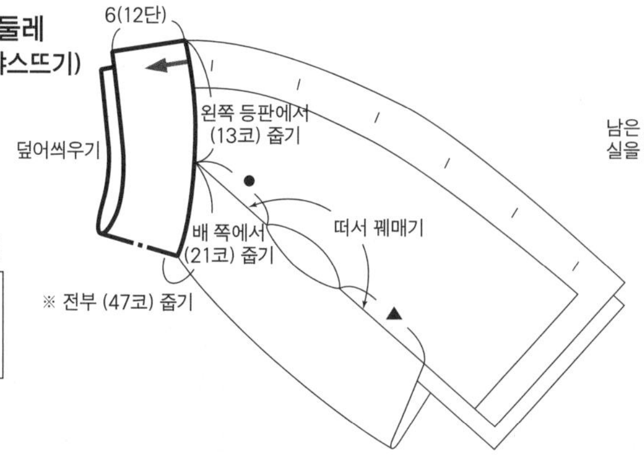

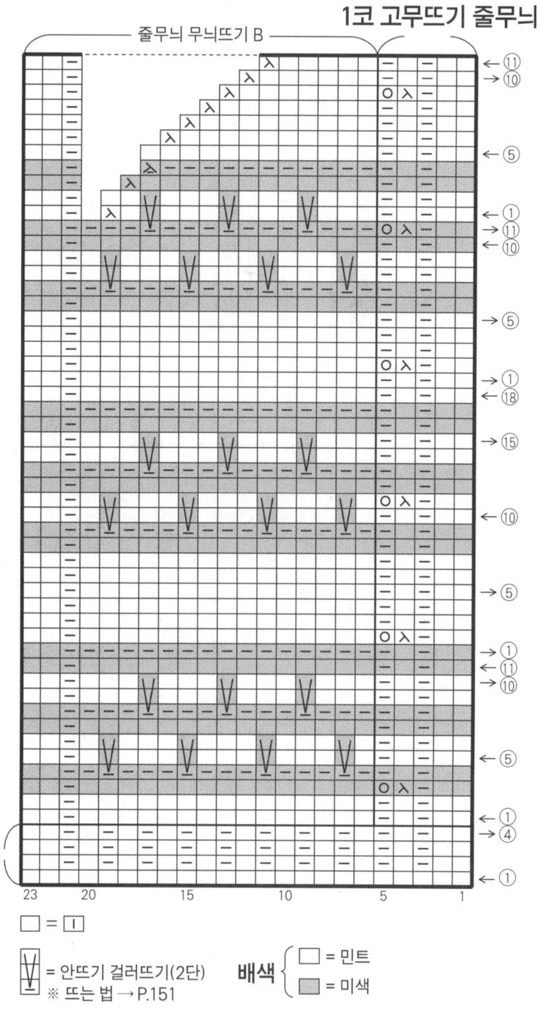

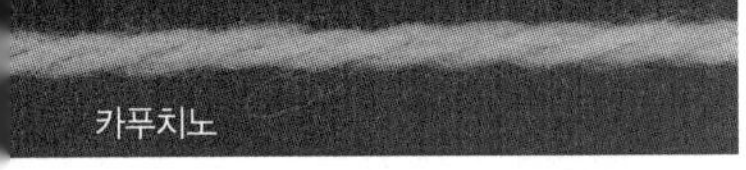

# Knit+1
## 99 Page ★★★

카푸치노

### 재료
실…K's K 카푸치노 베이지(2) 330g 7볼, 연갈색(3) 215g 5볼, 갈색(4) 35g 1볼
단추…지름 28mm×4개

### 도구
대바늘 9호·8호·6호, 코바늘 5/0호

### 완성 크기
가슴둘레 111.5cm, 길이 58cm, 소매길이 70.5cm

### 게이지(10×10cm)
무늬뜨기 A·C 27코×26단, 메리야스뜨기 18.5코×25단

### POINT
● 몸판·소매…몸판은 별도사슬로 기초코를 만들어 메리야스뜨기, 무늬뜨기 A·B·B'·C로 뜹니다. 계속해서 코 줄이기를 하면서 코를 줍고, 배색무늬뜨기는 실을 세로로 걸치는 방법으로 뜹니다. 분산 줄임코는 도안을 참고하세요. 이어서 메리야스뜨기합니다. 코 줄이기는 2코 이상은 코막음, 1코는 끝 1코를 세우는 코 줄이기를 합니다. 배색무늬뜨기의 지정 부분에 빼뜨기합니다. 밑단은 기초코의 사슬을 풀어 코를 줍고 변형 1코 고무뜨기 줄무늬로 뜹니다. 뜨개 끝은 변형 1코 고무뜨기 코막음을 합니다. 어깨는 덮어씌워 잇기를 합니다. 소매는 지정 콧수를 주워 메리야스뜨기, 무늬뜨기 D 또는 무늬뜨기 D'로 뜹니다. 소맷단의 코 줄이기는 끝 1코를 세우는 코 줄이기를 합니다. 계속 코 늘리기를 하면서 코를 줍고 멍석뜨기, 무늬뜨기 E, 무늬뜨기 A로 뜹니다. 소맷부리는 변형 1코 고무뜨기 줄무늬로 뜹니다. 뜨개 끝은 밑단과 방법이 같습니다. 무늬뜨기 D·D'의 지정 부분에 빼뜨기합니다.

● 마무리…옆선·소맷단은 떠서 꿰매기, 겨드랑이 부분은 코와 단 잇기를 합니다. 앞단·목둘레는 변형 1코 고무뜨기하는데, 뒤중심에서 실을 세로로 걸쳐 색을 바꾸면서 뜹니다. 오른쪽 앞단에는 단춧구멍을 만듭니다. 뜨개 끝은 밑단과 방법이 같습니다. 단춧구멍 위치의 구멍을 넓히고 주위에 버튼홀 스티치를 합니다. 단추를 달아 마무리합니다.

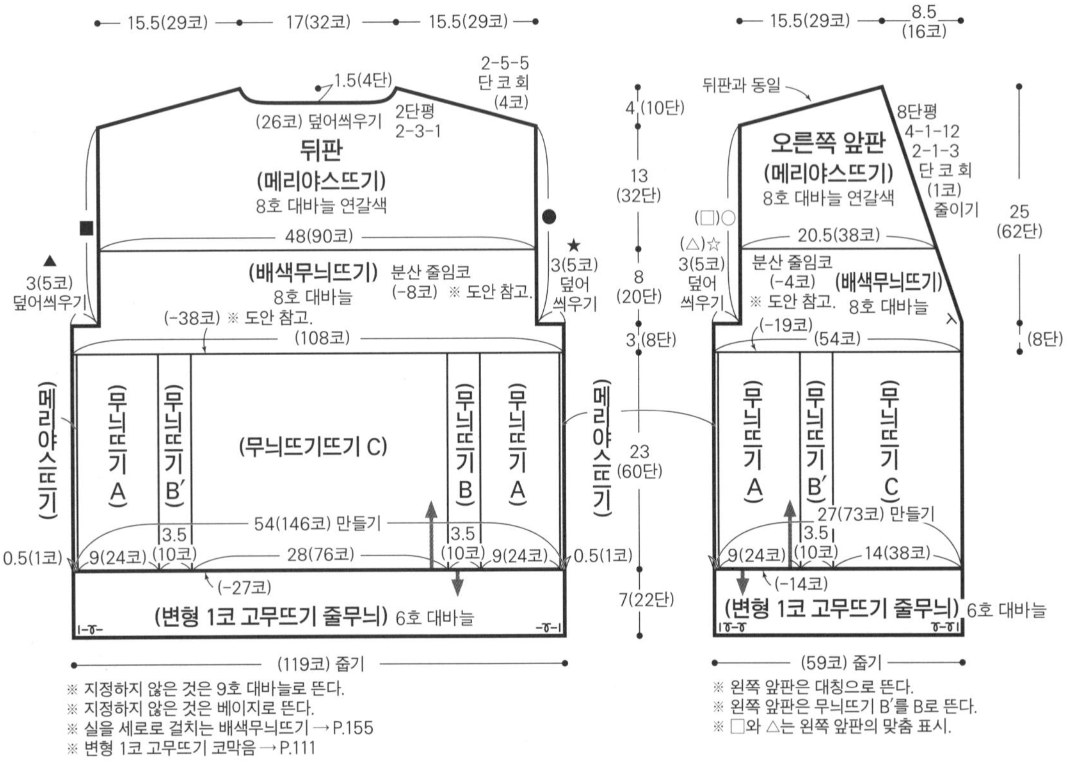

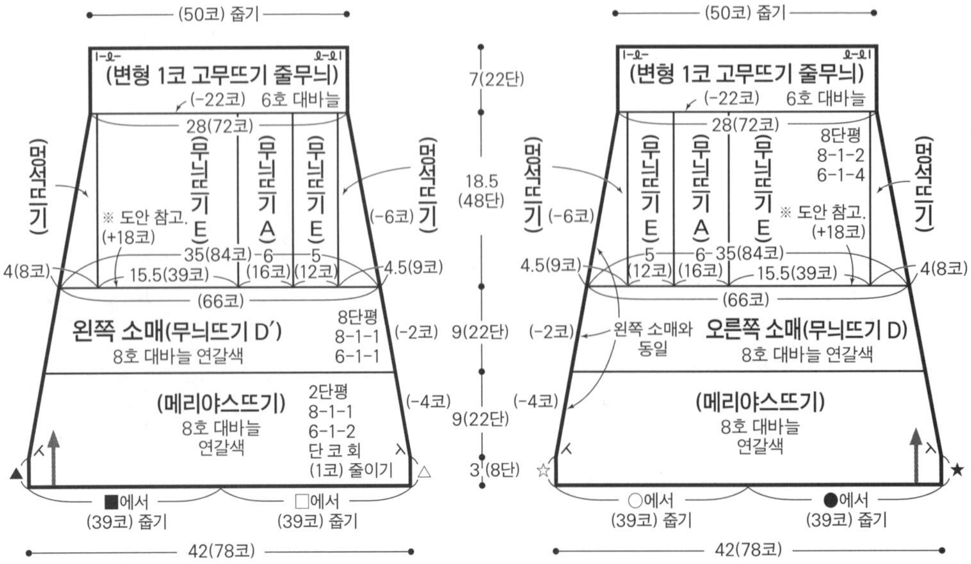

### 무늬뜨기 E
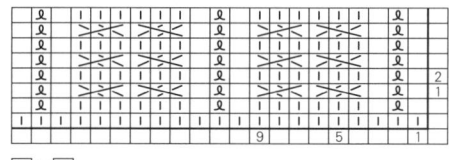

### 무늬뜨기 B·B′
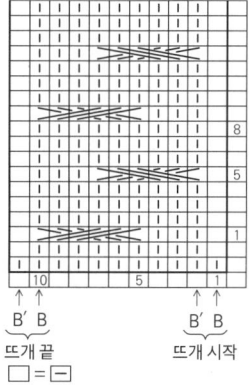

뜨개 끝  뜨개 시작
□ = ⊟

### 무늬뜨기 A
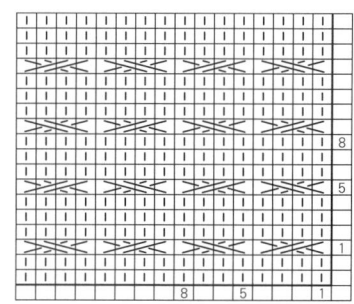

### 멍석뜨기
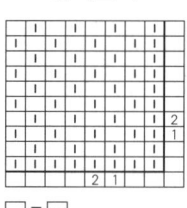

□ = ⊟

### 무늬뜨기 C
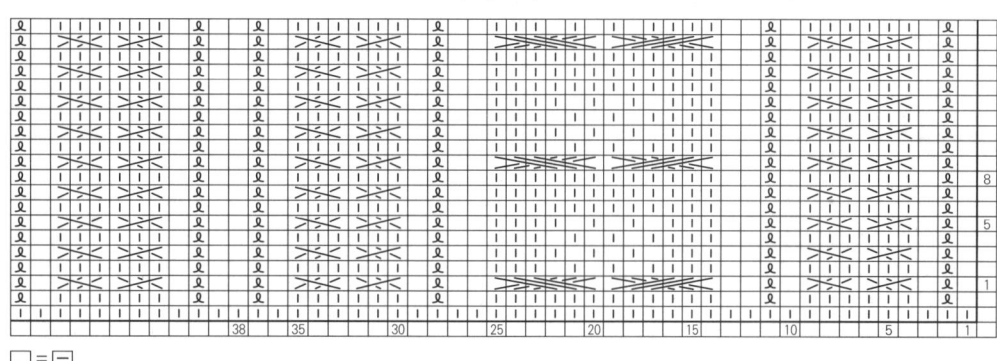

□ = ⊟

### 앞단·목둘레 (변형 1코 고무뜨기) 8호 대바늘
갈색·연갈색

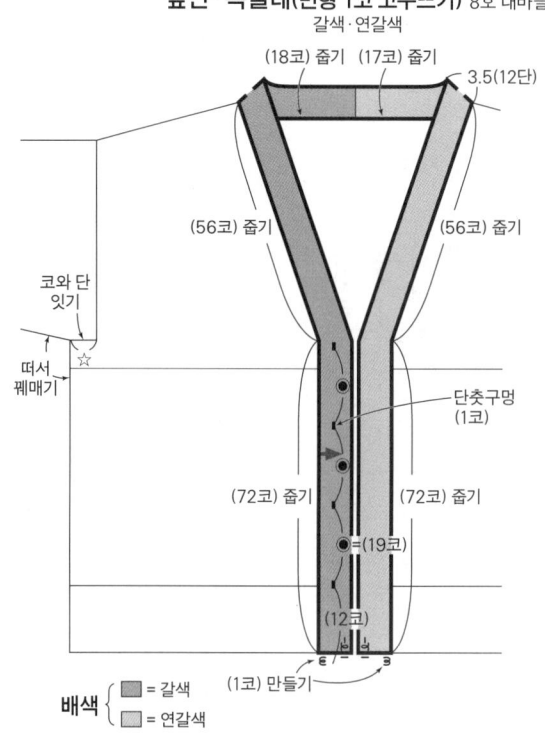

배색
■ = 갈색
▨ = 연갈색

### 변형 1코 고무뜨기 줄무늬의 배색

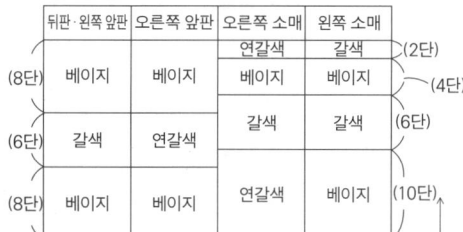

### 변형 1코 고무뜨기 줄무늬

뒤판
오른쪽 앞단, 왼쪽 앞단, 소매
뜨개 시작
□ = ⊟

### 단춧구멍 (오른쪽 앞단)

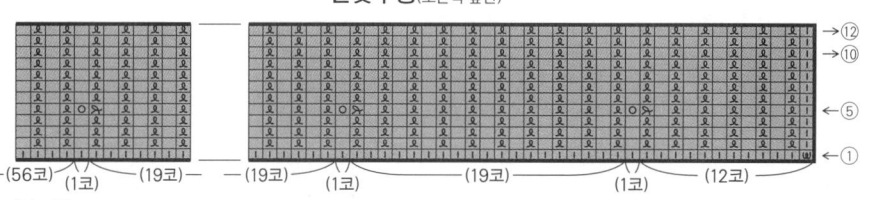

□ = ⊟
⊠ = 오른코 위 돌려 2코 모아뜨기
⊡ = 감아코

192페이지로 이어집니다. ▶

▶ 191페이지에서 이어집니다.

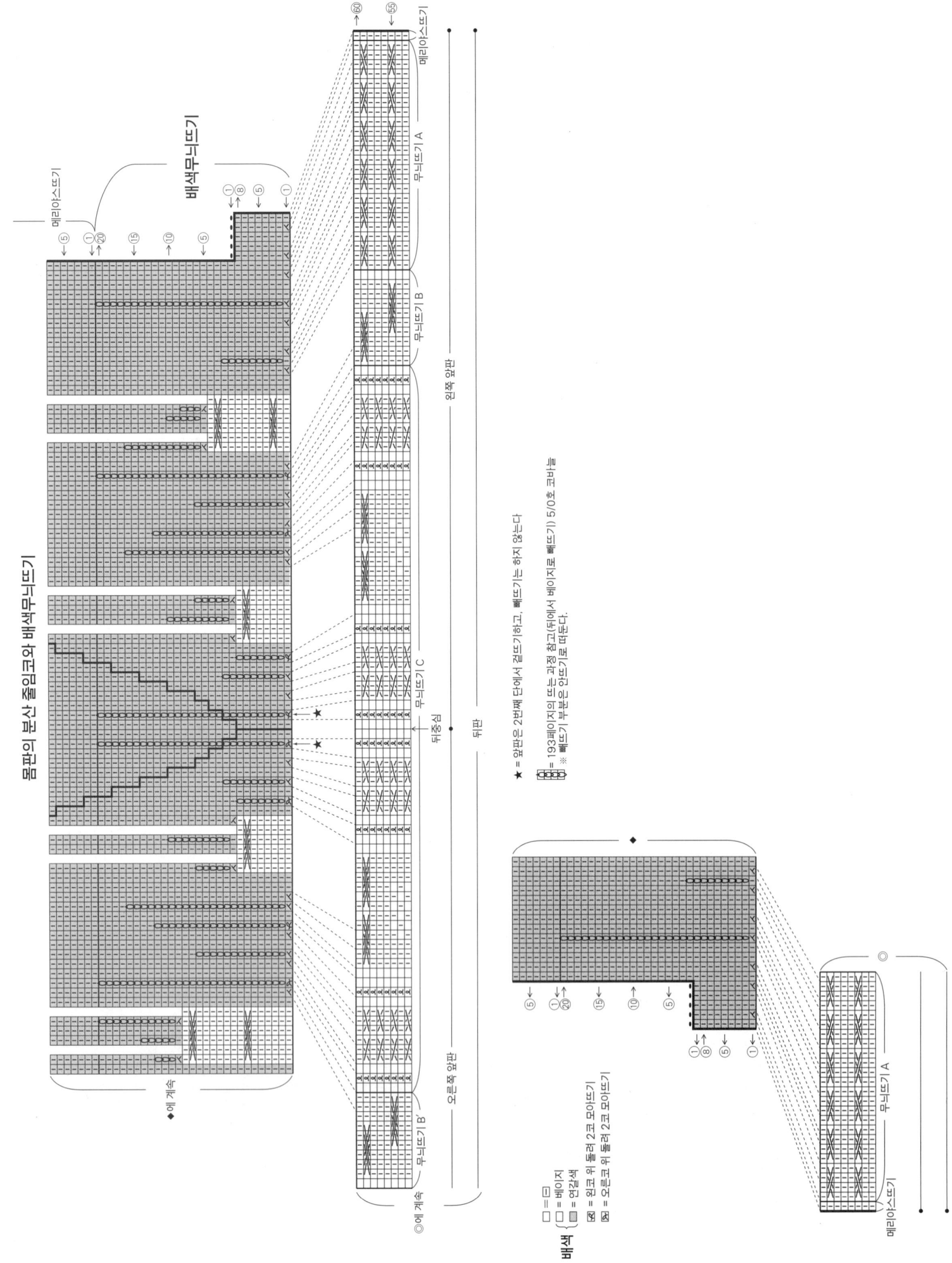

## 오른쪽 소매의 증감코와 무늬뜨기 D

무늬뜨기 D

메리야스뜨기

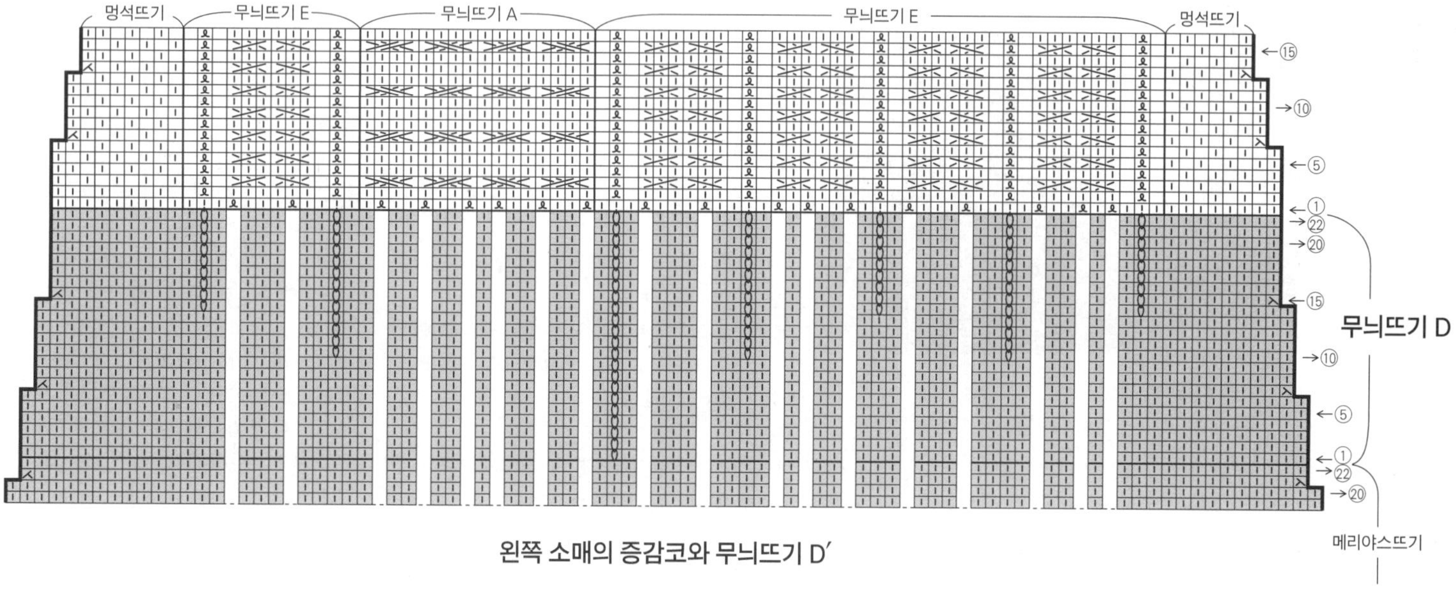

## 왼쪽 소매의 증감코와 무늬뜨기 D´

무늬뜨기 D´

메리야스뜨기

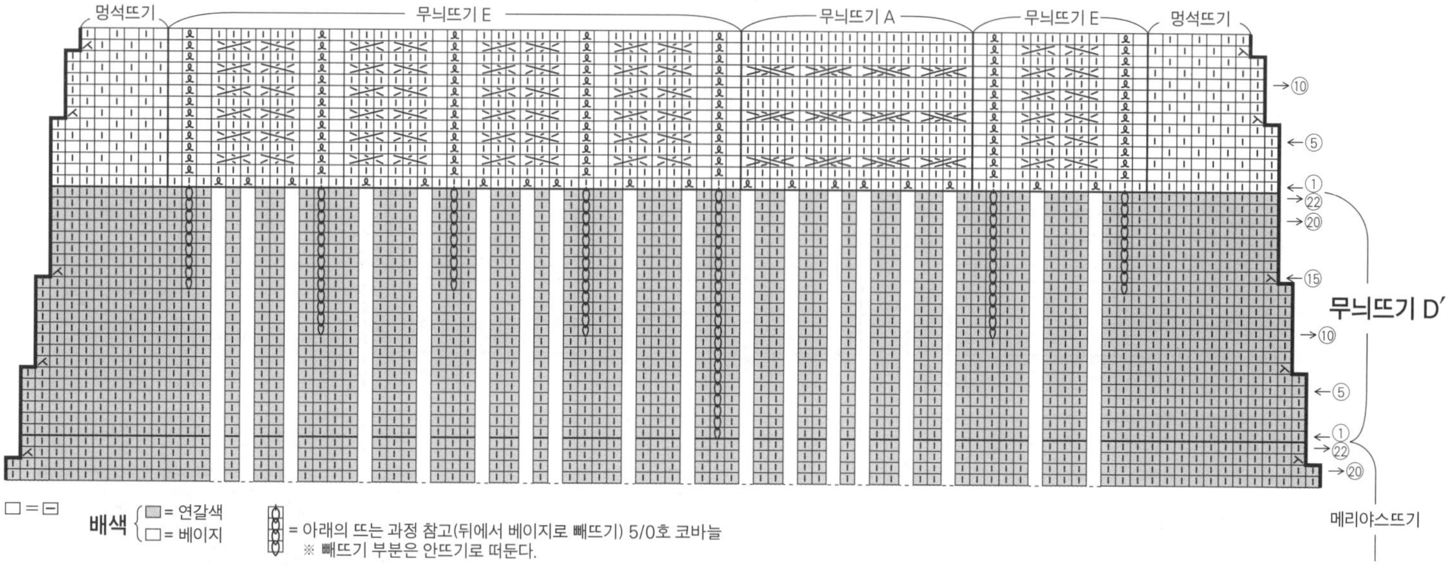

배색 { □ = 연갈색
□ = 베이지 }
= 아래의 뜨는 과정 참고(뒤에서 베이지로 빼뜨기) 5/0호 코바늘
※ 빼뜨기 부분은 안뜨기로 떠둔다.

### 뜨는 법

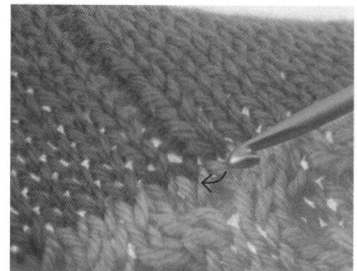

1 배색무늬뜨기의 1단 아래의 코에 바늘을 넣고 실을 끌어낸다.

2 계속해서 1단마다 바늘을 넣어 빼뜨기한다.

3 마지막 안코를 남기고 실을 자른 다음 앞으로 실을 끌어낸다.

4 돗바늘에 실을 꿰어 안코의 다음 겉코에 화살표처럼 바늘을 넣고

5 마지막 코의 중심에 바늘을 넣은 다음 안쪽으로 뺀다.

6 완성.

7 무늬뜨기 D와 D´는 안코의 1단 아래에 바늘을 넣고 2~5와 동일한 방법으로 한다.

8 완성.

# Knit+1
## 98 Page ★★★

카푸치노
플러피 멜란지
그래놀라

### 재료
실…K's K 카푸치노 검은색(5) 345g 7볼, 연갈색(3) 50g 1볼
실…K's K 그래놀라 빨간색(743) 30g 1볼
실…K's K 플러피 멜란지 초록색(860) 25g 1볼, 노란색(866) 15g 1볼

### 도구
대바늘 8호·7호·5호·4호

### 완성 크기
가슴둘레 108cm, 길이 50cm, 소매길이 67.5cm

### 게이지(10×10cm)
메리야스뜨기 21코×28단, 줄무늬 무늬뜨기 A·B·C 21코×32.5단, 배색무늬뜨기 A·B·C 21코×25.5단

### POINT
● 몸판·소매…몸판은 별도사슬로 기초코를 만들어 메리야스뜨기, 줄무늬 무늬뜨기 A·B, 배색무늬뜨기 A·B로 뜹니다. 배색무늬뜨기는 실을 가로로 걸치는 방법으로 뜹니다. 목둘레의 줄임코는 2코 이상은 덮어씌우기, 1코는 끝 1코를 세우는 코 줄이기를 합니다. 밑단은 기초코의 사슬을 풀어 코를 줍고 배색 2코 고무뜨기 줄무늬 A로 뜹니다. 뜨개 끝은 2코 고무뜨기 코막음합니다. 어깨는 덮어씌우기 잇기를 합니다. 소매는 몸판에서 지정 콧수를 주운 다음 메리야스뜨기, 배색무늬뜨기 C, 줄무늬 무늬뜨기 C, 2코 고무뜨기 줄무늬로 뜹니다. 소맷단의 줄임코는 끝 2코를 세우는 코 줄이기를 합니다. 뜨개 끝은 밑단과 방법이 같습니다.

● 마무리…옆선·소맷단은 떠서 꿰매기, 겨드랑이 부분의 코는 코와 단 잇기를 합니다. 목둘레는 지정 콧수를 주워 배색 2코 고무뜨기 줄무늬 B로 뜹니다. 뜨개 끝은 밑단과 방법이 같습니다.

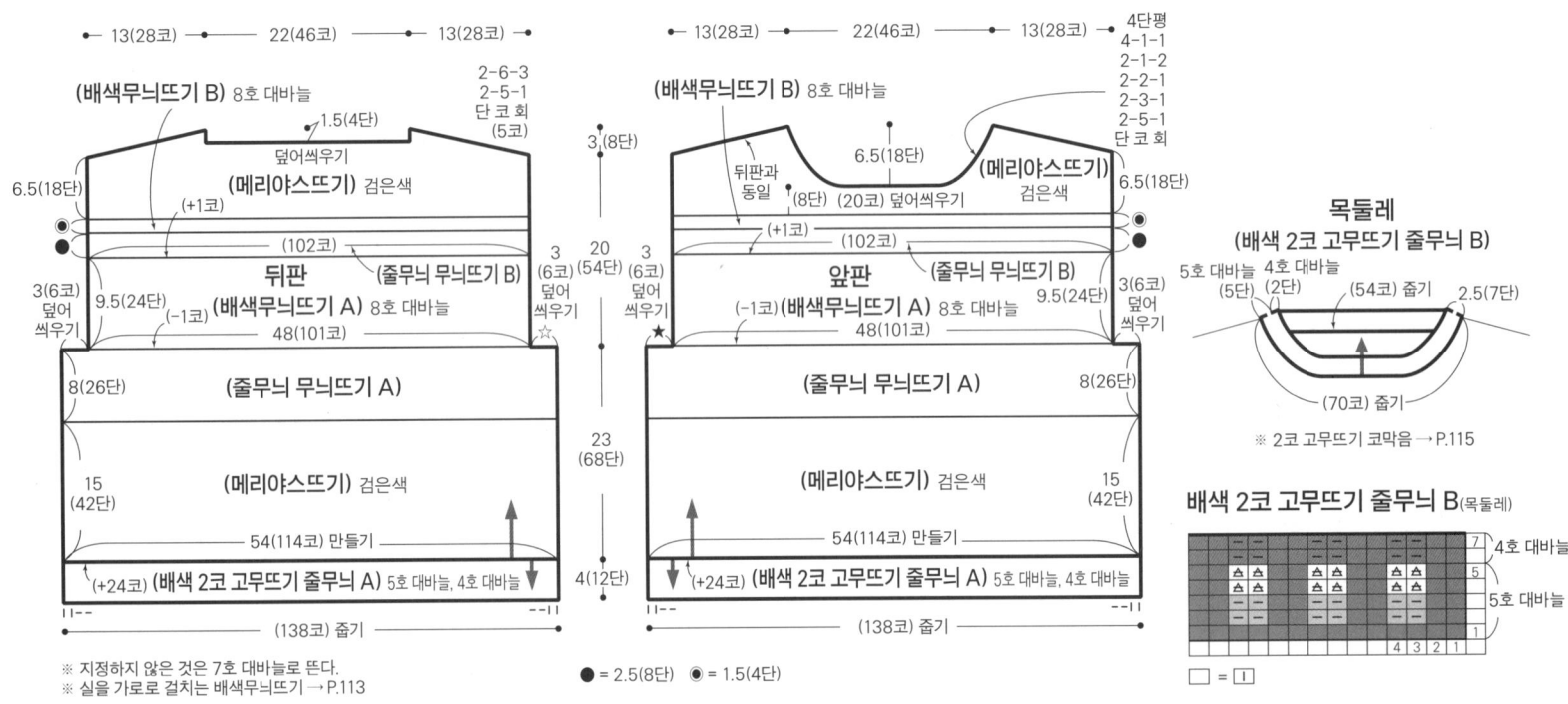

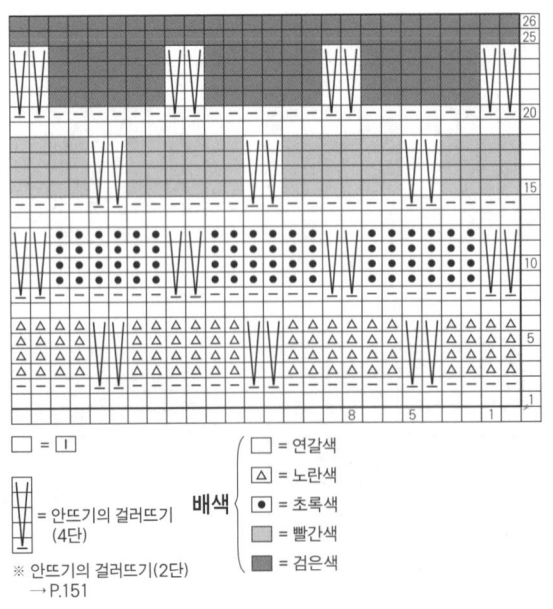

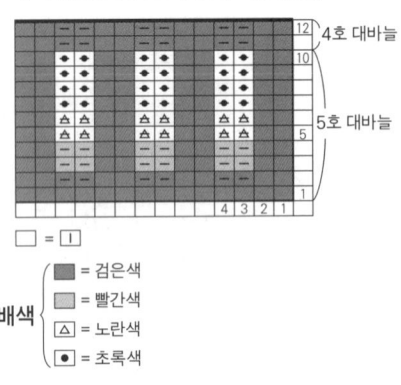

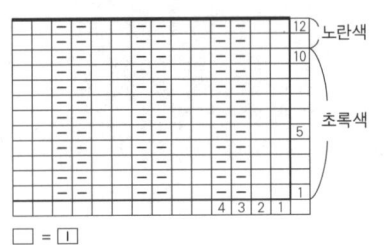

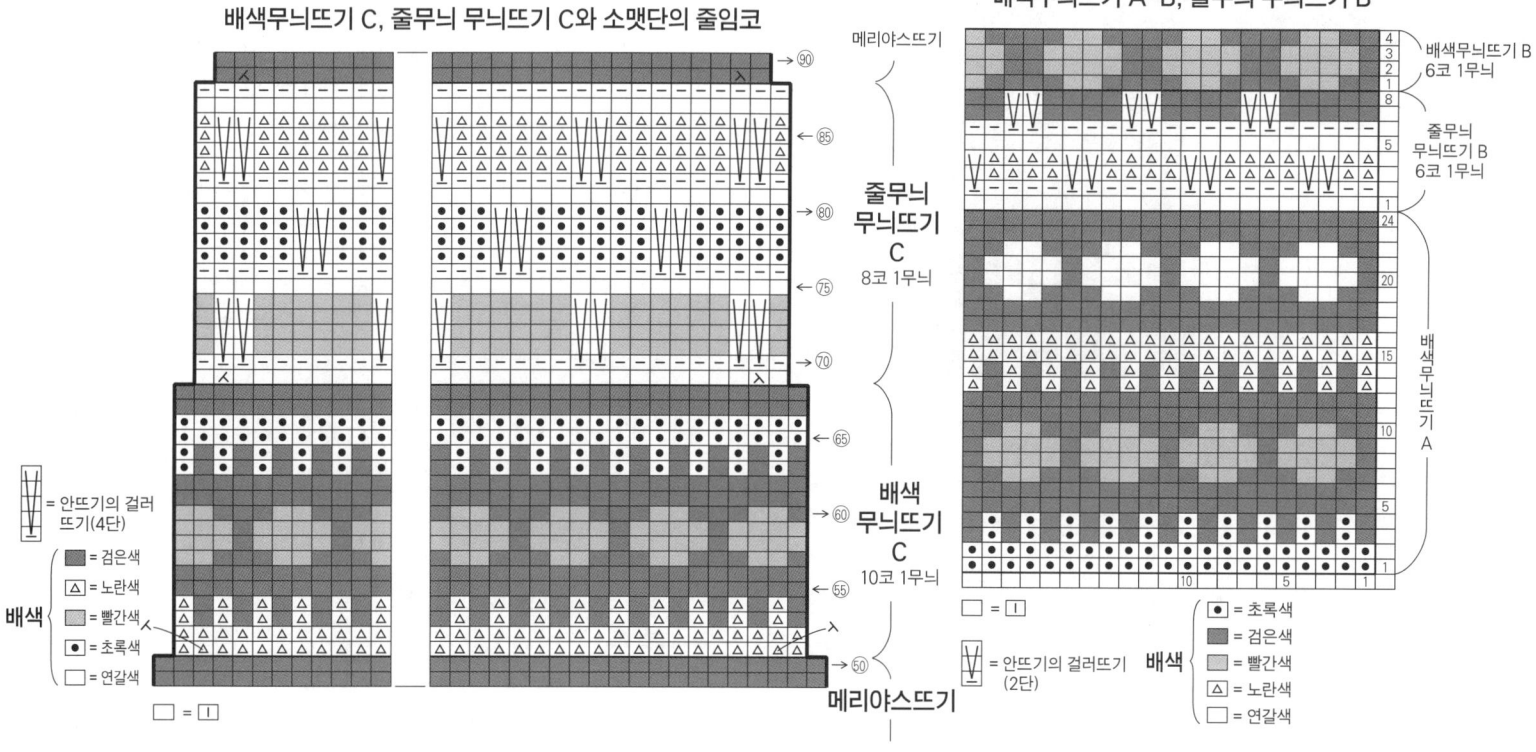

### 왼코 덮어씌워 교차뜨기(3코)

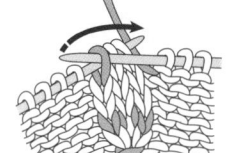
1 3코 앞의 코에 바늘을 넣고 화살표처럼 오른쪽 2코에 덮어씌운다.

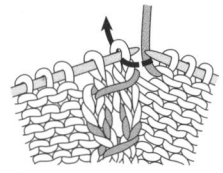
2 오른쪽 코에 바늘을 넣어 겉뜨기한다.

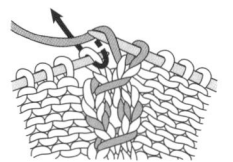
3 이어서 걸기코를 한 다음 왼쪽 코에 바늘을 넣어 겉뜨기한다.

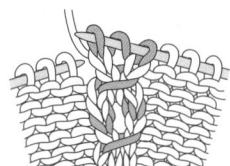
4 3코의 왼코 덮어씌워 교차뜨기 완성.

### 왼코 덮어씌워 교차뜨기와 오른코 겹쳐 2코 모아뜨기

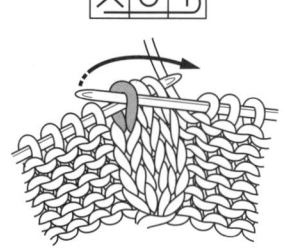
1 3코 앞의 코에 오른쪽 바늘을 넣고 오른쪽 2코에 덮어씌운다.

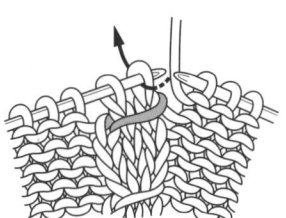
2 화살표처럼 바늘을 넣어 겉뜨기한다.

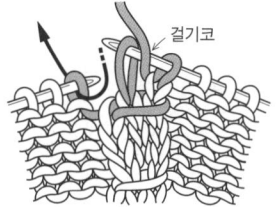
3 걸기코를 하고 다음 코를 뜨듯이 넘긴다. 화살표처럼 바늘을 넣고 겉뜨기한다.

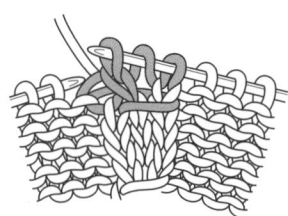
4 오른쪽 바늘에 넘긴 코를 뜬 코에 덮어씌워 완성.

### 왼코 덮어씌워 교차뜨기와 왼코 겹쳐 2코 모아뜨기

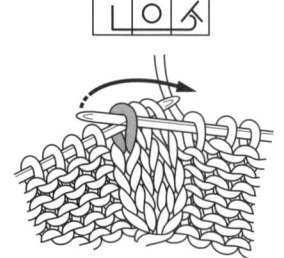
1 1코 앞의 코를 뜨지 않고 오른쪽 바늘에 넘긴다. 이어서 3코 앞의 코를 오른쪽 2코에 덮어씌운다.

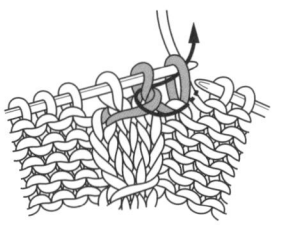
2 오른쪽 바늘에 넘긴 코를 왼쪽 바늘로 다시 옮긴 다음 화살표처럼 바늘을 넣어 2코 함께 겉뜨기한다.

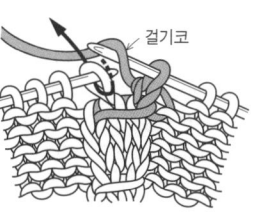
3 걸기코를 하고 다음 코에 화살표처럼 바늘을 넣어 겉뜨기한다.

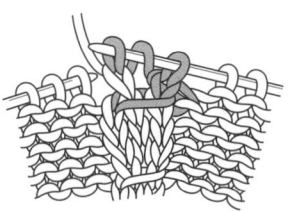
4 왼코 덮어씌워 교차뜨기와 왼코 겹쳐 2코 모아뜨기 완성.

## 스이돈 강좌 100 Page ★★★

허스키

**재료**
퍼피 허스키 오렌지 계열 그라데이션(205) 295g 3볼

**도구**
아미무메모(6.5mm), 코바늘 6/0호

**완성 크기**
가슴둘레 104cm, 어깨 폭 40cm, 기장 60cm, 소매길이 52cm

**게이지**(10×10cm)
메리야스뜨기 19코×27단

**POINT**
● 몸판·소매…버림실 뜨기 기초코로 뜨개를 시작하고 메리야스뜨기합니다. 증감코는 101페이지를 참고하세요. 뒤판의 마무리는 어깨와 목둘레를 각각 버림실 뜨기해 수편기에서 빼냅니다. 소매뜨기 마무리는 버림실 뜨기를 해 수편기에서 빼낸 다음 코바늘로 빼뜨기 코막음을 합니다.
● 마무리…어깨는 코바늘로 빼뜨기 잇기를 합니다. 밑단과 소맷부리는 코바늘로 빼뜨기 코막음을 합니다. 옆선과 소매 아래선은 떠서 꿰매기를 하는데 밑단과 소맷부리의 6단은 안쪽에서 꿰맵니다. 목둘레는 테두리뜨기를 원형으로 뜹니다. 소매는 빼뜨기 꿰매기로 몸판과 연결합니다.

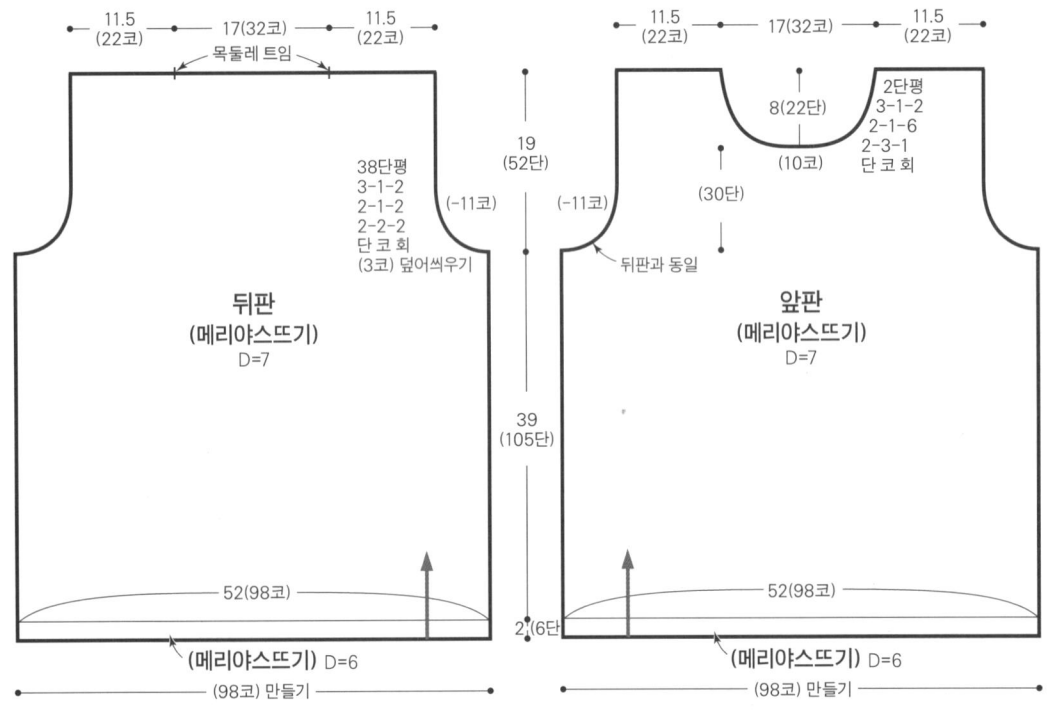

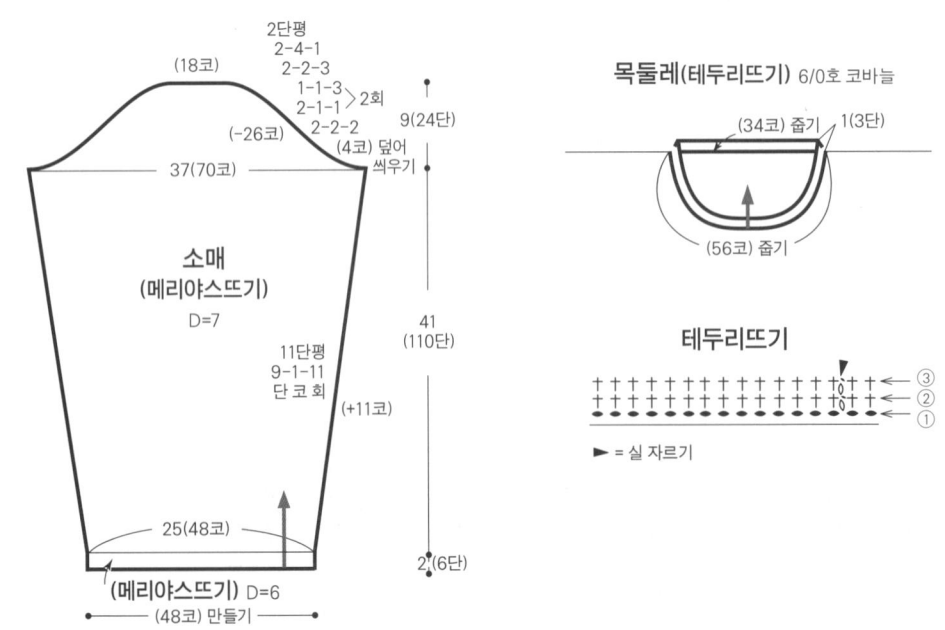

## 스이돈 강좌 101 Page ★★★

허스키

**재료**
퍼피 허스키 하늘색 계열 그라데이션(397) 185g 2볼

**도구**
아미무메모(6.5mm), 코바늘 6/0호

**완성 크기**
가슴둘레 98cm, 어깨 폭 40cm, 기장 58cm

**게이지**(10×10cm)
메리야스뜨기 19코×27단

**POINT**
● 몸판…버림실 뜨기 기초코로 뜨개를 시작하고 메리야스뜨기합니다. 코 줄이기는 101페이지를 참고하세요. 뒤판의 마무리는 어깨와 목둘레를 각각 버림실 뜨기를 해 수편기에서 빼냅니다.
● 마무리…어깨는 코바늘로 빼뜨기 잇기를 합니다. 밑단은 코바늘로 빼뜨기 코막음을 합니다. 옆선은 떠서 꿰매기를 하는데 밑단 6단은 안쪽에서 꿰맵니다. 목둘레와 진동둘레는 지정 콧수만큼 주워 테두리뜨기를 원형으로 뜹니다.

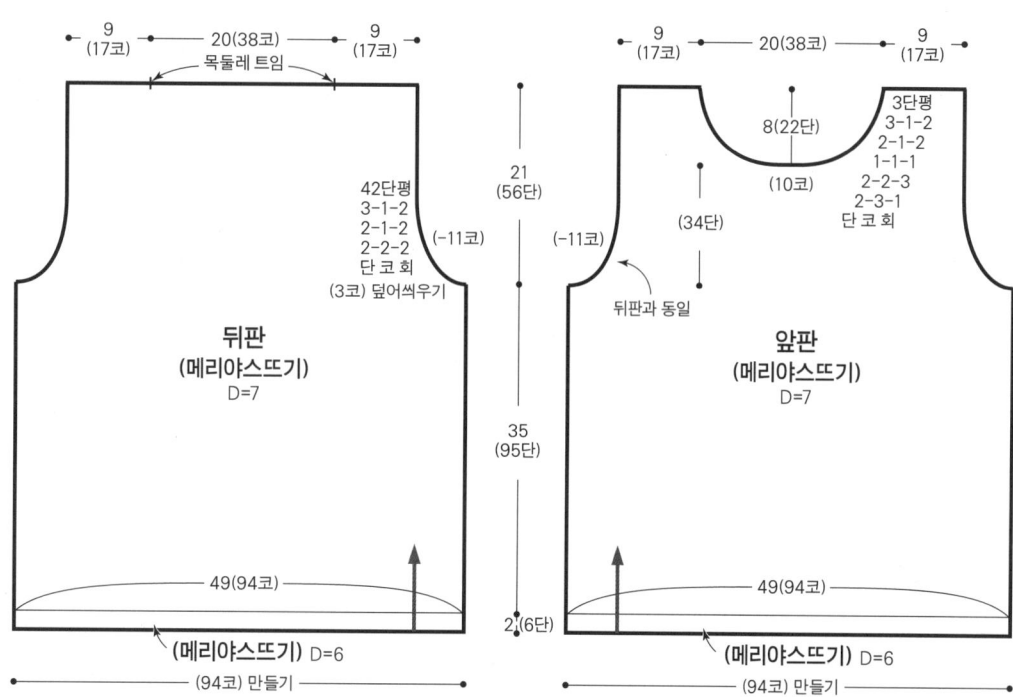

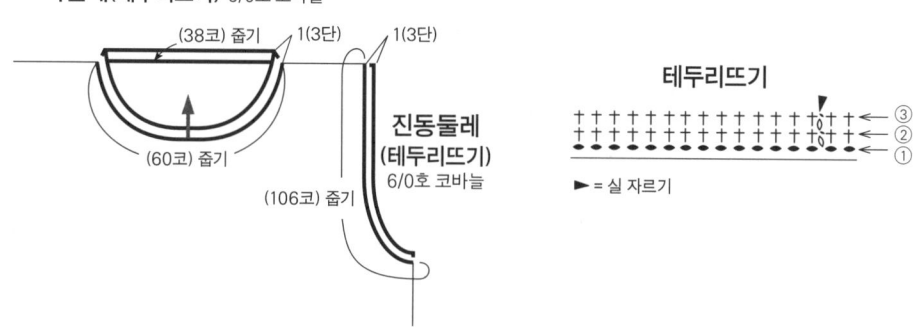

# 레오파드 미니 모칠라 백
**67** page ★★

얀랩C

※ <털실타래>에 수록된 일본보그사의 코바늘 뜨개 도안은 모두 '보그식' 방식을 따르고 있으나, 한국어판 한정으로 수록된 이 도안은 'JIS식' 방식을 따르고 있으니 참고하시기 바랍니다.

### 재료
Ver1 A. 얀랩C (1볼 60g, 36 블랙) 1볼
B. 얀랩C (1볼 60g, 05 라떼) 1볼
C. 얀랩C (1볼 60g, 25 코코아) 1볼
D. 얀랩C (1볼 60g, 03 크림베이지) 1볼
Ver2 A. 얀랩C (1볼 60g, 36 블랙) 1볼
B. 얀랩C (1볼 60g, 34 스톤그레이) 1볼
C. 얀랩C (1볼 60g, 17 푸시아핑크) 1볼
D. 얀랩C (1볼 60g, 28 블루그레이) 1볼
Ver3 A. 얀랩C (1볼 60g, 36 블랙) 1볼
B. 얀랩C (1볼 60g, 27 바이올렛) 1볼
C. 얀랩C (1볼 60g, 07 라임) 1볼
D. 얀랩C (1볼 60g, 26 라일락) 1볼

### 사용 바늘
코바늘 3/0호, 돗바늘

### 완성 크기
가로 6cm × 세로 7.5cm

### POINT
● 가방 만들기…A실로 원형뜨기 기초코를 만들어 바닥면을 시작. 1단은 짧은뜨기 8코를 뜬다. 2단부터 6단까지 코를 늘리면서 짧은 이랑뜨기를 뜬다. (총 48코) 옆면은 도안에 표시된 배색 단에 주의하면서 1단부터 10단까지 증감없이 짧은 이랑뜨기를 뜬다. 11단은 사슬뜨기로 조임끈을 넣을 구멍 8개를 만든다. 13단까지 뜨고 실을 자른다.

● 조임끈과 프린지 만들기… A실로 조임끈을 사슬뜨기로 90코(35cm)를 만든다. 조임끈을 구멍 8개에 끼워준다. B, C실을 5cm로 2가닥씩 잘라준 후, 조임끈 시작과 끝부분에 코바늘을 사용해서 프린지를 만든다.

● 마무리 하기…A, B, C 실을 2m 로 3줄씩 잘라서 3줄 땋기를 한다. 본체와 가방끈을 연결해서 완성한다.

### 뜨개 기호

|  |  |
| --- | --- |
| ⬭ | 사슬뜨기 |
| ✕ | 짧은뜨기 |
| ⤬ | 짧은 이랑뜨기 |
| ⋎ | 짧은 이랑 2코 늘려뜨기 |
| ● | 빼뜨기 |
| ▸ | 실 연결하기 |
| ╱ | 실 자르기 |

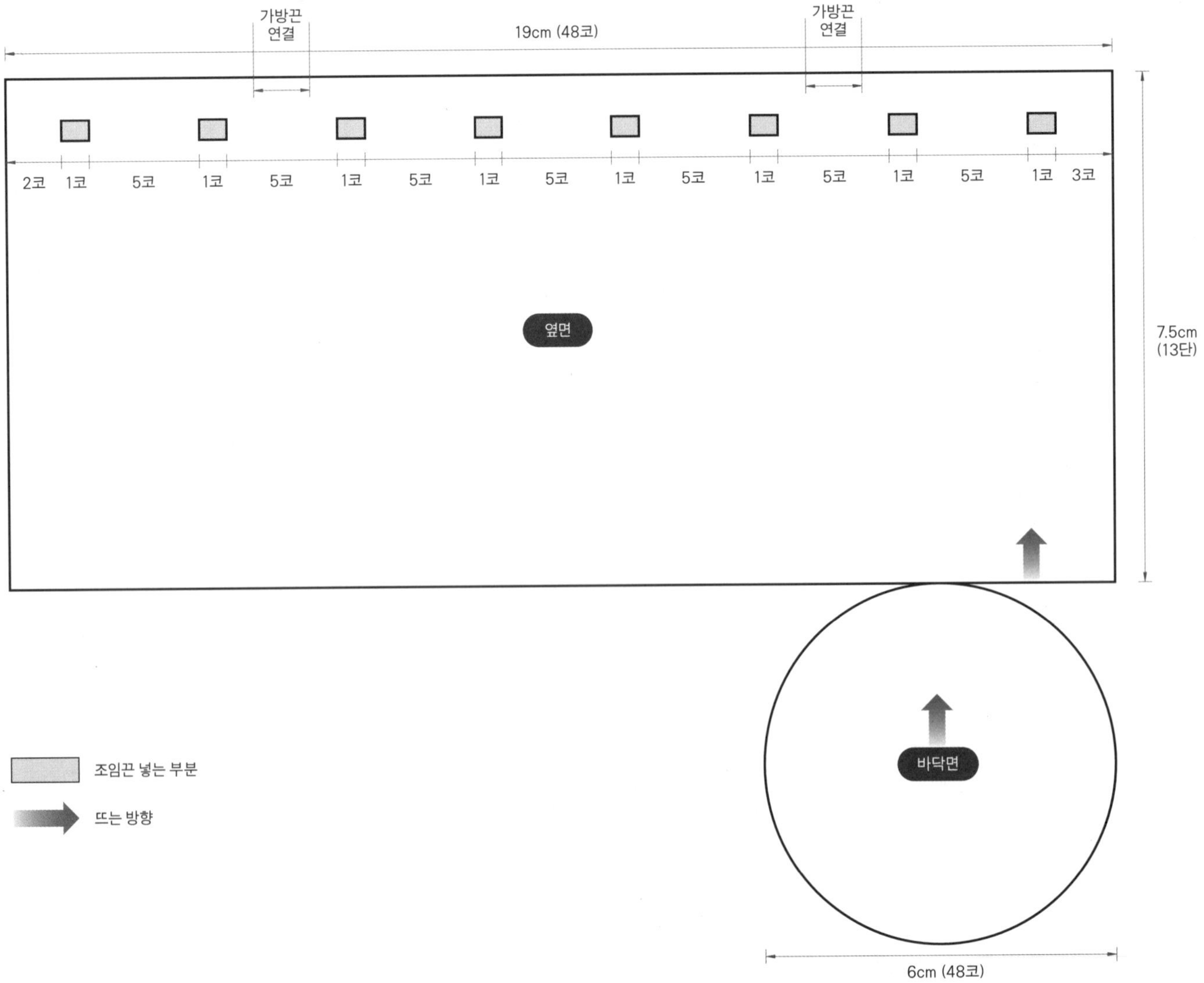

□ 조임끈 넣는 부분
▶ 뜨는 방향

19cm (48코)
가방끈 연결 — 가방끈 연결
2코 1코 5코 1코 5코 1코 5코 1코 5코 1코 5코 1코 5코 1코 5코 1코 3코

옆면

7.5cm (13단)

바닥면

6cm (48코)

### 레오파드 미니 모칠라백(기호)

### 바닥면 콧수표

| 단 | 콧수 | 증감 |
|---|---|---|
| 1 | 8 | - |
| 2 | 16 | +8 |
| 3 | 24 | +8 |
| 4 | 32 | +8 |
| 5 | 40 | +8 |
| 6 | 48 | +8 |

### 레오파드 미니 모칠라백 패턴(배색)

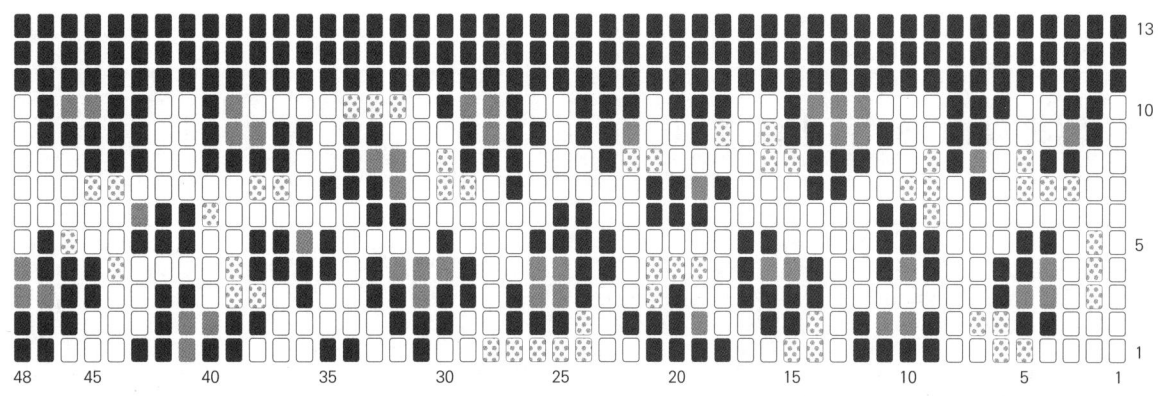

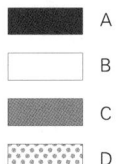 A
B
C
D

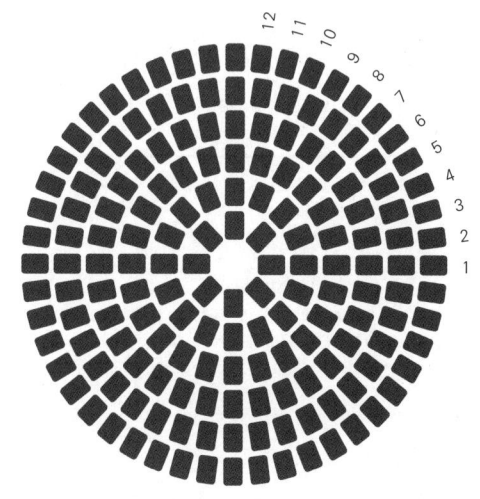

### 가방끈

A, B, C실 (2m)로 3줄씩 3줄 땋기

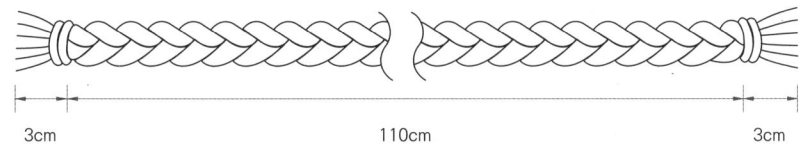

3cm  110cm  3cm

"KEITODAMA" Vol. 195, 2022 Autumn issue (NV11735) Copyright © NIHON VOGUE-SHA 2022
All rights reserved.
First published in Japan in 2022 by NIHON VOGUE Corp.
Photographer: Shigeki Nakashima, Hironori Handa, Toshikatsu Watanabe, Bunsaku Nakagawa, Noriaki Moriya
This Korean edition is published by arrangement with NIHON VOGUE Corp., Tokyo in care of Tuttle-Mori Agency, Inc., Tokyo, through Botong Agency, Seoul.

이 책의 한국어판 저작권은 Botong Agency를 통한 저작권자와의 독점 계약으로 한스미디어가 소유합니다.
저작권법에 의하여 한국 내에서 보호를 받는 저작물이므로 무단 전재와 무단 복제를 금합니다
이 책에 게재된 작품을 복제하여 판매하는 것은 금지되어 있습니다.

**광고 문의** 070-4678-7118

**정기 구독 안내**
〈털실타래〉는 1년에 4번, 봄·여름·가을·겨울호가 출간됩니다.
2022년 겨울호, 2023년 봄호, 2023년 여름호 정기 구독(총 3회)을 원하는 독자분들은
아래 링크로 신청 바랍니다.

**도서 구입처 안내**
〈털실타래〉는 전국 주요 온·오프라인 서점에서 구매 가능합니다.
업체 및 대량 구매 문의는 총판인 브랜드얀(070-4848-6170)으로 연락 바랍니다.

# 털실타래 Vol.1 2022년 가을호

1판 1쇄 인쇄  2022년 9월 16일
1판 1쇄 발행  2022년 9월 23일

**지은이** (주)일본보그사
**옮긴이** 강수현, 김수연, 남가영, 배혜영
**펴낸이** 김기옥

**실용본부장** 박재성
**편집 실용2팀** 이나리, 장윤선
**마케터** 이지수
**판매 전략** 김선주
**지원** 고광현, 김형식, 임민진

**한국어판 기사 취재** 정인경(inn스튜디오)
**한국어판 사진 촬영** 김태훈(TH studio)

**본문 디자인** 푸른나무디자인
**표지 디자인** 형태와내용사이
**인쇄·제본** 민언프린텍

**펴낸곳** 한스미디어(한즈미디어(주))
**주소** 121-839 서울시 마포구 양화로 11길 13(서교동, 강원빌딩 5층)
**전화** 02-707-0337 | **팩스** 02-707-0198 | **홈페이지** www.hansmedia.com
**출판신고번호** 제 313-2003-227호 | **신고일자** 2003년 6월 25일

ISBN 979-11-6007-621-9  13590

책값은 뒤표지에 있습니다.
잘못 만들어진 책은 구입하신 서점에서 교환해드립니다.